实录毛泽东 ②

崛起挽狂澜（1927—1945）

李 捷　于俊道 / 主编

MAO

ZE

DONG

北京联合出版公司
Beijing United Publishing Co.,Ltd.

图书在版编目（CIP）数据

实录毛泽东 . 2 / 李捷，于俊道主编 . — 北京 ：北
京联合出版公司，2017.12（2025.5重印）

ISBN 978-7-5596-1203-8

Ⅰ．①实… Ⅱ．①李… ②于… Ⅲ．①毛泽东（
1893-1976）－生平事迹 Ⅳ．①A751

中国版本图书馆CIP数据核字（2017）第264948号

实录毛泽东 . 2

作　　者：李　捷　于俊道

责任编辑：夏应鹏

装帧设计：仙　境

版式设计：顾小固

北京联合出版公司出版

（北京市西城区德外大街83号楼9层　100088）

嘉业印刷（天津）有限公司印刷　新华书店经销

字数：457千字　　710毫米×1000毫米　1/16　印张：24

2018年1月第1版　2025年5月第14次印刷

ISBN：978-7-5596-1203-8

定价：39.00元

第三编 "星星之火，可以燎原"

第三编
"星星之火，可以燎原"

一、"红旗卷起农奴戟"

在长沙

"八七"会议后，毛泽东于1927年8月12日以中共中央特派员的身份回到长沙。这已是毛泽东一年之中第三次到长沙。第一次是在1927年一二月间，为了回答陈独秀等人对农民运动的责难，他回到湖南考察农民运动。第二次是在长沙马日事变后，毛泽东奉命回湘，重新组建湖南省委。如今，在白色恐怖下，毛泽东第三次回长沙，以便发动一场惊天动地的农民土地革命。

据当时在湖南省委主持工作的易礼容回忆说：

"八七"中央紧急会议之后，毛泽东是哪天回长沙的，我记得清清楚楚，是七月十五日中元节那天，阳历是8月12日，长沙人们正在祭祖烧包。他到长沙就找到我。这个日子没错，我可以负责。

毛泽东在长沙活动后是哪一天离开的？不是8月30日，就是31日，或9月1日。我记得，他离开长沙是到浏阳乡下去。头一晚，我和他谈了一个通宵，他告诉我是去浏阳，他临走时穿农民衣服。那时，我们都很善于化装。毛泽东刚刚下乡，同部队没有很好联系，同我们的联系也少，所以我知道的情况不多。

我是被中央开除的干部，没有工作，在长沙等安排。1927年12月，瞿秋白"左"倾路线在党中央占了统治地位。这时，我找过几次省委书记王一飞。我向他要求去安源上井冈山找毛泽东一道打游击。他答复两条："第一，我同意你上井冈山；第二，你自由走，一切后果你自己负责。"结果发给我30块大洋作路费。于是我在1928年春节那天离开长沙，前去安源。为什么要选这一天？因程潜西征军在这天打到长沙，特务混乱，军队惊慌。我趁此良机，离开长沙，坐火车从株萍至醴陵。在醴陵的滕代远迎接我时说："现在是省委代替中央，县委代替省委。"当时也的确如此。我在安源住一个矿工家，首先找到了安源市委宣传部长李润钧，看他的态度不好，就避开他。在安源，我派人去井冈山茅坪找到了毛泽东。毛看到我的信后即回了信。大意说：我到农村6个月，斗争6个月，中央、省委没有一个与我联系。今接来信，我很高兴，你是头一个同我联系的人，真是空谷足音。——空谷足音，这是原话。他还说："我们昨天晚上开会，决定由你担任行委书记，我任前委书记，希望你快些来。"信是由交通员带回来的。那个送信的交通员对我说，从井冈山回来，看见沿途的屋墙糊了黄泥，农民说这是赤化。

当我接到毛泽东的回信时，恰好中央连续来了两个命令：一是调我任长江局书记（当时长江局书记是罗亦农）；另一个命令是调我去江苏任省委书记兼农民部长。我历来主张打游击，但由于上级的命令，只好告诉那个交通员，说我不能去井冈山了。[1]

另据当时在湖南省委协助工作的中央委员罗章龙回忆：

1927年，革命处于高潮时，藏在革命队伍里的国民党右派蒋介石、汪精卫突然叛变。在此严重关头，党中央有个部署，就是把在武汉的中共中央委员调到一些重要省份，以加强地方工作。中央本来决定毛泽东到四川，毛泽东认为四川没有基础，坚持要回湖南，中央同意了。我本来是决定回北方去的。有一天，我和毛泽东从中央开会出来，一路步行到毛泽东住处，他邀我到湖南去工作，组织对敌进攻。我们二人请示了中央，中央同意了我们的意见，于是我以五届中委的身份，巡视和指导湖南省委的工作。

毛泽东先离开武汉赴长沙，临行前，他对我说："你找一个有作战经验的军事干部一道来湖南。"我说："这里很难找到既熟悉湖南情况又有武装斗争经验的军事干部。"毛泽东说："只要你认为可以就行。"之后，经过物色，与中央商量的结果，加派了一个蔡以忱。

毛泽东回湖南的主要任务是整顿党的组织，改组省委和县委，如浏阳、平江、衡阳、郴州等都重新派人组织起来。湖南省的班子也重新恢复起来。自马日事变之后，湖南省委涣散，通过毛泽东活动之后，成立了新省委：毛泽东为书记，夏明翰为组织部长，望三为秘书；曹典琦为宣传部长，秘书龚际飞；军事部长易礼容（毛泽东不在时，代理省委书记），秘书李子骥；农民部长彭公达，秘书禁林；工人部长罗章龙，秘书蕺去病；妇女部长熊季光；民众部长何资深。

我这次到长沙，主要是以中央委员身份去帮助湖南省委，对马日事变进行善后和开辟新的工作局面。我没有正式参加省委，只是分担了职务，但因安排曹典琦做宣传部长，他坚决不干，离职而去，因此，我又兼宣传工作。还有工人部，原来的主任是蕺去病，他自觉工作困难，说压不了台，于是我也就负责工人部的工作，蕺就当了秘书。

新省委中有些是从下面提拔上来的，例如彭公达。我记得在省委的一次小型会议上，大家不认识彭，毛泽东特地介绍了几句。

不久，由长江局转来一个中央通知，让湖南派人到武汉，参加党的紧急会议，我们商量的结果，决定让毛泽东和彭公达参加。

……

"八七"会议后，毛泽东、彭公达回到长沙，随即召开省委会议，传达了中央紧急会议精神，明确指出了在秋收季节组织武装暴动。这次传达会是在长沙市北郊沈家大屋召开的。参加会议的有夏明翰、易礼容、林蔚、曹典琦、彭公达、何资深、罗章龙、熊季光、龚际飞、罗学瓒、滕代远、谢觉哉、李子骥等。

根据党中央的指示精神，湖南省委进行了改组。新省委是彭公达（书记）、毛泽东、易礼容、夏明翰、贺尔康、毛福轩、向钧、谢觉哉、何资深。

关于秋收起义，省委进行了讨论，大家一致认为，不以国民党的名义举行，也不借重邓演达、陈仁友等国民党左派，会上决定要与国民党彻底决裂，以共产党名义领导起义。

为了加强对秋收起义的领导，决定成立前委和行委的组织机构，即中共湖南省委行动委员会和中共湖南省委前敌委员会，前委在行委领导之下，行委又在湖南省委领导之下。

毛泽东和我们共同研究了前方、后方的作战部署，他对我说：把浏阳打下来，就向长沙进军，部队打到离长沙只有40里的黄花市时，我就派人送信给你们。再往前打，就是离长沙20多里的东屯渡。这时，你们就动员近郊农民和城里的工人、居民暴动响应。

毛泽东离开长沙时，正值8月炎夏。他身体不大好，有点清瘦，大家不放心。我问他："你身体还行吗？"他说不要紧。我还是不放心，找夏明翰商量，找个可靠的同志送他，于是决定派毛泽东之弟毛泽民护送。为了安全，我们和毛泽民商量，走路时，要和毛泽东保持一段距离，否则一出事就都被捕了。毛泽民把毛泽东送到浏阳张家坊才回来，并且还报告了毛泽东在张家坊脱险的情况。

我们留在长沙后方的任务，是我们的部队打下萍、浏、平、醴后，围攻长沙时，来个城市暴动，里应外合，占领长沙。

……

关于攻打长沙的计划，是湖南省委和行委作出的决定。当时，毛泽东同意打长沙，大家满怀信心要把长沙拿下来。在这个问题上没有争论。当时估计，如叶、贺顺利发展，湖南的国民党军队就会调离应战，本省空虚，我们就可以冲击长沙。只要拿下长沙，别的地方马上就可以响应。但是后来，秋收起义部队攻占浏阳后轻敌被围，只好撤出县城。在过南市街渡口时，遇到敌人一个团的封锁，我军强渡，伤亡重大，损失不少。1团、3团也失利。毛泽东就给省委送来一封信，大意说：我们不准备进攻长沙，长沙暴动的计划停止吧！省委同意了。停止长沙暴动的事，受到了中央的批评。中央派任弼时来长沙进行检查，认为湖南省委犯了严重错误，又进行了改组。[2]

1927年8月18日、30日，湖南省委先后召开会议。会议情况，据湖南省哲学社会科学研究所的资料记载，是这样的：

8月中旬的一天，毛泽东和杨开慧等秘密地由武昌搭乘火车星夜赶到长沙，住在北门外福寿桥沈家大屋。这时的长沙，已处在严重的白色恐怖之中，反革命鹰犬在城乡四处活动，搜捕和杀害共产党员和革命者。我党已被迫转入地下活动。根据临时中央政治局的决定，中共湖南省委进行了改组。

……

新省委由夏明翰、贺尔康、毛福轩等9人组成。毛泽东到达长沙后，住在省委秘密机关。为了组织好秋收起义，他日夜紧张地工作，出席会议，起草文稿，找人谈话，派人外出搞枪支弹药，晚上经常工作到深夜，甚至彻夜不眠。他有时提着篮子装作买菜的，或者扮成军官，机智沉着，亲自深入市内进行调查。8月18日，毛泽东以中央特派员的身份，出席了省委会议，传达了临时中央政治局的新精神，主持讨论和制订秋收起义计划。

会议在讨论起义中如何解决农民土地问题时，出现了两种错误主张：一种主张只没收大地主及反革命分子的土地，认为如没收小地主土地，就会增加敌人，对革命不利；另一种则主张没收一切土地，包括自耕农的土地，统一分配和使用。毛泽东坚决反对了上述两种错误主张。在没收地主土地问题上，毛泽东强调指出：中国大地主少、小地主多，我们必须没收一切地主的土地，才能满足农民的要求；对于被没收土地的地主，须有适当的安排，给予生活出路。同时强调在解决农民土地问题过程中，必须宣布废除反动政府盘剥农民的各种苛捐杂税，只收农业税。这就为解决农民土地问题制定了正确的方针，为发动广大农民群众参加秋收起义作了重要的政治准备。

关于起义的军事问题。毛泽东再次阐述了枪杆子里面出政权的伟大思想，分析了武装斗争和土地革命的关系。他认为秋收起义固然必须发动农民，解决土地问题，但发动起义，必须有军事力量的帮助。我们党以前的错误就是忽略了军事，现在应以主要精力注意军事运动，用枪杆子夺取政权，保卫政权。这一论述有力地驳斥了忽视武装斗争的机会主义观点。

关于起义的区域问题。会议在第一天开始讨论的时候，有的人主张湘东以长沙为中心，湘南以衡阳为中心，湘西以常德为中心，在西南之间以宝庆（今邵阳）为中心，同时在全省发动暴动。当时党中央的意见也是如此。毛泽东对于这种不顾客观条件而分散使用力量的错误意见始终持反对态度。他耐心地说服大家缩小范围，集中力量，搞一个中心，即在反动统治比较薄弱、群众基础较好、并保存有部分革命武装的湘东赣西发动秋收起义。经过反复讨论，绝大多数同志终于同意了毛泽东的正确主张，决定在以长沙为中心包括湘潭、宁乡、醴陵、浏阳、平江、安源、岳州等地的湘赣边界组织秋收起义。

会议还讨论和解决了有关秋收起义的其他重要问题。关于政权问题，大家认为，这次起义应竭力宣传和建立工农政权，恢复农民协会，乡村政权归农协，县以上以革命委员会的名义组织政府。关于起义的领导机关，会议决定，湖南指挥暴动的机关分为两个：一个是前敌委员会，以毛泽东为书记，各军事负责人为委员；一个是行动委员会，以各县负责同志为委员。对于起义的军事行动计划，省委也作了大略的部署，决定9月9日开始破坏粤汉和株萍铁路，11日各县起义，16日长沙暴动。

8月30日，省委会议结束。毛泽东肩负着在湘东赣西组织起义的重任，当晚从长沙出发，经株洲前往安源。[3]

中国革命举什么旗帜，在当时是一个重要问题。八一南昌起义向国民党反动派打响了第一枪，但那时举的仍然是国民党左派的旗帜。在湖南省委会上，毛泽东坚决主张举起共产党的红旗，从此开创了一个新的局面。参加过南昌起义的陈毅，在1929年8月向上海中央汇报红四军情况时，曾以称赞的口吻说："秋收暴动最先挂了红旗。"

黄允升在《略论湘赣边界秋收起义》一文中说：

毛泽东到长沙，经过实地调查，接触工农群众，觉得秋收起义举"左派国民党旗帜"是个大问题。8月18日，他向湖南省委传达"八七"会议精神，引导大家联系湖南实际讨论秋收暴动问题。共产国际代表马也尔也参加会议，透露共产国际新电令：我们制造的国民党不是简单的政党，是一鸡蛋壳子，由此蛋壳造成苏维埃的儿子出来；制造此蛋壳不能，则实行苏维埃，"主张在中国立即实行工农兵苏维埃"。大家讨论秋收暴动举什么旗问题，议论纷纷，认为武汉国民党中央无力惩办制造马日事变的那些暴徒，表明那时的国民党已经死了；汪精卫等叛变革命，说明国民党不但死了，而且臭了，不但臭了，并且臭气闻于天下；从蒋介石到汪精卫、唐生智，甚至到张作霖，新、旧军阀无一不拿国民党这块招牌来作他们欺压民众、屠杀民众的工具，国民党已变成军阀的旗帜；而受压迫的工农民众，对国民党已普遍存在唾弃的心理。所以，湖南省委讨论决定，秋收暴动不举"左"派国民党旗帜，也不用任何国民党名义来组织政府，而是用共产党红旗来号召工农民众起来暴动。

8月20日，毛泽东以中共湖南省委名义向中共中央写报告说：到湖南来这几天，看到唐生智控制的国民党湖南省党部已与工农群众对立，压迫工农群众，镇压工农运动，而工农群众对国民党则已另眼相看，认定"国民党旗帜已成军阀的旗帜，只有共产党旗帜才是人民的旗帜"。于是，向中央建议："我们不应再打国民党的旗帜。我们应高高打出共产党的旗帜，以与蒋、唐、冯、阎等军阀所打的国民党旗帜相对（立）。"应该"立刻坚决地竖起红旗，至于小资产阶级，让它完全在红旗领导之下，客观上也必定在红旗领导之下"。报告还同意共产国际关于在中国立即实行工农兵苏维埃的新指示，认为"工农兵苏维埃完全与客观环境适合，我们此刻应有决心立即在粤、湘、鄂、赣四省建立工农兵政权"，并建议先在湖南实行。

中央及时得到湖南省委口头和书面的报告，但未能采纳来自斗争第一线的正确建议，反而在8月23日的复函中批评说："中国现在仍然没有完成民权革命，仍然还在民权革命第二阶段。此时我们仍然要以国民党名义来赞助农工的民主政权……你们以为目前中国革命已进到第三阶段，可以抛去国民党的旗帜，实现苏维埃的政权，这是不对的。"中央复函强调指出：中央从各方面来证明政治决议案是正确的，你们务须依此决议执行。

毛泽东指导湖南省委讨论了中央的指示和批评，认为中国革命现在已经到了俄国的1917年10月，但在这中间，重要的过程是土地革命，其政权是工农的，不是纯粹无产阶级的。他们从革命实际需要出发，坚持打共产党红旗，号召广大工农兵参加秋收暴动。在安源张家湾军事会议上，毛泽东要求工农革命军第1团、第2团、第3团举红旗起义。秋收暴动前夜，仅工农革命军第一师师部就赶制了100面有镰刀铁锤的红旗。湘赣边界秋收起义，就是举着共产党红旗向国民党反动派进攻的。毛泽东当时写的《西江月·秋收起义》中就提到："军叫工农革命，旗号镰刀斧头。匡庐一带不停留，要向潇湘直进。"秋收起义部队受挫转兵，把共产党红旗插到井冈山。[4]

"霹雳一声暴动"

在8月30日的省委会议上，确定成立领导秋收起义的前敌委员会，以毛泽东为书记。这是毛泽东革命军事生涯的开端。

在此之前，毛泽东要杨开慧回到长沙东乡板仓，领导农民武装斗争。他们谁也没有想到，这竟是夫妻的永诀。

会后，毛泽东乘着夜色离开长沙，前往安源。途中，他先在株洲下车。当时情况危急，毛泽东化装成司炉，坐在火车头的锅炉旁。

在株洲，他指示当地党组织策应秋收起义，炸断易家湾铁路桥，制止敌人从长沙增援，确保安源等地暴动。

据当时在株洲的陈永清回忆说：

关于毛泽东由长沙去安源途经株洲的时间，大约是1927年9月初，具体日期记不清楚了。我记得毛泽东到株洲，先找朱少连。朱当时是株洲镇委宣传委员，社会职业是株萍转运局局长，是一个有名望的人。我是湘潭县东一区区委书记。那天，朱少连找我去，我是在朱少连的办公室里见到毛泽东的。

毛泽东问我们：株洲对武装起义做了些什么准备工作？农民协会恢复得怎样？铁路上的工作做得如何？我向他汇报了：农民协会恢复才个把月，马日事变后影响比较大，原来的负责人汪其凤还没有回来；铁路上的工作刚恢复，车站餐宿处党支部也刚恢复；青年团的工作才开始做；没有武装，只有纠察队，人也是最近才慢慢回来的。

毛泽东听了汇报以后说：现在要搞秋收起义，搞武装暴动，敌人打我们，我们要还击。株洲是个重要地方，要把这个地方的工作抓紧恢复起来。首先要解决团防局，同时要破坏白石港的铁路桥。我说我调来不久，人还认得不多，又没有搞军事的，希望派个搞军事的人来。毛泽东答应了这一要求，离开株洲四五天后，从安源派来了涂正楚同志，他是搞武装的。[5]

毛泽东又赶到安源。9月初，他在安源张家湾召开军事会议，部署起义，组成工农革命军第1军第1师，下辖3个团。随后，他又赶往铜鼓，亲自率领第3团起义。

据湖南省哲学社会科学研究所的资料说：

毛泽东到达安源后，在张家湾召集部分起义地区党的负责人和军事负责人召开会议，传达了党中央"八七"会议的精神和湖南省委关于秋收起义的计划。在毛泽东充分地阐明了这次起义的意义之后，由潘心源（曾随平浏工农义勇队行动，刚来安源向省委请示工作的浏阳县委书记）详细报告湘东赣西革命武装情况。接着，毛泽东和大家充分讨论了如何组织秋收起义的军事行动和平、浏、醴、安各地的暴动准备工作，并确定了秋收起义部队的编制，部署了进军路线。

参加这次起义的部队统一编为工农革命军第1军第1师，下辖第1、2、3团，统一由毛泽东为书记的前敌委员会指挥。

第1团由前武昌国民政府警卫团和湘东平江以及鄂南崇阳、通城的农民武装组成。警卫团的基础，是北伐时我党直接领导的叶挺独立团的一部分。后来招收了一批新兵，其中不少是安源工人和湖南、湖北工农运动的骨干分子。这个团的指战员中，很多是共产党员和共青团员。团长卢德铭是黄埔军校第一期毕业，共产党员。这个团奉党的指示，8月初由武昌前往南昌。行抵南昌附近的奉新县城时，得知南昌起义部队已经南下，追赶不及，卢德铭决定自己去党中央请示，部队则折向西进，到湘鄂赣边境的修水去休整。警卫团进驻修水，先后遇到平江和崇阳、通城转战到此的农民军，这时便和他们合编为第1团。

第2团以安源工人武装为骨干，加上聚集在这里的附近各县的农民武装组成。安源是毛泽东在建党初期所开拓的湘、赣两省工人运动的策源地。这里有一支我党直接培育起来的600多人的工人纠察队，还有一支为我党所控制的矿警队。马日事变后，湖南醴陵农民自卫军一二百人、衡山农民军百余人，以及江西萍乡、安福、莲花的农民军先后来到这里，这时便和安源工人武装合编为第2团。

第3团以浏阳农民自卫军为基础，加上警卫团和平江农民自卫军各一部分组成。马日事变后，浏阳和平江的工农义勇队继续坚持战斗。南昌起义前夕，党中央将他们改编为独立团，归贺龙率领的20军管辖，开赴南昌参加起义。8月5日，行抵涂家埠，被敌堵截，无法通过。浏阳农民军撤至铜鼓待命。这时便和抽调前来的一部分平江农民自卫军以及警卫团的少数同志合编为第3团。

这次会议决定，起义部队在各地工农武装的配合下，分三路进军，夺取长沙。进军路线是：第2团自安源进击萍乡、醴陵，与醴陵、株洲的农民暴动相结合，向长沙取包围之势；第1团由修水出发，向平江进攻，发动平江农民暴动，夺取平江后，再向长沙进击；第3团由铜鼓向浏阳进攻，发动浏阳农民在四乡暴动，直逼长沙。三路紧密配合，待各路得手后，再以长沙工农暴动为内应，相机攻克长沙。毛泽东对于攻打长沙力持慎重态度。他针对省委中个别同志的"左"倾盲动情绪，于9月5日自安源写信给省委，强调指出：长沙不可轻举妄动，必须在起义部队攻克株洲后，方能举行暴动。同时写信给第3团，告以安源会议的决定，要他们准备起义，并要他们通知第1团。

安源会议后，各路工农革命军立即投入起义前的紧张准备工作。毛泽东决定与潘心源一起去铜鼓，直接指挥第3路的工作。毛泽东途经浏阳张家坊时，被地主武装团防逮捕，随即机智脱险，于9月10日到达铜鼓，当即向第3团的主要干部讲述了秋收起义的意义，宣布了秋收起义的领导机构和军事行动计划，并同他们一起研究了进军路线。接着，团部集合排以上干部，在肖家祠堂举行中秋节会餐。饭前，毛泽东讲话，十分亲切地慰问大家，赞许他们坚持革命、艰苦斗争的精神，接着向他们阐述了当前的形势和任务，号召大家振奋革命精神，迎接秋收起义。饭后，各连分别向全体战士传达了毛泽东的指示。毛泽东还亲自下到一个连队了解情况，向战士们问寒问暖。他特地拿过一个战士手中的枪进行检查，赞许这个战士的枪保护得好，指示大家要紧握手中枪。毛泽东的到来，以及他对部队的正确指示和亲切关怀，给全团指战员以极大的鼓舞。广大指战员积极地投入到出发前的准备工作。[6]

1936年，毛泽东在同斯诺的谈话中，详细回忆了他在浏阳张家坊遇险的情形：

当我正在组织军队、奔走于汉阳矿工和农民赤卫队之间的时候，被一些同国民党勾结的民团抓到了。那时候，国民党的恐怖达到顶点，好几百共产党嫌疑分子被枪杀。那些民团奉命把我押到民团总部去处死。但是我从一个同志那里借了几十块钱，打算贿赂押送的人释放我。普通的士兵都是雇佣兵，我遭到枪决，于他们并没有特别的好处，他们同意释放我，可是负责的队长不允许。于是我决定逃跑。但是直到离民团总部大约200码的地方，我才得到了机会，挣脱出来，跑到田野里去。

我跑到一个高地，下面是一个水塘，周围长了很高的草，我在那里躲到太阳落山。士兵们追捕我，还强迫一些农民帮助他们搜寻。有好多次他们走得很近，有一两次我几乎可以碰到他们。虽然有五六次我已经放弃希望，觉得我一定会再被抓到，可是我还是没有被发现。最后，天黑了，他们放弃了搜寻。我马上翻山越岭，连夜赶路。我没有鞋，我的脚损伤得很厉害。路上我遇到一个农民，他同我交了朋友，给我地方住，又领我到了下一乡。我身上有7块钱，买了一双鞋、一把伞和一些吃的。当我最后安全地走到农民赤卫队那里的时候，我的口袋里只剩下两个铜板了。

新师成立以后，我担任党的前敌委员会书记，原武汉警卫团的一个指挥员余洒度，任第1军军长。[7] 余多少是因部下的态度而被迫就任的，不久他就逃到国民党那里去了。现在他在南京给蒋介石工作。

这支领导农民起义的小小队伍，穿过湖南向南转移。它得突破成千上万的国民党部队，进行多次战斗，经受多次挫折。当时部队的纪律差，政治训练水平低，指战员中有许多动摇分子，部队开小差的很多。余洒度逃跑以后，部队到达宁都时进行了改编。陈浩被任命为剩下来大约一团兵力的部队的指挥员，后来他也"叛变"了。但是，在这个最早的部队中，有许多人始终忠心耿耿，直到今天还在红军中，例如现任第1军团政委的罗荣桓，现任军长的杨立三。这支小队伍最后上井冈山的时候，人数总共只有1000左右。

由于秋收起义的纲领没有得到中央委员会批准，又由于第1军遭受严重损失，而且从城市观点来看，这个运动好像是注定要失败的，因此中央委员会这时明确地批评我。我被免去政治局和党的前委的职务。湖南省委也攻击我们，说我们是"枪杆子运动"。尽管这样，我们仍然在井冈山把军队团结起来了，深信我们执行的是正确的路线。后来的事实充分地证明了这一点。部队补充了新兵，这个师人员又充实了，我担任了师长。[8]

毛泽东亲临第3团，使军心为之一振。许多战士还是第一次见到毛泽东，他给他们留下了深刻的印象。直到新中国成立后，他们中的幸存者已成长为党、政、军的高级领导干部后，回首往事，还抑制不住心中的兴奋。

当时在第3团任参谋的吴开瑞回忆说：

1927年9月，快要过中秋节时，毛泽东经过艰难险阻来到了铜鼓。毛委员来，首先要与全团干部见面，于是就布置了这样一个仪式：全团排级以上干部参加中秋节聚餐会，欢迎毛委员。筵席上摆了黄牛肉。在聚餐会上，毛委员作了重要讲话，传达了党中央"八七"会议精神以及省委、安源市委有关秋收暴动的部署，并宣布我们部队改编为工农革命军第1军第1师第3团。团长苏先俊，党代表潘心源，由于潘未到职，由徐麒代理，参谋长黄坚，参谋吴开瑞，团部党委书记徐麒[9]，组织委员张启龙，宣传委员张子清。第1营营长张子清，第2营营长汤采芝，第3营营长伍中豪。全团共有1000人。

次日，部队出发前，集合在铜鼓大沙洲上，毛委员检阅部队，向全体指战员作了动员，号召秋收暴动。随后，我们第3团浩浩荡荡向浏阳进发。

途中，经过浏阳县境的白沙镇、东门市。在东门市盘踞第8军的两个营，在白沙的是敌人一个连。由铜鼓到白沙有一天路程，由于大家精神振奋，不感到累，连摆子病也没发。到了距白沙镇8里的壕溪，就分三路前进，一举攻下白沙，歼敌一部分，残敌溃逃至东门市。在白沙，毛泽东住在学校里，住房是对山开的窗户，蛮优雅的。他表扬了第3团的全体指战员作战勇敢，旗开得胜，马到成功。[10]

又据当时编在第3团的陈伯钧回忆说：

20军独立团，是由党领导的平江、浏阳等县的工人纠察队和农民自卫军组成的……

我们独立团在铜鼓休整近一月。这期间，八一起义后从武汉赴九江途中在黄石港上岸的警卫团，转移到武宁、修水，和我们联系上了。

正在这个时候，部队中发生了一件激奋人心的大事情：毛委员——中国共产党中央委员毛泽东，从安源来到了我们部队！毛委员的头发很长，上身穿白线褂子，下身穿白细布长裤，脚穿草鞋，手里还拿着一件短上衣。听说，毛委员在来铜鼓途中，曾经遇险，一度被敌人扣留，所幸身上带了几块钱，才设法得以脱身，来到部队。记得正是旧历八月十五中秋节，团部召集排以上干部，在肖家祠堂举行会餐。饭前，毛委员和全体干部见了面，并且讲了话，说党很怀念大家，关心大家，他特地来看望大家。毛委员接着为我们阐述了当前形势和党的任务，号召我们举行秋收起义。

过了中秋节，我们就出发了。部队正式改编为中国工农革命军第1军第1师，下辖4个团：原警卫团改编为第1团，安源的工人和萍乡、醴陵的农民自卫军改编为第2团，我们独立团改编为第3团，第4团则是收编军阀夏斗寅的残部。部队的任务是总攻长沙，计划是：1、4团由修水出发，先打平江，再攻长沙；2团自萍乡、醴陵先打浏阳，再攻长沙；3团从铜鼓出发，与2团同时打浏阳，会攻长沙。

3团首战攻克白沙市。这时天刚拂晓，老百姓还没有起床，街旁商店门前的煤油灯仍然闪烁着暗淡的微光。毛委员从湖南来部队时，长途奔波，历尽艰险，脚被草鞋磨烂了，不能行走。我们临时找张椅子，绑上两根杠子抬着他走。这时已是9月中旬，天气渐凉，毛委员身上那件细布短褂自然抵不住仲秋的晨露，只好披上一条白布夹被御寒。3团顺利地占领了白沙市，毛委员非常高兴，称赞我们旗开得胜，马到成功，给了我们热情的鼓励。

在强大的训练有素的敌人面前，秋收起义部队先后失败。这说明，起义原定的攻打长沙的方针，明显地脱离了实际情况。毛泽东从中强烈地感到，中国革命必须要有一套特殊的办法。9月14日，他在浏阳东乡上坪召开紧急会议，决定改变攻打长沙的计划，命令部队迅速到文家市集中。9月19日，他又在文家市召开前敌委员会会议，重新审议原定的起义计划。经过激烈争论，毛泽东终于说服了大家，决定撤离湘东地区，向南转移。革命的有生力量因此得以保存下来。

关于这段情况，黄允升在《略论湘赣边界秋收起义》一文中写道：

工农革命军严重受挫，主要在于夺取长沙中心城市的首攻方向的错误。在当时革命低潮形势下，中心城市或交通要道的工农群众还没有恢复起来，军事运动与民众运动很难结合得好，经不起强大敌军的反扑、追击，不能不受挫。正因为有毛泽东这样有正确思想的领导，部队没有完全溃散，主攻方向错了也容易扭转；加上他早就提出武刃"上山可造成军事势力的基础"；在制定军事部署时还提出"无论如何，不能放弃萍（乡）安（源），使敌人断绝我们的退路"。这一切，都成为他能够率领起义部队由进攻城市转到进军农村、山区的思想基础。

毛泽东非常重视这次严重挫折，9月19日在文家市主持中共前敌委员会会议，总结经验教训，确定工农革命军的行动方向。师长余洒度等仍主张攻打中心城市，提出"取浏阳直攻长沙"。毛泽东认为，革命处于低潮，强敌占据中心城市，若再攻长沙恐无把握，主张放弃湖南省委原定以夺取长沙为中心的计划，把工农革命军转移到敌人力量薄弱的农村、山区，同农民群众相结合，开展革命斗争。总指挥卢德铭等各委员赞成毛泽东的主张。会议决定，工农革命军经萍乡向南转移，到反动势力薄弱的农村、山区找落脚点，"以保存实力"，继续革命斗争，这是符合列宁关于在帝国主义世界的薄弱环节搞革命的原则的。

毛泽东代表前委向全体工农革命军宣布前委决定，并作了动员。9月22日，同卢德铭率领部队沿罗霄山脉向南转移。毛泽东从张家湾军事会议得到井冈山有支农民武装的信息（由王兴亚汇报提供），告诉总指挥卢德铭，而卢德铭在回答对部队行动疑问时，将此情况转告给了军事参谋。[11]

湖南省哲学社会科学研究所的资料也详细记述了这一过程：

9月14日黄昏，毛泽东率工农革命军第3团自东门撤至上坪。当晚，召开了连以上干部紧急会议。毛泽东根据各路起义军连续受挫的情况，认为当时敌强我弱，在城市已无取得胜利的可能，于是果断地决定放弃原定进攻长沙的军事行动。为了统一整个起义部队的思想和行动，毛泽东以前委书记名义，命令各路起义部队到文家市会师。与此同时，毛泽东还把工农革命军主力在平浏受挫，三路会攻长沙的计划已无法实现的情况，写信告诉湖南省委，要求省委相应地停止毫无胜利希望的省城暴动。上坪会议适时地改变了不切实际的攻打长沙的军事计划，在实践上开始扭转了只注意城市不重视农村的错误指导思想，为工农革命军向农村进军的伟大战略决策作了准备。

9月15日，3团指战员在毛泽东率领下，向文家市进发。于19日中午，进抵文家市。1团于金坪失利后，余洒度不顾形势变化，将部队屯扎于平江龙门附近大山中，派人调3团前去并力反攻长寿，进取平江，拒不执行到文家市会师的命令。直到毛泽东去信，严厉批评，他才勉强接受命令，南下向3团靠拢，于19日到达文家市。2团在浏阳失败后，部队大部散失，仅有少数战士在一个连长的带领下参加了文家市会师。此外，由60名安源工人组成的2团炸弹队，由党代表兼队长杨明率领，奉命自安源直接赶到了文家市。

……

9月19日晚，由毛泽东主持，在里仁学校后栋的教室里，召开了有师团主要负责人参加的前委会议。会议围绕着起义部队去向——这个关系中国革命前途和道路的重大问题，展开了激烈的斗争。

当时，毛泽东根据中国社会的特点和当前政治形势，考虑到革命已经处于低潮时期，在敌大我小、敌强我弱的情况下，大城市和交通要道是敌人重兵把守的地方，我们在城市暂时没有取得胜利的可能。但是，中国幅员辽阔，广大农村则是敌人统治力量薄弱的地方。据此，他提出了放弃继续攻打长沙的军事行动，转向湘、赣、粤三省交界的农村进军，在那里建立革命根据地，开展土地革命，积蓄和壮大革命力量的正确主张。

会议经过激烈争论，前委大多数同志坚决拥护毛泽东的正确主张，拒绝了余洒度不顾当时形势，顽固坚持"夺取浏阳，直攻长沙"的错误意见，确定了向湘、赣、粤边界农村进军的伟大战略方针。

9月20日清晨，工农革命军1、2、3团的指战员共1000多人，集合在里仁学校的操场上，急切地等待毛泽东的来临。当主持会议的人宣布请中央来的毛委员讲话时，大家的心情激动万分。毛泽东向大家亲切地挥手致意，请同志们坐下来，然后开始讲话。毛泽东首先指出，我们是工农革命军，是为工农打仗的，接着，精辟地阐明了当前的形势和任务。他说，大革命已经失败，蒋介石、汪精卫正在疯狂地屠杀工农，革命处在低潮时期，但是，革命高潮肯定还会到来。过去我们的失败，就是吃了没有抓住枪杆子的亏。现在我们有了自己的武装，事情就好办多了。毛泽东号召大家，为了反对国民党的血腥屠杀，完成反帝反封建的革命任务，一定要紧握手中枪，和敌人斗争到底。他还满怀信心地指出，这次秋收起义，虽然打了几个败仗，受了点挫折，这算不了什么。失败是成功之母，重要的是我们要从失败中总结出经验教训。这次长沙虽没有打下来，但是我们打了土豪，分了谷子给穷人，这个事我们还要继续干下去。我们并不孤立，我们的事业受到湘、鄂、赣、粤四省广大工农和全国人民的支持。我们的力量是伟大的。反动派并不可怕，只要我们团结得紧，继续勇敢地战斗，最后胜利一定是我们的。讲到这里，他打了个比喻，说，我们好比一块小石头，蒋介石好比一口大水缸。我们这块小石头总有一天会打烂蒋介石那口大水缸的。中国有句古话："万事开头难。"要革命嘛，就不能怕困难，只要我们咬咬牙，挺过这一关，革命总有出头的一天。最后，毛泽东向大家阐明了向农村进军的伟大战略决策。他说，秋收起义计划打长沙，同志们也想打进长沙去。但是，目前敌大我小、敌强我弱，长沙这样的中心城市还不是我们待的地方。我们必须改变方针，到敌人统治力量薄弱的农村去，发动群众进行土地革命，建立农村革命根据地，发展和壮大革命武装，然后夺取城市，取得全国革命的胜利。

毛泽东的讲话刚一结束，会场顿时活跃起来。战士们都说毛委员的话句句说到了心坎里，都感到革命有了方向、有了奔头，决心紧跟毛委员革命到底。

9月20日早餐后，工农革命军在毛泽东亲自率领下，离开文家市，沿罗霄山脉南下，开始了向井冈山的伟大战略进军。〔12〕

三湾改编

部队南进途中，处境十分艰难。在江西萍乡芦溪遭到敌人伏击，总指挥卢德铭壮烈牺牲。这给部队以不小的震动，不少人情绪低落，意志薄弱者干脆开了小差。

9月29日，部队来到江西永新县三湾村。毛泽东决定对部队进行改编，由一个师缩编成一个团，确立党的支部建在连上的制度，以及实行官兵平等的民主管理制度。这使秋收起义部队逐步摆脱旧军队的不良影响，成长为无产阶级领导的新型人民军队。

据湖南省哲学社会科学研究所的资料说：

工农革命军离开文家市以后，为了甩脱敌人的追击和堵截，沿着湘、赣两省边界，抄小路、翻高山、涉溪水，于23日下午进抵芦溪。第二天清晨，部队出发时，遭到敌军朱培德部两个团的伏击，总指挥卢德铭为了掩护部队撤退，亲自率部堵击敌人，英勇牺牲。为了使部队脱离险境，毛泽东率领工农革命军翻山越岭，向敌人力量薄弱的莲花县挺进。25日中午，在该县广大工农的配合下，毛泽东指挥工农革命军，一举攻克莲花县城，守城的保安队100多人，全部被我缴械，并救出被关押的共产党员和革命群众100多人。当晚，毛泽东召开了莲花县党组织负责人会议，指示他们尽快地恢复和发展地方党组织，开展武装斗争和土地革命。

9月29日，工农革命军到达永新县的三湾村。

部队自起义以来，战斗频繁，几经失利，加之生活艰苦，疾病流行，严峻的斗争环境，考验着每一个指战员。坚定的革命战士拖不垮，打不散。但也有些投机分子，消极动摇，散布悲观情绪，甚至开了小差。为了及时整顿好这支部队，毛泽东召开党的前敌委员会，分析部队的政治思想情况，总结党在大革命时期领导军队的经验教训，提出了改编工农革命军的计划。接着，部队在毛泽东领导下进行了有名的三湾改编。

首先改编了军队的组织。由于部队严重减员，到达三湾时已经不足1000人，于是将原来的一个师缩编为一个团，名为工农革命军第1军第1师第1团。原来的第1团编为第1营，第3团编为第3营，第2团人不多，编为特务连。全团共7个连。整编后多余的军官编成军官队，伤病员和医务人员合编成卫生队，都直属团部领导。并重新任命了全团干部。

加强党对军队的领导，是这次整编的主要内容。秋收起义部队不管是从国民革命军中分化出来的，还是工农暴动武装力量，都是一个团只有一个党支部。毛泽东认为要保证党对军队的坚强领导，就必须把"支部建在连上"。改编后，连队建立党支部，班排有党小组，营团设党委，重大问题必须经过党委讨论决定。全团各级党组织由毛泽东为书记的前敌委员会统一领导。这样就在军队中建立和健全了党的各级组织，充分发挥了党组织在部队中的战斗堡垒作用，确立了党对军队的绝对领导，保证了工农革命军的无产阶级性质，从政治上、组织上奠定了新型人民军队的基础。

为了清除从旧军队中沿袭下来的腐败制度和一切不良影响，毛泽东决定在军队内部实行民主集中制的原则，强调官兵一致，宣布官兵在政治上平等，军官不准打骂士兵，废除烦琐礼节，士兵有开会说话的自由。连以上各级建立士兵委员会，委员由选举产生，主席由有威信的士兵或班长担任。它代表士兵利益，又是党的助手，有权监督各级军官。士兵委员会是实行民主集中制的一种组织形式，对改造军队起了积极作用。实行经济公开、由士兵管理伙食、官兵待遇平等，也是建立部队民主制度的重要措施。以前，军官每顿饭四菜一汤，和士兵的待遇悬殊。改编后，官兵吃一样的饭菜，穿一样的衣服。这就进一步密切了官兵关系。

三湾改编是在激烈的斗争中进行的。余洒度、苏先骏等少数投机革命的军官，留恋旧军官的特殊待遇，害怕同士兵一起过艰苦生活，在改编过程中散布怀疑悲观情绪，反对党对军队的领导。余洒度和苏先骏等人坚持反动立场，后来终于堕落成可耻的叛徒。为了鼓舞战士们的斗志，毛泽东在改编大会上严肃地驳斥了余洒度散布的悲观论调。他从容地登上一块大石板，以坚定的声音，充满信心地对大家说："敌人只在我们后面放冷枪，这有什么了不起！大家都是娘生的，敌人有两只脚，我们也有两只脚。贺龙同志两把菜刀起家，现在当军长，带了一军人。我们现在不只有两把菜刀，我们还有两营人，还怕干不起来吗？你们都是起义出来的，1个可以当敌人10个，10个可以当他100个。我们现在有这样几百人的队伍，还怕什么？"毛泽东的话，给战士们增添了无限的信心和力量。会后，大家都兴奋地议论开了："有毛委员领导，我们还怕什么？""贺龙同志两把菜刀能起家，我们几百人还不能起家吗？"部队的革命情绪迅速高涨起来。

10月3日，改编后的工农革命军和扶老携幼前来送行的群众共1000多人，在三湾东南头的枫树坪，召开了军民大会。毛泽东在会上作了重要的讲话。他指出工农革命军是中国共产党领导的部队，是为穷人打天下的，号召三湾人民团结起来，跟着共产党闹革命。接着他向部队发出了继续进军的命令。一支经过改编后的全心全意地为中国人民服务的新型人民军队，以崭新的战斗姿态，迈开雄伟的步伐，离别依依不舍的三湾群众，精神焕发地朝着新的征途进发。〔13〕

罗荣桓元帅是三湾改编的见证人。他回忆说：

毛泽东在文家市收集了余部，决定向罗霄山脉中段的井冈山进军，建立农村革命根据地。这是一个伟大的战略进攻，部队从此踏上了毛泽东所指出的正确的道路。南进途中，在芦溪又受到敌人的伏击，部队一共剩下不到1000人，到达江西永新县境的三湾，便立刻进行整顿。

首先是整顿组织，一个师缩编成一个团，改称为工农革命军第1军第1师第1团，实际上只有2个营7个连。整编后，干部多余了。这些干部，大多是投笔从戎的知识分子，其中有些人在这一连串的挫折面前，在这危险、艰苦的斗争面前，惊慌失措、灰心动摇起来，少数人已经不告而别了。如果不迅速地处理他们，势必会动摇军心。毛泽东采取了坚决的措施，根据自愿，要留则留，要走的就发给5块钱路费，疏散到农村去。整顿后留下来的是经过战斗和艰苦生活考验的革命者，人虽少，却精悍得多。

接着，毛泽东开始在部队中建立党的各级组织，班有小组，连有支部，营团建立党委，在连以上各级设置了党代表。并且成立了党的前敌委员会，毛泽东担任书记。于是，这支部队便开始完全处在党的绝对领导之下。

为了扫清军队的一切不良制度和习气，毛泽东果断地采取了许多革命的措施。例如，士兵委员会就是这时候产生的。为了反对旧军队那一套带兵方法，实现政治上的官兵平等，建立新式的带兵方法，这就需要进行民主改革。士兵委员会就是实现民主的一个组织形式。那时，士兵委员会有很大的权力，军官要受士兵委员会的监督，做错了事，要受士兵委员会的批评，甚至制裁。表面看来，这样做似乎是会鼓励极端民主化和平均主义的思想，但当时的主要问题是必须坚决废掉旧军队的一套带兵方法，奠定新型的官兵关系——阶级的团结。部队的实际情况是民主不够，而不是什么极端民主化和平均主义的问题。因此，只有这样做，才能更彻底更有效地肃清军阀残余。有了民主，才能提高群众觉悟，才能建立巩固的集中。农民的极端民主化和平均主义思想是容易克服的。记得，起初甚至没收地主的一个鸡蛋，也要由士兵委员会来平分。后来由于干部处处以身作则，作风民主，士兵受到感动，他们从实践中也知道了无法绝对平均，觉得那样做没有什么好处，便逐渐改变过来，在自觉的基础上爱护干部、听从指挥了。

改善官兵关系的措施，贯彻到各个方面，也表现在物质待遇的变化上。秋收起义以前，军官每顿饭都是四菜一汤，和士兵的待遇悬殊。三湾改编以后，因为斗争很艰苦，那时最需要的是官兵艰苦与共，因而待遇改成完全一致，干部和士兵吃一样的饭菜，穿一样的衣服。这是一个了不起的改革。它更加密切了官兵关系，对干部的考验和改造也起了积极的作用。当然，今天的条件已经不同，因而官兵之间、上下级之间的生活待遇上有某些差别，在目前还是合理的，也是必要的。

南进到达宁冈古城后，毛泽东召集了古城会议，总结了秋收起义的经验教训，派人与中央及省委联系，并继续整顿部队内部。这时，由于地方党组织的帮助，还建立了一个后方。[14]

三湾改编给部队带来的新生，也许只有亲身经历者才能有更深的感受。谭政大将回忆说：

远在1927年的秋天，秋收暴动失败以后，部队从战场上收拾下来。每天总是从天未明就出发，一直走到黄昏以后才宿营。经过平浏、铜鼓、萍乡到达莲花的三湾，休息了三天，着手改编部队，这算是红军发展史上的一个难关。自从长寿街战斗失败以后，湖南的敌人拼命地跟在我们后面跑，总想把我们这个种子一下弄个精光。民团、保卫团也来欺负我们，沿途不准许我们借路。真像"老鼠子过街，人人喊打"的神气。没有经过锻炼的"小娃娃"，哪能经得起这样的风波？

自然，疲劳、困苦、饥饿、惊慌的情绪，充满了部队。加上疟疾、痢疾传遍了每个战士，在晨光熹微的草丛中，不到几步，就有人躺在那里，用微微的声音在那里颤颤地发抖。离开宿营地的头四五里路，每天总是嗅着一种难闻的腥气。已经到达宿营地准备宿营的时候，还要更动几处地方。

到了三湾的第二天，听说师长要集合部队讲话。在悲愁苦闷中，倒想听他讲讲话。队伍集合好了，远远地看着师长走来，只见他愁眉紧锁，一肚皮不舒服的样子。他说什么话呢？第一宣布改编命令；第二就发了一场牢骚："我们的部队好像打了几十个败仗的样子……现在人员减少了，部队要缩编，从一个师改编为一个团，一个团还不足，改编为两个营……"听不下去了，只看到全场的人，大家都瞪着眼睛，呆呆地望着他，好像失了魂一样。忽然由新任团长介绍毛先生出来讲话。从人丛中跑出一个又高又大的人来，脑上蓄着两三寸长的头发，身上穿着一件老百姓的烂棉袄，脚上却打着一双绑腿，套着一双草鞋。听说他是第二次向部队讲话，可我是第一次见着他。他以和蔼的态度、含笑的脸色，跑到部队前面，顿时会场沉寂的空气突然呈现紧张的色彩，大家笑容可掬地在那里鼓掌。"同志们，敌人只是在我们后面放冷枪，这有什么了不起？……大家都是娘生的，敌人他有两只脚，我们也有两只脚……贺龙同志两把菜刀起家，现在当军长，带了一军人。我们现在不只有两把菜刀，我们还有两营人，还怕干不起来吗？……你们都是暴动出来的，1个可以当敌人10个，10个可以当他100个，我们现在有这样几百人的队伍，还怕什么？……没有挫折失败，就不会有成功……"大家哧哧地忍不住笑，表现出特别兴奋的样子。队伍解散以后，只看到一群一群的人在那里议论着："毛先生他都不怕，我们还怕什么？""贺龙同志两把菜刀能够起家，我们几百人还不能起家吗？"

三湾的改编，毛主席的这番讲话，对于当时部队恐慌失望情绪的转变，起了很大的作用。不仅如此，当他来到这个部队的时候，已经是在秋收暴动失败部队形成溃乱状态以后，他能够以很短的时间，在一个和他毫无社会关系的部队中建立他的信仰，用民主主义的工作方法，团结了下层干部及其广大群众。在改编部队中，毛泽东宣布了前敌委员会的组织，取得了公开的、合法的地位，开始建立党的领导的基础，把一些动摇、不可挽救而企图逃跑的上层分子，以适当的方法，使之自动地离开部队，这些都表现出他伟大的特色与本领。三湾改编以后，使脆弱的、缺乏党的领导的工农武装，走上了新的游击战争的发展阶段。[15]

赖毅是三湾改编后毛泽东亲自发展的第一批中共党员。他回忆说：

芦溪受挫以后，部队中弥漫着一股消沉的情绪，许多知识分子和旧军官出身的人，看到失败似乎已成定局，纷纷不告而别。有些小资产阶级出身的共产党员，也在这时背弃了革命，走向叛变或者消极的道路。1营1连的一个排，就在排长带领下，利用放哨的机会全部逃跑了，并且带走了所有的武器。那时，逃亡变成了公开的事，投机分子们互相询问："你走不走？""你准备到哪儿去？"这真是一次严重的考验。革命部队正在烈火中经受着锤炼！

就在这支革命部队的生死存亡关头，毛泽东展开了最紧张的工作。那时，我是1营2连1班的班长。每天行军，我都看到他那魁梧的身体，出现在战士们的行列中，今天在这个连，明天又在另一个连。他和战士们谈话，问他们在家是做什么的，是怎样参加革命队伍的，问他们对革命的认识，对目前形势的看法。

最初，1连有些同志不认识他，以为是老百姓，便要拉他挑担子。毛泽东笑着说："我给你们挑了好几天了，今天你们连长叫我休息休息。"见过他的战士便说："他是中央派来的毛委员呀！"那些战士都惊奇地围到他身边，看着他那和蔼的笑容，谁都从心里和他更亲近了，纷纷向他诉说自己的经历。

……

毛泽东自从在文家市组织秋收起义的部队开始向井冈山进军以来，每天不倦地找战士们谈话，正是为了了解部队情况，考虑如何保存、巩固和发展这支革命武装。

……

毛泽东通过深入、细致地工作，调查研究了部队的政治和思想情况，察觉到问题的症结，采取了坚定的措施，那就是开始在连队中建立党的基层组织，并且在工农出身的战士中大力发展党员。

就在芦溪受挫后的一次行军途中，副班长刘炎和我谈话，问我家庭的情况和个人经历。我猜想他是党员，便告诉他，我原是造纸工人，在搞工会工作时加入了共青团，后来从家乡逃出来，到修水找到了这支革命队伍。他听完我的叙述就说："好吧，我们找找看。我想党代表一定是党员，去向他要求入党吧。"后来，连党代表果然把我找去，对我说："你要求入党，那很好。毛委员指示，要发展一批工农骨干入党。今后你要更好地工作，努力争取入党！"

没隔几天，党代表又找我谈话，这次叫我填写了入党志愿书。

部队开到鄜县的水口休息下来。第二天下午，党代表就秘密地通知我：晚上跟他一路去团部开会。

会议的地点选在靠近水口街的一个大祠堂里。我和5班班长李恒同志跟着党代表上了阁楼，屋里已经有十几个人，各连的党代表都来了，其余的大都是各连的班长。毛泽东也来了，正在和几个同志低声谈话。房间里放着几条长板凳，靠北墙有一张四方桌，桌上放一盏煤油灯，桌边上压着两张下垂的长方形红纸，一张上写着入党誓词，另一张上写着3个弯弯曲曲的外国字。我知道要举行入党宣誓了，心不禁剧烈地跳动起来，一生中最光荣最难忘的时刻终于来到了。

等人来齐了，毛泽东便站到方桌旁边宣布开会。

先由各个入党介绍人（都是各连党代表）分别介绍了各个新党员的简历。接着，毛泽东走到排列在最前面的6个新党员面前，依次询问了很多问题。当他走到我面前时，我心中又紧张又激动。他问我为什么要加入共产党。

"要翻身，要打倒土豪劣绅，要更坚决地革命！"

毛泽东点了点头。

接着，毛泽东又把那3个大家从没有见过的外国字作了解释。原来这几个字念"西西皮"（CCP），就是中国共产党的意思。接着，他又详细地解释了入党誓词。

会场上充满严肃的气氛。毛泽东举起握着拳头的右手，亲自带领我们宣誓。他读一句，我们跟着读一句："牺牲个人，服从组织，严守秘密，永不叛党……"洪亮、庄严的声音，在这间破旧的小阁楼中回荡。

宣誓结束了，会场里活跃起来。同志们互相勉励，老党员谆谆嘱咐，都使我十分感动。特别是毛泽东讲的话：从现在起，你们都是光荣的共产党员了。今后要团结群众，多做宣传，多做群众工作；要严格组织生活，严守党的秘密……这许多嘱咐，都深深地印入了我的心底。

临走时，毛泽东又叮嘱各连党代表：回去后要抓紧发展工作。以后，各连都要像今天这样，分批举行新党员入党宣誓仪式。〔16〕

注　释

〔1〕易礼容：《湖南省委和秋收起义》。

〔2〕罗章龙：《湖南省委领导秋收起义的回忆》。

〔3〕《怀念毛主席》，江西人民出版社1978年2月版，第87—88页。

〔4〕黄允升：《略论湘赣边界秋收起义》，载《党史研究资料》1991年第1期，第2—3页。

〔5〕陈永清：《毛泽东在株洲部署秋收起义情况》。

〔6〕《怀念毛主席》，江西人民出版社1978年2月版，第89—91页。

〔7〕应是第1师师长。

〔8〕埃德加·斯诺：《西行漫记》，生活·读书·新知三联书店1979年12月版，第141—142页。

〔9〕根据张启龙回忆，3团团部党委书记是彭商仁。——原注

〔10〕吴开瑞：《工农革命军第三团在秋收起义中》。

〔11〕黄允升：《略论湘赣边界秋收起义》，载《党史研究资料》1991年第1期。

〔12〕《怀念毛主席》，江西人民出版社1978年2月版，第95—98页。

〔13〕《怀念毛主席》，江西人民出版社1978年2月版，第98—101页。

〔14〕罗荣桓：《秋收起义与我军初创时期》，选自《伟大的历程——回忆战争年代的毛主席》，人民出版社1977年8月版，第36—38页。

〔15〕谭政：《三湾改编》，载《中国青年》第2卷第9期，第55—57页。

〔16〕赖毅：《毛委员在连队建党》。

二、非凡的创举

跃上井冈山

三湾改编后，毛泽东率领部队继续南下，经过认真调查，最终选定罗霄山脉中段即井冈山地区作为部队的落脚点。

据熊寿祺回忆说：

在三湾，毛泽东指出：部队不能乱跑了，乱跑就肯定要遭到失败。毛泽东还说，在芦溪我们垮了不少，如果再乱跑，剩下来这些人也要全部垮掉，这样还革什么命？

在三湾时，毛泽东说袁文才在茅坪打圈圈，敌人8年来都没有把他们消灭，王佐在井冈山也是这样，敌人没有办法搞垮他们。毛泽东又讲，我们要和地方结合起来，要取得地方的支持：一方面我们把伤病员交给他们，他们可以把我们的伤病员安置好；另一方面我们可以发枪给他们，帮助他们发展起来，这样我们就不会被敌人打垮。虽然那时毛泽东还没有提到"根据地"3个字，但是讲话的内容却是"根据地"的内容。概念是逐步发展起来的，是经过斗争实践发展起来的，这中间有个过程。毛泽东在三湾讲话的意思可以肯定是"根据地"的意思，三湾改编的意义是伟大的，但其中还有一个伟大的意义，即在于毛泽东提出了"根据地"的思想。

为了建立根据地，在三湾的时候，毛泽东还派人与袁文才、王佐进行联系。

关于根据地问题，在井冈山上听毛泽东讲过多回。毛泽东经常对我们讲，要做群众工作，并经常对我们讲建立根据地，一是要有群众，二是要有粮食。毛泽东讲的这两个条件，井冈山都具备。

1927年10月初，毛泽东在江西宁冈县古城召开前敌委员会扩大会议，初步总结秋收起义的经验教训，研究建立根据地，以及如何改造井冈山地区两支农民武装的问题。

何长工回忆说：

三湾改编后，部队向宁冈前进。宁冈有新城和古城两个城，我们在古城开了一个会，叫作古城会议。这个会，找不着存档，我反复地讲才有人记起来，毛泽东不说，没人知道。这个会我参加了。古城会议有四个内容：

（1）总结了秋收起义的教训。毛泽东说："秋收暴动布置上有点毛病。分兵作战，不是各个击破敌人，而是被敌人各个击破；不应该攻打大城市；炎天暑热，我们以疲惫之师去打击敌人，敌人以逸待劳，我们怎么能打赢？"秋收起义时，毛泽东没赶到指挥部，因而毛泽东采取团结的方针，有些意见没多说，没有过多地指责批评，只是很婉转地说了这几点。

（2）派遣活动。派人四处联络，沉浮在你，顺水流舟，自我淘汰。表现好的将来还是朋友。当时有些动摇的人，吃不了苦，部队规定可以"请假"，以后愿意来再来。走了50多人。走了也好，少几个没决心革命的。当时，蒋介石还放风说：绝不杀黄埔学生。因黄埔学生救过他的命。所以一些黄埔学生因当时部队缩小了，又没有官做，走了。余洒度这人后来也走了，蒋介石还给他官做了。后来借口说他贩毒，还是给杀掉了。

（3）派人与中央、省委和县委联系。与地方党组织取得联系后，建立了一个后方。另外，还派人出去广泛联络，建立统一战线。我记得与我们联系的有宁冈县委。县委书记龙超清，他父亲是江西省议会的议长，他借着世家子弟的身份做共产党的工作，外边的人也不怀疑他。

（4）还做一些统一战线工作。为了争取王佐、袁文才，曾送了几十条枪给他们。他们答应我们在茅坪设立一个留守处、一个后方医院。虽说是医院，病员来了多是休息，没有西药，中药也不多。

古城会议后，部队开始进行游击活动。"游击"这个词是后来用的。当时我们叫行动。毛泽东的建党、建军、统一战线三大法宝的思想也开始体现出来。毛泽东经常组织一些工作队、工作小组，做群众工作，亲自领导，经常听取我们的汇报。这样，我们就慢慢积累了一些经验。

……

进军井冈山，这是一个严重的斗争，这是一个由城市到农村的大转变。当时人们的思想很不容易转这个弯，很多黄埔出身的同志想不通，说："过去轰轰烈烈，现在冷冷清清。"毛泽东分析了当时的形势，说明能不能正确适应这个转变，就是能不能胜利的问题，以此说服了大家。这个大转变，接受了大革命的教训，保存了革命的骨干，没有这些骨干是困难的。[1]

何长工还回忆起这样一段往事，尽管时间和地点难免有误差，但读来很耐人寻味。

当部队到文家市前后，不少同志还在醉心于如何攻取大城市的时候，我从和毛泽东的接触就已经看出他有找一个地方落脚的打算。还是在大革命时期，毛泽东就十分注重农民运动，举办农讲所，培养农运干部。他说过，中国革命在大城市里没有希望，希望在农村。据说，他从广州回家乡"养病"时，还特地去过井冈山呢。这一次，在部队打了几个败仗之后，我亲耳听到了毛泽东讲到这个问题。他说，在国际资本处于战后的相对稳定时期，在帝国主义和国民党相勾结共同对付革命的形势下，特别是国内蒋、汪合流，组成反革命联盟，这个时候如果我们走交通要道，去打城市，那就有全军覆没的危险。只有把革命引向敌人不注意的地方去发展，胜利才有希望。

我记得他的这个思想，在准备"引兵井冈"之前，有一次他在一个小学校里召开的营以上干部会议上讲得更具体了。会前他让人画了一张标有罗霄山脉的地形图，开会时用几根木棍支在会场前面。毛泽东站在地图前，边讲边看图。他首先讲了秋收起义的形势，然后说现在敌人集中力量打我们，我们没有打好，这不要紧，我们还留有队伍。留得青山在，不怕没柴烧。只要我们总结经验教训，新的胜利一定会取得的。因为有一条，天下穷人要闹革命，这就是我们获得胜利的因素。他转过身子指着地图说：我们有一个罗霄山脉，可以休养生息，地图上像眉毛一样的这个地方我们可以去（当时还不知道井冈山这个名字）。接着他分析了在井冈山发展的可能性。他说：这个地方处于罗霄山脉中段。在湘、赣两省边界，是反动派统治薄弱的环节，又离两省省会较远。毛泽东又分析了敌人内部的情况，他说，在国民党反动派内部，派系林立，尔虞我诈，同床异梦，各保实力。因此省与省、部队与部队之间极不统一。两省敌人你来我不来，你挨打我不救；"会剿"也往往是剿而不会，会而不剿。现在我们目标不大，可以依靠这个地方发展革命力量。为了鼓舞士气，他还举了一个生动的事例。他说，大家都知道，历史上每一个朝代里都有山大王，可从来没听说有谁把山大王彻底剿灭过。山大王没有什么主义，可我们是共产党，既有主义又有政策，山大王和我们比不上。那么，敌人怎么能消灭我们呢？最后，毛泽东向大家详细地谈了井冈山的地形和五条有利条件：（1）有很好的党；（2）有很好的群众；（3）有相当力量的红军；（4）有便于作战的地形；（5）有足够给养的经济力。[2]

争取"山大王"

这时的井冈山，有两支农民武装占据着，一个头目叫袁文才，一个头目叫王佐。他们是劫富济贫的"绿林英雄"，并受到大革命的影响。毛泽东深知，要在井冈山站稳脚跟，必须取得他们的真心合作。

据湖南省哲学社会科学研究所的资料说：

工农革命军要进入井冈山，首先遇到的就是如何正确对待袁文才、王佐两支地方武装的问题。他们两人在大革命时期曾分别担任赣西农民自卫军正、副总指挥；马日事变后，凭着井冈山的有利地形，各保持了60支枪，坚持和豪绅地主作斗争。毛泽东在三湾时曾派人与袁文才部进行联系，袁文才也表示愿意合作。对这两支武装，有人认为他们名义上是农民自卫军，实质上是土匪部队，主张武力消灭。毛泽东严厉地批评了这种错误意见，强调对袁、王的部队要作阶级分析，两支部队成员大多数是受剥削受压迫的农民，虽然有"绿林"习气、地方主义等缺点，但只要有了共产党的领导，是可以改造的，应该主动和他们搞好关系，团结他们一道革命。大多数同志拥护毛泽东的正确主张，决定了对袁、王部队采取团结改造的方针。

古城会议后，毛泽东于10月6日亲自到大仓村会见袁文才，和他进行了亲切诚挚的谈话，给他指明了革命的前途，并送给他100多支枪，鼓励他扩大队伍闹革命。袁文才十分高兴，答应马上送500银元给工农革命军解决给养问题，并激动地说："我袁文才没有话说，工农革命军吃的粮食、伤病员的安置都包在我身上。"袁文才和王佐曾歃血为盟，关系密切，因此，毛泽东通过袁文才去做王佐的工作。后来王佐也同意了工农革命军进入井冈山。

10月7日，毛泽东亲自率领工农革命军到达茅坪，袁文才带领农民自卫军和当地群众热情欢迎，他们为工农革命军腾房子、送粮食、送干柴、送蔬菜，工农革命军帮助群众扫地、治病，进行政治宣传。工农革命军在攀龙书院设立了后方医院，安置好了伤病员，在象山庵设立了留守处。毛泽东还在攀龙书院接见了宁冈、酃县在茅坪避难的部分党员，介绍了秋收起义的情况，指示他们回去发动和组织群众，配合根据地的斗争。[3]

为了取得袁文才的信任，毛泽东还专门派陈伯钧等先走一步，到井冈山做袁的工作。

陈伯钧回忆说：

井冈山上有两股地方武装，他们为首的一个是王佐，一个是袁文才。袁文才过去是个中学生，大革命时当过赣西农民自卫军的总指挥，大革命失败后退居宁冈一带，编了一个营的武装，自立为王。毛委员经过研究，认为袁文才参加过大革命，和统治阶级有矛盾，可以争取和改造他们。于是给袁文才的部队补充了100条步枪，决定把伤病员留在宁冈休养。几天后，毛委员率领我们离开宁冈的古城砻市，向湖南酃县之水口地方前进。

在水口，部队一面休整，一面发动群众打土豪。毛委员对于我们这支小红军要找个立足之地，时时刻刻悬念在心。这时，他决定派游雪程、徐彦刚和我3个人，到袁文才的部队担任连长、副连长、排长职务，帮助他们练兵，培养革命干部，借此打下后方根据地的基础，便于红军的游击活动。临离开部队时，我们去见毛委员。那是在一个祠堂里，神龛脚下铺着稻草，毛委员坐在地铺上，简单地向我们交代了几句：到那里要好好同人家合作，要搞好关系，听袁（文才）营长的话。注意了解当地情况，传播革命种子。

我们随着袁文才派来的交通员，身上带着武器，经过两三天的行军，到达袁文才的营部所在地"步云山"。

"步云山"是一座大庙，位于半山腰上，可以住下一个营。庙门前有一块大坪，可作练兵的操场。大坪的下面就是阶梯式的水田。这里距茅坪3里路，仅有一条道路通行，路的一旁是水田，一旁是山。山上松、杉成林，茅草丛生，不易攀登。庙后直通山上。这里确实是个"安营扎寨"、便于警戒的好地方，从山下来的人，离很远我们就可以发现，若想接近庙宇，必须在大坪前面绕很大的弯，才能上来。如果发现敌人，我们守可以居高临下打击敌人，退可以掩护主力从庙后登山。而且一有敌情，老百姓会及时通知我们。这正是井冈山附近群众与当地军队关系密切的具体表现。

我们刚到"步云山"，还没有正式到连上去工作，山下就传来国民党反动军队进攻的消息。袁文才营部的人领我们来到一个更加荒僻的山沟茅屋"打埋伏"。"打埋伏"，这还是我们第一次听到的新名词。在敌强我弱的形势下，为了应付敌人，敌人一来，我们就暂时躲避一下；待敌人走后，我们再出来活动。这在当时就叫作"打埋伏"。此番，我们"埋伏"在一个贫苦农民的家里，没有地方睡，四个人挤在一张木床上。10月间，山区正是秋收时节，早晨起来，喝一碗米酒（江西人用糯米蒸的酒），吃过早饭，就拿根棍子随房东老头到打谷场上。房东老头除了供给我们吃喝外，什么话也不问我们，这大概是袁营长预先交代过的吧。敌人走后，我们回到"步云山"，当即集合人马，操练队伍，以待时机。[4]

毛泽东在争取到袁、王二人的支持后，还有一个更长远的考虑，就是要把这两支农民武装改造成无产阶级的革命部队。1928年年初，他把改造王佐部队的任务交给了何长工。

何长工回忆说：

1928年年初，毛泽东指挥工农革命军在遂川大坑，消灭了肖家璧的反动民团，乘胜占领了遂川城，迎来了井冈山第一个胜利的春天。我从粤北联系南昌起义部队返回不久，一天吃饭的时候，毛泽东向我说："决定派你上山，去做王佐的工作，怎么样？"我问："去多少人？"毛泽东笑笑说："又不是去打仗，要许多人去干什么？你先去做'长工'。人还是要派去的，只是现在不是时候。你的工作，就是要他们请我们的人上山。"

听说要我自己上山，心里真有几分犹豫。王佐是井冈山上的一支武装，他和袁文才，一文一武，是土、客籍的两个领袖，如今虽然打的是农民自卫军的旗号，反抗旧势力，但这支武装，阶级观念模糊，流寇思想、游民习气很重，纯粹是靠着封建的红帮关系维持他们的内部，完全是闯江湖的一套。我单独一人，怎能完成这一艰巨任务呢？

"不要怕。"毛泽东看出我有顾虑，便鼓励我说，"去了以后，困难是有的，要边工作，边学习。不入虎穴，焉得虎子！"

参谋长张子清在一旁说："毛委员的意思是要迅速改造这支部队。他们在山上，我们在山下，如果山上出了问题，我们就有后顾之忧。毛委员已经直接做了许多工作，宁冈县委也跟袁文才谈妥了。你去吧，只要按照毛委员的指示去做，一定成功。"

毛泽东给了我许多指示，他特别强调指出，把他们争取过来改造好了，不仅使"北门的拳头越打越多"（毛泽东常说的一句话），巩固我们的后方；同时还为今后改造旧军队摸索一些经验。另外，边界各县土、客籍之间矛盾很深，我们可以通过团结王佐、袁文才，去团结广大群众。

我接受了毛泽东的指示，带着他亲笔写给王佐的信，背起一个小包袱就出发了。

井冈山，是罗霄山脉中段的一座高峰，方圆550里。周围有7个县、15个市镇，山上有一片平地和许多梯田。王佐带领一支队伍，就住在山区的中心——茨坪；袁文才带领一支队伍住茅坪。他们一个山上，一个山下，把守了通向井冈山的七条道路，特别是五大哨口。

工农革命军开始进入井冈山地区的时候，他们对我们不了解，有戒心，不愿意接受我党的领导。1927年10月3日，在古城会议讨论对袁、王部队的方针时，有人曾提议解除他们的武装。毛泽东严厉批评了这种思想，强调指出，不能采取大鱼吃小鱼的吞并政策；对他们只能用文，不能动武，要积极地争取改造他们，使他们变成跟我们一道走的真正革命的武装。为此便通过地方党的关系，对王佐、袁文才进行了说服教育，并且送给了他们一些枪弹。毛泽东的名字，王、袁是早已熟悉的了。因此我上山来，一说是毛泽东派来的，王佐便以宾客相待。

……

打完尹道一，王佐提出要扩充部队。我根据毛泽东的指示，建议王、袁两支部队合编一个团。

王佐也有此心，便说去和他们"老庚"商讨。

他所说的"老庚"，就是袁文才。这人是个知识分子，参加过大革命，思想比王佐进步些。他是客籍的领袖。毛泽东和宁冈县委书记龙超清曾对他做过一些争取工作。王佐既然愿意改编，他那一关就不难通过了。

一切条件成熟以后，1928年2月上旬便在宁冈大陇举行庆祝合编大会，正式宣布改称中国工农革命军第1军第1师第2团。毛泽东到了会，并作了重要讲话。根据他们自己的提议：袁文才为团长，王佐为副团长（实际上领兵的是他）。党任命我为该团党代表。宁冈、遂川县委发动了当地群众，对他们进行了热烈慰问。袁文才、王佐带头举行了宣誓：拥护共产党，接受共产党的领导。并提出口号：向第1团学习。

这时井冈山四周，群众的革命情绪高涨，党的影响日益扩大，形势很好。在这种情况下，王佐要求给他们派遣干部。就在这个进步的基础上，毛泽东又派了徐彦刚、游雪程等二十几个干部，先后来到这个新生的团队，徐彦刚任参谋长，游雪程任政治部主任，其余同志分别担任各营、连长和党代表。团里成立了党代表办公室，以及工农运动委员会（后改为政治处）。从此，党的政治工作便在这支部队里生了根，加强了部队革命化的建设。

毛泽东对改造这支部队，是费了不少心血的。他利用一切机会，亲自和袁文才、王佐谈话，给他们讲解形势，讲阶级观点、群众观点，并借古喻今以教育他们。王佐最高兴和毛委员谈话。记得有一次毛泽东从茨坪路过，和王佐谈了多半夜。事后王佐兴冲冲地向我说："毛委员是最有学问的人，跟他谈上一次，真是胜读十年书啊！"

对于他们的工作，毛泽东的指示很及时、很具体，经常给他们指出工作中的重点和处理问题的方法。部队改编为工农革命军第2团后，毛泽东又指示说：不能满足已有的成绩，要继续加强部队的政治工作。摆在我们面前的政治任务，就是如何使这支少数人掌握的武装，变为党绝对领导的武装；使绿林作风、游民习气很重的部队，变为有组织、有纪律、有战斗力的部队；在部队的内部关系方面，要以革命的上下级关系、同志关系来代替封建的雇佣关系；如何加强无产阶级思想的教育，等等。

第1团来的二十几个同志，都是优秀的政治干部。我们根据毛泽东的指示，分析研究了部队的特点，做出了工作计划。首先通过开展文娱活动，发现士兵中的积极分子，进行党的发展工作；接着建立了政治课、文化课的制度。通过新、旧事物的对比教育、环境（即时事）教育启发广大士兵的阶级觉悟。连队的一切制度和建设，都以第1团为榜样。并组织下级军官和士兵去第1团参观。第1团是毛泽东领导的。这支秋收起义的部队，经过三湾改编，树立了良好的革命秩序、官兵平等、经济公开和群众的关系密切，部队思想觉悟很高。去参观的人无不羡慕，甚至有的士兵参观后都不想回来了。

王佐虽然没有去参观（他是不轻易下山的），但听得他手下人称赞第1团，他也说："咱们向他们学习，他们怎么做，咱们就怎么做。"于是，士兵委员会、纪律检查组便先后组织起来。

士兵们开始了新的生活，剃去了长发，换上了新军衣，学唱歌、学演戏，茨坪山上充满了新的气象。王佐看到这一切，感慨地说："共产党真是会领兵、会做群众工作，深得群众拥护，照这样下去，怎能不打胜仗。"[5]

水口分兵

在安置好伤病员和留守机关后，毛泽东没有马上上井冈山，而是在井冈山周围分兵开展游击活动，搞社会调查，并扩大政治影响。10月13日，毛泽东率领部队来到位于井冈山西麓的湖南酃县水口。前一天，他在十都部署了一个重要行动，要何长工向湖南省委汇报秋收起义情况，打听南昌起义部队的下落。这为后来的朱毛会师提供了契机。

何长工的回忆，尽管时间记得不准确，却为我们留下了不可多得的资料。

毛泽东一直非常关心周恩来以及朱德、贺龙、叶挺、刘伯承等领导的南昌起义。上山不久，就叫我去找湖南省委及衡阳特委联系，并且要我打听南昌起义部队的下落，相机和邻近地区革命力量取得联系。

10月5日我自井冈山出发，10日到达长沙。到长沙后，遵照毛泽东的指示，将秋收起义经过向省委作了报告。当时，省委指示不必再去找衡阳特委了，由他们联系，而要我绕道粤北去联系革命力量。我遵照省委的指示，于12月中旬辗转来到了广州，准备由那儿经由粤北返回井冈山。正巧又赶上广州起义。敌人被革命的声势吓坏了，马上调江西、湖南的队伍向广东集中，进行镇压。从广州到韶关的火车也不通了，情况非常混乱。我在旅馆老板的掩护下，躲过反革命的搜捕，10天后，方搭上火车，夜间来到了韶关。

几个月的奔波，身上脏得很，一下车住进旅馆，就忙着去洗澡。韶关驻扎着云南军阀范石生的第16军。恰好有几个军官和我在一起洗澡，水汽蒙蒙的，谁也看不清谁。只听见他们在谈论："王楷的队伍到犁铺头了。听说他原来叫朱德，是范军长的老同学。"另一个说："同学是同学，可是那是一支暴徒集中的部队。我们对他有严密的戒备。"这个无意中听到的消息，使我兴奋极了。真是踏破铁鞋无觅处，得来全不费工夫。南昌起义保留下的部队，原来在这里！我匆忙洗完澡，结了账，看看钟，已经是下半夜1点了。心急如火，顾不得天黑路远，马上离开韶关向西北走去。

犁铺头在韶关和乐昌之间，离韶关40多里。我穿着西装、黄呢子大衣、黄皮靴，装得像个小康之家的子弟，手里挟着一包便衣，沿公路急匆匆地走着。幸好是深夜，一路上没有碰到什么人盘问与检查，安全地到达了犁铺头。

朱德部队的哨兵把我转送到司令部。最先接见我的是一个两肩披着长发、一脸大胡子的年轻人。他带我进到里边屋里，我一眼就看见了蔡协民，不由得大喊一声，扑上去和他握手："老蔡，想不到在这儿碰到你！"蔡协民也吃了一惊，嚷道："老何，你怎么来了？"原来我们在湘西洞庭湖一起做过秘密和公开工作，处得很熟。经他介绍，我才知道那位年轻人就是朱德的参谋长王尔琢。我开玩笑说："你这把胡子，简直像马克思。"蔡协民说："王尔琢立了誓，革命不成功，就不剃头不刮胡子呢。"

大家正谈得热闹，从里间屋里走出一个人来，精神饱满，和蔼的笑容，全身严整的军人打扮。蔡协民把我介绍给他。他和我紧紧地握了握手，轻声而谦和地道了自己的姓名：朱德。同时巧逢在巴黎就熟悉的陈毅。

我把毛泽东上井冈山，直到我这次由广州脱险，意外地找到此地来的经过，向他报告了。朱德高兴地说："好极了。从敌人报纸上看到了井冈山的消息。我们跑来跑去，也没有个地方站脚，正要找毛泽东呢，前些天刚派毛泽覃（毛泽东的胞弟）到井冈山去联系了。"接着他详细地询问了秋收起义、广州起义的情况，问井冈山的环境怎样，群众多不多……谈话中，不断有人来找他，一会儿是县委书记，一会儿是赤卫队队长，人们出出进进，川流不息，看样子将要有什么大的行动。我们的谈话时断时续。朱德不时地回过头来，向我抱歉地笑笑，后来就叫陈毅招呼我休息。

第二天，朱德给了我一封介绍信和一部分盘缠，握着我的手说："希望你赶快回到井冈山，和毛泽东联系。我们正在策动湘南暴动。" [6]

在水口，毛泽东一面加紧发展新党员，一面指挥部队分兵做群众工作。

赖毅回忆说：

1927年深秋，我们跟随着毛泽东到了井冈山附近地区——江西永新县属的三湾，把部队整编好了。但那里没有什么根基，住下来之后，立即要着手建立根据地。毛泽东派特务连、军官队和一部分伤员到井冈山区去开辟工作；其余的分成三路，到井冈山附近的宁冈、永新、遂川、莲花、茶陵、万安、酃县等地去活动。临行之前，毛委员召集我们开会，指示我们：要向群众做宣传，扩大革命影响，并让他们知道，我们工农群众的军队并没有被敌人消灭，还有很大的力量。他还要我们用郭亮的名义出布告。

我所在的2连和3连，由团长和党代表率领，开往酃县、安仁、茶陵一带。

一路上，我们按照毛泽东的指示，用郭亮的名义，在街头巷尾到处张贴布告，又用工农革命军名义张贴"打倒土豪劣绅""打倒蒋介石""打倒许克祥""打倒帝国主义""工农革命军是穷人的军队""共产党万岁"等标语。起初，群众看到我们这些颈上系着红布带的军人，摸不清我们的来路，不敢出来。后来知道是共产党的部队回来了，人们便走出家门，拥到布告、标语下面，看着、念着。[7]

正在这时，从茶陵开来敌军，企图在水口附近与起义部队决战。毛泽东率队进入遂川，却遭到地主武装袭击，部队被打散。毛泽东带第4连向井冈山转移。这个突如其来的事件，打乱了原定的分兵计划，使毛泽东于10月24日上了井冈山。

据当时在水口一带做地方工作的周里回忆说：

1927年10月中旬，毛泽东率领秋收起义部队经过三湾，来到酃县七都水口。党支部决定派我去接头，我走到袁树坳看见了部队，就随部队到了水口，在朱家祠堂见到毛泽东，向他汇报了农民运动的有关情况。他指示说，要赶快扩大党的组织，扩大农民协会，发动农民群众，组织武装暴动。毛泽东又指示我去茶陵方向侦察一下敌情。我走到茶陵县城里探知敌人派两个团开拔酃县，并且分两路：一路由塘田经黄茅顿；一路由县城经袁树坳侵犯水口。我获得这些情况后，立即赶向酃县水口报告了毛泽东。他当机立断，立即分两路退出水口：一路由宛希先率领一个连，从水口出发，经安仁攻打茶陵县城，袭击敌人的后方，打破敌人的计划；一路由毛泽东率领的主力离开水口，经酃县的八都雷仙坳、下村，江西荆竹山，进驻五井（即大井、小井、上井、下井、中井），直到宁冈的茅坪。

宛希先率领一个连，神速地袭击茶陵县城，捣毁了县衙门，打开监狱，张贴布告。这些行动使敌人十分惊慌，急忙将两个团从酃县调回茶陵。这时，宛希先带领部队经宁冈上到井冈山。[8]

在部队混乱之际，毛泽东再次显示出他的胆略，及时稳定了部队。罗荣桓回忆说：

当年10月初，毛泽东带领部队向遂川方向展开游击活动。那时，天气已经逐渐寒冷，战士们还是穿着破烂的单衣，给养十分困难，并且也没有休整的机会。可是由于党在部队中做了艰苦的政治思想工作，战士们情绪始终高涨，在极度疲劳的行军以后，还去四处张贴布告，向老百姓宣传。

为了解决部队的冬衣和给养，我们进驻到遂川城西的大汾镇。刚住下不久，就遭到挨户团的突然袭击。部队因毫无准备，仓促应战，只好分散撤退。当时4连有两个排，随着毛泽东跑到黄坳，便停下来收集失散人员，并担负掩护1营集结的任务。这时，3营向湖南桂东方向撤走了。

4连一共剩下30多个人，稀稀落落地散坐在地上。肚子饿了，要煮饭吃，炊事担子也跑丢了，只好到老百姓家里找一点剩饭和泡菜、辣椒。没有碗筷，毛泽东和大家一起，伸手就从饭箩里抓着吃。

等大家吃饱了，毛泽东站起来，朝中间空地迈了几步，双足并拢，身体笔挺，精神抖擞地对大家说："现在来站队！我站第一名，请曾连长喊口令！"他的坚强、镇定的精神，立刻强有力地感染了战士们。他们一个个都抬起头来，鼓起战斗的勇气，充满信心，挺着枪就站起队来，向着他那高大的身躯看齐。接着1营就赶上了，队伍向井冈山进发。3营撤退到桂东一带活动，一个月后，在我们从茶陵退出时，也终于会合了。⁽⁹⁾

红旗不倒

毛泽东率起义部队上井冈山不久，局势发生重大变化。新军阀李宗仁与唐生智混战，湘、赣边界敌人守备空虚。这是发展根据地的大好时机。11月中旬，毛泽东作出部队下山攻打茶陵的决定。他因脚上有伤，行动不便，没有随军行动。

赖毅回忆说：

11月中旬，突然接到出发的命令。我们走到大井，1、3连也赶到了。这时才听说毛委员要我们下山去打茶陵。大家兴奋极了。

第二天下午，我们到了大陇。等整理好队伍之后，毛委员就给我们讲话。他首先分析了当前的形势，指出现在宁汉军阀混战，反动军队都拉走了，山下县城空虚，正是开展革命工作的好机会。接着便命令我们向茶陵方向行动。他说："你们马上就要出发了。我是很想跟大家一起去闹革命的。"说到这里，毛委员用手指了指脚，脸带微笑，诙谐地说，"可是我的脚不让我革命，这真叫没办法。"原来，他的脚上长了疮，行动不便。

我们又一次离开毛委员，下山去了。

一路上很顺利，打茶陵也没有遇到对手，一下就占领了。没几天就成立起县人民委员会。并且把原在茶陵搞过工农运动的人找了出来，恢复了工会和农民协会。这是第一次搞政权工作，也不知怎样搞，只好一切都按照旧政府的样子，升堂审案，收税完粮……

部队在城里住下来，仍沿用旧式带兵的方法，每天除了三操两讲两点名、站岗放哨以外，很少进行政治活动。虽然也曾派人打过几家土豪，但只是为了改善部队生活，并没有去做发动和组织群众的工作。部队的给养，也像旧军队一样，通过商会向各商铺摊派。这一段时间，部队乱得很。

我们在茶陵的所作所为，很快传到了毛委员那里。他写来指示：立即撤销县人民委员会，组织工农兵政府，派谭震林同志任工农兵政府主席。并指示要在部队中加强政治工作。

毛委员的指示下来之后，县政府大衙门的样式去掉了，动员和组织工农群众的工作也活跃起来了。湘、赣边界的第一个工农兵政权在茶陵诞生了。[10]

谭震林是第一个红色政权——茶陵县工农兵民主政府主席。他回忆说：

记得1927年11月工农革命军攻占茶陵，开始只由部队派谭梓生去担任县长，其他人员还是用旧的办法，仍然坐堂审案，派款派捐还靠商会，群众十分不满。毛泽东得知后，立即指示改变做法。后来，茶陵县工农兵民主政府成立，我被选为主席，遵照毛泽东的指示，分派人员到城郊农村发动群众，打土豪，组织赤卫队，但没有来得及分田地。不久，敌军压境，我军撤退，茶陵县重被敌人占领，当地赤卫队200多人也只好上了井冈山。在茶陵，我们取得了打碎旧政权、建立新政权的经验。但茶陵的经验也告诉我们，没有正规部队和广大地方武装的配合，就不能战胜敌人，土地革命便无法开展，农民群众也不可能充分动员起来支持革命，已经占领的地方既保不住，到头来即使建立了红色政权，也站不住脚。而没有巩固的根据地，武装斗争也就失去了可靠的后方和依托。所以，后来我们攻占遂川、宁冈、永新等县，建立县工农兵民主政府后，就着手抓土地革命，满足农民的土地要求；成立县、区、乡各级地方武装；建立健全各级党组织和政权；发展生产，开办学校（小学）；帮助群众战胜国民党的经济封锁，解决生活上的困难。1928年1月遂川县工农民主政府成立时，毛泽东还主持制定了施政大纲三十条，相当完整地体现了党在民主革命时期的方针和任务，集中反映了广大人民的要求和愿望，成为井冈山地区和后来赣南、闽西等根据地建设的初步蓝本。[11]

毛泽东待脚伤基本痊愈后，在陈伯钧等陪同下，也赶上了部队。陈伯钧回忆说：

毛委员由于长途跋涉，脚被草鞋打坏，脚背上烂了一个洞，一直没有痊愈，不能够随军去茶陵，留在井冈山上一面养伤，一面研究创建革命根据地和领导革命战争问题。他对山上的袁文才、王佐做了许多工作；并向中共宁冈县委书记以及被敌人赶到井冈山上来避难的中共永新县委的同志了解情况，交换意见，把土、客籍的共产党员团结在一起；经过调查研究，他还指示要在一定条件许可下开展地方工作。毛委员利用一切空闲时间，阅读了很多中国历史和中国文学书籍。我们连回到井冈山以后，毛委员经常深入到我们连队里，和战士们一起交谈。在我们操练空闲的时候，毛委员还开玩笑地对我们说："《封神榜》里有个土行孙，还有个哪吒，他们都会腾云驾雾、上天入地，为什么你们没有那样的本事呀？"我们领会毛委员的意思，他是鼓励我们学习本事练好兵，积极壮大革命力量，更有力地打击敌人。总之，以井冈山为中心的工农武装割据，罗霄山脉中段政权的创造和扩大，已经在毛委员的头脑中形成了。

待脚背上的创口略有好转，后方的工作又有了一定的安置，毛委员当即决定下山，赶上红军大队，抓住时机坚决地和敌人作斗争，巩固和发展红色区域。

记得是12月的一天，毛委员亲自找我谈话，说他要下山到茶陵去赶大队，要我负责护送。能够和毛委员在一起，而且是到前方去，我的心情非常兴奋，当即带了一个班的战士，随毛委员出发了。同行的还有毛泽覃[12]等。

……

我们赶到水口，天已黄昏。部队正在休息。当晚，毛委员就召集各负责同志开会，讨论部队的行动问题。毛泽覃和我在另一个屋子里，只听到会议争论得很激烈，具体内容就不大清楚了。紧接着，毛委员下令部队向后转，折回井冈山，向着宁冈县的砻市开拔。

……

到砻市不久，召开了全体党员大会，总结了经验教训，宣布前敌委员会成立，毛泽东任前委书记。从此党、军队和地方组织取得了统一的行动。[13]

团长陈浩等人的叛变行为，使部队上下大为震惊。毛泽东于12月27日及时赶到茶陵湖口，又使部队化险为夷。

韩伟回忆说：

撤离了茶陵，到湖口整点一下部队，人员损失不少，仅我们排就伤亡了七八个人，弹药也消耗很多。休息了一会儿，部队突然改变了前进方向，向南走下去了，行军速度也猛然加快。我们心里不由一阵嘀咕："南面是广东，有敌人的重兵，为什么要连夜向南走呢？"正在疑惑，忽然传来了命令，"毛委员来了，部队返回湖口宿营！"翌日清晨，我们集合在湖口南的一个大草坪上，心里估计，可能有重要指示，昨晚的闷葫芦也可以揭开了。大家都怀着紧张的心情，静静地等待着。

毛委员站在队伍前边，炯炯的目光向四周环视一下，首先说明我们队伍里有许多动摇分子被白色恐怖吓倒了。接着，严肃地指出：我们团的团长、副团长、参谋长欺上瞒下，想带着队伍投降军阀方鼎英去。这一情况使我们万分震惊，队伍里立刻骚动起来。这时我们才明白：为什么部队向南走，为什么毛委员连夜赶来。大家都愤恨地唾骂那些叛徒。毛委员当即宣布撤销他们的职务，并逮捕交革命法庭审判。然后，把部队带回井冈山的砻市。[14]

谭家述回忆说：

占领茶陵不久，国民党反动派派大批兵力打来了，在敌强我弱的情况下，部队决定暂时撤出茶陵城。就在这时，团长陈浩、副团长韩昌剑、参谋长徐庶等一小撮阶级异己分子，想乘此机会企图把部队带到桂东去投降国民党13军方鼎英（方鼎英原是黄埔军校教育长，陈浩是黄埔军校的学生），他们不向东，不向毛泽东所在的革命根据地井冈山方向撤退，而向南面的桂东方向撤退。部队已由茶陵城撤到了茶陵的湖口，在这万分危急的时刻，毛泽东从井冈山赶来了，赶上了部队。毛泽东当晚就住在湖口墟背王其生家里，第二天清早毛泽东在湖口墟走坑口这端的坪里（坪边有两丘旱田，禾收割了，禾蔸还在田里，下丘田大，上丘田小）集合了部队开会。毛泽东头戴八角帽，身穿灰色军装，脚打绑带，穿草鞋，从湖口墟背王其生家里走来，站在部队跟前的一条田埂上，面朝南，向部队讲话。毛泽东一方面正确地分析了革命的形势，指明了前途，鼓舞了全体指战员的革命信心；另一方面宣布了陈浩、韩昌剑、徐庶是叛徒，揭穿了他们叛变投敌的阴谋，当场把陈浩等叛徒逮捕了。讲话后，毛泽东把部队带回到了宁冈的砻市，在砻市把叛徒处决了。[15]

在砻市，毛泽东认真总结这次下茶陵的经验教训，使部队上下受到深刻的教育。

赖毅回忆说：

有一天，毛委员又来到我们这里，召集大家讲话。他开头先表扬了我们茶陵战斗打得勇敢。接着又指出，部队在茶陵没有做群众工作、没有筹款，是这次行动很大的缺点。

这时，毛委员开始给我们详细地讲解了工农革命军的任务。记得大意是说：中国有历史以来，官兵都是骑在老百姓头上的。现在老百姓见到我们和颜悦色，就像皇帝开了恩。我们是工农革命军，只是对群众态度好还不够；我们每个人是战士，也是宣传员，不仅要打仗，还要向群众宣传我们的主张，组织群众，武装群众。只要我们和群众团结一起，革命胜利就有把握了。

讲到这里，毛委员停了一下，随即伸出双手，用右手一个一个地扳着左手手指，逐条宣布了工农革命军的三大任务：第一，打仗消灭敌人；第二，打土豪筹款子；第三，宣传群众、组织群众、武装群众，组织革命委员会，组织游击队、赤卫队。

这段话，一针见血地指出了我们在茶陵所犯错误的老根子，明确了革命军队的性质和任务，像黑夜里的一盏明灯，把前进的道路照得透亮。从此，我们就不再像以前那样糊涂了。

在砻市那次讲话中，毛委员还再次向我们讲解了三大纪律，要我们严格遵守，谁也不得违犯。后来，我们都把三大纪律背得滚瓜烂熟，并且认真地照着它做。连的党支部还把它当作检查行动的标准。[16]

韩伟也回忆说：

在砻市，毛委员先安定部队情绪，说我们作战勇敢顽强，这很好。接着问我们这仗该打不该打。我们想，弄出这样的结局，看起来是打错了，可是不该打又打怎么办呢？心里没有底。毛委员接着说，战无常法，要善于根据敌我情况，在消灭敌人保存自己的原则下，抛掉旧的一套，来个战术思想转变。打仗也像做买卖一样，赚钱就来，蚀本不干。现在敌强我弱，不能用过去那套战法，想一口吃成胖子。他还讲到走路的问题，说：走路，连两三岁小孩也会。可是联系到打仗，走路是一门好大的学问哩！他举了个例子，从前井冈山上有个老土匪，和"官兵"打了几十年交道，总结了一条经验：不要会打仗，只要会打圈。毛委员说打圈是个好经验，当然土匪打圈是消极的。我们要改它一句：既要会打圈，又要会打仗。打圈是为了避实击虚，歼灭敌人，使根据地不断巩固扩大。强敌来了，先领他兜个圈子，等他的弱点暴露出来，就要抓得准、抓得狠，要打得干净利落，要有缴获。最后他笑着说：打得赢就打，打不赢就走，赚钱就来，蚀本不干，这就是我们的战术。[17]

1928年1月，新年刚过，毛泽东亲自率领部队二下井冈山，攻打遂川。随后，又攻克宁冈。

韩伟回忆说：

记得几天之后，一个风和日丽的日子，部队集合在砻市向阳的山坡上，晒着暖洋洋的太阳，听毛委员交代任务。他说：井冈山这边是湖南，那边是江西。俗话说"没江西人不成买卖，没湖南人不成军队"，可见湖南兵多，土生土长，力量较强。而江西多是客军，与当地反动武装有矛盾，战斗力也弱些。我们来他个"雷公打豆腐——专拣软的欺"，到江西遂川去活动。

遂川和遂川以西的大汾镇，驻的都是反动民团。我们在大汾镇打垮了民团三四百人，消灭了一部分，接着就顺利地占领了县城。根据毛委员的指示，部队分散开来，以连排为单位，到匹乡去开展群众工作。我带一个排在城郊和藻林一带活动。每天以班排为单位，打着红旗，挨村逐镇地展开宣传，打土豪筹款，组织革命政权。并按毛委员教导的办法，抽出枪支和好战士，去帮助地方党组织赤卫队。这是我们第一次做群众工作。看到了广大群众高涨的革命热情，我们受到了很大的鼓舞。

过了阴历年没多久，大约是1928年2月间，又像上次在茶陵一样，敌人调集优势兵力向遂川压来，企图把我们歼灭。毛委员迅速把分散的兵力集中起来，带回井冈山中心区域。这时朱培德部的一个营，趁我们在遂川之际，进占了井冈山根据地的北面大门宁冈。这股敌人孤军深入红色根据地，开始还谨慎小心，不敢乱动。宁冈县委根据毛委员的指示，组织赤卫队不分昼夜地袭扰，使他们一日数惊，坐卧不宁。后来敌人发现我方尽是赤卫队，没有主力，便骄傲松懈了。毛委员根据以上情况，决定使用优势兵力（1团全部，2团一个营）吃掉这股敌人。深夜，毛委员亲自带着部队，赶到宁冈，作好了一切战斗准备，天才大亮。敌人和往日一样，正在城东的操场上练操。毛委员带我们隐藏在距操场不远的地方，等敌人架好枪支，做徒手体操时，命令我们一排子枪打过去。敌人大乱，有的连枪都顾不得拿就逃向城里。第1连连长带着战士们，扛着梯子，背着稻草，跟踪追到东门。转眼间，梯子搭上城墙，突击班沿梯而上；接着城门洞里冒出一股浓烟，烧城门的也得手了。我们高喊着"冲啊""杀啊"，穿过浓烟烈火，冲进城去。攻南门的3营也冲了进来。敌人在城里四处乱碰，企图突围，都被我们顶回去了，最后只好逃出西门。出城不远，是片稻田，又遭到我们2团一个营的伏击。我们前后夹击，一场歼灭战就在这片洼地上展开了。

战斗打得干净利落。没到晌午，敌人一个正规营和一部分民兵团，外加一个县公署，都被我们收拾了。

傍晚，我们开了个祝捷大会，然后浩浩荡荡胜利回山。这真是凯旋，很多人扛着双枪，身后是一长列俘房。行列里，时时发出愉快的笑声和歌声。这时我们不由得想起在茶陵吃败仗的情况，大家纷纷议论起来：

"这才叫打仗，不打便罢，一打就来个干净彻底，又抓俘房又缴枪。"

"这就是蚀本不干，赚钱就来！"

"……"

宁冈战斗，是秋收起义以来我们第一次在毛委员亲自率领下进行的战斗，也是秋收起义以来军事上的第一次大胜利。这次战斗不仅歼灭了敌人，弹药装备得到了补充，巩固和扩大了根据地，而且它的全部进程也是一堂生动实际的军事课：湖南敌人来进攻了，我们便巧妙地转到江西遂川，分散兵力，积极发动群众。等敌人重兵赶来，又迅速集中兵力休整，命赤卫队袭扰宁冈敌人。我们休整好了，敌人的弱点也暴露出来了，于是便集中绝对优势兵力，把敌人彻底歼灭。毛委员的"分兵以发动群众，集中以应付敌人"的作战原则，通过这次战斗，生动活泼地体现出来了。同时，也使我们较深刻地体会到，在敌强我弱的情况下，应该如何用兵作战。

1928年春，正是敌人内部暂时稳定时期，湘、赣两省反动派不断派兵"会剿"我们，战斗十分频繁。在这个情况下，毛委员的指导思想是：在敌人内部尚未发生破裂时，我们的战略必须是逐步推进的。这时在军事上最忌分兵冒进。在地方工作方面（包括分配土地、建立政权、发展党、组织地方武装），最忌把人力分布四处，而不注意建立中心区域的坚实基础。正因为我们照这样做了，所以在敌人不断"会剿"的情况下，不仅没有受到损失，反而连续取得胜利。根据地日益扩大，土地革命日趋深入，红军和赤卫队也发展了，战术水平也提高了。

在1928年井冈山斗争期间及其以后一个时期，毛委员为了教育部队，把过去的作战经验作了系统的总结，概括为："分兵以发动群众，集中以应付敌人"和

"敌进我退，敌驻我扰，敌疲我打，敌退我追"的16字诀，以及"固定区域的割据，用波浪式的推进政策。强敌跟追，用盘旋式的打圈子政策"。这是当时作战原则的概括；是以弱小的红军战胜强大敌人的唯一正确的作战原则；是毛泽东根据马克思列宁主义原则，结合当时的敌我情况，在军事上的伟大创造。[18]

在这次进军遂川前后，还诞生了"六项注意"。

陈正人回忆说：

1928年1月我在遂川城已经听到六项注意了。这六项注意是："上门板、捆禾草、说话要和气、买卖要公平、借东西要还、打烂东西要赔。"那时也听到过三大纪律。毛泽东很强调六项注意，部队每到一地，都要检查执行六项注意的情况。六项注意的每句话，都是老百姓的话，非常通俗、易懂。毛泽东在井冈山每到一个地方，一方面搞社会情况的调查研究，同时也熟悉、了解地方语言。在遂川县工农兵政府成立的时候，我们起草了一个工农兵政府的政纲，有三十多条，请毛泽东审阅时，毛泽东都用一些通俗易懂的群众语言作了修改。如"不虐待儿童"改为"不准大人打小孩"，又如"废除买卖婚姻"改为"讨老婆不要钱"。这样群众就容易懂了。在遂川，毛泽东曾经先后两次在群众大会上讲过话，一次是遂川县工农兵政府成立大会，另一次是遂川县示卫队的成立大会（两次会都是1928年1月在遂川县城召开）。在前一次大会上，毛泽东讲我们要打倒国民党反动政府，老百姓才能自由，不受压迫，不受剥削。毛泽东还讲我们工人、农民要相信自己的力量，我们是能够坐天下的。最后毛泽东号召大家团结起来，打土豪、分田地，要自己拿起枪来，和工农军队一起跟敌人作斗争。毛泽东每次讲话，时间都不长，只有十几分钟，内容很扼要，语言群众都听得懂，道理却极深刻。毛泽东虽然是湖南人，但在会上也讲了许多遂川地方语言。毛泽东总是和群众心连心，是最能体会群众的思想感情的，所以毛泽东讲的话，群众都能懂。

毛泽东上井冈山以后，就提出了宽待俘虏这样一个政策（在遂川时，也听到对于敌人的俘虏不能杀）。那时，俘虏愿意回家的，就发给路费；愿意留下的，就欢迎当红军。当然对于一些兵痞，我们是不要的，对他们做过政治工作，进行宣传教育以后，发路费让他们回家；对于一些年轻的，成分又好的，我们让他留下来。毛泽东领导的工农军队里有一条是讲民主，士兵组织士兵委员会，还有一条是讲官兵平等。所以，国民党的俘虏来到我们部队里感到很奇怪，为什么在我们的军队里士兵有说话的自由，还可批评长官？这些，对他们触动很大，他们很快也就接受了我们的影响。[19]

到1928年2月，井冈山革命根据地初具规模。3月上旬，湘南特委的代表周鲁来到井冈山，传达中央指示，指责毛泽东"烧杀太少""工作太右"。同时还宣布中央给毛泽东以开除政治局候补委员、撤销湖南省委委员的处分，取消前敌委员会。此后，毛泽东改任师长。在传达中，周鲁把中央决定误传为"开除党籍"，这给毛泽东带来不小的压力。

毛泽东回忆说：

井冈山时期一个误传消息来了，说中央开除了我的党籍，这就不能过党的生活了，只能当师长，开支部会我也不能去。后头又说这是谣传，是开除出政治局，不是开除党籍。啊呀，我这才松了一口气！那个时候，给我安了一个名字叫"枪杆子主义"，因为我说了一句"枪杆子里头出政权"。他们说政权哪里是枪杆子里头出来的呢？马克思没有讲过，书上没有那么一句现成的话，因此就说我犯了错误，就封我一个"枪杆子主义"。的确，马克思没有这么讲过，但是马克思讲过"武装夺取政权"，我那个意思也就是武装夺取政权，并不是讲步枪、机关枪那里头就跑出一个政权来。

谭震林也是这重要一幕的见证人。他回忆说：

1928年3月，湖南省委取消前委，解除毛泽东前委书记的职务，要他随军挺进湘南，策应湘南暴动，造成了边界根据地的大部被敌人攻占和破坏。同年6月底，正当红四军成立后，连续打胜仗，边区红色区域发展到全盛的时期，湖南省委又派杜修经到井冈山，勒令红军向湘东湘南挺进。结果又造成了湘南"八月失败"。这两次毛泽东都事先提出正确意见，从实际情况出发，指出湘敌兵力强大，不可轻动，而赣敌比较孱弱，红军应该着重向江西发展。特别是6月30日于永新召开的前委、军委和各县负责人的联席会议，在毛泽东的领导下，决定抵制湖南省委的错误指示，并由毛泽东亲自起草信件，向省委申述正确的意见，主张红军留在湘、赣边界，坚持工农武装割据，继续巩固和扩大以宁冈为中心的井冈山革命根据地。但由于杜修经一意孤行，趁红军主力到了湖南酃县，而毛泽东又远在永新之际，导扬红29团不安心经营边界根据地、思返湘南家乡的错误意见，强迫军委领军南下攻取郴州，结果造成红29团惨败，红28团团长王尔琢牺牲。早在湘南暴动时期，"左"倾盲动主义者便提出"杀杀杀，杀尽一切反动派的头颅；烧烧烧，烧尽一切反动派的房屋"的口号，鼓吹要把"小资产阶级变为无产者，然后强迫他们革命"。湘南暴动在湘南特委推行这条路线的影响下，一度乱烧乱杀，严重脱离群众。毛泽东在井冈山地区就坚决抵制了上述盲动主义的主张，没有乱烧乱杀。杜修经来到砻市，责怪我们何以没有把砻市烧掉。毛泽东说：房屋可以住人，为什么要烧掉呢？因此，始终没有烧。为了粉碎敌人的封锁，繁荣根据地的经济，毛泽东还颁布了保护中小工商业的政策。草林圩和大陇的圩场，在交流物资、活跃经济上，当时就起了重大作用。这样就有利于争取和团结中间阶层。在党内生活中，毛泽东说："我的话不管正确与否，多数不同意就按多数人的意见办。"在井区山时期与党内机会主义路线的斗争中,毛泽东既坚持正确意见,绝不盲从错误的领导,但又遵守党的纪律,是少数服从多数、下级服从上级、全党服从中央的典范。[20]

在1928年前后,毛泽东曾经多次到过永新。据胡页朵在《毛泽东十四次到永新》一文介绍说:

永新是一个革命老根据地。毛泽东上井冈山后,曾14次来到永新进行革命活动。

第一次:1927年9月29日,毛泽东率领工农革命军进驻永新县三湾村,当即召开了前委会议,决定对部队进行改编(即三湾改编),将3个团缩编为一个团,称工农革命军第1军第1师第1团,团长陈浩,党代表何挺颖,辖1、3两营,一个特务连,一个卫生队和一个辎重队,共计700余人。在军队实行民主制度,连以上成立士兵委员会,把党的支部建在连上,连以上设党代表,确立了党对军队的绝对领导,为建立新型的人民军队奠定了基础。毛泽东特别强调部队要遵守纪律,做好群众思想政治工作,搞好军民关系。10月3日,毛泽东在三湾枫树坪向经过改编的部队发表了激动人心、鼓舞士气的讲话。三湾改编标志着我军的新生,在我军的历史上有着重大意义。同时,毛泽东还在三湾访贫问苦、检药、掘"红双井"。群众都说喝水不忘掘井人。

第二次:1928年2月底3月初,毛泽东同志率领工农革命军来到永新南乡秋溪一带。当即在秋溪召开了群众大会,发动群众打土豪分田地,斗恶霸地主龙德善,并帮助秋溪乡成立了工农兵政府,建立秋溪党支部。一天晚上,在三湾村的祠堂里,由党代表蔡会文主持召开了秘密会议,决定成立边界第一个暴动队"秋溪暴动队",第一个党支部"秋溪党支部"。毛泽东说:"暴动队始于永新。"

第三次:1928年5月中旬,毛泽东率领红4军31团来到永新西乡,在西乡进行了大量的革命活动和社会调查。有一天在大屋村召开了永新县委和圹边村的党员会议,亲手建立了圹边党支部和厚幽、南城苏维埃政府和夏幽特别党支部。并且在圹边办起了一所有7个工人、两座铁炉的兵工厂。毛泽东还亲手制定了分田临时纲领十七条,并召开党员大会宣传执行。为赤卫队的发展壮大,还提出了赤卫队的五条任务:(一)要打土豪,镇压反革命;(二)要带路做向导,配合红军作战;(三)要消灭挨户团等反动地方武装;(四)要保卫赤色政权,保卫司令部;(五)要白天参加生产劳动,晚上去打击敌人。在毛泽东的亲自领导下,西乡的高溪、鄱阳、梅花、下雨、田南、石市、夏幽、三房、南边、株圹、汤溪、沙市等地也都建立了工农兵政权。

第四次:1928年5月下旬,毛泽东率领红4军31团来到永新秋溪,主要任务是摸清龙源口战斗的地形和敌情，随时准备与敌人作战。这时，毛泽东与朱德首先分析了当时的敌情，决定一方面由毛泽东率31团进攻；另一方面由朱德、陈毅率红28、29两个团佯攻遂川，以侧翼攻敌81团，相机占领永新城。经过激战数小时，将敌全部击溃，第一次占领了永新。此次战斗缴械300支。这是当时红4军反"会剿"的第一个大胜仗。

第五次：1928年6月下旬，毛泽东率领红4军来到永新南乡的秋溪前，在宁冈新城召开了红4军连以上干部参加的军事会议，对龙源口战斗作了细致的分析和周密的部署。毛泽东详细分析了敌我双方的情况，他说：江西敌军屡遭我军打击，士气低落，况且又是在烈日炎炎的情况下长途行军，拖得疲惫不堪。而我们以逸待劳，有地方武装协助和人民群众的支援，还可以利用天然屏障七溪岭这样很好的地形，我们一定能克敌制胜。毛泽东的分析得到了军事会议全体同志的赞同。这次战斗由朱德同志任总指挥。红军以不足两个团的兵力，于1928年6月23日配合永新、宁冈、莲花等县的地方游击队战士在龙源口大桥附近击溃了赣敌杨池生、杨如轩两师兵力，取得了以少胜多的光辉胜利，第二次攻克了永新城。

第六次：1928年6月24日，毛泽东率领红4军来到永新，在县城原禾川中学即永新中学（现为任弼时中学）的校办楼上主持召开了红4军连以上干部会议，地方武装负责同志和永新地方党的负责同志也参加了会议。毛泽东在会议上讲了话，并研究了部署分兵发动群众、组织群众，深入开展土地革命等问题，并写出了这次代表的决议案，决定第二次在永新分兵前往边界各地发动群众。会后，毛泽东率领31团1营前往永新西乡一带发动群众打土豪、分田地。

第七次：1928年6月28日，毛泽东率领红4军1连来到永新西乡圹边村。这次到圹边的任务就是领导和发动群众打土豪、分田地，并帮助群众建立工农兵政府，壮大暴动队组织、儿童组织和妇女会，办起了夜校识字班。毛泽东到圹边的第二天，就召集贫苦老表开会，把村里的大土豪徐美山镇压了，还宣布说要分田。饱受压迫和剥削的贫苦老表，高兴地放了两箩爆竹。这段时间具体调查了圹边村的土地、农户等问题。调查结果，毛泽东说，圹边48户贫苦农，才只有43亩土地，地主1户却有191亩，占了土地的81%。并说田是农民开的，但被豪绅地主占去了，这不公平，要夺回来。这时毛泽东住在圹边固春姬家里，并为这孤老婆婆挑水、种菜和夏收挑谷子。

第八次：1928年6月下旬，毛泽东率红4军来到永新。6月30日晚上在县城商会楼上主持召开了湘赣边界特委、红4军军委和永新县委联席会议。毛泽东用摆事实、讲道理的方法，指出了湖南省委及红军冒进湘南的盲动主义错误，坚决反对把红军拉往湘南，认为红军必须留在湘赣边界，坚持斗争。并陈述了6个方面的理由。7月4日，特委、军委根据6月30日的联席会议精神，在毛泽东的亲自主持下，向湖南省委写了《中共湘赣边界特委和红四军军委给湖南省委的报告》。报告按会议提出的六点理由申述了红军大队不执行省委关于"立即冲往湘南"的错误主张，要求省委重新讨论，根据目前形势，予以新的决定。这次会议是关系到井冈山革命根据地存亡的重要会议。

第九次：1928年7月中旬，红军主力去湘南后，毛泽东率31团来到永新东乡石灰桥指挥游击战争。这次红军以不足一个团的兵力，在毛泽东和宛希先等领导下，运用灵活机动的战略战术，在广大群众的支持配合下，将敌11个团围困在永新城附近30里内达25天之久。这次困敌，大长了根据地人民的志气，显示了人民群众潜在的革命力量。

第十次：1928年8月中旬，毛泽东率领红4军31团来到永新西乡一带。在高溪九陂村召开了连以上干部紧急会议，决定不执行湖南省委的错误决定。会议期间，红军大队在柳州失利的消息传来，当即决定留31团1营坚守井冈山根据地，毛泽东率领31团3营往湖南接应红军大队。

第十一次：1928年11月9日，毛泽东率领红4军31团，从宁冈古城来到永新龙源口。这次红4军的31团部队是从宁冈茅坪出发，直奔新城。部队来到新城城外时，天刚蒙蒙亮。朱德即命令部队迅速散开，为占据城外高地作好战斗准备。早晨敌人照常出操，根本不知道红军来到城边。红4军31团乘敌不备，发起猛攻，敌招架不住，仓皇退向城南窜上新七溪岭，在山口架起数挺机枪向红军扫射。红4军几次冲锋都未成功。因而这次未进永新县城就返回宁冈茅坪。

第十二次：1928年11月中旬，毛泽东来到永新西乡厚田村，当即在厚田村召开了群众大会，发动群众进行土地革命斗争。土豪劣绅打倒以后，紧接着开展了轰轰烈烈的插标分田运动。因当时田里都已插上禾苗，因此，土地委员会决定分青苗。那时提出的口号是，没收一切土地实行平均分配。

第十三次：1928年12月，毛泽东来到西乡九陂参加中共永新县委会议，号召群众继续坚持游击战争，打击敌人，保卫红色政权。毛泽东说："我们虽然快要离开了，但是，大家不要担心：党组织还在，地方武装还在。井冈山的人民是英雄的人民，有和敌人作斗争的宝贵经验。不管敌人有多少，不管敌人有多凶，只要我们继续坚持斗争，敌人终究是一定要失败的。革命最后一定要胜利，胜利一定是属于我们的。"[21]

朱毛会师

1928年4月24日前后，朱德率领的南昌起义余部和湘南农军1万余人，同毛泽东领导的部队在宁冈砻市会师。这使井冈山根据地的力量更加强大。会师后，成立了工农革命军第4军，朱德任军长，毛泽东任党代表，王尔琢为参谋长。后来，又改称红军第4军。

何长工是这次会师的联络人。他回忆说：

回到砻市两天，朱德和陈毅带着一部分直属部队也进了山，分住在砻市附近的几个小村庄里。4月28日，毛泽东率领第1团回来了；朱德的主力部队，也从安仁、茶陵一带开来了。宁静的山中平原顿时显得热闹起来。

1928年4月28日，这天天气十分晴朗，巍峨的井冈山像被水洗过一样，显得特别清新。满野葱绿的稻田，散发着清香；太阳喜洋洋地挂在高空，照得溪水盈盈闪光。这是一个多么美好的日子！我们跟在毛泽东的身后，注视着他那高大稳健的身影，大家心潮澎湃。是他在大革命失败以后，在井冈山建立了第一个农村革命根据地，树立起了第一面鲜艳的红旗，照亮了中国革命的航程。今天，两支革命武装胜利会师了！革命的力量将要在这个坚实的基础上更加壮大，革命根据地将进一步巩固发展，革命的浪潮将要从这里更有力地推向全国……

毛泽东和朱德会见地点是在宁冈砻市的龙江书院。朱德、陈毅先到了龙江书院，当毛泽东到来时，朱德赶忙偕同陈毅等到门外来迎接。我远远看见他，就报告毛泽东说："站在最前面的那位就是朱德，左边是陈毅。"毛泽东点点头，微笑着向他们招手。

快走近龙江书院时，朱德抢前几步，毛泽东也加快了脚步，早早把手伸出来。他们两只有力的手掌就紧紧地握在一起了，使劲地摇着对方的手臂，是那么热烈、那么深情。

进了龙江书院屋里，毛泽东把我们介绍给朱德，朱德也将他周围的干部给毛泽东作了介绍。

毛泽东带着祝贺的口吻说："这次湘、粤两省的敌人竟没有能整到你！"

朱德说："我们转移得快，也全靠你们的掩护。"

谈了一阵军情以后，毛泽东热情地说："趁'五四'纪念日，兄弟部队和附近群众开个热闹的联欢大会，两方面的负责同志和大家见见面。"说着，转过身对我说，"何长工，你负责准备一下吧。"他详细地指示了该准备些什么，最后特别强调说，"要多发动些群众来参加！"

等他指示完毕，我们几个跟他来的同志就告辞出来，让毛泽东和朱德可以安静地商谈更重要的事情。

……

山明水秀的砻市，今天更加美丽可爱，山茶花更红、油菜花更黄、溪水更清、秧田更绿。在砻市南边的一个草坪上，有一个用门板和竹竿搭起来的主席台，被无数的云霞似的红旗簇拥着。主席台两旁插满了写着"庆祝两支革命部队胜利会师""打倒国民党反动派"的标语板。

一清早，人们就川流不息地向会场走来，不到10点钟，离这20里外的部队也都赶到了。会场挤满了人，部队和湘南农军1万余人，群众也不少，人山、旗海、歌声、笑语，汇成了喧闹的浪潮。

10点钟，由党、政、军、工、农各界组成的主席团，走上了主席台。我担任大会司仪，宣布："大会开始！放鞭炮！"从树顶直挂到地面的鞭炮立刻响起来，经久不绝；排列在主席台前的成百个司号员一齐吹响军号，号音整齐嘹亮，威武雄壮，响彻云霄，远近的山峰都传来回音。

军乐奏完，大会执行主席陈毅讲话了。他说："今天是'五四'纪念日，我们今天来开大会庆祝两个部队的胜利会师，是有特别重要的意义的……"接着他宣布，"根据红4军军委的决定，全体部队改编为工农革命军第4军，军长是朱德，党代表是毛泽东……"

朱德接着讲话。他说："我们党领导的两支革命武装的会合，意味着中国革命的新起点。参加这次胜利会师大会的同志，一定都很高兴。可是，敌人却在那里难过。那么，就让敌人难过去吧，我们不能照顾他们的情绪，我们将来还要彻底消灭他们呢！这次胜利会师，我们的力量扩大了，又有了井冈山作为根据地，我们就可以不断地打击敌人、不断地发展革命。"最后他希望两支部队会师后，要加强团结；他又向群众保证，红军一定保卫红色根据地，保护群众分田的利益。他的话刚结束，就响起了热烈的掌声。

接着，毛泽东讲话。他指出这次会师是有历史意义的，同时分析了红军部队的光明前途。他说："我们红军不光要打仗，还要发动群众，组织群众。现在我们虽然在数量上、装备上不如敌人，但是我们有马列主义，有群众的支持，不怕打不败敌人。敌人并没有孙悟空的本事，即使有孙悟空的本事，我们也有办法对付他们，因为我们有如来佛的本事。他们总逃不出如来佛的手掌！我们要善于找敌人的弱点，然后集中兵力专打这一部分。10个指头有长短，荷花出水有高低，敌人也是有弱有强，兵力分布也难保没有不周到的地方。我们抓住敌人的弱点，狠狠地打一顿，打胜了，立刻分散躲到敌人背后去玩'捉迷藏'。这样，我们就能掌握主动权，把敌人放在我们手心里玩。"毛泽东这一番话，把大家说得心花怒放，信心倍增。全场响起了暴风雨般的掌声和热烈的欢呼声。[22]

肖克是湘南暴动后随朱德上井冈山的。他回忆说：

在开国第19年欢度"五一"节那一天，在雄伟壮丽的天安门城楼上，毛泽东忽然看见了我，高兴地笑着说："我们是在龙溪洞会面的。"并问我，"那时候，你们有多少人，多少枪？"我立即意识到毛泽东指的是我们那支宜章农民起义武装，就说："老小加在一起500多人，60多条枪，300多根梭镖。"毛泽东点点头说："揭竿而起！揭竿而起！"

那是40年前的4月。

……

4月20日左右，在前进中，我迎面碰见了毛泽东领导并直接指挥的工农革命军，会了1团1连连长陈毅安。久离上级的梭镖营，真像孤雁得群，人群沸腾了！"见到毛师长的队伍了！"我向陈毅安谈了简单的情况，并接着问毛师长在哪里。陈毅安热情地安排了部队就地宿营，便领了我们十几个同志去见毛泽东。走了几里，路上遇到师部派来的通信员，他把我们领到前面村落中有几间铺子的小街上。这里就是湖南资兴县东南三四十里的龙溪洞地区，分上、中、下三洞，有十几个村庄。当时通信员大声招呼："宜章独立营来了。"铺子两边许多人跑出来欢迎。我问："毛师长在哪里？"一个同志对我说："这就是。"群众中一位身材魁梧、满面笑容的红军领导人过来和我们握手，他就是我们盼望着要找的毛泽东。同毛泽东一起的，还有师政委何挺颖。毛泽东的出现，一股对革命创始人的敬仰之情，使我兴奋得一时说话都有点结巴。毛泽东亲切、详细地询问了我们的情况，并告诉我们朱德的队伍向东转移了，还把今后的行动方向告诉了我们，要我们一起行动。

1928年4月28日，毛泽东和朱德率领的部队在宁冈砻市胜利会师后，部队进行了整编，成立了红4军，毛主席任红4军党代表，朱德任军长，陈毅为军委书记。梭镖营归还宜章农军建制，全县农军编为红军第10师29团。这个团和梭镖营一样，枪少梭镖多，不同的是有两门迫击炮。[23]

朱毛会师的时间，学术界一直众说纷纭，至少有三种说法，即1928年4月上旬说、中旬说、下旬说。陈士榘在《关于朱毛会师的几点回忆》一文中，从见证人的角度提出自己的看法。

秋收起义后，毛泽东率部队经过三湾改编上了井冈山，创建了中国第一个革命根据地，但他一直关心周恩来、朱德、贺龙、叶挺、刘伯承等领导的南昌起义的部队。当时南昌起义、秋收起义均告失败，革命处于低潮，白色恐怖笼罩全国。"国难思良将"，上山不久，毛泽东就委派何长工去和湖南省委及衡阳特委联系，打听南昌起义部队的下落，寻找朱德，相机也同附近地区的革命力量取得联系。

何长工和我当初同是卢德铭警卫团的战士，我们俩又是同班战友，他当我的班长。参加秋收起义后又一起跟随毛泽东上了井冈山。何长工接受任务后，曾先后两次下山联系，三次见到朱德和陈毅等。第一次是1927年10月上旬从井冈山出发，到达长沙同湖南省委取得联系。根据省委指示，他又绕道粤北，于12月中旬辗转到达广州。由于赶上广州起义，湘、赣两省敌军大都向广东集中，镇压起义。他在群众的掩护下到了韶关。在澡堂洗澡时，不经意间从两个敌兵的对话中得到了朱德在犁铺头的消息。老何便星夜赶往犁铺头，见到了朱德、陈毅，还有蔡协民和朱德的参谋长王尔琢。

何长工作为毛泽东派遣的联络员，第一次见到朱德、陈毅等，时间大约在1927年12月下旬。何长工向朱德报告了来意，并将朱德也正要找毛泽东、已派毛泽覃（毛泽东胞弟）去井冈山联系和将要举行湘南暴动的消息，于1928年1月上旬带回了井冈山。

毛泽东得到这一消息后，十分高兴，遂于1928年3月上旬，决定兵分两路去迎接朱德、陈毅上山，一路是何长工带领2团（即收编的王佐、袁文才的部队），经彭公庙向资兴前进；一路是毛泽东亲率1团作为左翼，入桂东、汝城之间。那时我正在1团任副连长（即副大队长）。当时的背景是不令毛泽东乐观的。湖南省委和湘南特委连续派来代表周鲁、杜修经等，批评毛泽东"右"了，即不执行所谓"以红色恐怖对抗白色恐怖"的大烧大杀的"左"倾盲动主义政策。毛泽东根本就不认同，并做了耐心的说服工作。怎奈两位代表态度傲慢，不予理睬。毛泽东很生气，在部队集合队前讲话时，他气愤地说道："我们犯了个大错误，没有执行烧杀政策。我们这次下湘南要大烧（房子）大杀！……"果然在从遂川撤回井冈山向湘南出发时，沿途写的标语都是"烧！烧！烧！烧净一切土豪劣绅的房子！""杀！杀！杀！杀净一切土豪劣绅！"真是一片烧杀的气氛。当时我们都疑虑重重，觉得中国的革命这样烧杀下去能够成功吗？但谁也不敢流露真言，否则就有被梭镖杀死的可能。当时子弹奇缺，为节省子弹，平常杀人时多用梭镖执行。但一些受"左"倾盲动思想影响严重的同志却不以为然，在经过酃县、中村镇到桂东的路上，连烧了几把大火。到了桂东，毛泽东执意看了看八面山，这是他率部上井冈山后经常提到的地方。八面山地处罗霄山脉南端，地跨湘赣粤，距广东东江和潮汕海口较近，东江地区有革命基础，也可以取得海外联系。这里地形地势险要，也是个适于军事割据、建立根据地的好地方。在桂东得知朱德率湘南暴动的部队已经离开，便决定原路返回，也为朱德的部队断后掩护。当部队回到中村镇时，连住的房子也找不到了，那正是我们部队去桂东时自己烧掉的。面对一片断壁余烬的惨状，毛泽东就以这一事实教育大家，他说："你们看，我们比兔子还蠢。兔子还不吃窝边草哩，我们竟把自己的窝都给烧掉了！"这使一些有"左"倾盲动思想的同志受到一次生动的教育。途中获悉何长工已回到彭公庙，毛泽东指示，要他立即撤回井冈山，由毛泽东率1团在后掩护朱德。

这次长工同志带领2团行动比较顺利，到达资兴附近时，就碰到朱德的一支部队，即以邓允庭为师长的第7师。两军合并统一指挥，掩护朱德率领的暴动总指挥部撤退，在经旧县滁口时同范石生的第16军遭遇后，迅速北撤摆脱了范部的追击。北撤中意外地在资兴附近遇到了由郴州退回的陈毅率领的部分暴动农军和湘南特委机关的同志，他们共同商议到资兴以北的彭公庙，开会研究下一步的行动。无奈湘南特委的负责同志"左"得厉害，拒不上山，也因井冈山是江西省地区，不愿离开湖南，不久便被敌人包围残酷杀害，留下了惨痛的教训。在彭公庙，何长工接到毛泽东要他撤回井冈山的指示，遂同陈毅率领部队到达酃县，在沔渡就见到了朱德和他率领的部队。会面后，朱德急忙问到毛泽东的情况，何长工一一向朱德作了报告。吃过饭，何长工便先行回到宁冈，为两军会师做准备工作去了。湘南暴动组建的部队经过茶陵县，随后也来到了宁冈。

二次下山，何长工一会陈毅，二见朱德，时间相近，都在4月中下旬。4月24日，何长工率2团回到砻市。两天后，朱德、陈毅等率领部分直系部队也进山来到砻市。我们到达沔渡时，得到朱德业已上山的消息，时隔两三天，我随毛泽东率领的1团赶回砻市，朱德的主力部队也从安仁、茶陵一带开进山来。当时我听说有的部队开始不愿意进山，后经朱德、陈毅等再三做工作，而且朱、陈率先进了山，主力部队便随后跟来了。但朱德并未去茶陵，而是经酃县的沔渡直接上山的。

何长工虽有两次下山，三次会见朱德、陈毅的情况，但都不能称作会师。第一，何长工是作为毛泽东派遣的联络员，任务很明确，去寻找朱德、陈毅及其部队的。我从未听何长工说过他是会师的代表，而且还有这么几次会师。既然历史如此，后人就无须再委加其任了。第二，如果把同朱德、陈毅等的会面和其所属部队的偶然相遇都说成是会师，那么，这种会师就不下五六次了。因何长工第二次下山，还带部队于资兴一带见到了朱德所部第7师。毛泽东率1团在资兴的龙溪洞与肖克独立营相会，随即分手。倘若把时间再往前推，即1927年9月三湾改编后，毛泽东率工农革命军第1师第1团南去八面山时，经遂川大汾突遭敌民团袭击，其中3营由营长伍中豪率领继续南下，不期与朱德、陈毅率领的南昌起义后收容下来的部队会合，并得到部分武器弹药和军需物资的补充。不久，1团团部和1营占领茶陵县城后，于10月中旬又返回茶陵的途中再次同他们相遇。不到一个月，仅1团就同这支收容的部队相遇两次，这种偶然的相会在当时是经常出现的。像这样，见面即会师，会师即见面，是否把会师这一严肃而重大的军事行动理解得太简单、太轻率了。以此类推，那这会师也就太多了。第三，第二次下山是由毛泽东、何长工分别率部去迎接并掩护朱德、陈毅及其部队上山的，故当何长工与陈毅在彭公庙偶然相遇后，毛泽东就派人指示他速返井冈山，以提前做会师的准备工作。如果毛泽东说："何长工，你那儿会师完了，赶快回来再准备会师。"这岂不成了笑话。因为会师的目标地点是十分明确的，就是井冈山，而不是别的什么地方。所谓沔渡会师，也是查无实据。当时的酃县县委书记张平化虽也见过朱德、毛泽东，但他从未得到过朱、毛打算在酃县沔渡会师的消息。如果朱德和毛泽东拟在沔渡会师，当朱德率部先抵沔渡并从何长工那里知道毛泽东率部正在其身后掩护他们的时候，我相信，朱德决不会不等毛泽东而匆忙离开沔渡。因为那样做，对与毛泽东会面渴望已久的朱德来说，是不可思议的，也是不可能的。

何长工4月24日返回井冈山，大约两天后，朱德率直属部队上了山；大约又晚两三天，毛泽东率1团、朱德所部主力部队也都分别赶到井冈山来了。因此，朱德、毛泽东及其所率部队正式会师的时间应该是4月28日左右，或者说就是1928年4月底的一天。

我清楚地记得，这天天气很好，砻市披上了春日的盛装。翠绿的井冈山碧清如洗，充满生机，显得格外巍峨壮观。稻田葱绿滴翠，在春风吹拂中散发出诱人的清香。暖暖的太阳高悬苍穹，照得溪水粼粼闪光，照得林中的鸟儿亮声歌唱。干部战士们一见面就像久别重逢的老朋友一样，欢声笑语，喜泪涌流，宁静的山中平原显得十分热闹。就在宁冈砻市，朱德和毛泽东两双巨手紧紧地握在了一起，两支革命队伍历经艰难波折，终于胜利会师了！

这就是我所经历和了解的朱德、毛泽东井冈山会师的基本过程、基本情况，以及我个人的看法。如果要补充的话，那就是根据毛泽东的提议，1928年5月4日上午，在砻市东边广场，即红4军教导队操场，召开了隆重的会师庆祝大会。大会由陈毅主持，朱德、毛泽东、王尔琢及党政军各界代表都分别讲了话。根据前敌委员会的决定，会上宣布全体部队进行改编，成立中国工农红军第4军，毛泽东任党代表，朱德任军长，陈毅任教导大队队长。还有一条大会没有宣布的消息，就是毛泽东兼第11师师长，朱德兼第10师师长。毛泽东第一次挎上了匣子枪，显得非常兴奋，诙谐地说道："背上驳壳枪，师长见军长。"可见，会师既给军民增强了信心和力量，也给人们带来了欢乐和喜悦。但毛泽东很快就把驳壳枪交给了警卫员。从此，我再也没见过他身上带过枪。最早提出"枪杆子里出政权"的著名论断、通晓兵法、运筹帷幄的军事大家毛泽东，却并不喜欢带枪，这倒很有意思。也许这就是这位巨人性格的一大特征。[24]

1993年12月，中共中央文献研究室编辑出版了《毛泽东年谱（1893—1949）》。这部权威性的著作，将朱毛会师的时间确定为1928年4月24日前后。这一十分重要但又争论不休的历史悬案，大致有了定论。

工农割据

1928年10月4日至6日，毛泽东在茅坪步云山主持召开了中共湘赣边界第二次代表大会。

据参加这次大会的陈正人回忆说：

湘赣边界党的第二次代表大会，也是在毛泽东亲自主持领导下召开的。在会上，毛泽东根据几个月来收集的时事材料，分析了当时的形势（在井冈山，毛泽东非常重视收集报纸，以了解国内外的情况。有一次，毛泽东专门派了31团第1营去打大军阀谭延闿的家乡高陇，收集到了不少报纸）。毛泽东认为国民党的反动统治，即新、旧军阀的统治是不稳定的，内部有着许多不能克服的矛盾。毛泽东特别发现新、旧军阀之间有不可调和的矛盾，有争权夺利的斗争，而且斗争越来越厉害。毛泽东认为，分析当时的国内形势，估计要爆发蒋桂战争（后来证明毛泽东的预见是非常英明、正确的，1929年春果真爆发了蒋桂战争）。毛泽东又认为，军阀混战爆发以前，敌人必定会对井冈山发动新的"围剿"。因为红军在井冈山已经打了很多胜仗，产生了极大的影响，这对国民党反动派的统治是个大威胁，特别是对湘、赣、鄂的反动统治而言是个极大的直接威胁。所以，军阀混战未爆发以前，敌人为了保持其反动统治，必定会"围剿"井冈山，企图解除我们对他们的威胁。根据毛泽东当时对形势的英明分析，大会确定湘赣边界特委的中心任务，就是准备打破敌人的第三次"围剿"，保卫井冈山根据地。为此，大会以后，井冈山军民拼命运粮、削竹钉、修工事，从思想上、政治上、军事上、组织上做好各种准备工作。

会议还讨论了毛泽东亲自起草的《井冈山土地法》。在这以前，曾讨论过一次。在这个土地法中，提出了以乡为单位分配土地，还提出了"抽多补少"。但尚未提出"抽肥补瘦"（"抽肥补瘦"这一条是在毛泽东主持的赣西南"二七"会议上提出来的）。当时井冈山的口号是"没收一切土地，平分一切土地"。口号虽是这样，实际上没收和分掉的还是地主的土地。在井冈山上，当时，永新的土地革命经验最丰富。由于永新人口多，分田地区比较广大，毛泽东当时亲自领导31团、28团和29团在永新集中力量搞了一个多月，创造了永新的工农割据。

会议还讨论了《工会组织法》，这次大会后，谭震林任特委书记。因为"八七"会议有个规定，党的领导机关都要由工人出身的党员担任有关职务，那时党中央的总书记是工人出身的向忠发。其实，他只是名义上的，大权掌握在瞿秋白手里，后来又掌握在李立三手里。

会议还讨论了党的组织等问题，讨论怎样整顿党的组织，把混入党内的地主、富农分子、投机分子清洗出去，巩固党的组织。在斗争很激烈的时候，有些不坚定的分子经不起考验，这些人也要清洗出去。[25]

1928年10月、11月，毛泽东先后写了《中国的红色政权为什么能够存在》（《中国共产党湘赣边界第二次代表大会决议案》的第一部分）、《井冈山的斗争》，提出"工农武装割据"的重要思想，阐明中国红色政权发生、存在的原因和条件，回答了"红旗到底打得多久"的疑问。

毛泽东从事理论创作的生活和工作条件极为艰苦。据邹文楷、马夏姬提供的资料说：

在创建井冈山根据地的艰苦岁月里，是毛泽东亲手培育了井冈山革命精神。他老人家不仅提出了正确处理革命队伍内部人与人相互关系的根本原则，而且处处以身作则，身体力行，带头实践这些原则，为我们树立了伟大的榜样。

毛泽东率领部队上井冈山时，和战士穿着一样，身背斗笠，脚穿草鞋。在井冈山一年零三个月的战斗历程中，冬天，毛泽东穿的是两件单衣，睡的是硬板床，垫的是稻草，盖的是薄线毯。白天指挥战斗，晚上彻夜工作。夜里天寒，就披上毯子工作。毛泽东吃的也是红米饭、南瓜汤和野菜。一次毛泽东和战士们一起吃野菜时，对战士们说，这野菜是苦的，但有政治营养，吃了后我们干革命就不怕苦。那时，由于反动派的封锁，井冈山灯油缺少。为了节约用油，红军规定，连以上单位晚上办公，一盏油灯可以用三根灯芯，部队查哨则用一根灯芯。按这个规定，毛泽东晚上工作可以用三根灯芯，但毛泽东坚决只用一根灯芯。后来，打土豪缴来一盏马灯，战士们把它送给毛泽东。可是，毛泽东只在开会和访贫问苦时使用，自己办公仍用一根灯芯的油灯。就是在一根灯芯的小油灯下，毛泽东写下了《中国的红色政权为什么能够存在》和《井冈山的斗争》等光辉著作。

在井冈山时期，毛泽东始终以一个普通战士的姿态出现。为了粉碎敌人的封锁，解决粮食问题，毛泽东脚穿草鞋，常和战士们一道翻山越岭，去宁冈挑粮，往返100多里。有一次，挑粮战士在黄洋界槲树下休息的时候，毛泽东问战士："站在这里，能看到什么地方？"战士们回答："能看到湖南、江西两省。"毛泽东说："应该看得更远，要看到全中国、全世界。我们挑粮上山，就是为了把中国革命和世界革命进行到底。"给战士们以极大的鼓舞和深刻的教育。

毛泽东自己过着简朴的生活，对战士、群众却非常关心。毛泽东经常深入群众，访贫问苦，教育群众，关心群众生活。毛泽东亲自给井冈山群众写过几十块"分田牌"，带领红军战士给九陇山区群众打过水井，还给永新塘边村贫农老大娘挑过水。1928年四五月间，正值青黄不接的时候，毛泽东发动干部和战士，节约粮食，支援当地贫苦缺粮户。边界党的第一次代表大会闭幕后，毛泽东深入群众，进行土地革命的思想发动工作。一次，茅坪的群众捕获了一条狗鱼送给毛泽东。毛泽东指着狗鱼问大家："它吃什么，怎么长得这么大？"群众答："它专吃鱼虾。"毛泽东风趣地说："原来它是鱼中的恶霸，是吃鱼的鱼，正像土豪劣绅是吃人的人一样。我们要打倒土豪劣绅，打倒人间的狗鱼！"毛泽东的话，极大地鼓舞了广大贫苦农民的革命斗志。〔26〕

"黄洋界上炮声隆"

1928年7月中旬，湖南省委代表不顾毛泽东等人反对，引导红4军第28、29团向湘南冒进，导致"八月失败"。毛泽东闻讯，急忙引兵接应。这时，湘军营长毕占云率100余人起义，壮大了革命力量，给遭受挫折的部队带来新的生机。

何长工回忆说：

1928年8月失败以后，我带28团一个营在桂东县左安、大汾一带做群众工作。这时，毕占云起义投奔我们来了。这就是毛泽东在《井冈山的斗争》一文中所说的："此时湘敌驻桂东的阎仲儒部有126人投入我军，编为特务营，毕占云为营长。"

毕占云原系川军向成杰部，后来调湖南临时归湘军何键指挥，当营长。他在大革命的影响下，对我军有一定认识，尤其是在朱德、陈毅对他做了一定的工作之后，他同红军打起仗来并不积极。我记得在一次战斗中，我们俘虏了他一个连。根据毛泽东优待俘虏的政策和瓦解敌军的原则，我们杀了一头猪款待他们一番，经三天教育又将他们放回。他们回去后，就当了我们的宣传员，大讲红军的好处，有的还规劝毕占云反水到我们这边来。当时，毕占云受湘军歧视，早已心怀不满，但对一下子到红军这边来还举棋不定。这时，朱德、陈毅指示我们要给毕写封信，申明大义，晓以利害，劝其早日起义，站到人民这边来。毕接到信的第三天，就带一个营的人马起义参加了红军。不久滇军张渭从江西的樟树镇也带了一个营起义，后来编为红4军的独立营。

对于他们起义之举，我们当然热烈欢迎，但是怎样才能把他们由"白"变"红"，着实有些发愁。

他们在旧军队里沾染了不少恶习，特别是吸鸦片成风，不少人都是"双枪兵"。毛泽东、朱德、陈毅决定彻底改造他们，并把这个任务交给了我。毛泽东找我去，说："过去你在洞庭湖区搞农民自卫军时，改造过湖匪武装，上井冈山后又改造王佐部队，有点经验，这次的任务还是得由你来完成喽。"我两手一摊说："不好办，王佐的部队是绿林好汉，底子素，好改造。而毕占云部下的这些人经多见广，坏毛病编成辫，难改造。"毛泽东笑了笑说："难是自然，事在人为嘛！"

几天以后，毛泽东、陈毅来到我们营地。一见面，我就叫起苦来，说："这些兵油子到底要不要？我还是那句话，难改造。"毛泽东听后严肃地说："怎么不要？人家是梳妆打扮送上门来的，起义是义举嘛，不要就不好了。不要是消极的，要积极改造，若改造不好证明我们没本事。马克思曾经讲过，改造社会的同时还要改造人，这是与我们所进行的伟大事业相一致的。当然改造是艰巨的，可是要记住，中国有三山五岳，地方部队、山大王多得很，对这部分人的工作做好了可影响一大片。改造这支部队的经验，将来，以致全国解放后，都是有用的。"

我思想上通是通了，但怎样改造呢？我建议说："把这伙烟鬼关他20天，烟枪缴掉算了。"毛泽东摇了摇头说："那还行？那样办说明我们和国民党的军队没什么区别了。是说服还是压服，两种办法，两个前途。"于是他坐了下来跟我商量说，"你要当所长（戒烟所长），从戒烟着手，在思想上打通，动员军官带头，讲明我们无产阶级军队只要紧握手中钢枪，不要自杀的毒枪，鸦片枪是不能战胜敌人的，而只能被敌人打败。我们一定要从戒烟入手，转变他们的立场和世界观。"这时，站在一旁的陈毅插话说，要采取"偷梁换柱"的办法，弄点烟叶子，逐渐取而代之，同时多搞点文体活动。

"是说服还是压服，两种办法，两个前途。"毛泽东的话，时刻激励着我去完成改造旧军队的任务。我按照毛泽东的教导和过去的经验，开始了戒烟改造工作。开头一段还好，过了些日子，不少人的大烟瘾犯了，哭声连天，喊叫不已。有些烟瘾特大的，还跑到我面前苦苦哀求："让我吸一口大烟，死了也不冤枉。"我说："死要死得光荣，为人民而死，虽死犹生，不能带着烟鬼的臭名死掉。现在觉得苦，等以后成为一名真正的红军战士而受到人民的欢迎时，就会觉得甜了。这一难关一定要突破！"我们把住戒烟这一关的同时，还注意改善伙食，增加文体活动时间，特别是加强了政治思想教育工作。这样一来，整个部队的精神面貌就大变样了，不少因吸食鸦片而面黄肌瘦的人都逐渐胖了起来，而且红光满面。

这时，毛泽东指示我们把部队拉出去，在行动中改造、在斗争中锻炼、在群众中受教育。这样内外夹攻，上下结合，使其加速革命化。1928年11月，毛泽东指示我带这支部队去莲花的黄坡九都，迎接平江起义的彭德怀、滕代远率领的5军军部及其第4纵队上井冈山与红4军会师。于是我们利用部队经过毛泽东亲手开创的井冈山革命根据地来教育大家。部队每经过一个地方，我们都把这支特殊部队的情况告知地方党组织和群众，让他们帮助、教育这支部队。当经过三湾时，群众争相慰问，犒劳部队。有的群众还讲述了他们以3岁伢子去换五斗谷的悲惨事例，启发和教育我们的部队，勉励我们保卫好红色政权。人民群众语重心长的话语，滋润着每个战士的心田。广大干部、战士也深感红军和白军的本质不同，于是他们自觉地扔掉鸦片枪，逐渐克服了各种恶习。

接着，在莲花县的路口打了一仗，首战获捷，消灭了永新北乡和莲花的反动武装靖卫团300余人。之后，接到了彭德怀、滕代远率领的队伍，他们挥师井冈，与毛泽东、朱德、陈毅会合。[27]

1928年8月下旬，湘、赣两省敌军乘红4军主力远在湖南之际，以四个团的兵力向井冈山发动第二次"会剿"。8月30日，井冈山军民取得黄洋界保卫战的重大胜利。

刘型回忆说：

黄洋界哨口，是井冈山的险要哨口之一，它与小八面山、双马石、朱砂冲、桐木岭四大哨口相配合，构成井冈山的全面防御系统。这次作战，其他四大哨口都有王佐部队和赤卫队警戒，各个哨口都筑有防御工事。就拿黄洋界来说，指挥阵地的工事就筑在哨口后山顶上，这次作战，营的指挥阵地就在那里。在山下源头村上来的一条山垇上，茅草丛里，插有削尖了的并用火烤过的坚韧的竹钉。在这条蛇形的小道上，不是熟悉的人，没有不踏上竹钉的。哨口防御工事，是按坡度筑成前低后高几条不规则的堑壕，壕墙很厚，子弹穿不过，且是垛形，便于隐蔽和射击。每一个工事里，可以容一班至两班散兵，互为掎角。工事都用石块和土坯筑成，高出地面80厘米至100厘米，非常坚固。工事前面，有自然生长的草丛荫蔽，地形陡峭，并埋有竹钉。我军可依托着工事俯瞰射击敌人，敌人则无法接近我军堑壕。

8月30日，云雾散后，敌人开始发动进攻。由于地形限制，敌兵只能一个一个地向上爬，战斗队形呈鱼贯式的散兵线匍匐行进，每一个兵又保持着一定的距离，否则无法射击。所以敌虽以一师之众企图偷袭井冈山，但用在火线上的却只能是少数。我军以两个连的兵力，进入阵地后，又加固了工事，做了许多单兵掩体，还捡了些石块作投掷用。前沿堑壕里是一个排，另两个排分布在其侧后的堑壕里，这是第1连。第3连则在山后休息。敌人进攻无效，便用机枪射击掩护前进，然而低射则妨碍自己的士兵前进，高射则子弹在空中呼啸，无明确的射击目的与弹着点。待敌人接近我军有效射程距离，我军便一声令下"打"，弹无虚发，叫敌人个个去见阎王。为了节省子弹，石块也成了我们有力的射击武器。敌人一次、二次、三次、四次冲锋，都无非是送来武器弹药留下尸体。下午4时许，我们把28团留在茨坪修械厂修理的一门较好的迫击炮也抬来了，安放在我军指挥阵地附近。我们向敌人发了三发炮弹，第三发正落在敌人的指挥所驻地——腰子坑爆炸了。敌人原以为主力红军不在山上，听见炮响，又以为我主力红军已经回到井冈山，吓得魂飞魄散。夜间，敌人利用云雾弥漫我军无法下山追击的时刻，逃之天天，溜到酃县境内云了。

敌人这次袭击井冈山既不明了我军情况，又不熟悉地形，士兵则不知为何而打仗，且进入早已坚壁清野的宁冈，无粮、无柴、无菜，加以我赤卫队和袁文才部的游击战，敌军既找不到向导，又派不出侦察，哨兵被摸掉，两眼漆黑，两耳又聋，陷入我人民战争的汪洋大海之中，徒呼奈何！我军则有高度的政治觉悟，都知道"为土地""为政权""为工农解放"而战，上下一致、军民一致，"早已森严壁垒，更加众志成城"，焉有不胜之理。

我军的装备比起敌人来是差的。每个战士只有三至五发子弹，一个班只有三四条破旧的军毯或夹被。进入阵地后，只在30日早晨雾未散前吃过一餐早饭。山上既无哨棚更无房屋，为了防寒，我们就割些茅草盖着垫着。经过一天的激战，我军无一伤亡，只是由于哥山夜寒，有些人得了感冒，夜间有猴子来捣乱，弄得我们睡不好而已。31日晨，云开雾散，山上静悄悄的。我们便沿着敌人的来路下山搜索，可是敌人已无影无迹了。群众见到我军红旗一到，便踊跃回村，烧茶水、洗衣服，热烈拥护红军收复失地。

9月13日，我28团击败刘士毅，缴枪数百，接着，占领遂川。16日，毛泽东和朱德同志率领红军主力，回到了井冈山，胜利会师了。[28]

9月，毛泽东为庆贺胜利作《西江月·井冈山》词：

山下旌旗在望，山头鼓角相闻。敌军围困万千重，我自岿然不动。

早已森严壁垒，更加众志成城。黄洋界上炮声隆，报道敌军宵遁。

注 释

〔1〕何长工：《秋收起义和引兵井冈山》，选自《回忆井冈山斗争时期》，江西人民出版社1979年12月版，第357—359页。

〔2〕何长工：《伟大源于实践》，载《红旗》1979年第12期。

〔3〕《怀念毛主席》，江西人民出版社1978年2月版，第102—103页。

〔4〕陈伯钧：《毛主席率领我们上井冈山》，选自《回忆井冈山斗争时期》，江西人民出版社1979年12月版，第98—99页。

〔5〕何长工：《改造王佐部队》，载《解放军文艺》1978年第8期。

〔6〕何长工：《伟大的会师》，选自《伟大的历程——回忆战争年代的毛主席》，人民出版社1977年8月版，第60—63页。

〔7〕赖毅：《毛委员教我们发动群众》，选自《伟大的历程——回忆战争年代的毛主席》，人民出版社1977年8月版，第50页。

〔8〕周里：《水口分兵》。

〔9〕罗荣桓：《秋收起义与我军初创时期》，选自《伟大的历程——回忆战争年代的毛主席》，人民出版社1977年8月版，第38—39页。

〔10〕赖毅：《毛委员教我们发动群众》，选自《伟大的历程——回忆战争年代的毛主席》，人民出版社1977年8月版，第112—113页。

〔11〕谭震林：《井冈山斗争的实践与毛泽东思想的发展》，选自《回忆井冈山斗争时期》，江西人民出版社1979年12月版，第22—23页。

〔12〕毛泽覃当时受朱德、陈毅的委派，于1927年12月上旬来到宁冈茅坪，同毛泽东取得联络。

〔13〕陈伯钧：《毛主席率领我们上井冈山》，选自《回忆井冈山斗争时期》，江西人民出版社1979年12月版，第39、40、42页。

〔14〕韩伟：《毛委员教导我们用兵作战》，选自《回忆井冈山斗争时期》，江西人民出版社1979年12月版，第69页。

〔15〕谭家述：《回忆毛主席在茶陵的革命活动》，选自《回忆井冈山斗争时期》，江西人民出版社1979年12月版，第449—450页。

〔16〕赖毅：《毛委员教我们发动群众》，选自《伟大的历程——回忆战争年代的毛主席》，人民出版社1977年8月版，第53—54页。

〔17〕韩伟：《毛委员教导我们用兵作战》，选自《回忆井冈山斗争时期》，江西人民出版社1979年12月版，第69页。

〔18〕韩伟：《毛委员教导我们用兵作战》，选自《回忆井冈山斗争时期》，江西人民出版社1979年12月版，第78—80页。

〔19〕陈正人：《毛泽东同志创建井冈山革命根据地的伟大实践》，选自《回忆井冈山斗争时期》，江西人民出版社1979年12月版，第319—320页。

〔20〕谭震林：《井冈山斗争的实践与毛泽东思想的发展》，选自《回忆井冈山斗争时期》，江西人民出版社1979年12月版，第28—29页。

〔21〕胡页朵：《毛泽东十四次到永新》，载《党史文汇》1990年第5期。文中所述毛泽东第十四次到永新发生在新中国成立以后，这里从略。

〔22〕何长工：《伟大的会师》，选自《伟大的历程——回忆战争年代的毛主席》，人民出版社1977年8月版，第67—71页。

〔23〕肖克：《永铭在心的亲切教诲》，选自《怀念毛主席》，山西人民出版社1978年2月版，第133—135页。

〔24〕陈士榘：《关于朱毛会师的几点回忆》，载《党的文献》1989年第3期。

〔25〕陈正人：《毛泽东同志创建井冈山革命根据地的伟大实践》，选自《回忆井冈山斗争时期》，江西人民出版社1979年12月版，第331—333页。

〔26〕邹文楷、马夏姬 《井冈山精神永放光芒》，载《历史研究》1975年第3期。

〔27〕何长工：《伟大源于实践》，载《红旗》1979年第12期。

〔28〕刘型：《黄洋界保卫战回忆》，选自《回忆井冈山斗争时期》，江西人民出版社1979年12月版，第335—397页。

三、"红旗跃过汀江"

出击赣南闽西

1929年新年刚过,湘、赣两省国民党军再次对井冈山发动新的军事"会剿"。1929年1月4日至7日,毛泽东在宁冈柏露村召开前委、特委、红4军和红5军军委及各县负责人联席会议,传达中共六大决议,并决定率红4军主力向外线出击,红5军和红4军一部留守井冈山。

红5军是1928年12月10日到达井冈山和红4军会师的。彭德怀回忆说:

在莲花城北约40里处,红4军前委毛泽东派何长工率二三百人,先我到达该地,在道侧两翼大山埋伏。花了一个多小时,彼此才沟通好,他们才知道我们是红5军派来联络的部队,他们的任务是要北进同5军取得联络。莲花城有白军一个团驻守,我们于夜间从莲花县城西绕过,直插砻市(即现在宁冈县城),到达该地是在广暴纪念前几日。先在砻市会见了朱德军长,第二日到茨坪会见了毛党代表。他说:"你也走到了我们一条路来了,中国革命条件是成熟的,社会主义革命不胜利,民主革命也要胜利。"我想,这个问题我们还没有弄清楚,我们5军内有些同志就是把两个革命不加区别地混在一起,把消灭地租剥削和消灭资本剥削当作一回事。我当时在这个问题上虽感觉不妥,但理解不深,所以没有发言权。

过了几天,4、5两军开联欢会和广暴纪念大会。搭起的台子,搭得不稳固,人一上去讲话时,就垮下来了。有人觉得不吉利,朱德军长讲:"不要紧,垮了台,搭起来再干吧!"又把台搭起来开会。在会上,朱军长、毛党代表讲了话,我也讲了话,内容都记不起了。

又过了两三天,党的六次代表大会决议送到了。红4军前委召集了扩大会议,5军军党委常委均参加了这次会议。红4军前委书记毛泽东主持会议,逐段详细地讨论了这个决议。我对这次会议印象很深,认识了中国革命形势是处在两个革命高潮之间,而不是什么不断高涨;对民主革命的性质、任务,党的十大纲领[1]等有了比较深刻的认识。前委对反对盲动主义解释得很详细。平江起义后，我对于乱烧、乱杀的盲动主义很反感，觉得把房子烧了，人民住到哪里去？红军也没有房子住。反革命的是人而不是房子。占领修水时，渣津、马坳一带群众已被初步发动，我军转移后，平江游击队狗队长（老百姓这样称呼）把那块地方烧光了。半个月后红军再去，农民挂白带子，对我们打土炮，封锁消息。当时盲动主义者说这些群众反水，对反水群众不是争取而是镇压，完全不检查自己的错误，反而把错误当作真理，把执行错误政策的人说成是坚决革命，把反对错误政策的同志说成是对革命不坚决，军阀出身靠不住了。六大解决了这些问题，是使人高兴的。毛泽东在那次会议上，讲了烧房子脱离群众。他讲了在遂川（井冈山南）的故事，说开始农民都围拢来很亲近，当把洋火一拿出来要烧房子时，群众就跑开，站在旁边看了。你再去接近他们一点，他们又跑远一点。他又讲到红4军对宁冈反水的群众，采取一系列办法去争取他们回家。我当时听了这些，印象是特别深刻的。这次直接接触了毛泽东，使我对他更加敬仰。

这次会议正是我30周岁时开的，是我半生受教育最大的一次。

这次会议有王佐、袁文才两人参加。他们曾是当地两个绿林部队的首领，已加入了共产党。前委照顾他们的政治情况，把"六大"决议上关于争取绿林部队的策略——大意是争取其群众，孤立其头子——删去未传达。这件事以后被袁文才发现了，出了乱子。

在会议期间，湘、赣两省反动军队正在调动部署，准备"围剿"井冈山。当时红4军还是草鞋单衣，冬服未解决，无盐吃，每天3分钱的伙食也难解决，只有离开井冈山到白区打土豪才能解决。可是伤病残人员无法安置，又不可能带走，似此，势必派队留守。当时，红4军全部也不过五六千人，如分散，力量会更加单薄。为这些问题，红4军前委开会讨论了多次，我也参加了这些会议。最后决定由红5军5个大队七八百人留守井冈山，并让我任红4军副军长，保护井冈山伤病员及一些家属小孩。我知道这是一个严重而又危险的任务。我回去同代远谈了，他当时是5军党委书记，由他召集了5军党委会议。参加会议的有我、邓萍、李灿、贺国中，可能还有李光。讨论时有两种意见：一种意见认为，我们是来联络的，任务已完成，应立即回湘鄂赣边区，传达六大决议。如果我们长期留在井冈山，就会影响湘鄂赣边区的发展。一种意见是接受前委指示，保卫井冈山后方，使红4军主力安全脱离敌军包围，向白区发展。如果红5军不承担这项任务，红4军离开后，湘赣边区政权也可能受到损失，甚至搞垮。故我们应当承担起来。第一种意见是大多数人的，第二种意见是我和代远的。我们说服了不同意见的同志，准备牺牲局部，使主力安全向外发展。

红4军离开井冈山时，计划转移到敌后，也就是敌之外翼，配合守山部队，寻找战机夹击敌军，以打败敌军的"围剿"。他们从小行洲向遂川及以南前进时，江西敌军之谢文彬旅即尾随其后。如果部署得好，是可能歼灭或击溃该敌的。我红4军进至大余、南康，遭受谢文彬旅袭击，经赣南安远、寻邬向闽西南转进了，这就完全脱离了井冈山。坚守井冈山的5军，5个连分守5条路，成为孤军奋战了。〔2〕

陈正人也参加了柏露会议。他回忆说：

敌人准备第三次"会剿"时，我们曾开过几次会研究过这个问题，从讨论形势到部署兵力。柏露会议最后讨论决定了保卫井冈山的军事力量以及红军行动计划。在柏露会议上，主要是反对保守主义，地方党组织生怕红军主力走掉后，敌人来了，他们会遭到损失，怕井冈山守不住。所以，柏露会议上主要和右倾机会主义作斗争，克服右倾机会主义的思想，树立保卫湘赣边界政权的信心。井冈山斗争时期，在1927年冬到"八月失败"前，机会主义表现为"左"倾盲动，大烧大杀。那时主要和"左"倾盲动主义作斗争。根据地搞起来了以后，主要与右倾机会主义作斗争，与保守主义、流寇思想作斗争。这个斗争是长期的。在柏露会议上，毛泽东还看到了统治阶级要破裂、新的军阀混战要开始，讲到了要促进全国革命高潮的到来。

柏露会议后，广泛动员群众保卫井冈山，向群众宣传保卫井冈山的有利条件，还谈到了红军主力要在外围运动中消灭敌人。至于到哪里去，怎样的意图，具体的战略部署，在群众中就不讲了。〔3〕

毛泽东在敌人大兵压境的关头，预见到新的军阀混战即将开始，表现出战略家的远见。对此，陈毅也有过回忆：

毛泽东认为：虽然革命由于国民党的叛变而遭受了失败，但是，引起1925年到1927年大革命的一切矛盾一个也没有解决，国民党绝不能解决这些矛盾，国民党的反革命政策只是促进这些矛盾更加深化。而且在各帝国主义的操纵之下，国民党的统治不会稳定，一定会发展成为长期性的军阀混战，这就给我党和中国人民以复兴革命运动的机会。另外，毛泽东认为：革命失败后党的队伍遭受了很大的打击，党的政策应该重新检讨，重新制定。根据这样的政治分析，毛泽东得出了结论，指出必须反对"左"倾盲动主义和右倾机会主义，而选定在有群众运动基础的边区农村开展游击战争，以抵抗白色恐怖，逐步积蓄力量，促进全国革命高潮。记得在1928年冬到1929年春，毛泽东分析当时的政治情况，预断新的军阀混战将要再起，可是那时国民党军阀正在加紧围攻井冈山，看不出有因内讧而退兵的痕迹，党内外有不少人怀疑军阀混战必起的论点。毛泽东经常要为此问题作解释，直至1929年春蒋桂战争爆发，才证实了毛泽东的论断正确。对于局势发展的论断的准确性，是领导群众的首要条件，毛泽东正是能掌握此种准确性的能手。当时有些同志的意见，认为国民党军阀混战不会爆发，主张缩小游击队，甚至认为毛泽东和朱德应离队到大城市做地下工作。此主张如真正实行起来，其对于第二次国内革命战争时期整个革命领导的影响将是难以设想的。[4]

毛泽东下山的意图是在外线调动敌人，配合内线粉碎敌人"会剿"。但是下山的路是艰难曲折的。1929年1月24日，部队在大余首战失利。由于没有群众基础，得不到准确的情报，部队未及集中，便仓促应战，导致失利。

随后，敌军紧追不舍，部队只好在龙南、全南、定南"三南"地区转战。原先的外线出击计划难以实现。直到2月10日至11日取得大柏地战斗的胜利后，才重新掌握了主动权。

江华（当时叫黄琳）回忆说：

下山意图是想打破敌人的"围剿"，一部分守山，一部分出击，从外面调动敌人，结果却适得其反，在大余打了一个败战。一打败就回不来，转到"三南"了。所以，毛泽东讲要慎重初战，初战必胜。一打败，就两头不好。出去的第一仗在大余打不好，调动不了敌人，对"围剿"井冈山的敌军影响不大，从而与井冈山失去联系了。[5]

1929年6月1日，毛泽东在闽西永安向中共中央详细汇报了出击赣南、闽西的情况。报告说：

我军现在永定，分兵各县游击，帮助革命群众发展组织的工作，并去发动群众开拓斗争的新区域，消灭民团势力。闽西党有相当的群众基础，各县斗争日益发展，前途希望很大。

我军4月1日退出汀州，到瑞金，雩都，赣州东乡、兴国，宁都，5月15日再到瑞金。每到一县一地，把队伍分散到各乡，分散到各乡的队伍再分成小队，这样分散，易于争取群众，对付敌人，发展亦不致偏于一隅，与中央指示的"分开游击，统一指挥"相合。现在闽西边是这样。

在赣南游击45天，由工会农会等代表组织。赣南地主势力很弱，前有刘士毅、赖世琮（赖世璜之弟）两部土著军队，十分为害。刘被红军二次击溃，残部调往上海；赖部于红军攻克宁都时，被完全消灭，赖世琮被俘。此两部既不存在，朱培德部队又绝不敢长驻偏僻之赣南，故赣南的前途亦很有希望，因赣南的发展又可与赣西宁冈等6县，赣东方志敏部红军取得联络。

我们在宁都时，广东东江特委曾来信说，东江准备暴动，要红军分兵去帮助。前敌委员会复信，不赞成此时举行总暴动，此时只能发动游击战争，红军实不能分兵去助，因彼处反动势力大，且路途很远。到闽西后，又去一信要他们做群众工作，红军在闽西工作一个时期后，有向东江游击一个时期的可能。

红军在大余失败时稍受损失，3个月来逐渐补充，人数枪数均有增加。汀州宁都龙岩坎市四役，共得枪800支（发给地方赤卫队300多支），子弹数千发。唯外间宣传超过此数甚远。红军是从最困难的反革命高潮中创造出来的，大体可说是有相当战斗力的正式军队，但不好过分估量红军的力量，现在主要的任务仍是把群众发动起来，红军方能与之协力奋斗，以获得最后的胜利。

报纸所载我们怎样杀人放火的消息，全与事实不合。如在汀州17天，仅向大商人筹款2万，向豪绅地主筹款3万，彼等却宣传筹去几十万；仅杀5人，都是郭凤鸣的最反动的死党，彼等却宣传杀数千人，总之全是胡说，不足为信。杀人烧屋，除非是群众对反动派直接的制裁行为，军队单纯的烧杀是没有的。

这之前，守卫井冈山的红5军主力突出重围，向赣南转移。1929年4月初，红5军主力也来到瑞金，同红4军会合。据彭德怀回忆说：

我们得到红4军的确实情况后，即改变了打回井冈山的原定计划，经会昌进占瑞金县城，向古田、汀州靠近。数日后，红4军从长汀经古田来瑞金第二次会合。此时，红5军由300人发展到七八百人。毛泽东将中央2月来信给我看，来信对当时时局估计有些过于顾虑，为了减少目标，要朱、毛离开红军，把红军分散在农村。我写了一封信给中央，大意是时局紧张，主要负责人不能离开部队。有共产党领导，有正确的政策，红军是能坚持的。当年北方有一个白朗⁽⁶⁾到处流窜，以他为比说，他尚能坚持，我们为什么不能坚持？信是由红4军前委转的，原稿留毛泽东处。

这是我第一次直接写信给中央。我向红4军前委汇报了撤出井冈山的经过。毛党代表说："这次很危险，不应该决定你们留守井冈山。"

在瑞金，我们住了约一星期。红4军到后，住了两天即开雩都。在途中某地，没收钟姓地主谷物分给当地贫民。不知是地主同姓的狗腿子还是受蒙蔽的群众阻拦分谷，在分谷时，就发生了械斗（赣南地主操纵的姓氏斗争很严重）。红4军司令部一个负责人，未经调查研究，即令将拦阻分谷的人枪毙了两个。红军不在当地停留，只是路过该地，此事很容易被反动地主利用，造成械斗，模糊阶级斗争。午饭时，我和朱军长、毛党代表一起吃午饭。那时的午饭，各自用洗脸手巾包一碗饭，到休息时就地吃，也没有什么菜，吃冷饭，喝冷水。在午饭时，毛泽东得知此事，当时对乱杀人这件事以严肃的批评，没有留任何情面。对人民群众如此认真，给我的印象很深。我觉得这是一种好作风，是一种正确的政治态度。这次是直接给我的第二次印象（在井冈山是第一次）。

到达雩都县城附近时，我提出率部打回井冈山去，恢复湘赣边区政权，当即得到红4军前委同意。⁽⁷⁾

古田会议

在转战赣南、闽西的过程中，红4军党内领导者之间产生了意见分歧。1929年6月19日，红4军第三次攻克福建龙岩城，消灭了地方军阀陈国辉部。同月下旬，红4军在龙岩召开党的第七次代表大会。大会在有关党的领导、思想政治工作、农村根据地、红军任务等问题上发生争论。

江华回忆说：

1929年6月22日在福建龙岩县城召开了中共红4军第七次代表大会，围绕着要不要设立军委的问题发生了一场争论。当时，我任红4军政治部秘书长。

1. 在湖雷开始了争论

七大的争论，其实从永定县湖雷的前委会议上就已开始，争到上杭县的白沙、连城的新泉，又争到龙岩七大。分歧的由来更久，从井冈山朱、毛红军会师以来，随着红军的扩大和革命根据地的发展，对红军和根据地建设的问题，在红4军党内以及主要领导者之间即有一些不同意见，并且在行动上也常有所表现。所以，七大的争论，实质上并非单纯为军委这一机构是否设立的问题，而是关系到党对军队的领导，关系到红军建设的一系列原则问题。

为了说明争论的问题，先从争论的焦点"军委问题"说起。

1928年4月，朱德、毛泽东在井冈山会师成立了红4军，朱德任军长，毛泽东任党代表，并成立了红4军军事委员会，毛泽东任军委书记。5月20日，湘赣边界党的第一次代表大会选举产生了湘赣边界特委，毛泽东任特委书记。红4军军委书记改由陈毅担任。6月4日，中央给红4军的指示信中指定，由毛泽东、朱德和一工人同志、一农民同志、前委所在地党部书记等五人组成前敌委员会，毛泽东为前委书记，统辖红4军军委和湘赣边界特委。前委是红军游击活动期间的特殊组织，是共产党中央的代表机构，它的组织成员是由中央指定的，它统一领导和指挥红军及其游击活动地区、农村根据地的地方工作。6月下旬，湖南省委派杨开明代理湘赣边界特委书记。11月初，根据中央的指定，经前委提名报中央批准，宋乔生（工人）、毛科文（农民）、谭震林（湘赣边界特委书记）为前委委员。同月中旬，红4军六大选举了新的军事委员会，朱德接替陈毅担任军委书记，陈毅改任红4军士兵委员会秘书长。那时，红4军未建政治部，只有工农革命运动委员会，主任毛泽东，副主任谭震林，它实际上是政治部的前身。1929年1月，红4军下井冈山后，每日行军打仗，形势严峻，常要开会讨论军情和部队行动问题。这样，军委和前委机构就显得重叠，开了军委会又要开前委会，或者开了前委会还要开军委会，而大多是同样一些人，大家都感到"颇生麻烦"。为应付恶劣环境，减少领导层次，便于机断，在项山整编时，前委决定，军委暂时停止办公，权力集中于前委。同年3月，打下汀州后，部队整编，取消了工农革命运动委员会，改建为红4军政治部。政治部从建立之始，即是在前委领导下的代表党的工作机关，除军内的政治工作外，如发动群众、扩大党的宣传、建立地方武装和苏维埃政权等工作，统由政治部负责，即所谓"前委指挥，政治部对外号召和联系"。

5月间，由于赣南、闽西根据地的扩大，军队和地方工作多了，前委既管军队工作，又管地方工作，感到兼顾不过来，为了便于领导，前委临时决定，组织军的最高党委，成立了红4军临时军委，由刘安恭任临时军委书记。刘安恭，四川人，曾入云南讲武堂，后去苏联留学，1929年春由党中央派来红4军工作。他曾经讲过关于苏联黑暗面的话，听来令人很反感。他刚由苏回国不久，不了解中国红军发展历史和斗争情况，就主张搬用苏联红军的一些做法，并在他主持的一次军委会议上作出决定：前委只讨论行动问题，不要管其他事。这个决定限制了前委的领导权，使前委无法开展工作。显而易见，这个决定是错误的，是不利于革命斗争的，自然引起许多同志的不满。这时，原来在井冈山时期即存在的关于红军建设问题又开始议论起来，一些不正确的非无产阶级思想也颇有表露。为了解决这些问题，毛泽东利用战斗和行军的空隙，采取各种措施，做了不少工作，并多次召开前委扩大会议进行讨论。5月底，湖雷前委会议上对党的工作范围、支部工作等问题进行争论，意见未能统一。6月8日，在白沙又召开前委扩大会议，继续讨论争论的问题。这次会议虽然以绝对多数（41人参加会议，36票赞成，5票反对）通过了取消临时军委的决定，但争论的根本问题却仍未解决，而且这些分歧意见在党内以致红军战士、军官中日益发展起来。

由于红4军党内对一些原则问题认识不尽一致，毛泽东认为前委不好工作，于是，他在白沙会议上提出了一份书面意见，列举了红4军党内存在的主要问题。书面意见有四条：一、出现前委、军委分权现象，前委不好放手工作，但责任又要担负，陷于不生不死的状态。二、根本分歧在前委、军委。三、反对党管一切（党管得太多了，权太集于前委了），反对一切归支部（支部只是教育同志的机关），反对党员的个人自由受限制，要求党员有相当自由（一支枪也要问过党）。这3个最大的组织原则发生动摇，成了根本上的问题——个人自由主义与无产阶级组织性纪律性斗争的问题。四、对于决议案没有服从的诚意，讨论时不切实争论，决议后又要反对，且归咎于个人，因此前委在组织上的指导原则根本出现问题（同时成了全党的问题），完全做不起来。最后，毛泽东提出，他不能担负这种不生不死的责任，请求马上更换书记，让他离开前委。

当天夜里，林彪给毛泽东送来一封急信，主要是表示不赞成毛泽东离开前委，希望他有决心纠正党内的错误思想。我当即将此信送给毛泽东，他看了一下，对我说："放在这里吧，没有别的事了，你休息去吧。"回屋后，我一直不能入睡。第二天得知，毛泽东也一夜辗转未眠。这些天来，他常为解决争论、纠正党内各种非无产阶级思想而焦急思虑。

白沙前委会议通过了撤销临时军委的决定，刘安恭的军委书记自然免职。但是，在前委之下要不要设立军委这一组织，军内及主要领导人之间仍有不同意见。尤其是刘安恭更是到处游说，坚持要成立军委，事实上是主张"分权主义"，并说什么红4军党内分成派别等，散布了许多挑拨红4军主要领导之间的关系和攻击毛泽东的言论。他在这种"不调查清楚事实状况"就"偏于一面"的"轻率发言"，起了很坏的作用，造成了军内官兵思想混乱，助长了党内领导者认识上的分歧，而且使争论复杂化了。后来，陈毅向中央的报告中也提到，刘安恭来红军后的一些言行，是造成党内和领导间争论的一个主要原因。

6月中旬，国民党地方军阀陈国辉部由广东潮、梅地区窜回龙岩城。前委由新泉移住到小池，准备三打龙岩，彻底消灭陈国辉部。在小池发生了一件事：在研究部署三打龙岩的作战计划时，没有通知毛泽东参加，只通知谭震林参加，由谭传达。在这次战斗中，毛泽东、谭震林、我和前委、政治部的工作人员随同新由闽西地方游击队编成的红4军支队张鼎丞部行动。这样重要的会议以及如此重要的行动，不通知党代表毛泽东参加，是很不妥当的。

三克龙岩后，部队在龙岩整训20余天。很明显，在当时敌强我弱、不断被敌"围剿"、战斗十分紧张的环境中，革命队伍内部尤其是领导人之间存在着日益严重的分歧和争论，对革命是不利的。于是，前委决定利用这一短暂稳定的时间，召开红4军党的第七次代表大会。大会是在龙岩城内的一所中学校园里召开的，我负责会议的秘书事务工作。原计划会议通过总结过去斗争的经验，统一思想认识，解决红军建设中存在的各种问题，以进一步提高红军的政治素质和战斗力，更好地担负起创建并发展农村根据地的伟大革命斗争任务。会议开了一天，虽然通过了决议案，选举了新的前委会，但从七大前就开始争论的主要问题，仍未得到解决。

2. 争论的主要问题

毛泽东在6月14日的一封亲笔信中，对争论的问题列举了十四条：一、个人领导与党的领导；二、军事观点与政治观点；三、小团体主义与反对小团体主义；四、流寇思想与反对流寇思想；五、罗霄山脉中段政权问题；六、地方武装问题；七、城市政策与红军军纪问题；八、对时局的估量；九、湘南之失败；十、科学化、规范化问题；十一、红4军军事技术问题；十二、形式主义与需要主义；十三、分权主义与集权；十四、其他腐败思想。他还指出，近日两种不同的意见，最明显的莫过于军委问题的争论；争论的焦点是军委要不要的问题。

关于军委要不要的不同意见，概括起来，主要是：

一种意见认为：既有红4军，就要有军委；建立军委是完成党的组织系统；并且指责前委"管得太多"，"权力太集中"，"包办了下级党部的工作"，"代替了群众组织"，等等，甚至攻击前委领导有"家长制"的倾向，是"书记专政"。其言外之意，只有成立了军委，才能改变如其所说的这种状况。

反对设立军委的意见认为：现在红4军只是有4000多人的一个小部队，又处在游击不定、频繁行军作战的环境里，"军队指挥需要集中而敏捷"，因此，有前委直接领导和指挥更有利于作战，不必要在前委之下、纵委之上硬生生地插进一个军委；而且人也是这些人，事也是这些事，这是十分明白的，在实际上是不需要的；并认为，坚持设立军委是"形式主义"，"实际弄得不好，形式上弄得再好看又有什么用处呢"。所谓前委"管得太多"等说法，只不过是"为成立新的指导机关——军委，便不得不提出旧的理由，攻击旧的指导机关——前委，以致支部"。这实际上是"分权主义"，而这种分权主义是"与无产阶级的斗争组织（无论是无产阶级的组织——工会与无产阶级先锋队的组织——共产党，或其他武装组织——红军）不相容的。军委、前委分权形式之所以不能存在，就是这个理由"。

最后，七大否定了在前委之下再设立一个军委的意见，认为这确系机关重叠，无再设军委之必要。在七大决议中还指出："党代替群众组织，完全不是事实"；说前委包办了下级党部的工作，"失于武断，不合事实"；所谓前委领导有"家长制"倾向、"书记专政"问题，是"纯属偏见"。

要不要军委的争论虽然解决了，但是在这个问题背后的关于党和军队关系问题的争论，仍未得到完全解决。所谓党和军队的关系问题，主要是由于当时红军建设不久，其大部分是从旧式军队中脱胎出来的，而且是从失败环境中拖出来的，旧军队的旧思想、旧习惯、旧制度都带到了红军队伍中来。因而，一部分人习惯于旧军队的领导方式，对党领导军队不赞成、有怀疑。他们强调"军官权威"，喜欢"长官说了算"，相反认为现在是"党太管事了"，"党代表权力太大"，提出"党不应管理一切"，"党所过问的范围是要受限制的"，"党支部只管教育同志"；并主张"司令部对外"，政治部只能"对内"，对军队只能指导，不能领导，等等。这些都严重影响了党对军队绝对领导权的建立。

在这场争论中，军内存在的单纯军事观点、流寇思想、极端民主化和军阀主义残余思想等非无产阶级思想有所抬头。在井冈山时期，毛泽东就提出了红军的三大任务：打仗消灭敌人，打土豪、筹款子；宣传群众、组织群众、武装群众，帮助群众建立革命政权；创立正规红军、地方红军、地方赤卫队三级体制的人民军队体系。并且明确指出，红军是一个执行革命政治任务的武装集团。在当时，革命的政治任务主要就是：深入进行土地革命，实行武装割据，建设农村革命根据地和革命政权。但是，一部分人总是格格不入，他们主张"军队只管打仗"，建立和巩固根据地是地方党组织的事；主张扩大红军用"招兵买马""招降纳叛"的办法；并且热衷于"流动游击""走州过府"，打大城市；而不注意发展地方武装，不积极做群众工作，不愿意艰苦地建立根据地，做人民政权的斗争；甚至忽视宣传队的重要性，意图取消宣传工作，还说什么宣传兵是"吃闲饭"的，"妨碍行军"，等等。对改造旧军队问题，毛泽东积极倡导在军队内部实行民主主义制度，发扬政治、军事、经济三大民主，废除打骂士兵和枪毙逃兵的旧制度，实行官兵一致，待遇平等，士兵有开会说理的自由，士兵管理伙食，经济公开；并在连以上建立士兵委员会，代表士兵利益，做政治工作和群众工作。军内的民主主义，对破坏封建雇佣军队的旧思想、旧习惯、旧制度起了积极作用，对军阀主义残余思想是极大的冲击。但是，这也引起了一部分习惯于旧军队领导方式的人的抵制。另一方面，由于红军的大部分成分是农民和其他小资产阶级，将小资产阶级的自由散漫和极端民主化思想带到军内，因而一部分人反对自上而下的军队内部民主制度，主张实行"自下而上的民主集中制"，"事无大小，先交下级讨论，再由上级决议"；甚至有的人对党内应有的严格纪律也感到"受拘束""不自由"；有的领导同志对破坏军纪的问题，反对从严，主张从宽，认为只要打仗胜利了，军纪破坏一点，城市政策破坏一点，也没有什么要紧的，没把军纪问题作为一个很大的政治问题来抓。上述种种非无产阶级思想的表现，极大地妨碍了军队的改造和执行正确的革命政治任务。

由于七大未能统一认识，毛泽东向大会提出的关于坚持和加强党对军队的绝对领导，克服红军中正在滋长的单纯军事观点、极端民主化、流寇思想等各种非无产阶级思想的正确主张，一时未被大多数代表接受。大会在最后改选前委时，原中央指定的前委书记毛泽东只当选为前委委员，而没有被选为前委书记。

这里附带说一下，那时毛泽东对于干部要求高、要求严，批评人也是很严厉的。对一些营团级负责干部的缺点错误，他也毫不留情地当面批评、训斥，常常令人难以接受，下不来台，因而有些同志对他是很有意见的。

3. 离开前委到蛟洋

七大以后，毛泽东离开了红4军前委领导岗位，去帮助闽西特委召开闽西党的第一次代表大会。7月8日，毛泽东、贺子珍和我一起到了闽西特委所在地上杭县的蛟洋。7月，陈毅去上海向中央报告工作之前，曾到蛟洋同毛泽东交换意见，两人在交谈中又争论起来，各执己见，未能统一。

党中央在周恩来、李立三主持下，先研究了红4军七大决议和附件（包括毛泽东6月14日的来信），后听取了陈毅的汇报，写出了对红4军的指示信（即"九月来信"），充分肯定了红4军两年来的斗争经验和对中国革命的重大贡献，充分肯定了毛泽东关于"工农武装割据"的思想和建党建军的基本原则，正确解决了红4军党的第七次代表大会有争议的主要问题。11月，陈毅根据中央指示亲自到蛟洋邀请毛泽东返回红4军复职，主持前委工作。12月，在上杭的古田召开了红4军党的第九次代表大会（即古田会议），传达讨论了中央九月来信，总结了经验教训，一致通过了《关于纠正党内的错误思想》等多项决议，改选了前委，选举毛泽东为书记。[8]

红4军七大后，毛泽东离开部队，到闽西休养，并指导地方工作。在此之前，他对闽西的工作就十分关心。

当时在闽西特委工作的邓子恢、张鼎丞回忆说：

那时，闽西特委设在上杭城水南。红4军打下长汀后，住了半个月。特委派子恢去找毛泽东，中途听说红4军已去江西，乃折回。特委将闽西党群组织、斗争情况及敌我情况，写了一份详尽的书面报告，派人送给毛泽东，并要求红4军再来闽西活动。不久，特委就接到毛泽东的回信，说红4军将要再度入闽。特委接到信后，立即通知各县，准备暴动响应。

5月间，红4军第二次来到闽西。当时陈国辉、张贞等匪军正和广东军阀打仗。红4军便迅速占领了龙岩城。在城里展开了宣传活动，街上贴满了标语、布告。毛泽东亲自在龙岩第九中学向学生讲话。又拨了一二百条步枪给龙岩县委，装备龙岩游击队。这样一来，龙岩地方武装实力便空前地增加了，更有力地配合主力展开了活动。

当天，红4军又顺利地攻占了坎市，第二天进驻湖雷，第三天进入永定城。在永定城南门坝召开了群众大会，毛泽东又亲自向群众演说。会上，群众纷纷控诉反动派的罪行，情绪激愤。

红4军一到永定，陈国辉匪军一部便从广东撤回，回到了龙岩。红4军立刻回戈进击，谁知陈匪见势不佳，悄悄撤走了。不久，陈国辉部队全部返回，上杭卢新铭匪军也进驻白沙。为诱敌计，红4军从龙岩城撤退，转向上杭进发，迅速消灭了白沙的卢新铭一个团。白沙战斗一结束，红4军立即回头攻打龙岩城。陈国辉部3000多人全部覆灭，陈匪只带了几十个随从逃脱。从此闽西局面大定，闽西的革命运动也进入了新的时期。

打下龙岩后，毛泽东指示我们：闽西局面已经大定，特委对各地工作要有个纲领才好。

按照毛泽东的指示，特委根据闽西各地，主要是溪南里的经验，起草了一个土地革命斗争纲领，其中包括：取消租债，分配土地，分青苗，男女平等，婚姻自由，保护商店，肃清反革命，建立革命委员会、赤卫队、少先队。这个纲领当即印发各县，对开展各地工作起了很大的作用。

……

8月间，闽西党在毛泽东的指导下，在蛟洋召开了具有历史意义的第一次党代表大会，会上总结了过去的斗争经验，指出闽西党在斗争中发动群众、组织群众，抓住重点向四周波浪式地发展，引导群众投入土地革命斗争，在低潮时期有组织有计划地退却等，都取得了不少成绩。

毛泽东讲话时，赞扬了闽西的革命斗争。他在指出闽西党今后的基本任务是巩固和发展闽西红色根据地以后，便高声地向全场代表问道：

"能不能巩固？"

大家都满怀热情地回答："能！"

毛泽东又侧着头问道："有什么条件？"这一问，把大家问住了，会场上一片沉寂。

这时，毛泽东拿起粉笔，在主席台的黑板上写下了这样6个条件：

闽西根据地已有80万群众，经过长期斗争，暴动起来了；

闽西各县有了共产党，这个党与群众建立了亲密的联系；

闽西各县已建立了人民武装——红军、赤卫队；

闽西的粮食可以自给；

闽西处于闽、粤、赣三省边沿，山岭重叠，地形险阻，便于与敌人作战；

敌人内部有矛盾，可以利用。

接着，他又告诉大家巩固根据地的三条基本方针，这就是：一、深入地进行土地革命；二、彻底消灭民团土匪，发展工农武装，有阵地地波浪式地向外发展；三、发展党，建立政权，肃清反革命。

毛泽东的指示，方向明确，问题深刻，大大提高了闽西党的水平，也鼓舞了大家的斗争信心。

会后，毛泽东派了许多有经验、有能力的军事政治干部，参加建设闽西红军的工作。8月，正式成立了红4军第4纵队（红4军初入闽时，只有3个纵队），下辖两个支队：一支队是由上杭的蛟洋及龙岩、白土等地的游击队编成；二支队由永定的溪南里、金丰、湖雷等地的游击队编成。[9]

1929年9月下旬，红4军在福建上杭召开党的第八次代表大会。会上，许多人对当时状况不满，要求毛泽东回红4军复职。这时，陈毅也在上海向中共中央汇报红4军情况。李立三、周恩来明确表示支持毛泽东的意见，在9月指示信里提出，毛泽东"仍应为前委书记"。这为顺利召开红4军"九大"（即古田会议）创造了条件。11月，毛泽东回到红4军主持工作，积极为开好红4军"九大"作准备。

中共龙岩地委党史资料征集研究委员会的资料写道：

1929年9月28日，以李立三（宣传部长）、周恩来（组织部长、军事部长）等为领导的中共中央，根据陈毅（中共红4军前委书记）关于红4军情况的口头和书面汇报，经研究决定之后，给红4军前委发了一封具有重大历史意义的指示信，即1929年9月28日《中共中央给红军第4军前委的指示信》（此信是陈毅按照周恩来多次谈话和中共中央会议的精神代中央起草并经周恩来审定的）。指示信肯定了毛泽东关于"工农武装割据"的思想，指出中国革命是先有农村红军，后有城市政权；支持毛泽东关于红军行动的策略和建设一支坚强的无产阶级军队的正确主张。同时指出，党的领导主要是政治领导，不要包办代替党领导下的其他组织机构的工作。特别强调红4军内部要加强团结，要维护毛泽东和朱德的领导，提高领导机关的威信，团结一致，努力与敌人作斗争，以实现红军所担负的任务。中央九月来信为开好古田会议打下了可靠的基础。

1929年11月，遵照党中央和周恩来的指示，陈毅在全国军事工作联席会议结束后，迅即返回闽西，在上杭官庄召开了红4军前委会议，传达了中央九月来信全文，会上决定由陈毅前往苏家陂请毛泽东回红4军复职。11月26日，毛泽东在福建省委巡视员谢汉秋（即谢景德）陪同下，经蛟洋到达汀州，仍任红4军前委书记。28日，毛泽东在长汀主持召开前委扩大会议，讨论红4军的整训计划，并决定召开红4军党的第九次代表大会。接着，毛泽东在汀州召开工人座谈会，征求他们对红军的意见。12月3日，毛泽东、朱德率领红4军进驻连城新泉。毛泽东、朱德、陈毅一起住在望云草室，分别主持进行了为期10天的政治、军事整训（即后通称的"新泉整训"）。毛泽东、陈毅为了了解部队的真实情况，冒着严寒深入各连队召开座谈会，与到会同志展开讨论，大家无拘无束，畅所欲言。毛泽东还到新泉邻村官庄报一公祠召开农民座谈会，征求他们对红军的意见。朱德则主持举办基层军事干部训练班，在全军开展军事技术、战术的训练，并主持制订红军的各种条例、条令，从而提高了红军指战员的军事知识和技术水平。在望云草室的厅堂石灰墙壁上留下了"军事政治训练""加强少先队"等红军标语，它是新泉整训的历史见证。

12月中旬，红4军进驻上杭古田镇，一方面继续军事政治训练；另一方面则继续为召开古田会议作思想上和组织上的准备。毛泽东在军司令部驻地主持召开了纵队、支队、部分大队的党代表和支队以上的书记、组织委员和宣传委员的联席会议。在会上，毛泽东作了报告。他首先讲了会议的意义，是为了彻底肃清存在于红4军党内的各种不正确倾向，使红军建设成为一支真正的人民军队。接着，他以大量的事实列举了存在于红4军党内的各种非无产阶级思想和不正确的倾向。然后，他又激励大家打消顾虑，充分发表意见。代表们听完报告后，便分组讨论，对各种错误思想和错误倾向进行了充分揭发和批判。毛泽东等深入各个小组跟大家一起讨论。他一面听发言，一面做记录，并不时地提出一些问题。如问：你们那里有多少人有这种思想？这是什么思想？这种思想应当怎样纠正？等等。每当代表们回答不出来的时候，毛泽东便耐心地进行分析、解释，启发大家认识这些错误思想产生的根源及其危害性，从而提高了大家的认识水平和政治思想觉悟。经过十多天的学习讨论，大家对错误思想产生的根源及其危害性取得了一致认识，找到了纠正的方法。接着，代表们便回到各纵队、支队、大队去召开党委或支部会议，传达党代表联席会议的精神，并对本单位存在的问题作初步检查。

为了更进一步为古田会议作准备，毛泽东还主持在联席会议上分组起草大会的各种提案，由前委审查后提交大会。

12月28日，在毛泽东、朱德、陈毅主持下，有120多名代表参加的红4军党的第九次代表大会在古田曙光小学庄严开幕了。

大会秘书长陈毅主持会议。会上，毛泽东代表红4军前委，作了关于红4军党的第九次代表大会决议案的报告；朱德作了军事报告；陈毅传达了中央九月来信和中共中央关于反对托洛茨基陈独秀取消派的决定，并作了关于废止肉刑和枪毙逃兵问题的报告。全体代表热烈地讨论了中央的指示信和大会的各项报告，共同总结了经验教训，进一步统一了思想认识，一致通过了《中国共产党红军第4军第九次代表大会决议案》（道称《古田会议决议》）。大会改选了前委，选举毛泽东、朱德、陈毅、李任予、黄益善、罗荣桓、林彪、任永豪、谭震林、宋裕和、田桂祥11人为前委正式委员，杨岳彬、熊寿祺、李长寿3人为前委候补委员，毛泽东为前委书记。

这次大会，由于中共中央（主要是周恩来）的正确领导和红4军前委（主要是毛泽东）在会前做了充分的调查研究和准备工作，各方面条件成熟，所以，只开了两天就圆满地结束了。它是一个坚持在马克思列宁主义基础上的团结、胜利的大会。正如后来红4军前委代表在向党中央所写的《红4军部队情况报告》中所说的："九次大会正确地明显地决定接受中央指示，纠正极端民主化的领导倾向，一切问题要集体领导，因此九次大会的各种提案都在大会前由前委召集支队以上的书记、宣传、组织委员开会起草、前委审查以后提交大会。大会选举，也事先准备意见。提出具备'政治观念正确，工作积极，有斗争历史'3个条件的人才当选，反对从前那种分割式的以各纵队为条件的办法，并事先提出名单，提交给大会。这样一来，九次大会便有精神了，只开了两天，决定了很多工作路线，绝不像八次大会时无组织状态地开了三天毫无结果。从此会后，自前委直到

支部各级指导机关的指导路线就改变过来了。"〔10〕

赖传珠当时是红4军2纵队12大队党代表，亲身参加了古田会议。他回忆说：

1929年11月，红4军由广东返回闽西，12月开到上杭的古田。当时我在2纵队4支队12大队任党代表。

……

我们开到古田后的一天，忽然接到通知，要我到军部开会。

到了军部一看，各支队、纵队的党代表全到了。此外还有一部分大队部的党代表。一打听，才知道这是毛党代表召开的一次联席会，要了解部队里存在着哪些不良倾向，准备召开红4军第九次党的代表大会。

果然，毛党代表主持开会了。他首先讲了这次会议的意义，指出：这次会议是为了彻底肃清红4军党内存在着的各种不正确倾向，把红4军建成一支真正的人民军队。他列举了存在于红4军党内的非无产阶级意识和不良倾向之后，鼓励大家打消顾虑，充分发表意见。毛党代表讲话之后，便分组讨论。我参加了研究如何克服非组织观点的小组。

听了毛党代表的讲话，大家一致认为这是英明的决定。因此大家对各种不良倾向和错误思想进行了充分揭发和批判。

在我们分组讨论时，毛党代表不断深入到各个小组，具体指导。他一面听我们发言，一面还做记录，并不时向我们提出一些问题：你们那里有多少人有这种思想？这是什么思想？这种思想应该怎样纠正？……当时，我们的水平还很低，虽然知道这些思想不对，却不能提高到理论上来认识和分析。每当我们回答不出来的时候，毛党代表便耐心地进行分析、解释，启发大家认识这些错误思想产生的根源及其危害性，提高大家的认识，指出克服的办法。

在毛党代表亲自领导下，经过十多天的讨论，大家不但对错误思想产生的根源及其危害性取得了一致的认识，而且找到了纠正的方法。这次会议虽然才开了十多天，但是我却感到就像进了一次学校，各方面有了很大的提高。我回到12大队之后，立即召开了支部委员会，传达了会议的精神，对本大队存在的问题做了初步检查，并决定以支部委员会的名义向全大队重申不许打骂士兵等纪律。

在此期间，毛党代表根据调查及两年来丰富的建军经验，为红4军第九次党的代表大会起草了一个决议。这就是著名的《关于纠正党内的错误思想》文件。12月底，在毛党代表的亲自主持下，红4军召开了第九次党的代表大会（即古田会议）。毛党代表在大会上作了报告。经过热烈讨论，全体代表一致通过了这个决议。这次大会，由于毛党代表在会前作了充分的调查研究，发扬了民主，使党内取得了思想上的统一，因此正式会议只开了几天。会议时间虽短，但它具有伟大的历史意义。就是这个会议，总结了毛泽东的一整套建军经验，奠定了中国人民军队中党的工作和政治工作的基本路线，使其完全建立在马克思列宁主义的基础之上，得以肃清一切旧军队的影响，使红4军成为一支新型的人民军队。

……

古田会议后，毛党代表非常重视部队对大会决议的贯彻执行，不断地、适时地给予许多宝贵的指示。最使我难忘的是下面的两件事情：

记得我们2纵队在毛党代表亲自率领下向江西进军的途中，一天，部队在闽赣交界的一个庄子里休息，我有事到纵队部去。刚到那里不久，我们大队派向清流、宁化方向游击的一个排便与敌人打起来了。敌人是福建的卢新铭部，是我们的手下败将，于是我便立刻向纵队首长建议坚决打击和歼灭来犯之敌。这时候，毛党代表却要我不要急。还说要开个会研究研究，看看是打好还是不打好，要我也参加。

毛党代表那种镇静自如的态度立刻感染了我。坐下后，他要我把主张打的理由讲一讲。我说："敌人是块烂豆腐，不顶打。一打，保缴他的枪。"毛党代表听了，心平气和地进行了分析，大意是：你的信心很足，这很好！我们现在的任务是要赶快赶到藤田去和主力会合。打，可能把敌人消灭，但是打了马上还会走，必定要耽误时间，还可能有伤亡，这都会给我们的行动增加困难。如果因此而影响到按时完成与主力会合的任务，那就因小失大了。他的分析既简单又明确，就像谈家常一样通俗易懂。最后，他又要我说说是打好还是不打好，打有利还是不打有利。

听了毛党代表的分析，我立即感到刚才考虑得太简单了，于是急忙表示同意不打。毛党代表又转身征求在座的其他同志的意见，大家也都同意不打。

毛党代表又转向我，仍用商量的口吻说："大家都同意不打，下一步应该怎样行动呢？"

我理解了他的意思，仔细想了想，才回答："我看应该掩护转移，继续前进。"

"对！我同意你的意见。立刻去布置吧！"

毛党代表微笑着作了决定。

毛党代表完全采用说服教育、以理服人的态度，而且还要我参加会议一起讨论。这种高度的民主作风，不但启发我认识了缺点，而且使我学会了应该如何分析问题。通过这件事情，使我进一步懂得了以平等态度对待同志的深远意义。

1930年5月，我们2纵队开到寻邬。这时候，正是贯彻古田会议决议高潮时期。旧的一套破了，新的一套还没有树立起来。特别是在管理教育方面，军阀主义的管教方法被废掉以后，一部分干部对部队的管理教育表现得缩手缩脚，更多的人则感到不知应该从何处着手。正在这个时候，毛党代表专门召开了一次大队以上的干部会，详细地讲解了如何对部队进行管理教育的问题。

毛党代表在这个报告里，反复强调我们是共产党领导的部队，是无产阶级的武装，与历史上所有的军队有根本的区别。他指出，国民党和一切反革命军队内部，都存在着不可克服的阶级矛盾。统治阶级为了暂时缓和这个矛盾，迫使广大士兵为他们卖命，不得不采用欺骗、麻痹和镇压的手段。我们的军队则恰恰相反。我们是由许多有觉悟的劳动人民为了共同的目标而组成的一个革命大家庭，在这个大家庭里，不论干部、战士，在政治上是一律平等的，都是革命战士，都是阶级弟兄，因此，必须以革命军队的管教方法来代替旧军队的管教方法。接着毛党代表又把革命军队的管理教育方法归纳成七条，大意是：第一，干部要深入群众，要群众化。他指出，当了干部就高人一等，那是旧军队的作风。只有深入群众，群众化了，才能和战士真正打成一片，战士才敢接近你，才能把心里话告诉你，才敢大胆地向你提出意见。只有这样，才能真正了解战士的思想问题和困难，适时地、有的放矢地予以解决。毛党代表强调指出，干部群众化，是做好管理教育工作的先决条件。他号召到会的全体干部放下架子，深入到战士中去。第二，干部要时刻关心战士、体贴战士。毛党代表指出，这是检验每个革命干部有没有群众观点的标准。我们的干部要时刻关心战士的疾苦，解决战士的困难。只有这样，才能使我们的部队真正成为一个充满着阶级友爱、阶级感情的革命大家庭，才会使我们团结得像一个人，成为不可摧毁的力量。第三，干部要处处以身作则，做战士的表率。毛党代表强调指出，这是做好管理教育工作的重要因素。我们的干部必须是执行纪律、服从命令的模范。"只许官家放火，不许百姓点灯"，知法违法，这是统治阶级的作风，必须坚决根除。第四，干部要学会发动战士自己教育自己、管理自己，走群众路线。毛党代表再三告诫我们要相信群众的力量，相信广大群众中有英雄。他说，我们的战士是有丰富的斗争经验和勇于创造的人。我们要充分地运用群众的斗争经验、创造性来教育自己、管理自己。第五，说服教育重于惩罚。毛党代表谆谆地教导我们必须懂得革命要靠自觉，不能靠强迫命令。他反复指出，我们的战士是最懂得道理的人，只要把道理讲清，他们就会自觉地遵守纪律，勇往直前，所向无敌。我们当干部的责任就是要提高战士的革命自觉性，也就是提高战士的思想觉悟。提高思想觉悟最有效的办法是加强政治思想工作，加强说服教育。在必须以纪律制裁的时候，也要使被处分的人能认识错误，改正错误。一切不教而诛的做法都是错误的，必须坚决反对。第六，宣传鼓动重于指派命令，反对命令主义。讲这个问题时，毛党代表特地给大家讲了三国时黄忠老将大败夏侯渊的故事。他说，黄忠本来年迈、体衰，很难取胜夏侯渊。可是诸葛亮使用了"激将法"，把黄忠的勇气鼓动起来了。于是黄忠立下军令状，如不斩夏侯渊于马下，提头来见。结果，黄忠果然杀了夏侯渊。毛党代表指出，我们的战士是有高度阶级觉悟的，我们用不着"激将法"，但是我们却要学习诸葛亮善于做宣传鼓动工作，用宣传鼓动提高战士的阶级觉悟，启发大家的革命英雄主义。把道理讲清、任务讲明，战士们就可以排除万难，勇往直前。专靠指派命令，不做宣传鼓动，就是执行了命令，也不会得到更大的成绩。第七，赏罚要分明。应赏必赏，该罚则罚。应赏不赏，应罚不罚，是赏罚不分明；有赏无罚，或者有罚无赏，也是片面的、不对的。执行赏罚的时候，最好的办法是通过群众公议组织批准。这样，既能教育个人，又能教育全体。毛党代表讲得既通俗又易懂，而且简明、生动，听了以后长久难忘。毛党代表的这个报告，不仅对贯彻古田会议决议起了重大作用，而且一直指导着我军的建设，成为我军建军原则的重要组成部分。

古田会议以后，红4军在毛党代表的直接领导下，沿着古田会议指出的道路，不断地同各种非无产阶级意识和不良倾向进行斗争，迅速地成为一支真正的人民军队。在短短半年中，不但取得了多次战斗的胜利，而且使根据地大大扩大了，部队也发展了。1930年6月，红4军在闽西长汀进行整编，正式组成了红1军团。2纵队改编为11师。同年10月，红4军攻克吉安，再返赣南的时候，我所在的4支队在古田会议前的许多不良倾向已经基本肃清了。这时候，每个排都能够独立执行战斗、发动群众等重要任务，部队士气空前旺盛，战斗力有了显著提高，工作异常活跃，面貌焕然一新。在以后反"围剿"战争中，4支队又成了"模范红5团"的一部分。[11]

实践出真知

1929年年底至1930年，是毛泽东在理论上卓有建树的时期。从秋收暴动开始，毛泽东在复杂的斗争中，积累起相当丰富的经验，继古田会议决议，为人民军队规定了基本建军原则之后，毛泽东又写了《星星之火，可以燎原》长信，初步形成了农村包围城市、武装夺取政权的思想。到1930年5月，他又写成《调查工作》（后名为《反对本本主义》）著名著作，提出实事求是、群众路线、独立自主思想的基本雏形。这些思想，都离不开实践。

中共龙岩地委党史资料征集研究委员会的资料写道：

古田会议期间，蒋介石策划了闽、粤、赣三省军队"围剿"闽西革命根据地。1930年元旦，即古田会议刚刚开完之后，身为1纵队司令员的林彪写了一封元旦贺信给毛泽东，提出了"红旗到底打得多久"的疑问。1月5日，毛泽东就在古田赖坊协成店住地写下了《星星之火，可以燎原》这篇给林彪的长信，针对林彪等的右倾悲观思想，进行了严肃的耐心的教育。信中批评了那种不愿经过艰苦工作创建农村革命根据地的错误倾向，指出只有中国工农红军和红色区域的建立和发展，才是"促进全国革命高潮的最重要因素"，星星之火，必将燎原。那种先争取群众然后再举行全国武装起义夺取政权的理论，"是于中国革命的实情不适合的"。毛泽东在这封信中，实际上已开始形成了以农村包围城市，在农村地区先建立和发展红色政权，待条件成熟时再夺取全国政权的关于中国革命道路的思想。这是对于马克思列宁主义关于武装夺取政权的理论的重大发展。

为了粉碎敌人的"围剿"，前委决定红4军全部"离开闽西"转战江西，以求达到粉碎敌之"围剿"而后"巩固闽西"之目的。1月3日，朱德率领1、3、4纵队，从古田出发，经庙前向连城开进，后经清流长校、宁化安远，到达江西广昌；毛泽东指挥2纵队到龙岩小池完成阻击闽敌刘和鼎所部之后，于7日离开古田，经贴长（今步云乡）、梅村至连城姑田，再经清流洞口、林畲、宁化泉上，到江西广昌，后于宁都东韶与主力部队会合。

红4军大部队一走，敌军失去"围剿"目标，加之闽西各地开展了广泛的、群众性的游击战争，敌军处处挨打。因而，广东敌军陈维远所部陈兵闽粤边境，裹足不前；江西敌军金汉鼎所部仓皇撤退；闽敌刘和鼎部遭龙岩赤卫军及各区中队袭击，始终固守岩城、龙门、小池一线，后因闽北土著军阀卢兴邦与杨树庄争夺省政权，发生福州事变，刘部连夜撤回福州。嚣张一时的"三省会剿"就这样黯然收场。

红4军转移到赣南后，掀起了贯彻古田会议决议的热潮，各部队都组织了对古田会议决议的学习，并按照决议逐条检查了本部队、本支部存在的问题。检查以后，各支部又把检查的结果向全体人员公布，发动大家讨论，提出改进措施，自下而上掀起了一个反对不良倾向的群众运动。同时，在部队中建立了许多重要制度，加强了政治工作，加强了党的领导。

1930年4月间，毛泽东在信丰针对1纵教导队中存在的问题，向教导队全体同志发表了一次极为生动的讲话，着重阐述了红军官兵关系和反对单纯军事观点问题。他指出："红军官兵都是革命同志，完全不同于白军的官兵关系。你们现在是教导队的学员，结业以后回去当长官。长官同士兵在政治上是平等的，因此，要讲道理，要说服教育，不要打人骂人。"毛泽东以婆媳关系比喻说，"婆婆折磨媳妇，媳妇最不满意。但自己当了婆婆之后，又去折磨媳妇，媳妇满意不满意呢？你们将来不要打骂士兵，不然，士兵也会不满意你们，那还怎么团结一致去打倒国民党军阀呢？”

5月间，毛泽东在寻邬县马蹄岗召开红4军大队以上干部会议，总结贯彻古田会议决议的经验，总结了革命军队管理教育的七条原则：一、干部要处处以身作则，做战士的表率；二、干部要深入群众；三、干部要时刻关心战士、体贴战士；四、干部要学会发动战士自己教育自己、管理自己；五、说服教育重于惩罚；六、宣传鼓动重于指派命令；七、赏罚要分明。

为了贯彻古田会议决议，红4军政治部于4月在会昌发布了《宣传员工作纲要》，对宣传员的职责作了具体的规定。〔12〕

1930年5月2日，红4军攻克寻邬城。毛泽东一面部署部队在附近地区分兵发动群众，一面抓紧时间调查研究，写成8万余字的《寻邬调查》。同月，他又写了《调查工作》一文，提出“没有调查，没有发言权”的著名论断。

徐特立回忆说：

红军打下寻邬县城时，毛泽东以为红军不单是打江山的军队，还是群众的军队，应该改造群众的生活。打下一个城很容易，改造群众生活就是一个历史问题，就要有一个历史的了解，要有一个长期的耐烦的工作。首先就来一个彻底的调查。除集中力量向群众调查外，毛泽东还亲自和寻邬的商会会长谈了一天，与寻邬县衙门六科的人员谈了一天，还找了一个老秀才谈了一天，他写有《寻邬调查》，我曾经看过一次。

毛任中央政府主席时，曾经和兴国长冈乡、上杭才溪乡两个乡主席谈了七天，写了一个小册子，后来在《斗争》上发表了。这次的谈话，得到了改造乡苏维埃的具体材料，这种材料是历史上没有的。毛泽东从最下级的乡主席那里得到了过去人类没有发现的财宝。

我是1930年年底到江西的。这时江西还是游击区域，政权在区乡。毛泽东认为游击区域应当有带游击性的教育，要我编识字运动的办法。其中有一个小问题他和我讨论了两次，一直到彻底得到解决才中止讨论。这一问题就是怎样教文盲写字，模范字怎样写。这一小问题，本不值得他过问，而他丝毫不放松。因为文盲是广大群众问题，我们放松了一点，就是广大群众受了损失，就不是小问题了。〔13〕

刘显义回忆说：

毛泽东非常重视调查研究。有一次我们打到进贤后，毛泽东在第二天召集我们开了一个会。会上毛泽东问大家寻邬县城有几家卖豆腐的、几家卖布的。毛泽东还问大家寻邬县城有几家卖杂货的、几家卖猪肉的。毛泽东问我们，大家都说不知道。毛泽东问团长，团长也说不知道。毛泽东问政委，政委也说不知道。后来毛泽东问地方工作的同志（那时每个团政治部里面都有这样的同志，专门做社会工作，专门搞社会调查）。可是对毛泽东提出来的问题，他们也回答说不知道。后来还是毛泽东替我们回答了这些问题。毛泽东把每个问题都讲得非常清楚、非常具体，使我们每个人都感到惊奇，也感到非常敬佩。毛泽东是怎样知道这些情况的呢？原来，当我们打进寻邬后，毛泽东也来到寻邬，并且立即找了几个人来调查，所以毛泽东很快就把寻邬各方面的情况都搞得一清二楚。〔14〕

注　释

〔1〕十大纲领，即1928年中国共产党第六次全国代表大会提出的十条政纲：一、推翻帝国主义的统治；二、没收外国资本的企业和银行；三、统一中国，承认民族自决权；四、推翻军阀国民党的政府；五、建立工农兵代表会议（苏维埃）政府；六、实行八小时工作制，增加工资、失业救济和社会保险等；七、没收地主阶级的一切土地，耕地归农；八、改善兵士生活，给兵士以土地和工作；九、取消一切苛捐杂税；十、联合世界无产阶级和苏联。——原注

〔2〕《彭德怀自述》，人民出版社1981年12月版，第13—16页。

〔3〕陈正人：《毛泽东同志创建井冈山革命根据地的伟大实践》，选自《回忆井冈山斗争时期》，江西人民出版社1979年12月版，第336页。

〔4〕陈毅：《学习毛主席的马克思列宁主义的创造作风》，载《星火燎原》，战士出版社1979年11月版，第137—138页。

〔5〕江华：《井冈山斗争时期几事的回忆》，选自《回忆井冈山斗争时期》，江西人民出版社1979年12月版，第367页。

〔6〕白朗（1873—1914），河南宝丰人，民国初年农民起义军首领。1911年10月在宝丰组织农民武装，反抗帝国主义和封建地主的压迫和剥削。1912年提出"打富济贫"的口号，在河南积极参加反对袁世凯统治的斗争。1913年年底，他领导的起义军转战安徽、湖北、陕西、甘肃，一度称为"公民讨贼军"。1914年夏回师河南，8月在宝丰、临汝间的突围战斗中牺牲。——原注

〔7〕《彭德怀自述》，人民出版社1981年12月版，第126—127页。

〔8〕江华：《关于红军建设问题的一场争论》，载《党的文献》1989年第5期。

〔9〕邓子恢、张鼎丞：《闽西的春天》，福建人民出版社1979年12月版，第161—164页。

〔10〕《闽西革命根据地史》，华夏出版社1987年9月版，第90—93页。

〔11〕赖传珠：《古田会议前后》，载《解放军文艺》1977年第1期。

〔12〕《闽西革命根据地史》，华夏出版社1987年9月版，第96—98页。

〔13〕徐特立：《毛主席的实际精神》，载《中国青年》第2卷，第9期，第59—60页。

〔14〕刘显义：《谈井冈山斗争时期的几件事》，载《星火燎原》，战士出版社1979年12月版，第457—458页。

四、"横扫千军如卷席"

直捣湘和鄂

1930年5月，就在毛泽东开展寻邬调查之时，国民党新军阀蒋介石和阎锡山、冯玉祥、李宗仁之间爆发了规模巨大的中原大战。双方投入兵力达100万人以上，历时半年之久。这为红军和根据地的大发展提供了极为有利的时机。

然而也就在此刻，在上海实际主持中共中央工作的李立三等头脑开始发热，6月11日通过由他起草的《新的革命高潮与一省或几省的首先胜利》（即《目前政治任务的决议》），提出了"左"倾冒险主义主张。随后，他又提出要各路红军"会师武汉，饮马长江"。在一次政治局会议上，李立三还严厉地指名批评毛泽东，称："他有一贯的游击观念，这一路线完全与中央的路线不同。"这对毛泽东形成了巨大的压力。

6月中旬起，红4军前委和闽西特委召开联席会议，即"南阳会议"（也称"汀州会议"）。会议原定讨论毛泽东审改的《富农问题》和《流氓问题》等决议。中央特派员涂振农中途到会，使会议议题骤然改变。涂振农传达了中央的新精神，要求整编红军，要红4军先攻吉安，再打南昌、九江，改变了红4军原定的向赣东游击、进攻抚州的计划。

这次会议决定，把红4军、红6军（不久改称红3军）和红12军整编为第1路军（不久改称第1军团），朱德任总指挥，毛泽东任政治委员，并兼总前敌委员会书记。从此，红军第1路军开始了直捣湘和鄂的大战。

1936年，毛泽东向斯诺回忆起这段往事：

红军最重要的一个战术，过去是，现在仍然是，在进攻时集中主力，在进攻后迅速分散。这意味着避免阵地战，力求在运动中歼灭敌人的有生力量。红军的机动性和神速而有力的"短促突击战"，就是在上述战术的基础上发展起来的。

在扩大苏区时，红军一般采取波浪式或潮水式的推进政策，而不是跳跃式的不平衡的推进，不去深入地巩固既得地区。这种政策同上面说过的战术一样，是切合实际的，是从许多年集体的军事经验和政治经验中产生出来的。这些战术，遭到李立三的激烈批评，他主张把一切武器集中到红军中去，把一切游击队合并到红军中。他只要进攻，不要巩固；只要前进，不要后方；只要耸动视听地攻打大城市，伴之以暴动和极端的行动。那时候李立三路线在苏区以外的党组织中占统治地位，其声势足以强迫红军在某种程度上违反战地指挥部的判断而接受它的做法。它的一个结果是进攻长沙，另一个结果是向南昌进军。但是在这两次冒险中，红军并没有停止游击队的活动或把后方暴露给敌人。

1929年秋天，红军挺进江西北部，攻占了许多城市，多次打败了国民党军队。1军团在前进到离南昌很近的时候，突然转向西方，向长沙进发。在进军中，1军团同彭德怀会师了，彭德怀曾一度占领长沙，但为避免遭受占极大优势的敌军包围而被迫撤出。彭德怀在1929年4月曾不得不离开井冈山到赣南活动，结果他的部队大大地增加了。1930年4月，他在瑞金同朱德和红军主力重新会合，接着召开了会议，决定彭德怀的3军团在湘赣边界活动，朱德和我则转入福建。1930年8月，3军团和1军团再次会师，开始第二次攻打长沙。1、3军团合并为一方面军，由朱德任总司令，我任政委。在这种领导下，我们到达长沙城外。

大致在这个时候，中国工农革命委员会成立了，我当选为主席。红军在湖南有广泛的影响，几乎和在江西一样。湖南农民都知道我的名字。因为悬了很大的赏格，不论死活要缉拿我、朱德和其他红军领导人。我家在湘潭的地被国民党没收了。[1] 我的妻子和我的妹妹，还有我的兄弟毛泽民、毛泽覃两个人的妻子和我自己的儿子，都被何键逮捕。我的妻子和妹妹被杀害了，其余的后来得到释放。红军的威名甚至扩展到湘潭我自己的村里，因为我听到一个故事，说当地的农民相信我不久就会回到家乡去。有一天，一架飞机从上空飞过，他们就断定飞机上坐的是我。他们警告那时种我家地的人，说我回来看我的地了，看看地里有没有树木被砍掉。他们说，如果有砍掉的，我一定会向蒋介石要求赔偿。

但是第二次打长沙失败了。国民党派来大批援军，城内有重兵防守；9月间，又有新的军队纷纷开到湖南来攻打红军。在围城期间，只发生过一次重大的战斗，红军在这次战斗中消灭了敌军两个旅。但是，最终没有占领长沙城，几星期以后就撤到江西去了。

这次失败有助于摧毁李立三路线，并使红军不必按照李立三所要求的那样对武汉作可能招致惨败的进攻。红军当时的主要任务是补充新的兵员，在新的农村地区实行苏维埃化，尤其重要的是在苏维埃政权的坚强领导下巩固红军攻克的地区。为了这些目的，没有必要打长沙，这件事本身含有冒险的成分。然而如果第一次的占领只是一种暂时的行动，不想固守这个城市，并在那里建立政权的话，那么，它的效果也可以认为是有益处的，因为这对全国革命运动所产生的反响是非常大的。企图把长沙当作一个根据地，而不在后面巩固苏维埃政权，这在战略上和战术上都是错误的。

……

但是李立三既过高估计了那时候红军的军事力量，也过高估计了全国政局的革命因素。他认为革命已经接近胜利，很快就要在全国掌握政权。当时助长他这种信心的，是蒋介石和冯玉祥之间的旷日持久、消耗力量的内战，这使李立三认为形势十分有利。但是在红军看来，敌人正准备内战一停就大举进攻苏区，这不是进行可能招致惨败的盲动和冒险的时候。这种估计后来证明是完全正确的。

由于湖南事件，红军撤回江西，特别是占领吉安以后，"李立三主义"在军队里被克服了。而李立三本人在被证明是错误的以后，很快就丧失了党内影响。[2]

郭化若回忆说：

红军在汀州整编后，于1930年6月22日发出向广昌集中的命令，命令内称："本路军有配合江西工农群众夺取九江、南昌，以建立江西政权之任务，拟于7月5日以前全路军开赴广昌集中。"这里把党中央给予的夺取九江、南昌这一任务传达了，但并未作进一步的部署和说明。红4军、红12军到江西后拟同红3军会合（毛泽东诗词《蝶恋花·从汀州向长沙》中所说的"偏师借重黄公略"即指此），正式成立红军第1路军（不久就改称红军第1军团）。

红1军团由福建开到江西广昌集中后，再到兴国地区集结。红3军则就地整编，并未开来集中。7月11日由兴国集结地发出向樟树推进的命令时，只说"进略樟树，窥袭南昌"。只发了一个推进计划表，后面附有一张行军路线图（用油印套色绘印的）。在向北推进中，红军于7月20日进入永丰城。20日午后7时30分发出第二期推进计划。当时行动命令都是在毛泽东授意下由朱参谋长主持，在参谋处起草，然后送呈毛泽东审查修改后才发出的。当时命令措辞和使用推进计划表方式，是经过考虑有意安排的。占领永丰后向七琴前进。七琴守敌较多，七八百人，有电话等通信设备，被我军顺利地击溃，大部就歼。接着，我军继续向樟树前进。7月24日顺利地占领了樟树镇，击破敌两个营，缴枪约200支，俘虏敌兵100余人。

在打七琴时，从缴获敌军的作战文件（包括电稿）中，对江西省内的蒋匪军的配置情况大体都了解了。当时附近敌军的布置是：抚州地区一个旅（旅长朱耀华），吉安北阜田地区一个旅（旅长戴岳），南昌地区一个旅（两个团，分散的）。以上3个旅都属张辉瓒的18师，这是能机动的。此外，在吉安的邓英师3个团和赣州的守敌是不能机动的。

我军一到樟树，毛泽东立即召集各军首长开会，讨论行动问题。会议开得比较顺利，很快就决定了全军团西渡赣江，就是说并不乘胜北上打南昌，也不在樟树附近等待由抚州、阜田两处可能来增援南昌之敌。这是一个伟大英明的决策，我军既不去地形不利的白色区域攻打大城市，也不去打容易逃跑的抚州之敌。决定渡江后，司令部参谋人员还未进房子，就马上转去收集船只，动员船工，准备渡江。只是因为要在樟树进行群众工作和筹款，指挥机关和部队才在樟树驻扎了两三天。第三天司令部于黄昏时分就随前委渡过了赣江，经过高安，于7月30日到达万寿宫、石子凌、生米街，离南昌约30里一带地区，派出一部兵力进迫南昌对岸之牛行车站。8月1日派少数兵力向牛行车站打枪示威，以纪念"八一"南昌起义。敌人未还一枪，更不敢出击。我军完成"八一"示威任务后，遂向奉新、安义散开工作，进行宣传，发动群众并筹款。

红1军团指挥机关进驻万载后，搜集到上海7月底8月初的报纸，知道我红3军团曾一度打进长沙，后被敌军反攻，又退了出来。据报，敌何键部正向红3军团前进，为了配合红3军团在运动战中歼灭敌军，红1军团决定向湖南西进。在西进路上得到情报，湘赣边的文家市有敌一个旅，军团决定于8月20日拂晓，以突然强袭包围歼灭之。战斗胜利了，全歼了文家市之敌，战后清查，电台已被破坏。当时我军的通信器材很缺乏，毛泽东很关心这件事，在打文家市的作战命令中，专门写了注意事项，要求保管好缴获的无线电台。然而没有引起各级干部注意，甚至缴获的国民党发行的纸币好几箱，也被焚烧了。这就是游击主义的破坏性。经验证明，要制止战争中的破坏行为，非经过长期深入的教育不可。

打下文家市，毛泽东不顾连日行军作战的疲劳，当天就率领前委机关赶到永和市去，3军团亦由长寿街来集中。1、3军团在永和会师后，成立了红一方面军及其领导机关——总前委、总司令部、总政治部。毛泽东任总前委书记、红一方面军总政治委员。总司令部、总政治部由原红1军团司令部、政治部组成，并仍兼红1军团司令部、政治部。此外，还组织了中国工农革命委员会统一指挥红军和地方政权，委员35人，毛泽东为主席。[3]

1930年8月23日，毛泽东、朱德率领的红1军团和彭德怀率领的红3军团在湖南浏阳永和市会合。

彭德怀回忆说：

约在8月中旬，5、8两军集结长寿街及其附近，准备整训一个星期。刚到两三天，某晚接到万载县委来信说，1军团从南昌对岸的牛行车站转移到万载县境。我们当即派军团政治部主任袁国平前往联络、报告情况和请示。我们接到袁国平带回的指示信，1军团前委要我们向永和市之敌进攻，他们准备向文家市之戴斗垣旅进攻。由长寿街到万载往返需四天，我们得信后立即出动，到达永和市时，敌人已先两天退向长沙去了。

第三天，朱、毛率直属队到达永和市，我们又第三次会合了。当日开了1、

3军团前委联席会议，3军团前委同志提议成立第一方面军和总前委。我提议3军团之5、8军编为一方面军建制，便于统一指挥。当时，5军七八千人，8军五六千人，军团部直辖特务团、炮兵团、工兵营约3000人，共一万五六千人。16军2000人为湘鄂赣边区地方主力军。1军团辖4、3、12军，人数与3军团大体相等。号称一方面军，实际上不过3万余人，和退守长沙之何键部兵力相等。会议一致同意朱德为总司令、毛泽东为总政委和方面军总前委书记。从此以后，我即在毛泽东为首的总前委领导之下进行工作了。

会议还讨论了进攻长沙的问题，我未发言。从3军团本身来说，迫切需要短期整训。从1929年11月起，到1930年8月，部队扩大了六倍，从5月开始一直没有得到休整。有些连队不但没有党的支部，连党员也没有，只有士兵会而没有核心。这次打长沙和第一次是不同的。那次是迅速各个击破敌军，迅雷不及掩耳地给敌以袭击。这次追击之敌4个旅，1军团在文家市全歼了戴斗垣旅，其他3个旅安全退回长沙，原在长沙还有一个旅未出动。我军进迫长沙时，敌人有五六天的时间准备，野战工事做好了，这就使我军失去进攻的突然性，变成正规的阵地进攻战。攻城能否速胜，难以肯定。结果，围攻月余未克。

第二次攻长沙未克，其军事原因是我军宜于运动战、突然袭击，缺乏正规阵地战进攻技术训练；政治原因是蒋、冯、阎军阀战争已经结束，蒋介石开始调兵向长沙增援，使守敌增加了信心。

围攻月余未下，总前委决定撤出长沙战斗，转移至江西宜春地区，准备在湘江、赣江两江间机动作战，这是完全正确的。又决定以1军团去取吉安，3军团布置于袁水以北，威胁南昌，阻击援敌，并决定在湘赣边界反复作战歼灭敌军，这是对的。取得吉安，更有利于我军在湘赣两江间机动。当时3军团方面有人提出打南昌，也有人反对。反对者的理由是：长沙既未打开，又去打南昌。南昌守敌虽不及长沙多，但工事不弱，且城周多水池、湖泊，地形不利于进攻，而利于防御；蒋、冯、阎军阀战争已停止，敌军将要向我军进攻，我军应准备在赣、湘两江之间，各个歼灭敌人。至于打南昌或打长沙，那时再看具体情况。另一派说，在湘、赣两江之间进行机动作战，是打拳战术，打来打去胡子都白了，还取不到湘、赣两省政权。这一派也就是立三路线的继续，被毛泽东同志说服了。[4]

吴吉清是毛泽东的警卫员，参加了向长沙的远征。他回忆说：

1930年5月，我们跟随毛委员从寻邬出发，先后经过福建的武平、河田，而后到汀州（今长汀）。毛委员每到一处，都要做大量的宣传群众、组织群众、武装群众的工作，因而使得革命根据地不断巩固和扩大，革命武装力量不断发展和壮大。那时，赣南的游击队、赤卫队发展成为红军第3军；闽西的游击队、赤卫队发展成为红军第12军。在汀州，我们住了近一个月，红军进行了整编，红3

军、红12军和红4军合编为红军第1军团。红1军团在毛委员的亲自率领下，经瑞金、兴国、吉水、永丰、新干，在樟树打了个胜仗。

当时，立三路线提出："打到南昌、九江去！会师武汉！"毛委员不主张打大城市。因此，绕开南昌，从樟树渡赣江，经过高安，到了南昌西山附近的万寿宫。

李立三"左"倾机会主义路线的领导者，指示彭德怀率红3军团孤军攻打长沙。[5]为了接应红3军团，毛委员带领红1军团也向长沙挺进。

……

那天晚上，没有星星，没有月亮，天黑漆漆的。我们翻山越岭，走过许多泥路、石板路、山间卵石路，约莫2点钟时，来到文家市东南面的一座山坡上。山坡上有个亭子，亭子靠文家市那面用石头堵着作堡垒。毛委员就在这里指挥文家市的战斗。

这时，只见红军和赤卫队从我们前面浩浩荡荡地向前沿开去。

文家市东西两面是山，整个镇子成一长形狭带。国民党戴斗垣部以3个团、一个营和当地地主武装共4000余人的重兵把守着文家市，虎视眈眈地对着我们苏区。

红军在毛委员的英明决策下，分三面向敌发动进攻。毛委员亲临战场指挥正面的战斗。

拂晓，毛委员掏出怀表，从容地看着。4时整，红军的攻击战打响了。立刻，枪声、爆炸声响成一片。我头一次在毛委员身边参加这样大的战斗，十分担心毛委员的安全，心里突突地跳。但一见毛委员是那样从容不迫地指挥战斗，我也轻松了许多。这时传令兵穿梭般地跑来跑去，或去传达毛委员的命令，或来报告战斗进行情况。

战斗打响后1小时左右，从山前跑来一个传令兵向毛委员报告："我军在正面战斗中，两个排先后两次冲锋，都被敌人的重机枪压下来了。"

毛委员当机立断地告诉传令兵："命令部队，组织突击队，集中短枪、手榴弹，匍匐前进！夺取敌人机枪！"

敌人的机枪怪叫着，我红军的火力却听不到。看着这情景，急得我们这些警卫员在那里干跺脚。

毛委员向我们摆摆手，心平气和地说："你们不要急嘛！"

不一会儿，传令兵又来向毛委员报告："柯武东纵队长命令我向毛委员报告，他已在前沿阵地召开了会议，传达了您的命令，决定'不消灭敌人，决不收兵'。前沿指挥员也纷纷表示：'一定要夺下山头！'柯纵队长现已亲自带领80名短枪队员出发了。"

毛委员微笑着说："好！"

这时，我红军突击队在密集火力的掩护下，已和敌人短兵相接，无数手榴弹在敌阵地上爆炸，火光冲天，硝烟弥漫。敌人的重机枪哑了。略停片刻，红军夺取敌人重机枪后便调转方向朝敌人扫去。同时，振奋人心的冲锋号也吹响了。霎时间，我英勇红军战士、赤卫队员，杀声震天，如潮水般地向敌人冲去。红旗在前进，部队在前进，九峰寺岭被我们所攻占。控制了制高点后，红军以泰山压顶之势，迅猛地把敌人往下压。与此同时，两翼红军也从山后夹攻过来。正面、左面、右面三路红军，像赶湖鸭子一样，把敌人赶出了阵地。兵败如山倒，从山上败退下来的残敌，逃窜到文家市街上企图顽抗，但不到半小时，也被红军全部歼灭。

枪声停止了。

毛委员掏出怀表看了看，正是清晨7点整。文家市这场激战，从拂晓4时接火，只用了3小时光景，便胜利地结束了。

过了一会儿，前沿派人来向毛委员汇报："这次战斗，共歼灭敌军两个团和两个中队；缴获轻重机枪、步枪、短枪2000余支；敌旅长戴斗垣在文家市自杀毙命。激战中，纵队长柯武东同志组织突击队，腰挂手榴弹，手持马刀和驳壳枪，始终带头冲锋，在九峰寺岭攻坚时，冲至半山腰，不幸中弹，身负重伤，但柯纵队长说：'不要管我，坚决冲锋，拿下山头！'他带伤坚持指挥战斗。战士们在柯纵队长的鼓舞下，以锐不可当之势前仆后继，英勇向前，终于夺取了制高点。现在，柯纵队长已用担架抬送慈化医院抢救。"

毛委员听完汇报，焦急地在地上踱了几步。他指示前沿来的同志："请你告诉医院负责同志，一定要尽全力抢救柯武东同志。"前沿派来的同志听完毛委员的嘱咐，敬了个礼，便赶紧走了。由于柯武东同志伤势太重，抢救无效，后来他在医院里牺牲了。

这时，毛委员抬起头来，凝视着前方文家市。晨风吹拂着他的头发和衣襟。在晨风中，他站了好一会儿。然后，才下山向文家市走去。 [6]

毛泽东的另一个警卫员陈昌奉也参加了这次行动。他回忆说：

我在家的时候，连梅江河都没有走到头过，觉得人世间怕没有比梅江河再大的河了；到过一次宁都县城，也觉得大得不得了。参加了红军，特别是到毛委员身边工作以后，整天行军打仗。到1930年夏天，听说我们的根据地都快有20多个县了，比我们梅江河不知大多少倍的赣江东南边这一大片都"红"了，比我们宁都县城大老多老多的一些县城我都去过了。革命形势这样好，心里真高兴。当时特别想打大城市。因为大城市土豪多，还有电灯，给毛委员准备办公的东西很方便，搞吃的东西也容易。

1930年的秋天，毛委员带我们由樟树西渡赣江。有的部队到了离南昌很近的新建县的万寿宫，在这里隔赣江打枪都可以打到南昌城。但是毛委员并没有带我们去打南昌，也从未对我们讲过打南昌的事，而是带我们经奉新、高安、上高到了离南昌老远的万载。记得在上高县城一个破旧的教堂里，前委总部的机关干部开过一个大会，毛委员作了报告。我们当勤务员的，出出进进，报告听不全，也听不懂，只断断续续地听毛委员讲，红军力量还不大，不能去打南昌。那一段时间，我也听个别人风言风语地讲什么要打下南昌、九江、长沙，会师武汉，饮马长江，我那时想进大城市的心思又动了。从万载进入湖南，在文家市消灭了湖南军阀何键的一个旅，打了一个大胜仗。文家市战斗后，听说有的部队已经围住了长沙。我想：长沙一定很大，什么都有。要是真能打开，我什么都不要，就给毛委员找一个饭盒子，好代替那个"三层饭缸"。听说大城市里有用皮子做的箱子，可以盛很多东西，也要搞一个。毛委员那个九层挂包已经塞得满满的了，可有些东西还是没处放。但是又一想，毛委员讲南昌都不能打，那长沙能打吗？心里又嘀咕开了。在文家市没怎么停，接着又出发，走了三四天的样子，就跟毛委员到了离长沙不远（有三四十里路）的一个叫白天铺的小村子。我的心又活动了：也许真要打长沙了吧？但转念一想又不那么对。根据过去在江西的经验，每当要去打一个地方，行军路上毛委员总要给我们讲一讲那个地方的特点，交代一下打开以后要注意的问题，有时还会给我们讲几个那个地方的历史故事，可是这一次毛委员什么都没有给我们讲，打长沙的事更是一个字也没有提，我那个心呀，七上八下的好不自在。

　　到了白天铺，毛委员住在一个祠堂里。我出去找门板搭铺的时候，看到有的战士同志弄来一些水牛，在牛身上绑上鞭炮棉花再淋上煤油。我看着很好玩，便问一个战士："你们这是要干什么？"那战士很不满意地看了看我，他像有满肚子气，粗声粗气地说："干什么？打长沙！"他这一说我糊涂了。"怎么还用水牛打呢？"我问。另一个战士看我是真不懂，便说："敌人有电网，我们人靠不上去，攻城的时候把这牛身上的棉花点着，让它去打头阵！""这能行吗？"我问。那两个战士都不答话。那个粗声粗气的同志，一边赶着牛，一边嘟嘟囔囔地说："天天打长沙，天天吃南瓜……"走了。看他们那神态，根本不像在根据地打仗时兴高采烈的样了。"这是搞的什么名堂？"我心里更疑惑起来。扛门板回祠堂打好铺，我向毛委员讲了这件事。毛委员神态很严肃地听我讲完，但是没有说话。那些天，毛委员让"前委"秘书长古柏同志请一些干部来谈话。在他住的地方谈，有时也到阵地上谈。谈的内容我听不明白，只记着他反反复复地告诉那些干部，现在不能打长沙。

　　我们到白天铺没几天，忽然来了一个人找毛委员。这人很年轻，中等个头，长长的脸，显得很瘦，穿一件对襟中式褂子，挺整齐，满利索。开初我以为他是当地的教书先生，可是见毛委员对他特别热情，像是老早就认识似的，不但让他和我们住在一起，还给他专门派了个警卫员。这个人是谁呢？是干什么的呢？秘书长古柏告诉我，他叫周以栗，是中央派来的特派员。毛委员在武昌办农民运动讲习所的时候，他是讲习所的教导主任。后来又听说他是来传达中央什么指示的。那时，我只晓得红军是毛委员、朱总司令领导的，这是哪里来的"中央"呢？自己不懂，又不好去问毛委员，心里憋闷得要死。周特派员一住下，就和毛委员谈起来。他老是站着，谈起话来两只手一会儿伸出来一会儿缩回去。他谈的什么我不懂，但断断续续地听那意思，好像是让红军打长沙的。头一天，他谈得很起劲，谈了好久好久，直到我去给毛委员收拾铺了，他还没有谈完。毛委员也不打断他，只是听他说。后来是毛委员给他讲，我进去的时候还碰到他插话，好像问什么。再后来进去，他就坐在毛委员对面听毛委员讲，已经不像刚来那天的样子了，他听着毛委员的话，不时地点头，好像很赞成毛委员讲的话。就这样搞了三四天，毛委员告诉我们说，长沙不打了，我们准备走！

不打长沙，我那个搞饭盒的计划也实现不了啦。我一边收拾东西，一边对毛委员说："我还想到长沙去给您搞个饭盒呢！"

毛委员笑着说："你呀！就只晓得那个饭盒，我们那个缸子不错嘛！"

离开白天铺的时候，那位周以栗特派员和我们一起走。我有些奇怪地问古柏秘书长说："他也同我们一起走吗？"古秘书长笑着说："他从武昌就跟毛委员一起走的嘛！"后来我才知道：错误路线的领导要周以栗当代表，来说服毛委员同意打长沙；但周以栗不但被毛委员说服了，而且同意了毛委员的正确主张，跟毛委员走了。

从株洲经醴陵，我们到了江西的萍乡。本来说要在萍乡休息几天，但是第二天我们还没有起床，毛委员就亲自来叫我们，并且告诉我们今天要提前出发，不坐运煤的小火车，要步行到安源。那天毛委员特别兴奋，完全不像去长沙的样子，一路上给我们讲安源工人大罢工的故事，告诉我们安源是个好地方，有很多很多的工人。还是毛委员在井冈山的时候，安源的工人同志就想方设法给红军送盐、送药品，那里的工人对革命贡献大着呢。他还告诉我们安源出煤，煤可以炼钢、造枪、造炮，只是那里有帝国主义分子、军阀官僚，压迫得工人喘不过气来。萍乡到安源虽然好几十里路，但这天我们走起来一点也不感到累，好像不一会儿的工夫就到了。

快到安源的时候，连长何振云对我们说："小鬼们，安源这地方毛委员熟得很，来过好几次了。大前年（1927年）为了准备秋收起义，毛委员在安源住了好些日子呢！这次到安源你们要有准备，保准有毛委员的许多工人朋友来看他呢！"

何振云真不愧是秋收起义就跟着毛主席的警卫员，说得真准。

毛委员对安源就是熟，到了那里不用带路就住到了煤矿工人宿舍区里。毛委员刚住下，工人同志们就来了。他热情地接待他们，问他们这个人还在不在，那个人还在不在，工人夜校办得怎么样了，工人赤卫队有多少枪……像回了老家一样，热闹极了。后来人越来越多，毛委员的房子不用说坐，站都站不下了。他看着大家，征求意见似的问："到咱们的工人俱乐部去好不好？"

"好！"工人们齐声回答。

工人同志们簇拥着毛委员，边笑边谈，边说边走，来到了安源工人俱乐部。

毛委员在安源工人俱乐部里和大家座谈起来。参加座谈的有老工人、青年工人，也有工人家属，还有几个教师模样的女先生。人们找座位的时候，毛委员对我说："陈昌奉，去告诉何振云，让他们多做些饭，搞点肉。做好了挑到这里来，我们同大家一起吃。"我答应着，飞快地向警卫连驻地跑去。何连长一见我就问："是不是要多做些饭，还要搞点子肉？"我说："你会算呀！"何连长笑着说："老经验了，每次来都是这样的。"他一边说一边领我到伙房，啊呀！那么多肉和菜。何连长说："我让你们准备好，自己就不准备吗？"说罢我们俩都笑了。

……

开过饭，参加座谈会的安源发电厂的工人同志，请毛委员去参观发电厂。毛委员说："我们去看看工人同志们。"

……

从发电厂出来，毛委员又要去看望采煤工人。

……

毛委员这次在安源住了三四天，除了开座谈会和直接到工人群众中去，还参加了一个在学校的广场上开的群众大会。

在离开安源继续行军的路上，我说："毛委员，这回咱们回江西到安源真是走对了，扩大了多少红军呀！要是还在长沙那里，死那么多牛不说，不但扩大不了红军，还会伤亡那么多好同志。"

……

离开安源没几天，毛委员便到了袁州（即今宜春），在这里召开了一个会。会议结束后，我们到了吉安。

一进吉安，附近几个还没有"红"的县城的敌人也都跑了，这一片就都"红"了。吉安一带好红火、好热闹，好多附近县的农会、赤工队都赶到吉安来抓当地逃到吉安的土豪劣绅。因为吉安比较大，东西又多，部队便在这里筹款、筹粮、搞布匹做军衣、搞西药，还搞了不少纸张。这些东西都运到赣江以东我们的老根据地去了。更使人高兴的是在这里红军又扩大了，我们的力量更强大了。[7]

第一次反"围剿"

1930年10月至1931年1月，毛泽东指挥红一方面军痛快淋漓地打败国民党军的第一次"围剿"。他回忆说：

这时南京已被江西苏维埃的革命潜力所震惊，并在1930年年底开始对红军进行第一次"围剿"。总数超过10万的敌军在鲁涤平的总指挥下，兵分五路进犯苏区。当时红军可以动员起来抗击敌军的部队约有4万人。我们巧妙地运用运动战战术，迎击并战胜了第一次"围剿"，取得巨大的胜利。我们贯彻执行了迅速集中和迅速分散的战术，以我主力去各个击破敌军。我们诱敌深入苏区，然后集中优势兵力，对孤立的国民党部队发动突然袭击，取得主动地位，使我们能够在一个短时间里包围他们，从而把数量上占巨大优势的敌人所享有的总的战略优势扭转过来。

到了1931年1月，第一次"围剿"完全被打败了。我认为如果红军没有在"围剿"开始前不久创造的3个条件，就不可能取得这次胜利。第一，第1军团和第3军团在集中的指挥下统一起来了；第二，清算了李立三路线；第三，党战胜了红军内和苏区内的AB团（刘铁超等）及其他现行反革命分子。[8]

郭化若回忆说：

在袁水流域工作到10月29日，红一方面军发出命令："本方面军拟仍在原地延长工作三天，至11月2日止。"三天很快就过去了，遵照毛泽东指示，总部再下通知，准备再延长三天。通知才写好，还没有发出去，就发现敌人进攻的情况。据报，敌军10月已开始向我军前进。这就是蒋介石发动的对中央红区的第一次反革命"围剿"的开始。总前委立即在罗坊召开了紧急会议。当夜3军团来参加会议的只有滕代远、何长工。因为路远，没有叫彭德怀和袁国平过来，派周以栗去传达说服，周以栗以中央长江局代表的身份，代表总前委传达紧急会议的精神较为妥当，周以栗完成了说服任务。

罗坊会议讨论的主要问题是行动问题。这时，客观形势提出的问题，已经不是打不打南昌和九江的问题，而是在哪里打敌人的问题：是前进打，是就地打，还是后退打？也就是在白区打还是在红区打的问题。有人主张前进到白区去打（包括前进到南昌、九江去打），也就是要"御敌于国门之外"，反对战略退却，理由是：（一）退却丧失了土地；（二）危害人民（所谓"打烂坛坛罐罐"）；（三）对外也会产生不良影响。他们不了解：退却，退到红军根据地内，可以取得根据地人民的援助；可以选择自己所欲的有利阵地，使进攻之敌不得不就我范围；可以最大限度地集中兵力；可以察明敌军的行动，看出其行动规律；可使敌人分散、疲惫；可以发现敌人弱点和造成敌人的过失。及时退却，使自己完全立于主动地位，这对于到达退却终点以后，整顿队势，以逸待劳地转入反攻，有极大的影响。毛泽东反复说明了退一步以取得主动权的道理。对于惧怕丧失土地的问题，毛泽东用"将欲取之必先与之"的道理，说明只有丧失才能不丧失，以一时丧失土地才能换得消灭敌人，然后再收回失去的土地。毛泽东要求干部不忘井冈山的经验，要造成"敌疲我打"的形势，实行战略退却。他后来回忆说："由于没有经验而不相信战略退却的必要，莫过于江西第一次反'围剿'的时候。当时吉安、兴国、永丰等县的地方党组织和人民群众无不反对红军的退却。"虽然困难很大，毛泽东终于说服了干部，使大家同意了向根据地退却。接着的问题是战场选在赣江西岸好，还是东岸好。毛泽东考虑到往后的发展，认为赣江东岸比西岸好。这是井冈山斗争中被实践证明了的正确结论的延伸和发展，即主要的发展方向不是向湖南，而是向敌人统治力量薄弱的闽、浙、赣边界。从江西一省说，赣江西岸同东岸地区大小虽差不多，但东岸连接福建、浙江边界广大山区，比起西岸回旋余地却大得多。于是首先决定了方面军立即收拢部队，渡过赣江，开向樟树、抚州、永丰地区，边工作，边筹款，边备战（东渡赣江的命令是11月1日下达的，当时还写着"相机略取樟树……相机略取抚州"字句）。另一个问题是，退到边沿区还是退到中心区？当时因为有立三路线和AB团两个问题，所以毛泽东经过深思熟虑认为退到中心区更有把握战胜敌人，提出的口号是"诱敌深入"。罗坊会议后，我军即按毛泽东的意见转移到赣江东岸，首先到达樟树、抚州、永丰地区，使向袁水流域进攻的敌军扑了一个空。不久，又经过一次会议讨论后，总部再下令向南（偏西一点）移动，移到红区边沿，又使渡赣追来的敌军第二次扑空。接着红军第三次下命令到黄陂、小布地区集结待机，使敌军第三次扑空。至此，我军完成了集中主力进行战略反攻的准备。

各方面军经吉安及其以北地区东渡赣江时，总部是在峡江渡江的。毛泽东亲自从峡江绕道到吉安城去布置江西地方反"围剿"斗争的工作。对赣江以西地区坚持斗争的工作（包括吉安等城市的撤退工作），在路线、方针、方法、政策、策略等方面，都作了极为详尽周密的指示和部署。

1930年冬，我军退到小布、黄陂一带集结。在小布开了个动员大会。毛泽东亲自写了一副对联：敌进我退，敌驻我扰，敌疲我打，敌退我追，游击战里操胜算；大步进退，诱敌深入，集中兵力，各个击破，运动战中歼敌人。这是毛泽东英明的战略指导思想的高度概括。在动员大会上，毛泽东作了富有说服力和振奋人心的动员报告，详细说明了我军反"围剿"的有利条件，也反复说明了"诱敌深入"的必要和好处。

从永和会师，经过二打长沙，近郊"散开"，移到萍、攸、醴待机，在该三县工作12天，沿株萍路回师攻吉，到吉安、峡江，以致罗坊会议，决定了"诱敌深入"的战略方针；再经东渡赣江，向红区边沿区退却，直到小布、黄陂集中，这就是毛泽东团结、争取和诱导3军团回到江西，在战略上集中兵力，准备好粉碎敌军"围剿"的曲折过程，也是毛泽东领导中央红军和中央红区同立三路线作激烈的曲折的胜利的斗争的过程。这一斗争的胜利，保证了反"围剿"斗争的胜利。

第一次反"围剿"时，敌我双方力量对比仍然是敌强我弱。当时敌军情况是，蒋、冯、阎军阀混战初告结束，蒋介石指使武汉行营主任何应钦拼凑了杂牌军8个师约10万人，任命伪江西省主席兼第9路军总指挥鲁涤平担任"围剿"军总司令、张辉瓒为前敌指挥，向我江西红区进行第一次"围剿"。敌人处于外线作战地位，进行战略进攻，其指导方针不外是"分进合击，长驱直入"，也叫"并进长追"。

战役前夕敌军的分布情况是：最西头是罗霖的77师在吉安，隔在赣江之西。最东头是刘和鼎的56师在福建之建宁，不一定入赣。两头相距800里。这800里的中间，敌军分两大路：敌之右路军是张辉瓒的18师、谭道源的50师和公秉藩的28师共3个师；敌之左路军是朱绍良指挥的毛炳文的第8师和许克祥的24师两个师。在我军集结地北面的敌军，实际上只有3个师分占三处：右边张师进占我东固、南垅，公师在它后面的富田（后来又调回吉安）；中间谭师进到源头，先头团进到头陂；左边许师进至洛口，毛师进到广昌，其先头部队进到头陂。敌军分散、疲惫，士气低落。

我军的情况是：我军主力1、3军团两个军团加总部直属队，此时只有3.3万余人，把由22军缩编的64师（师长粟裕、政委高自立）计算在内，共4万人左右，集结在黄陂地区。武器虽差，但士气很高。内部的意见分歧，在我们伟大统帅毛泽东的英明领导下，经过一系列斗争，至罗坊会议决定"诱敌深入"的方针后，已统一在毛泽东的正确路线下。

战区的地形基本上是山地，交通不发达，敌军左右联络不便，后方补给困难。我军集结在根据地的中心区，有广大人民群众的掩护和支援，又有地方武装的配合。

我们的战略方针是"诱敌深入"。在战略防御中，采取战役进攻。集中尽可能多的兵力，各个歼灭敌人，逐步壮大自己。反"围剿"的准备工作，做得相当理想。红军1、3军团主力已经集中整训，政治动员工作做得比较普遍深入，财粮已有相当的征集准备。总之，反"围剿"的准备工作既没有轻敌放松，也没有惊慌失措的现象。

在主攻方向的选择上，考虑到正面三处敌军中，张、谭是"围剿"的主力军，如果打掉了张、谭，就把敌军"800里连营"切断，使之成为远距离之两群，敌人的"围剿"就被打破了。从兵力上讲，张、谭两师各约1.4万人，我军则有3万多人，13个团的兵力，一次打他一个师，兵力上占优势，有把握。如先打毛、许，则因：第一，地区居民条件不够好；第二，打了后再向西，则张、谭、公三师势必靠拢集中，不易取胜，战没不易解决。因此决定先打张辉瓒或谭道源。

为了达到全歼敌人的目的，最好是歼灭敌人于运动中。这里有一个慎重对待初战的问题。许多资产阶级军事家都主张慎重初战，毛泽东改造和发展了旧的军事学，主张没有准备好不打、没有把握不打。怎样才算有把握呢？主要是等待敌人产生错觉，等待敌人兵力分散、离开工事，等待和调动敌人进入于我有利的地形，也就是说等待在运动中歼灭敌人。12月24日，我们在黄陂得到情报，谭道源大肆拉夫，准备出发，向小布前进，这是个好机会。小布地形有利于设伏。我军当即于26日拂晓前轻装向北前进，在小布埋伏。严格规定：白天不许煮饭，前线指挥员都不许带马，以求隐蔽。可是我军从早晨等到黄昏，等了一整天，敌人没有来。当晚撤回黄陂。第二天半夜又去，从拂晓一直等到天黑，仍未见到敌人，只好再次撤回。这时候，有些怪话出来了。有的人不懂得在反攻中必须慎重初战，尤其是第一次反"围剿"更为重要。初战"必须打胜。必须敌情、地形、人民等条件，都利于我，不利于敌，确有把握而后动手。否则宁可退让，持重待机"。毛泽东就是这样坚持慎重的态度，忍耐着，等待着。"机会总是有的，不可率尔应战。"后来在歼灭了谭道源一部后，在清查敌军作战文件时，查明谭师确曾下令向小布前进。经询问俘虏，才弄清谭道源全师原已经集合好队伍，准备向小布前进，其先头部队已出发，但因有一个反革命分子逃跑出去告密，说小布埋伏了许多红军，谭怕得要死，立即下令停止出发，并把已经走了相当远的尖兵叫了回去。事实证明，在小布设伏是正确的。

小布设伏未能打到敌人，便决定改换目标横扫在我军左翼之敌。我军遂于12月29日转移到黄陂西面君埠及其以北一带，隐蔽集结。

移到君埠地区后，当天黄昏得到情报，东固敌张辉瓒率师部和两个旅同日已进到龙冈（另一个旅尚在东固）。预料该敌次日可能向君埠前进（东固东20里为南垄，南垄东20里是龙冈，龙冈东20里即君埠）。龙冈、君埠之间有个黄竹岭，敌军东进必须仰攻该山。这时谭道源师仍在源头。毛炳文师则移到洛口、平田、东山坝一带。毛泽东听到这一情报，非常高兴，认为敌人已被调动，立即下定决心，抓住战机，在敌人前进中消灭他们。当时我们没有详细的军用地图，就马上调查，制成略图，下达命令，围攻张师于龙冈。因为我军刚向君埠及其以北地区移动，当晚我们尚未接到3军团和红4军的宿营报告，还不了解他们驻扎的具体地点。因此，立即派遣参谋长朱云卿到君埠以北上固以东去寻找3军团和红4军传达命令，并告知3军团和红4军攻击前进的道路。作战的部署是：第3军任正面攻击。该军以7师任正面，拂晓前进占黄竹岭前面木坑以北地区和亭子岭主要阵地，迎击东进之张师先头。3军的其余两个师，紧接7师向龙冈东和东北攻击前进。12军（缺35师、包括64师）任左路，提前于30日4时前出发，经表湖向龙冈西南方攻击前进。要求该军以一部兵力占领龙冈南端、水西西端之盲公山；主力则截断龙冈西面通南垄的大道，从兰石、茅坪向东打，即从张敌后面打龙冈（龙冈正南是大山密林，无路可通）。又令红4军和3军团由现驻地选路前进，如上固无敌，则向龙冈之西北端还铺、张家车之线攻击前进，到达时立即与3军取得联络，向总部报告。并令他们以小部兵力向下固源头警戒，如龙冈之敌未前进，我军即向龙冈攻击。总攻时间定在上午10时。作战时总司令部指挥所设在黄竹岭后面之小别山上，毛泽东就在那里指挥战斗。

第二天拂晓，我军担任正面迎击敌军之红3军7师进到了预定的阵地。毛泽东率领总部极少数人员到了指挥所。天色还早，满山是雾，只见群峰雾锁，枫叶霜红，曙光初照，落叶满山。"雾满龙冈千嶂暗"写的就是此时的景色。不久，旭日东升，群山雾散。前线部队居高临下，看得很清楚。敌军张辉瓒部早饭后即从龙冈出发，向东前进。正在他们的先头部队艰难登山时，受到我军的迎头痛击。这时我军正面只有一个师（实即一个团的兵力），是由江西地方武装升级整编的红3军主力师，装备差，火力也弱。敌军轻视我们，不断向我军猛冲，战斗大约在9时打起，到中午前后，敌军逐步展开了两个团兵力，向我军猛攻。战斗激烈起来了，战况一时吃紧，这时总部指挥所附近只有一个连的警卫兵力，并已分散担任警戒和掩护大小行李，没有兵可以派出增援，于是派了一个参谋处长去看。朱总司令解释说："凡是部下请求增援，就必须派兵去，多少总要派。没有兵就派将。"参谋处长到了第一线师指挥所位置，据师长说："有个新俘虏不久的班长，企图率领一班人投敌，当即被班里战士打死，前线已经稳定。"战斗到下午3时许，敌张辉瓒率领的4个团完全展开，多路向我军猛攻，我12军则向敌侧后攻击，战斗发展到非常激烈的程度。也正在这时候，我红4军和红3军的部队已从龙冈北面高山上跑步冲下山来，敌军全线崩溃，一片混乱。参谋处长跑回总部指挥所报告毛泽东，毛泽东随即从黄竹岭下山，沿大路向龙冈走去，沿途听到许多通信人员和后勤人员高兴地喊着："捉到张辉瓒啦！""前面捉到张辉瓒啦！"《渔家傲·反第一次大"围剿"》中的诗句"齐声唤，前头捉了张辉瓒"，正是此时此景的写真。

正在夕阳无限好的时候，毛泽东健步走到了龙冈大坪上，只见已经放下武装的一堆俘虏集合在大坪的一边，站成正方形队。这时有人把张辉瓒捆绑着带过来，他换上士兵穿的灰布棉军衣军裤，帽子不见了。送他来的人说，他才被俘虏时，想隐瞒身份，说是个书记官，当场就被一起的俘虏揭发。他一路走，一路有人发出叫打声。他走过来时，俘虏队中立刻有两个人走了出来，猛打了他两个耳光，口里还说："你压迫我们够了！现在我们不怕你了！"我们劝阻了，并给他松了绑。张辉瓒一见毛泽东就鞠躬敬礼，口称"润之先生"，说他们过去怎么见过面，说了些别后钦佩景仰的话。毛泽东叫他一起就地坐下，简单地对他谈了些革命道理和革命形势，又问了一些敌军内部的情况。张辉瓒还表示，情愿捐款、捐药、捐枪、捐弹，请求免他一死。毛泽东交代要好好看管他，不要杀。但后来有人没经过毛泽东同意，把他交给地方杀了。

这次战斗中，红3军猛冲到龙冈张辉瓒师部所在地时，张的警卫营营长原是黄公略同志的部下。他早把全营集合好，等黄军长到来时，号兵吹敬礼号，全营举枪敬礼。他还毕恭毕敬地向黄军长报告，然后将缴出的枪整整齐齐地摆好。连他随身佩挂的蒋介石授予的"自杀刀"也一并缴了。

在这次战斗中，有一部分敌人往西向南垄逃命，等到他们跑到龙冈、南垄之间的大山时，正好遇到我军早已等在那里的独立行动的一个师，结果一个人也没有逃脱。

龙冈战斗全胜了。我们英勇的红军在毛泽东的英明领导下，一举全歼了张辉瓒的第18师师部和两个旅，俘敌9000余人，取得了第一次反"围剿"的首次全胜。全军振奋，附近人民无不欢欣鼓舞。

这一次战前，我们鉴于文家市战斗中破坏了缴获的无线电台的教训，在命令中规定了注意事项，参谋处又专门发了通报。结果敌人的无线电队人员全部被我军俘虏了，可是缴获的无线电仍然没有保存好，发报机受到破坏，只剩下一台收报机，我们就用它作为我军建立无线电通信和技术侦察的基础。

龙冈战斗结束后，我军立即在龙冈附近抓紧时间休整，并继续侦察敌情。第三天部队即移向小布一带，准备再打谭道源。第四天晚上得悉，谭道源师因张师惨败，惊慌失措，已向东逃窜，一部经源头、中村向南北坑败去，其后头部队被我"二路军"（我军专门派出迷惑敌人的部队）截击，缴获甚多。该敌主力则经南团向东韶逃去。他们希望逃到东韶，向毛炳文、许克祥靠拢。哪知许师于龙冈战斗后即由洛口逃往头陂，与毛师靠拢。当时毛泽东判断敌军有全线退去的模样，总部即于当夜10时下令，于翌晨追击东韶之敌，计划歼灭谭师于东韶附近，然后，消灭朱绍良所属之许（两团）、毛（两旅）两师，以树政治上之声威。令12军任正面，经南团、林池句东韶逃敌攻击前进。令3军团任左路，经头陂向东韶攻击前进。令3军任右路，限于明天12时进至田营，以主力钳制住洛口敌许师，阻其增援，以一部迂回到东韶东端山下坪北端之高地，向东韶之敌攻击。红

4军为总预备队。命令下达后，各军多提早出发乘胜进军。上午，12军先头部队即与敌接战。我主力军陆续赶到，相继合围，各部向敌猛攻。龙冈战斗的第五天，谭师才到东韶，虽曾依山布防，但未及完成工事，次日我军即赶到。敌军闻张师惨败，已如惊弓之鸟，再经我猛攻，伤亡惨重，全线不支。谭道源率残部突围，向宜黄东南逃窜，逃回抚州。东韶一战，谭师溃不成军，我军歼敌数千，缴枪千余。五天打两仗，俘获万余人。毛、许两敌则在我进攻东韶时由头陂经广昌向南丰北逃。这样，就胜利地结束了第一次反"围剿"。[9]

彭德怀指挥红3军团，在第一次反"围剿"中也立下了赫赫战功。他回忆说：

1930年九十月间，蒋、冯、阎军阀战争大体停止，敌军已开始准备大举进攻。同时，总前委得到可靠材料，证明立三路线已被揭露。

在1军团占领吉安后，总前委改变在湘江、赣江之间机动作战的计划，要在赣江以东、大海以西的广大地区创造根据地，采取诱敌深入的战略方针，谨慎地争取粉碎敌军的第一次"围剿"，准备长期斗争。从战略全局着眼，这一意见比前者更全面、更正确。当时，我对这个方针是完全拥护的，没有什么犹豫。

1930年12月上旬，敌第一次"围剿"开始，蒋介石命鲁涤平为总司令。红军第3军团从赣江西渡到赣江东。在3军团渡江之前，因3军团之5军和16军大多数是平江、浏阳人，8军大多数是阳新、大冶人，地方主义者利用这一点来反对过江，主张1、3军团分家，夹江而阵；1军团位于赣江以东，3军团位于赣江以西。认为这样既可以集中消灭敌大部队，也可以团为单位分散于湘赣边、湘鄂赣边、鄂东南区进行游击战，对将来夺取湘、鄂、赣三省政权都有利。从坚持长期战争这方面看，这些同志也还是有些理由的，因此他们就得到相当一部分人的拥护，但实际上1、3军团在战斗中一次要各消灭敌军一个师（6个团的师）是很勉强的，如果两个军团合起来消灭敌人一个师就比较轻松。为了消灭敌人，必须反对地方主义，在政治上以朱、毛为旗帜，集中统一红军，1、3军团不能分开。我这一票在当时是相当重要的一票，站在哪一方面，哪一方面就占优势。我说："1、3军团分开，两军团夹江而阵，这对于目前准备粉碎蒋介石的大举进攻不利。"不少同志担心3军团过江东以后，湘、赣两江之间谁人坚持，苏区不是白搞了几年！这是3军团带群众性的意见，也是正确地提出问题，必须重视。我说："湘鄂赣边区可扩大16军；鄂东南已有5个小团，准备成立9军（1930年冬成立，约3000人。1931年春，他们过长江以北，编归第四方面军，军长陈祁以下的绝大多数干部，被张国焘当作改组派[10]杀了）；湘赣边区已有独立师，可再加扩大。"说明这些布置之后，他们的顾虑减少了。要坚持根据地，红军要有地方性，但又要反对地方主义，这是复杂的问题，需要时间逐步去解决。我说："有意见到河东讨论，但不能妨碍行动，更不能说1、3军团分家。"这些问题总算是大体得到解决，但在思想上的认识并不深刻。

这时总前委派周以栗以中央代表名义，到3军团传达指示。周到后，我将上述情况告诉了他，大问题是没有了。周问："其他准备工作呢？"我说："就是船还没有准备好，我去搞船去。"以此表示过江的决心。会议从上午开到黄昏，大家都同意了。我带了一个连把船搞好，回军部时还未散会。有几个团级干部，记得其中有个杜中美，说："为什么两个军团不能夹江而阵，一定要两个军团过东岸？我们有意见。"这就是地方主义，还有人支持，它还有一定力量，还需要做工作。我说了几句，要集中兵力，大量消灭当前蒋介石进攻之敌，有意见到江东去讨论吧，我是一定要过江的，总前委这个决定是正确的。红军要打遍全中国，不要地方主义。我问："还有意见吗？"他们说："没有意见了。"我说："明天拂晓开始渡河，船已准备好了。"经过激烈的争论，才说服了不同意见的同志。以当时的政治思想水平，已是很不简单了。可是，在1959年庐山会议及其后在北京开的军委扩大会议上，有人说，这是彭德怀的阴谋，反对过赣江，是预先布置好的。一个人预先说不要过河，最后又说要过河。难道一万几千人的武装部队，尽是一些木头，可以随某一个人搬来搬去的吗？能够这样出尔反尔吗？我看是不行的。这是一种主观主义的不合情理的、没有根据的推测。真正的教训是当时思想工作没做透。

3军团在峡江、樟树之间东渡赣江之后，根据毛泽东提出的粉碎敌军（10万）第一次围攻的军事方针，"放开两手，诱敌深入"，把敌人引到苏区根据地内来打。这是一个深谋远虑、稳当可靠的战略方针。在没有大规模作战的经验以前，第一次对付这样大的敌人的进攻，需要取得作战经验。

但是，当3军团逐步向永丰以南之黄陂、小布地区收缩时，越转向苏区中心地带，越见不到群众，甚至连带路的向导也找不到。部队普遍怀疑这不是什么根据地，还不如白区。原来是江西省总行动委员会（省委）对"放开两手，诱敌深入，大量消灭敌人"的方针提出异议，说这是右倾机会主义，是退却路线，而不是进攻路线。他们的方针是"打到南昌去"，同总前委的决定是针锋相对的。他们始则对红军进行封锁、欺骗，控制群众，不要群众和红军见面；继则散发传单，发表什么告同志书，写出大字标语"拥护朱彭黄，打倒×××"。这就不单是党内路线斗争，而是分裂党、分裂红军了；由党内路线斗争转移为敌我斗争了，这当然会被AB团所利用。大敌当前，如不打破这种危险局面，就不易战胜敌人。这时，3军团驻在东山坝，总前委驻在黄陂，相距六七十里，敌军已分路进入苏区边境，3军团处在一个关键地位。

正在考虑如何打破这种危险局面时，1930年12月中旬某日夜半，3军团前委秘书长周高潮突然送来毛泽东亲笔写给古柏（毛泽东秘书）的一封信（毛字另成体，别人很难学）。信中大意是：要在审讯AB团（反革命组织）中，逼供出彭德怀也是AB团，我们的事情就好办了。另有近万字的告同志和民众书。我现在还记得头一句，就是"党内大难到了！！！×××叛变投敌"。一大串所谓罪状，其内容无非是右倾机会主义啦、投降路线啦。我边看边对周高潮说："送信的人呢？"他说："在外面。"我说："是一个什么人呢？"他说："是一个普通农民青年。"我说："请他进来。"

我看了信和传单，还未见周进来。我想这封信送给我，其目的在分裂1、3军团，拉3军团拥护省行动委员会。看样子不只送给我一个人，还可能送给朱德和黄公略等同志。如果真的送给了他们，这是一个最大的阴谋，处理稍有不慎，也可能产生一个最大的不幸！当时在我的脑中回想着毛泽东同志建设工农革命军，建设井冈山根据地，传达六大决议，争取袁、王联盟，严肃批评乱杀两个群众的事；关于当时不应该留5军守井冈山的自我批评；特别是古田会议决议，这一切都是正确的方针、政策和政治家风度。毛泽东绝不是一个阴谋家，而是一个无产阶级政治家。这封信是伪造的，这是分裂红军、分裂党的险恶阴谋。

约过半小时，周才来说："送信人走了，追也追不到了。"我想，这样重大的事件，不派重要人来进行商谈，而派这样一个普通送信人员，既不要回信，又不要收条，这才怪咧！更证明是阴谋。如果有人把敌人阴谋信以为真，可能造成无可补偿的损失。周在桌上拿起伪造信看着，我问："你看怎样？"周答："为什么这样阴险呀！"我说："明天9点召开紧急前委会议讨论这件事，除前委同志外，团长、政委、主任、参谋长都参加。"周说："已经2点了，是今天9点吧？"我说："是今天9点。"立时把滕代远、袁国平、邓萍同志请来，把信给他们看了，说明这信是阴谋，他们一致同意这个看法。代远说："好危险啊！这是一个大阴谋。"我们和总前委相距有六七十里，请示来不及，怕发生意外事变，我当即写了一个不到200字的简单宣言，大意是：富田事变是反革命性质的；打倒毛××，拥护朱彭黄，这就是阴谋分裂红军，破坏总前委粉碎白军进攻的计划；1、3军团在总前委领导下团结一致，拥护毛泽东同志，拥护总前委领导。代远叫我："吃饭哪！"我说："还有几个字没完。"写完后，我把宣言给他们看了，他们都同意我的看法。

一会儿，开会的人到齐了，我把那封伪造信和告党员及民众书，先给到会人看，读给他们听，又把昨晚送信的情况，同滕、袁、邓谈了（当时对周高潮有怀疑。对周进行了分析：周是大约十天前由行动委员会介绍来的，不过不是AB团，是立三路线者），决定派一个班把3军团的宣言和那封假信送到黄陂总前委去。此事交给邓萍办了。我和代远、国平到会场，大家正议论纷纷，有的激动紧张，有的怀疑。一进门，杜中美这个"张飞"说："好大的阴谋！"我说："是呀！"周高潮宣布开会，要我先讲。我说："富田事变是反革命的暴动，伪造信件，陷害同志，企图分裂1、3军团，破坏总前委粉碎白军进攻的计划，公开宣传打倒毛××，拥护朱彭黄，这不是党内路线争论，而是反革命的行为，是AB团的阴谋毒计。省行委是AB团统治的，其中有立三路线者同它结成同盟。这封假信是富田事变的头子从永中写的，他平日学毛体字，学得比较像，但是露出了马脚——毛泽东写信，年、月、日也是用汉字，不用罗马字和阿拉伯字。"

我讲这段话时，黄公略来了，大概听了10来分钟就走了。会后我问邓萍，公略来干吗？邓说："他没说别的，只说老彭还是站在毛这边的。他就走了。"

我继续说："从战略方针来看，我赞成3军团编为第一方面军的建制，统一指挥，这是革命的需要。从长沙撤退后，我赞成在湘、赣两江间机动。现在军阀战争停止，蒋介石、鲁涤平以10万大军来进攻，为粉碎它，就必须谨慎而又有把握地打败它。诱敌深入，利用凵地，依靠群众，增加自己战胜敌人的有利条件，这是完全正确的，我完全拥护这一方针。如果违抗这个方针而坚持自己的错误方针，总前委即可撤销我的工作，何须用阴谋办法呢？我们对邓乾元也不过是撤销了他的职务吧？"我还说毛泽东在传达六大决议时的认真态度，由瑞金到雩都间，对有人错误地杀了两个群众进行严肃批评的事情。讲了这些话以后，到会同志的情绪转变过来了，把愤恨转到对富田事变，并进行了宣言：反对反革命的富田事变，打倒AB团；拥护总前委，拥护毛政委；1、3军团团结一致粉碎国民党进攻。通过这件事，提高了部队的思想觉悟。

第二天，我们将3军团开到小布，离黄陂总前委15里。我亲自去请毛政委来3军团干部会上讲话，使3军团干部第一次看到毛政委。这一切都是为了反对富田事变，巩固总前委的领导。3军团前委宣言发布以后，过了几天，反动的省行动委员会过了赣江，到永新去了。因为这个阴谋挑拨失败了。那次他们也写了同样的假信给朱德，他也把假信拿出来了。白军前线指挥张辉瓒发生了错觉，以为红军内部分裂了，迅速进到龙冈，结果全师被消灭，他本人被俘。"前头捉了张辉瓒"，成了今天豪壮的诗篇。张辉瓒是主力师，他被俘之后，敌全军动摇，给了我军顺次各个击破敌人的良好机会。第一次反"围剿"胜利了，被欺骗的群众觉悟了，立即替红军带路、运伤兵。毛泽东的战略方针胜利了，建立了人民群众对红军的信任。[11]

第二次反"围剿"

这次反"围剿"的胜利，同样极为神速。毛泽东回忆说：
仅仅经过4个月的休整，南京就以当时的军政部长何应钦为总指挥，发动了第二次"围剿"。此次的兵力超过20万，分七路进犯苏区。当时红军的处境被认为是非常危险的。苏维埃政权管辖的地区很小，资源有限，装备奇缺，敌人的物质力量在各方面都大大超过红军。但是，红军仍然坚持赖以制胜的战术来对付这次进攻。我们放各路敌军深入苏区，然后集中主力突然攻打敌第二路，打败了好几个团，摧毁了他们的进攻力量。紧接着我们迅速地相继进攻第三路、第六路和第七路敌军，依次击败他们。第四路不战而退，第五路被部分地消灭。在15天内，红军打了5个仗，走了8天路，结果得到了决定性的胜利。蒋光鼐和蔡廷锴指挥的1路军，在其他6路被打败或退却以后，没有认真打一仗就撤退了。[12]

彭德怀回忆说：

1931年1月粉碎第一次"围剿"后，蒋介石在3月又开始第二次"围剿"，这次总司令是何应钦，他的战术是"齐头并进，步步为营，稳扎稳打"的堡垒主义，使用的兵力比第一次多一倍，西起赣江，东至福建之建宁，连营700里。到4月下旬，敌已逐步推进至富田、广昌、建宁之线。当时兴国还为敌军占据，红军主力1、3军团由龙冈开至东固，离兴国60华里。有人说，这是钻牛角。毛泽东约我到东固（3军团驻地）富田之间山上去看地形，我们饱吃了刺梅，才议这一仗如何打法。在龙冈讨论时，已决定在战役上选定歼灭由富田向东固前进的这路敌军（此敌，系北方队伍，初到南方不习惯，又没有同红军作过战，记不起是上官云相，还是罗霖军[13]），但是伏击地选在什么地方，才最有利于我军歼击，这个战术问题尚未确定。我们到东固后也讨论了这个问题，几次难以肯定。这次到实地侦察，解决了如何打的战术问题。决定1军团之3、4两军在离东固约15里处布置阻击和伏击阵地；3军团绕至敌之右侧背，是一个背水（背赣江）阵。毛泽东问，有无危险？我说，无危险，敌人意识不到我军会侧敌侧水进攻。

接触不到两三个小时，敌就被1军团击溃，3军团未赶到预定地点，使敌逃脱了一部分。此役一胜，势如破竹，从西向东逐次击破，最后一役是在建宁歼灭刘和鼎师。15天横扫700里，3.5万红军，击破20万白军，是以弱胜强、各个击破敌人之典范，内线和外线相结合之典范，创造了红军战争之军事辩证法。

我在这次战役中学到一些东西：毛泽东对战役部署，是异常细心地反复思考、力求无缺，对战术问题也是异常细心地反复推究，特别是不耻下问，虚心听取别人的意见。此役集中优势兵力，"伤敌十指，不如断敌一指"，他对此运用得最熟练。[14]

陈昌奉回忆说：

第一次反"围剿"的胜利，是我参加红军一年多来遇到的第一个大胜利。消灭了那么多敌人，缴获了从来没见过的"无线电"，连敌人的"总指挥"张辉瓒都活捉了不说，老根据地更巩固了，还扩大了许多新根据地，好多部队的梭镖换上了汉阳造步枪。心里那个高兴劲儿，简直没法说了。

但是，我们胜利刚刚一个多月，正是秋苗儿猛长、春笋儿冒尖的时候，首长们上政治课的时候讲，白军头子蒋介石不服输、不死心，又派了20多万人马来进攻我们，领头的是何应钦（何应钦是个拐子腿，我们叫他"拐子指挥"）。采取的战术叫什么"稳扎稳打，步步为营"。

……

过了些日子，听说敌人到一个地方就修一些碉堡。我和不少同志一样，有点担心了：敌人修这么多碉堡，又占了我们不少地方，怎么办呢？老觉得这些碉堡对我们威胁太大。但是上政治课的时候首长不这样讲。首长说："毛委员讲了，敌人修的碉堡越多，他的兵力越分散，因为修了碉堡就要有人守，不然碉堡起什么作用？反正碉堡自己不会打枪。所以敌人碉堡修多了是件好事，不是件坏事。"这一说，我们的思想明朗了。

后来敌人离我们越来越近，马夫老余几乎每天夜里都起来喂马，准备打出去。可是又等了好几天，也没有看出要打的意思。我们的心里又不踏实了。打不打呢？

那一段时间毛委员很忙，除了开军队的会，记得还找来了兴国、于都、宁都等好几个县的地方干部来开会。直到在青塘开了一个不少军长、政委都来参加的会议（后来才知道叫"青塘会议"）后，毛委员才告诉我们又要打仗了。但是在哪里打他没有讲。离开青塘的那天，我以为是要去打宁都城（因为宁都离我们很近很近，敌人也不多），结果出了青塘背着宁都的方向直往西走。我以为要去打吉安，便偷偷地对老余（他是吉安人）说："老余，这回大半要打你们家了。"老余正在喂马（他总是这样，一天到晚除了学习、睡觉，有时饭都和马一块吃），他看了我一眼说："你那个大半不一定准。"真叫老余说着了，走了三四天，到了吉安的东固一带便停下了。

到东固一带住下，事情可就多了。这东固也是老根据地，群众对我们熟得很。我们一到，他们就说："敌人王金钰的第5路军已经到了富田（离我们四十几里）；郭华宗的那个师也到了水田、白沙一带（离我们十多里），占了我们不少地方，怎么还不打啊？"有些红军干部战士听说家乡让敌人占了，心里急得不行。有些认识我的干部就问："小鬼，没听说什么时候打吗？"我笑着说："你急什么，反正早晚要打的。"那干部火气蛮旺地说："还不急呀！离敌人这么近，都钻到牛角尖里来了。糯米丑子黏芝麻，你过后想甩也甩不掉了。"我觉得这话挺有意思，回到住处就告诉了毛委员。

"我们不是芝麻，"毛委员听罢笑着说，"敌人那个糯米团子黏不上我们，我们还要吃掉他那个糯米团子，钻通他那个牛角尖呢！"

......

一天夜里，毛委员带我们出发了。我刚要点马灯，他说："不要点。今天要打仗了。"

走了好一阵，爬上一座山，来到一个大庙里。到了这里，毛委员还是不让我们点灯，并且告诉我们不要出去，不要满山跑。我心里急得不行，这是到了什么地方？问老余，他气喘吁吁地刚把马拉上来，摇着头表示不知道。正巧，庙里有一个老和尚，我便悄悄地问他："老人家，这是什么地方？"那和尚说："这里叫白云山。"我又问："这里有国民党的军队吗？"那老和尚战战兢兢地说："山下住着可不少呢！白天还在修碉堡、抢东西，闹腾得可凶了！你们是怎么上来的，没有碰到吗？"我没有回答他，心里顿时紧张起来，几次走到庙门的门楼底下想听听下面的动静。因为我们这次行军，毛委员没带多少人，一路上又没有看到我们的部队在什么地方，听和尚讲山下敌人很多，怎么能不紧张呢？听了好大一会儿，什么也听不到。环顾一下四周，只见白云山很是高大，周围连成一片，连绵起伏。由于山高，夜里从山上往下看，只看到深深的峡谷，别的什么也看不清。

拂晓的时候，山下不远处突然响起了一阵激烈的枪声，不一会儿又停下来了。根据过去的惯例，我马上去报告毛委员。

毛委员看了看我，不大相信似的问："是吗？"

"真的。"我说，"我在庙门口听到的。"

他沉思了一会儿，说："好，我们下去看看。"他带我们刚走到半山腰，朱总司令带着警卫连上来了。

朱总司令一见毛委员，指着身后的部队，笑着说："和敌人遭遇了，我当了一回侦察连长！"

毛委员也笑着说："是你这个'侦察连长'搞的火力侦察、打的枪呀！"

他们二人一边说一边来到了白云山的庙里。

刚进庙门不一会儿，3军军长黄公略同志来了。这一下我愣了，3军什么时候到这里来的？黄公略军长进门没站稳就急促地问："开始打吧？"

毛委员和朱总司令交换了一下眼色，坚定地说了一个字："打！"黄公略军长听到这个"打"字，停也没停，转身飞也似的跑了。

这一切都是在一瞬间发生的，打谁？打哪里？山下都是敌人，我们的部队在哪里？我们真糊涂了。

黄公略军长走了也就十几分钟，突然，在我们的左前方响起了嘹亮的冲锋号声，接着冲锋声又从四面八方传来。"冲呀！""杀呀！"的喊声和枪声，震动得白云山头的云彩都立起来了一样。

由于我们在山上，敌人在山沟沟里，又万万没有想到山上会有红军，而且这么多一下子冲下去，所以他们东跑一阵，西跑一阵，挤成了一团，有的连枪都没有放就晕头转向地当了俘虏。晨早一批押上山来的俘虏，一见我们就说："你们是从哪里来的？是从天上飞来的吗？"

看着他们那个狼狈相，我心里想："叫你们说对了，我们就是爬山越河多少日子，'飞'到这里来的！"

白云山一仗打罢，毛委员停都没有停，又走在部队的前面继续前进了。记得是当天晚上就进入了富田地区。那些原来因为家乡被敌人暂时占了而有些情绪的干部，看着敌人修的那些碉堡说："何拐子不错，把碉堡都给我们修好了，少先队员再放哨不用爬树了。"

从富田向水南进军的路上，几乎是赶着敌人跑。一路上只见敌人丢的成袋成袋的面粉、成箱成箱的子弹和横七竖八的枪支，真是捡都捡不净。由于部队行进太快，一仗接着一仗打，几乎连做饭的时间都没有。再加上我们带的米很少，虽然敌人丢下了那么多面粉，可我们又不会做，吃饭都成问题了。肚子有点饿，但吃了敌人这个"糯米团子"，钻通了敌人这个牛角，心里真痛快。怎么也没有想到一下子会消灭这么多敌人呀！

……

毛委员从水南带我们一直东进，到广昌打死敌人的师长胡祖钰，接着又往东走，一直打到了福建的建宁县。"15天中（1931年5月16日至30日），走700里，打5个仗，缴枪2万余支，痛快淋漓地打破了'围剿'。"

第二次反"围剿"胜利了，但胜利后发生了一件当时我怎么也不明白的事：我们的警卫连长何振云，在后方被人以"AB团"嫌疑分子为借口杀害了。

若干年以后我才知道，这是王明打着"百分之百的布尔什维克"的旗号，推行"左"倾机会主义路线的结果。我们的连长何振云——这位参加过秋收起义，跟毛委员上井冈山、下井冈山、南征北战的老战士，武装的敌人没能动他半根毫毛，却死在了当时还是我们的"同志"的人手里！何振云同志的牺牲给了我深深的印象。[15]

第三次反"围剿"

粉碎第二次"围剿"后，毛泽东率领红一方面军在建宁、泰宁、黎川等地发动群众，筹集资材。

在遭受两次惨败后，蒋介石决定亲自上阵，指挥30万国民党军发起第三次"围剿"。敌人来势汹汹，红军则远在建宁一带分散活动。这阵势对红军极为不利。但是，毛泽东以其大智大勇，依然取得了第三次反"围剿"的胜利。从此，中央革命根据地进入了全盛时期。

毛泽东回忆说：

一个月以后，蒋介石亲自统率30万军队，企图"最后扑灭""赤匪"。协助他的有他最得力的将领陈铭枢、何应钦和朱绍良，每人负责一路大军。蒋介石指望用长驱直入的办法占领苏区——迅速地"扫荡赤匪"。他一开始就每天进军80里，深入苏区的腹地。这为红军提供了最有利的作战条件，很快就证明蒋介石的战术犯了严重错误。我军主力当时只有3万人，依靠一系列巧妙的机动行动，在五天之中进攻了五路敌军。第一仗红军就俘虏了许多敌军，缴获了大批弹药、枪炮和装备。到9月间，蒋介石就不得不承认第三次"围剿"已失败，10月间撤退了他的军队。

这时候红军进入一个比较和平的成长时期。发展是非常迅速的。第一次苏维埃代表大会于1931年11月7日[16]召开，建立了中央苏维埃政府，我担任主席，朱德当选为红军总司令。在12月，发生了宁都暴动，国民党第26路军有1万多人起义[17]，参加了红军。他们是由董振堂和赵博生率领的。赵后来在江西作战牺牲，董今天仍然是红5军团的司令员——第5军团就是由宁都暴动后过来的部队建立的。

红军现在发动自己的攻势了。1932年，我军在福建漳州打了一个大仗，占领了这个城市。在南面，红军在南雄进攻了陈济棠，而在对着蒋介石的战线上，红军猛攻乐安、黎川、建宁和泰宁。还攻打了赣州，但没有占领。从1932年10月起，直到长征开始，我把自己的时间几乎都用在苏维埃政府的工作上，军事指挥工作交给了朱德和别的同志。[18]

彭德怀回忆说：

在第二次"围剿"以后，不出两月，蒋军进行第三次"围剿"。蒋介石亲自指挥，兵分几路记不清了，约30万人，以陈诚、卫立煌、罗卓英、蒋鼎文、赵观涛、熊式辉等为各路总指挥，长驱直入，齐头并进，将我苏区县城尽占。我方面军仅三万二三千人，被迫绕道闽西之将乐、连城到瑞金，经兴国至老营盘，打算从赣江边之富田突破敌之薄弱部分，被敌发觉。我军改从良村突破，进攻黄陂。两役消灭敌3个师，吸引蒋军向黄陂回击，我军从间隙中转回兴国境内。待敌发觉，再向兴国时，我军已取得半月休整。敌军是肥的拖瘦，瘦的拖死，精疲力竭，减员1/3，不能不撤退。乘其撤退时，消灭蒋鼎文一个旅，在东固、白水地区消灭某师（似韩德勤师），结束了第三次反"围剿"战。

这次战役的特点是，充分发挥了毛泽东灵活机动之战略战术方针。3个月的艰苦战斗，战胜了十倍之敌。以相对劣势装备和绝对劣势兵力，无后方接济的作战，取得了伟大胜利，粉碎敌人的"围剿"，创造了古今中外没有过的一套崭新的战略战术，这是马克思列宁主义武库中新的发展——毛泽东的军事辩证法。这就是我们人民解放军常讲的毛泽东军事思想的基本内容。

在粉碎三次"围剿"后，1931年11月下旬，3军团奉总前委指示，分布在会昌、安远、寻邬、信丰及雩都以南地区，中心是放在会昌、安远。从1931年11月第一次苏维埃代表大会到1932年1月，两个多月的成绩还是不小的：消灭地主武装，肃清民团；做群众工作，分配土地，创造新苏区；成立了一个赣南独立师，一千五六百人，黄云桥为师长。每个新成立的团都是从3军团中抽一个连为骨干扩大起来的，很快就有了战斗力。这个经验运用到抗日战争中也是好的。3军团本身由一万五六千人东渡，经过三次反"围剿"战役，只剩1万人左右。现又争取了约4000人作为补充，建立了安远、会昌、寻邬、信丰4个县的政权，并建立了一些县、区的地方武装，近半数地区分配了土地。我当了三年多红军，这时才学会分田。对毛泽东的三大任务——打仗、做群众工作、筹给养——才体会到：只有做群众工作，从发动群众到建立政权、分配土地，群众才把红军看成是自己的军队；军队中的阶级觉悟就迅速提高，就能自觉遵守群众纪律；筹款、筹给养时，也不会把富农当地主打。也就是对红军的三大任务是三位一体的任务有了体会。[19]

毛泽东的警卫员吴吉清回忆说：

第二次反"围剿"胜利结束后，1931年6月，毛委员和朱总司令率领红军，以福建建宁为中心，分布在泰宁、黎川、南丰、宜黄地区，开展发动群众、扩大苏区、筹集资财的工作。

当时，毛委员住在建宁城西门外的天主教堂里。住了个把星期后，又来到了江西南丰康都镇。在这里得知了蒋介石乘红军分散在赣东、闽西一带发动群众，后方空虚之机，妄图切断红军退回根据地的道路，并向中央革命根据地发动了第三次大"围剿"。

这次"围剿"情况相当严重。蒋介石亲任总司令，调集了30多万匪军，以10万嫡系部队为主力，还随带了一样美、英、日、德帝国主义军事顾问为帮凶。他们兵分三路，中路何应钦，与蒋介石同驻南昌；右路陈铭枢，驻吉安；左路朱绍良，驻南丰。敌人杀气腾腾地向中央苏区扑来，并以其中约半数兵力的靖卫团，分区设防，实行白色恐怖。而且在战略上，也大不同于第二次"围剿"时的"稳扎稳打，步步为营"，而是采取了"长驱直入"的战略方针，妄图一下子占领我们中央苏区全部县城，压迫和消灭我红军于赣江东岸。

那时，红军在第二次反"围剿"苦战后，由于投入了开辟新苏区的群众工作，既没有得到休息，也没有得到补充，仍然是3万多人。大敌当前，强弱悬殊，硬打硬拼是不行的，为了保存兵力，消灭敌人，毛委员决定采取"诱敌深入"的方针，即让敌人主力深入赣南根据地，置于无用武之地，而后我红军再回师北向，打其虚弱。利用根据地的有利条件，创造不利于敌人的条件，待机痛击敌人，粉碎敌人的新"围剿"。因此，毛委员和朱总司令率领着红军，避开强敌，绕道千里，冒着7月的酷暑炎热，从建宁出发，经归化、清流、宁化、石城、瑞金等，绕过了整个中央苏区的南部。

几天的行军路上，毛委员和红军战士一样，顶着烈日，跋山涉水，艰苦地步行着。我们警卫连的同志和"总部"的首长们，经常劝毛委员骑一会儿马，但是毛委员不但不去骑马，反而帮一些红军战士扛枪，而且边走边向一些干部、战士反复讲解，不要怕打烂坛坛罐罐，不要怕丢失根据地，不要怕苦怕累。他说，我们今天多走路，就是为下一步打胜仗创造条件，一切的"走"都是为了"打"，我们的战略方针是建立在"打——消灭敌人有生力量"的基点上。

红军战士们根据第一、二次反"围剿"斗争中的经历，想想毛委员讲的这番道理，更坚定了胜利的信心。整个队伍士气高昂，"胜利在脚，走出胜利"的口号四处传遍。仅用了七天时间，于7月中旬便回到了兴国。

回到兴国，敌人就直逼面前了：上官云相的47师和郝梦龄的54师又进驻富田，敌人的飞机也不断地在头上嗡嗡乱叫，侦察红军的动向。

毛委员和朱总司令在回师途中就曾召开过一连串的会议，这时候，更是白天黑夜连轴转地开会，研究敌情。毛委员根据敌人这次"围剿"的特点，详尽地分析了当前形势，鉴于上官云相和郝梦龄的两个师，和第二次"围剿"时王金钰的第5路军一样，也是北方部队，不适应南方的山地作战，战斗力较弱，于是就决定：红军首先突破富田这一弱点，然后由西向东，朝敌人的侧后联络线上横扫过去，从而把敌人深入根据地的主力置于无用武之地；等到敌人回头向北，根据地人民和赤卫队就实行截敌、阻敌、困敌、扰敌、袭敌、诱敌、毒敌，敌人必定吃尽苦头，饥疲沮丧，红军就可以乘机消灭其中一部，粉碎敌人的整个"围剿"。

这样，"总部"于25日，就由寅田圩向富田出发了。第二天上午9时许，到达了于都河的长沙渡口。当时，敌军赵观涛的第6师和卫立煌的第10师已进驻宁都县的青塘村了，先头部队离长沙渡口只有20里地。情况十分紧张，但红军在毛委员规定的"避敌主力，打其虚弱，胜后再追"方针指导下，悄悄地从这里穿过去，避开了强敌。

......

当路过兴国的江背洞时，已是入夜时分，毛委员让我们口头往前传达命令：夜间行军不许点火、打手电和发出响声。因为前面的高兴圩虽然还没有被敌人占领，但已是两面受敌了：东南有蒋鼎文的第9师、韩德勤的52师和独立旅；北面有蔡廷锴的第19路军。红军就从这里由朱总司令先导、毛委员督后，秘密地穿过了敌人的间隙，当夜经过老营盘北上，到达了泰和县的沙村。

一到沙村，毛委员立即连夜召集了紧急军事会议。我们则忙着烧水做饭，约莫到半夜光景，我们把饭菜都做好了，却听到传令排一个同志说："红12军派人送来了敌人的两个密探，毛委员和朱总司令正在审问呢。"我们明知道这一天，毛委员只是在出发前吃过一顿早饭，可眼下又不便打搅，直到审问完毕，带走了俘房，我们才把又热过的饭菜端了上去。

这时，会议将要结束，只见毛委员和朱总司令指着地图，讲述着改变了的作战计划。计划的改变，是因为从俘房嘴里得到的敌情，进一步证实了我红军侦察排获得的情报：红军在向富田开进时，敌人的飞机侦察到红军迂回其侧后的意图，蒋介石便马上调动陈诚和罗卓英的两个主力师，增援富田。因此，毛委员立即命令红军连夜折返老营盘，走高兴圩，再次穿过敌人之间40里的间隙，改向兴国的莲塘、永丰的良村、宁都的黄陂一线实行"中间突破"。

8月5日下午，我们跟着毛委员一到莲塘附近，"总部"就在一个小山边的大古松下召开了会议。接着毛委员指示部队，召开了战斗动员大会，动员群众和地方武装赤卫队配合红军作战，准备歼灭向莲塘开来的上官云相部的47师。第二天上午，3军团就在莲塘北山上和敌人打上了。战斗打得异常激烈，每争夺一个山头，都要经过激烈的苦战。在这种情况下，毛委员立刻调一军团前来会战，直打到7日黎明，才消灭了北麓的敌人，并打死了敌人的一个旅长。

7日上午，毛委员命令红军向良村方向打去。红军不顾疲劳，连续作战，向良村急进。我们跟着毛委员顺L沟出发后，沿途看见敌人的尸首、枪支弹药到处都是。老表的房屋被白狗子烧成了一片废墟，稻田被糟蹋得不像样子。翌日凌晨3点左右，我们听到良村方向枪声密集。等天明到达前线，郝梦龄的54师已经溃退了。他们向龙冈的大路逃跑，像一群折断了翅膀的蝗虫，狼狈不堪。毛委员望着敌人那副可怜相，就让我们同部队一道去抓俘房。这可把我们高兴坏了。大家一边追，一边喊："快追呀！上官云相挨了打，郝梦龄也别让他跑掉！"

良村一战胜利后，我们来到了约溪。在这里，毛委员和朱总司令商量了一下，然后命令红军进军龙冈。第二天一早，毛委员就带着我们出发了。

龙冈，是第一次反"围剿"时活捉张辉瓒的地方，这时驻着周浑元的第5师。当郝梦龄带着丢盔弃甲的残部跑来后，周浑元吓得简直魂飞魄散了，连夜在龙冈前后的山头上加修工事。可是，红军在毛委员的指挥下，只派黄公略军长率领红3军，佯攻这个有准备的敌人。1军团、3军团和红12军以三天急行军，出其不意地打了占据黄陂的毛炳文的第8师。

那一天，天气特别燥热，战士们在掩体里，动一动就是满身大汗。可是当下午1点发起总攻后，陡然间下起了瓢泼大雨，这一下可凉快透啦！就在这时，"总部"司号连的全部号兵同时吹起冲锋号。立时，枪炮声、喊杀声汇集一处，响彻云霄。红军战士冒雨冲击，像山洪急流一样，一下子就淹没了敌人的阵地。毛炳文的第8师溃不成军，四处奔命。我红军迅速地冲到黄陂街上，占领了敌师部。接着，我们又乘胜追击了一程，歼灭敌人4个团。这一胜仗，缴获的战利品不计其数。

当蒋介石发现红军主力在黄陂一带后，立即把向南向西的敌军主力皆调转向北向东，集中视线于黄陂，采取密集大包围姿势，猛力向红军进逼。

毛委员决定跳出包围圈。于是，一面命令罗炳辉军长率领红12军向小布、宜黄、乐安方向前进，在北线完成钳制和吸引敌军主力的任务；一面则带领红军主力，连夜从旸斋村出发，向南向西行进。这样，我们就和所有向北向东的敌军主力完全背道而驰。当走到永丰、宁都、兴国三县交界的地方时，"总部"命令部队稍稍休息一下。毛委员利用这个短暂的机会，和朱总司令、刘伯承总参谋长、叶剑英参谋长、黄公略军长等首长，又开起了出发前没开完的会议。

这个会开得简单极了。首长们都坐在沙滩上，围着一盏马灯和一张地图。我们在附近警卫，听见毛委员低声说：

"这边的敌人离这里15里，那边的敌人离这里也是15里，只有兴国方向有个20里的缺口，我们可以穿插过去。"

说完，不一会儿，就由叶剑英参谋长发布命令：不准点火、打手电和发出响声，立即出发。

红军接到命令后，星夜连续行军。一路上，几万人马，没有一点响动地飞越过直插云霄的尖脑岭，神不知鬼不晓地来到了兴国境内的枫边、白石、良村一带隐蔽休整，以逸待劳，准备反击。

毛委员一路上走得很累，我们几次劝他骑马，他都没有同意，还帮助战士们背枪、背米。可是，一来到良村，也不说休息一下，就忙着到"总部"电台了解红12军的情况去了。

红12军按照毛委员的调虎离山计，扬旗鸣号，大张声势地向北行进，果然把敌军主力调去了。当敌人在黄陂一带的包围圈中扑空以后，立即就跟在红12军背后紧紧追赶。特别是看到他们一路上到处书写的标语，各军路标，各单位打前站的、号房子的以及收容队人员的各种留言和番号，还有挖的炉灶，就完全误以为咬住了红军主力。就这样，敌人一直穷追不放地跟了半个多月，才搞清红军主力原来在良村一带，于是又回头向西赶来。然而，毛委员为了迫使敌人疲惫，叫敌人摸不着红军的踪迹，又带领红军从兴国城南20多里的地方穿插过去，进至兴国、赣县、万安、泰和交界的大山区继续休整，弄得敌人在良村一带又扑了空。

敌军深入根据地以来，在崇山峻岭中连续扑空，三番五次寻找红军主力决战，想找找不到，想打打不着，处处受到地方武装和赤卫队的扰乱袭击。加上人民群众的"坚壁清野"，敌人连饭都吃不上，净水也喝不着。两个多月来，敌人被拖得疲劳到了极点。官兵发怨言说："胖的拖瘦，瘦的拖垮。"蒋介石这个常败将军更是无可奈何，只好偃旗息鼓，偷偷地退却。但是敌人的行踪是瞒不过我们的耳目的，红军侦察员、地方赤卫队、苏维埃政府都活跃起来了，跑来向"总部"送情报说，兴国城内蒋鼎文的第9师和独立旅企图逃往吉安，韩德勤的52师也将同蒋鼎文一道逃窜。

毛委员听到这个消息很高兴，便立即决定挥师出山，打敌人尾后一个师。于是，经过一天又半夜的强行军，于9月初的一天，红3军埋伏在老营盘、高兴圩一带，等待敌人经过。不巧的是，敌人刚过了两个营，我们一个战士把枪弄走了火，因此敌军像受惊的乌龟一样，马上又缩回兴国城里去了。红3军只在老营盘歼灭了蒋鼎文的一个旅。战斗刚刚结束，红军侦察员又送来了情报：敌19路军蒋光鼐、蔡廷锴的两个师也撤往吉安。当敌人退到高兴圩时，恰遇毛委员事先布置埋伏在这里的重兵——3军团和1军团。

这一仗，打得激烈异常，从7日上午一直到8日黄昏。

当时，"总部"的指挥所设在高兴圩西面的山顶上，红军每进行一次冲锋，毛委员和朱总司令都让"总部"的号兵也同时一齐吹冲锋号，给战士们助阵。我们这些警卫员也都大喊着："同志们，冲啊！打垮敌人！"

我们看得非常清楚，3军团把冲锋枪、机枪都集中起来向敌军扫去，红军战士排山倒海地向敌人冲去，把敌人撵过一道峡谷又一道山口。但敌人抵抗得也很顽固，我们每攻占敌人的一个工事、一座山头，都要经过反复的争夺。在战斗中，子弹打光了，红军战士就用石头砸、大刀砍，把敌人打死打伤近半。敌军红了眼，就把军官集中起来，向红军已经占领了的阵地反扑，他们一连冲了十几次，都没有得到一点站脚的地方。就这样打到最后，白狗子蜷缩到高兴圩进行垂死挣扎。敌人凭借村镇房屋顽抗。地形于我红军不利，加上红军子弹打得没有多少了，一时半会儿也很难攻克，所以只歼敌一半。蒋光鼐和蔡廷锴带着残部，改道逃往赣州。

毛委员和朱总司令了解到，1军团跟3军团的情况一样，在激战中，大部分子弹都打光了，便立即下令转移到泰和、万安、赣县、兴国交界的地方休整。这个地方对于红军追歼敌人极为有利。毛委员一面派人到第二次反"围剿"时作战的地方——东固、富田以及刚战罢的高兴圩、老营盘等地，去搜集子弹；一面亲自写信给江西省苏维埃政府，要他们通知各地尽快收集子弹送来。第二天，1、3军团就补充上了许多弹药。

箭在弦上，弹已上膛。正当红军战士们因为没有能够全歼敌19路军而憋着一肚子气的时候，一天晚上，一位鬓发斑白的老交通送来了情报。他一见到毛委员，就激动得用拳头捶着左手的掌心说："好机会啊，毛委员！兴国城的白狗子又要逃跑了。他们不敢再走高兴圩、老营盘，想偷偷地走崇贤、东固到富田，逃回吉安。"说罢，目不转睛地看着毛委员，等待着毛委员的回答。

毛委员斩钉截铁地说："不管敌人从哪条路逃跑，我们都不能饶过他们！"

那个老同志听了，非常高兴，道别后，拔起脚就跑，忙着向老表们报告好消息去了。

毛委员于是连夜召集了"总部"首长会议，立刻下达了追歼敌人的命令。

部队战士们精神振奋地出发了，走一会儿，就跑步前进，那个轻快利索劲儿，就像一阵疾风，只听见"沙沙沙"的脚步声。当追到天蒙蒙亮时，就把敌人的尾巴抓住了。紧接着在方石岭来了一个大围歼，干净彻底地消灭了韩德勤的52师。师长韩德勤被我红军俘虏后，因为战士们不认识他，他又化装成伙夫逃跑了。这一仗还歼灭了敌人一个运输团，缴获了上千匹骡马和很多枪支弹药。同志们都高兴得拍打着马背，打趣地说："好啊！你帮着'运输大队长'算是完成任务了！"跟着就是大家一阵又一阵胜利后的欢笑。

到此，红军在根据地人民的支援和配合下，根据毛委员提出的"你打你的，我打我的""打得赢就打，打不赢就走"的游击运动战原则，把蒋介石亲自出马、声势浩大的第三次大"围剿"全线击溃了，敌人被赶出了中央革命根据地。我们跟着毛委员，于9月16日，参加了在兴国龙冈头的水头庄召开的庆祝第三次反"围剿"胜利的大会。[20]

方石岭战斗，是第三次反"围剿"的最后一仗，歼敌一个多师。战斗结束后，红3军军长黄公略在指挥部队转移中，突遇敌机袭击，不幸牺牲。

黄公略是毛泽东喜爱的一员战将。他曾吟出"偏师借重黄公略"的诗句，表达对黄公略的倚重。

1931年9月17日下午，红3军在兴国莲塘附近的水头庄，举行黄公略军长追悼大会，毛泽东满怀哀痛，亲笔撰写了一副挽联，悬挂于会场两侧：

广州暴动不死，平江暴动不死，如今竟牺牲，堪恨大祸从天降；
革命战争有功，游击战争有功，毕生何奋斗，好教后世继君来。

注 释

〔1〕毛泽东在大革命中曾把这些地的地租用于湖南农民运动。——原注
〔2〕埃德加·斯诺：《西行漫记》，生活·读书·新知三联书店1979年12月版，第149—152页。

〔3〕郭化若：《红军从游击战到运动战的伟大战略转变》，载《星火燎原》，战士出版社1979年12月版，第53—56页。

〔4〕《彭德怀自述》，人民出版社1981年12月版，第157—159页。

〔5〕《彭德怀自述》：红3军团第一次打长沙，取得了一些胜利，"但这些胜利并不能掩盖立三路线的错误，挽救不了立三路线的失败"。"由于红3军团攻占长沙的胜利，对于立三路线也起了支援作用。"——原注

〔6〕吴吉清：《在毛主席身边的日子里》，江西人民出版社1983年10月版，第25—33页。

〔7〕陈昌奉：《跟随毛主席长征》，解放军文艺出版社1986年9月版，第17—28页。

〔8〕埃德加·斯诺：《西行漫记》，生活·读书·新知三联书店1979年12月版，第153—154页。

〔9〕郭化若：《红军从游击战到运动战的伟大战略转变》，载《星火燎原》，战士出版社1979年12月版，第63—76页。

〔10〕改组派，是20年代末期到30年代初期的国民党派系之一。1927年"七一五"反革命政变后，武汉汪精卫的国民党和南京蒋介石的国民党合流。汪精卫、陈公博、顾孟余等不满蒋介石独揽权力，1928年年底在上海成立"中国国民党改组同志会"，形成了国民党中的"改组派"。——原注

〔11〕《彭德怀自述》，人民出版社1981年12月版，第160—167页。

〔12〕埃德加·斯诺：《西行漫记》，生活·读书·新知三联书店1979年12月版，第154页。

〔13〕当时在富田地区的敌军中的北方队伍是王金钰军。

〔14〕《彭德怀自述》，人民出版社1981年12月版，第167—168页。

〔15〕陈昌奉：《跟随毛主席长征》，解放军文艺出版社1986年9月版，第44—54页。

〔16〕原文误为1931年12月11日。——原注

〔17〕原文误为第28路军，2万多人。——原注

〔18〕《毛泽东一九三六年同斯诺的谈话》，人民出版社1979年12月版，第69—70页。

〔19〕《彭德怀自述》，人民出版社1981年12月版，第171—173页。

〔20〕吴吉清：《在毛主席身边的日子里》，江西人民出版社1983年10月版，第66—77页。

五、来自"左"的排斥

剥夺军权

1936年，毛泽东对斯诺谈起："从1933年10月起，直到长征西北开始，我本人几乎用全部时间处理苏维埃政府工作，军事指挥工作交给了朱德和其他的人。"而实际过程，远比这复杂得多。

1931年1月在上海召开了中共扩大的六届四中全会。王明等人借助共产国际的支持，逐步取得中央领导权，开始了时间最长、危害最大的"左"倾冒险主义统治。在中央苏区，他们把矛头指向了毛泽东。

在四中全会前后，项英作为中央代表来到中央苏区。1931年1月，撤销以毛泽东为书记的红一方面军总前委，成立苏区中央局，周恩来任书记，未到职前由项英代理。还成立中央革命军事委员会，项英任主席，毛泽东为副主席兼总政治部主任、红一方面军总政委。4月，由任弼时、王稼祥、顾作霖组成的中央代表团到达中央苏区，更给毛泽东的工作造成巨大的困难。

1931年11月初，根据中共中央指示，在中央代表团主持下，在江西瑞金召开中共苏区第一次代表大会（简称"赣南会议"）。会议经过激烈的争论，通过了《政治决议案》等文件，指责苏区领导思想犯了"狭隘的经验论"，土地改革执行了"富农路线"，红军"没有完全脱离游击主义的传统"。尽管没有点名，但明显是针对毛泽东等人的。

在会后召开的第一次全国苏维埃代表大会上，毛泽东当选为临时中央政府主席。此前，组成了中央革命军事委员会，以朱德为主席，王稼祥、彭德怀为副主席。红一方面军总部被撤销，部队归中革军委指挥，毛泽东的红一方面军总政委职务也随之撤销。

1932年1月9日，中共临时中央作出《关于争取革命在一省与数省首先胜利的决议》。中央红军为贯彻这一方针，于二三月间攻打赣南重镇赣州。毛泽东坚决反对这一做法，但在苏区中央局里只居少数。结果，红军围城33天，遭受很大伤亡，只好撤围。随后，毛泽东提议向赣东北方向发展，却被断然拒绝，认为这是

"右倾机会主义"。

会后，中央红军分成西路军和中路军，毛泽东率中路军在赣江东岸活动。不久，临时中央又要中路军改称东路军，进入福建，巩固闽西。

彭德怀回忆说：

从赣州撤围后，集结江口地区，中央局赶到前方来开会，毛泽东也来了。当时，会上有两种意见：中央局主张3军团出赣江以西，占领上犹、崇义，发展苏区，使遂川以及泰和、万安、河西部分地区和湘赣苏区连成一片；毛泽东的意见是，3军团向北发展，占领资溪、光泽、邵武地区，和赣东北打成一片。我没有支持毛泽东的正确意见，而同意了中央局多数人的意见。当时我如支持毛泽东的意见，中央局可能会重新考虑。

当时我为什么同意中央局意见，而未同意毛泽东意见？也还是前面所叙对攻占赣州的想法。除此以外，我当时并没有认识四中全会（王明路线）实际是立三路线的继续。当时四中全会的中央，把它称为国际路线，是布尔什维克化的。至于它同样是反毛泽东人民战争思想的，是反对农村包围城市的战略方针的，也即是依靠红军打天下的单纯军事路线，我当时完全没有这样去想。一个共产党员凡事要问一个为什么，而当时自己仅仅是服从中央决定，带有极大的盲从性。

江口会议后，3军团进到上犹、崇义、桂东、营前地区。毛泽东率1军团占领漳州，后出广东在南雄以东某地和粤军十余团打了一个相持战，3军团赶到时，敌我都已退出战斗。像手足一样的两个军团，分开都没有打好仗。如果1、3军团不分开，那次战斗也是可以歼灭敌军的。这证明，1、3军团分开作战是不利的。

3军团到广东南雄地区同1军团会合时，毛泽东还在随第1军团指挥。6月中下旬，1、3军团会合后同时北进，3军团经雩都、兴国向宜黄，又东转广昌向南丰前进。这时，前方总司令部已改组，朱德仍为总司令，周恩来为总政委，刘伯承为总参谋长，毛泽东离开了部队。

1932年8月下旬或9月上旬，3军团奉命夺取南丰[1]。该城是蒋介石预备进攻基地，自二次"围剿"被粉碎以后，就开始设防，有坚固工事。蒋介石把南丰看作江西东面进攻苏区的军事据点，称战略支撑点，有毛炳文6个团驻守。我军强攻两天未克，伤亡约千人，3师师长彭遨阵亡。这时，方面军领导来了，有朱总司令、周恩来总政委（原任中央局书记，当时似乎不再兼了）、刘伯承总参谋长，唯不见毛泽东。我问刘："毛主席未来？"刘答："政府事忙。"这时，军团内的行政管理、党委领导、政治工作制度等，王明路线还未完全统治得了，大体还是照旧。[2]

这时，周恩来来到中央苏区。他和朱德一道，运用毛泽东一贯提倡的战略战术，取得粉碎国民党军第四次"围剿"的重大胜利。6月下旬，红一方面军番号重新恢复。8月8日，毛泽东重新担任红一方面军总政委，处境有所好转，并与周恩来、朱德、王稼祥配合，取得乐安、宜黄两战两胜的成绩。

这以后，在如何应敌的问题上，苏区中央局在前线与在后方的负责人发生意见分歧。为解决红军行动方针的分歧，1932年10月上旬，苏区中央局在宁都举行了全体会议。会议在毛泽东是否继续留在前方指挥作战的问题上，发生激烈的争论。周恩来主张毛泽东仍留在前线，朱德、王稼祥也不同意解除毛泽东的军队领导职务。这些意见没有被会议接受。会后，毛泽东被调回后方，接着又被解除了红一方面军总政委的职务。

黄允升在《宁都会议始末》一文中写道：

宁都会议的召开，从根本上说，是在敌强我弱、敌大我小情况下，王明"左"倾盲动主义的"积极进攻战略"同毛泽东为代表的"积极防御战略"斗争的总爆发。斗争的发展有个过程，既有开会的近因，又有开会的远因。

1. 宁都会议前奏——赣南会议

1931年春夏，毛泽东、朱德坚持积极防御战略，采取"诱敌深入"方针，指挥中央根据地军民粉碎了敌军第二、第三次"围剿"。但是，中共中央9月1日给苏区中央局并红军总前委的指示信，虽然笼统地肯定"中央苏区是获得了它的伟大的成功"，但在根据地与红军、土地问题、政权问题上却采取否定的态度，指责中央苏区犯了"缺乏明确的阶级路线与充分的群众工作"的严重错误，要求红军抛弃"游击主义传统"，在土地革命中实行"地主不分田、富农分坏田"的"阶级路线"。11月初，中央代表团为贯彻中央指示信，在江西南部瑞金主持召开苏区党第一次代表大会，即"赣南会议"，推行王明"左"倾盲动主义的"进攻路线"，批评毛泽东为代表的正确路线和战略战术原则。会议决定设立中央革命军事委员会，"取消第一方面军总司令和总政委的名义及其组织"。这样，在实际上取消了毛泽东在中央苏区红军中的领导地位。

但是，中共临时中央还嫌不够，认为中央代表团未能完全贯彻中央的"进攻路线"和"反右倾"纲领。1932年5月20日在给苏区中央局的指示电中批评指出："两条路线的斗争尤其非常薄弱，大会上以反对所谓狭隘的经验论，代替了反对机会主义的斗争。这些都是党代会最主要的错误与缺点。"指示电还批评周恩来（"赣南会议"后才到中央苏区）贯彻中央"进攻路线"不力，"伍豪同志到苏区后，有些错误已经纠正，或部分的纠正"，"但是……一切工作深入下层的彻底的转变，或者还未开始，或者没有达到必要的成绩"。最后，临时中央提出要求：苏区中央局应采取一切必要的方法，来改善领导工作。

苏区中央局为贯彻中央这个指示电，于6月中旬开会讨论，17日作出决议，承认中央的批评是正确的，是"犯了不可容许的右倾机会主义的动摇"的错误，提出"采取更积极的进攻策略""夺取赣河流域的南昌、九江"等中心城市，并又一次批评中央苏区过去一些正确的政策。但是，临时中央仍不满意，在7月21日给苏区中央局及闽、赣两省委发出长信指示，进一步批评"赣南会议"及会后的文件和报告，"中央责成中局根据中央的指示来严格与切实地检查各部门的工作，并进行彻底的转变"，以执行"积极进攻路线"。

可见，临时中央接二连三地督促苏区中央局在中央根据地全面实行"进攻路线"和"反右倾""改造充实各级领导机关"的错误纲领，就是要开一个比"赣南会议"反对正确路线更甚的会议。

2. 解决红军行动问题的分歧

王明"左"倾盲动主义主张同毛泽东为代表的正确主张，从政治战略上的分歧发展为红军行动问题上的分歧。

苏区中央局8月上旬在兴国举行会议，讨论红军沿赣江北上消灭敌人的行动计划，接受毛泽东的建议，决定从赣江东岸北上，先消灭乐安、永丰、宜黄方面敌人。会议采纳周恩来坚持的意见，决定毛泽东任红一方面军总政委。会议还决定，前方组成以周恩来为主席，毛泽东、朱德、王稼祥参加的"最高军事会议"，领导前方的一切军事行动；后方中央局同志分工做地方群众工作，以积极配合前方军事行动。周恩来、毛泽东、朱德、王稼祥部署、指挥红一方面军采取极秘密、极迅速的行动，从8月17日至22日，一周之内连克乐安、宜黄、南丰三城，歼敌5000多，给抚州、南昌、樟树敌军以极大震动。敌军立即调整驻防部署，在南城集中了17个团的兵力，构筑工事，以图固守。面对敌情变化，对于红军打不打南城的问题，前方与后方的中央局同志开始产生了分歧。

红一方面军按原计划准备攻打南城，于8月24日开到南城近邻。鉴于敌情发生了重大变化，前方"最高军事会议"决定改变进攻南城计划。周恩来写信给苏区中央局，指出："敌情已起大变化"，"我们仍固执原定计划去攻打南城，便犯了不机动的错误"。中央局不同意前方军事行动，认为不打南城是个错误，指出"我主力不宜在南丰、南城、宜黄间久待"。这种军事行动上的分歧越来越大，到9月下旬已发展到非开会解决不可的程度。中央局9月25日给前方的电报提出："我们不同意你们分散兵力，先赤化南丰、乐安，逼近几个城市来变换敌情，求得有利群众条件来消灭敌军"，要求红一方面军"攻城打援"。同日，周、毛、朱、王复电中央局，再次表示："在目前敌情与方面军现有力量条件下，攻城打增援，部队是无把握的。"于是，前方周、毛、朱、王在9月25日、26日、30日三次致电后方中央局，提议在前方开苏区中央局全体会议，讨论"红军行动方针与发展方向"等问题。

周、毛、朱、王从前线的实际出发，来部署红军的行动。9月26日，毛泽东和朱德签发《在敌人尚未大举进攻前部队向北工作一时期的训令》，准确地分析了敌人第四次"围剿"的战略方针、主攻方向和策略步骤，对红军反"围剿"作了正确部署。但是，后方同志指责这个《训令》是完全离开中央"进攻战略"原则的，是"极危险的布置"，于29日晚电令前方："中央局决定暂时停止行动，立即在前方开中央局全体会议。"他们不仅带人替换前方指挥员，而且还带去了可以压倒前方的"尚方宝剑"——中央关于红军行动指示电。这样，在前方召开的苏区中央局全体会议，即宁都会议，就会改变前方同志提议的初衷。

1932年10月上旬（3日至8日之间），在宁都召开中共苏区中央局全体会议。出席会议的有来自后方的任弼时、项英、顾作霖、邓发和在前方的周恩来、毛泽东、朱德、王稼祥，会议由中央局书记周恩来主持。这次会议没有留下记录和决议，只有一份由中央局起草的送到前方征求周、朱、王意见的《苏区中央局宁都会议经过简报》。我们从《简报》和其他材料中可以看出，宁都会议竭力推行"积极进攻路线"和批评"积极防御战略"，在政治上讨论临时中央长信指示和红军行动指示电，在组织上讨论毛泽东调回后方主持中央政府工作等问题。

会议"一致同意中央长信指示"从"左"倾盲动的"积极进攻"战略出发，总结同年2月攻打赣州以来的工作，对几次战役作出错误估计，并错误地批判毛泽东不赞成打赣州和红军主力早应向赣东北发展的正确主张。

关于攻打赣州问题。在宁都会议前8个月，苏区中央局执行中央"进攻路线"，曾部署红一方面军主力攻打赣州，毛泽东一开始讨论时就不赞成。后来知道前线红军久攻不下，后被敌人援军反包围，伤亡严重时，他又顾全大局，中止休养，抱病下山，建议起用红5军团，并日夜兼程，奔赴前线共商解围之策。在红5军团的猛力进攻下，红军主力安全撤围。攻赣严重受挫，事实已经说明，夺取强敌防守的中心城市的"进攻战略"是错误的。宁都会议在讨论这个问题时，毛泽东明确表示不该攻打赣州。但大多数与会者认为，攻打赣州"依据当时情况是绝对需要的"，并非战略方针有错，"攻赣本有克城可能，唯因对敌必坚守中心城市的估计不足，遂未坚决布置，解决增援敌人。在轻敌之下，造成增援之敌已入城不能攻，以及爆炸技术有缺点，致未能克城而撤围"。这样，把未攻克赣州、反受严重损失的责任，归于毛泽东等不执行"进攻路线"而"遂未坚决布置"上了。

关于如何估计攻克漳州问题。赣州之役结束后不久，1932年春，周恩来在长汀组织领导、毛泽东在前线指挥红军东路军攻克敌人防守力量薄弱的漳州。这一仗打乱了蒋介石调动粤军进犯中央苏区的军事部署，筹集了大批款项和物资。实践证明，打漳州是正确的。可是，中央长信指示却说："在漳州占领的一个月内，红军中的政治领导同志没有能够充分地利用这个时机与良好环境进行充分的群众工作，而集中一切注意于筹款，这种教训必须深刻地注意到。"宁都会议主要从战略方向上提出指责，如《简报》所说："进占漳州曾获胜利，有很大政治影响，但来往延缓了北上任务之实现。"

关于发展战略方向问题。毛泽东早在3月中旬赣县江口苏区中央局会议上就主张，沿武夷山脉向赣东北方苏区逐步前进，发展闽、浙、赣三省之交的大块地区，然后向浙西皖南发展，造成较为巩固的阵地，准备对付蒋介石的第四次"围剿"。而会议未予采纳。但毛泽东仍坚持这个发展战略方向，后来在给项英的信中曾提出早应向赣东北发展的意见。项英在讨论中揭发批判了这个问题，一些人也指责这是"向偏僻区域发展""上山主义""东北路线"等。会议《简报》是这样写的，"会议中批评泽东同志认为早应北上、过去7个月都错误了之不正确观点，指出这是动摇并否认过去胜利成绩，掩盖了领导上所犯的错误"。

会议还批评前线同志从实际出发，在取得乐安、宜黄胜利后不硬攻南城而改为发动群众的正确部署。

会议经过讨论，"一致接受中央行动方针的指示电"，指责前方同志以准备为中心的观念，批判毛泽东是"专去等待敌人进攻的右倾主要危险"。

会议开始讨论中央关于军事行动方针指示电时，意见并不一致。周恩来结合前线实际作如何贯彻中央指示的报告，解释前方致后方的电报是符合中央"进攻路线"的。毛泽东坚持《在敌人尚未大举进攻前部队向北工作一时期的训令》的基本观点，这是从"敌强我弱"这个实际出发的，是符合前线客观情况的。事实上，敌军对中央苏区的大举进攻，也是在4个月以后的事。

但是，后方来的同志认为，前方同志表现出对革命胜利与红军力量估计不足，提出以准备为中心的主张；不同意周恩来在报告中"以准备为中心"的精神来解释中央指示电，并且说他的报告连"积极进攻"的字眼都没有。后方同志更集中地反对毛泽东的所谓"等待敌人来进攻的主张"，指责他公开反对中央关于行动方针的指示电，并且把红一方面军在历次反"围剿"中克敌制胜的"诱敌深入"方针斥之为"守株待兔"，会议"集中火力反对这种错误"。周恩来在发言中也承认前方同志确有以准备为中心的观念，也温和地批评了毛泽东，同时指出了后方同志对毛泽东的过分批评。

周恩来作会议结论，中央局全体会议"一致接受中央指示信"和"一致接受中央行动方针的指示电"。指出前方同志确有"以准备为中心的观念，泽东表现最多，对中央电示迅速击破敌人一开始不同意，有等待倾向"；后方同志"对于敌人大举进攻认识不足，因之对于动员的准备缺少注意"，但"集中主要火力反对等待观念是对的"。会后，后方同志对周恩来的意见表示不满，"在结论中不给泽东错误以明确的批评，反而有些地方替他解释掩护，这不能说只是态度温和的问题"。

会议还"开展了中央局从未有过的反倾向的斗争"。毛泽东被指责为犯了"不尊重党领导机关与组织观念的错误"。后方同志以"战争领导必须求得专一独断，迅速决定问题"为由，"提出由恩来同志负战争领导总责，泽东同志回后方负中央政府工作责任"。周恩来提出："泽东积年的经验多偏于作战，他的兴趣亦在主持战争"，"如在前方则可吸引他贡献不少意见，对战争有帮助"，坚持毛泽东留在前方。为此提议取消"最高军事会议制"，提出可供选择的两种方案："一种是由我负主持战争全责，泽东仍留前方助理；另一种是泽东负指挥战争全责，我负责监督行动方针的执行。"会上，王稼祥、朱德也不同意调毛泽东回后方。会议经过相当困难的讨论，因大多数人认为毛泽东"承认与了解错误不够，如他主持战争，在政治与行动方针上容易发生错误"；毛泽东也因不能取得中央局的全权信任，坚决不赞成后一种办法。会议通过周恩来提出的第一方案，最后批准毛泽东"暂时请病假"回后方，"必要时到前方"。

会后，周恩来去看望即将离开前方的毛泽东。毛泽东表示服从组织决定，将去长汀福音医院疗养，并说："前方何时电召便何时来。"

宁都会议开完才几天，苏区中央局依据中共临时中央指示就改变会议决定，调毛泽东回后方主持中央临时政府工作。10月12日，由中革军委发出通令："红一方面军总政治委员毛泽东，为了苏维埃工作的需要，暂回中央政府主持一切工作，所遗总政治委员一职，由周恩来代理。"同月26日，临时中央正式任命周恩来兼任红一方面军政治委员。这样，就解除了毛泽东在红一方面军的领导职务。

毛泽东尽管不断受到指责、排挤和打击，但仍坚持正确原则，不赞成"左"倾盲动主义的"进攻路线"。苏区中央局在答复临时中央询问时说："现在对进攻路线，除毛同志最近来信仍表现有以准备为中心的意见外，并无其他反对与抵抗，不过在地方上进攻路线还未深刻了解与坚决执行。"可见，在中央苏区推行"左"倾"进攻路线"也不是轻而易举的。

于是，临时中央把毛泽东坚持正确原则提高到"路线"上来批，并进一步从组织上剥夺他的一切工作权利。11月发的《关于军事路线给苏区中央局的指示》，把毛泽东在长期斗争中尤其在三次反"围剿"战争中形成的一套正确的积极防御战略，歪曲为"纯粹防御路线"加以批判，要"公开讨论泽东的观点"；把执行积极防御战略的指挥员和干部指责为"纯粹防御路线的拥护者"，要加以排挤和打击，以扫清推行"进攻路线"的障碍。"指示"还特别明确说，"我们反对现在将他召回"，否则"将给红军与政府以极严重的影响"。这就是说，临时中央不仅否定宁都会议决定毛泽东"必要时到前方"助理军事指挥，而且又否定中革军委通令中调毛泽东回后方"中央政府主持一切工作"的决定，剥夺了他的工作权利，撂在长汀福音医院里闲了起来。

临时中央被迫于1933年年初从上海迁到中央苏区，会同苏区中央局一起全面推行王明"左"倾盲动主义"进攻路线"。对毛泽东采取既使用又批判的方针，即"对于毛泽东同志，需要最大限度的忍耐，并由同志们影响他，给他以充分的可能在中央和中央局的领导之下，担任负责的工作"。对于所谓"纯粹防御路线的拥护者"，他们采用反"罗明路线"和反邓、毛、谢、古的办法，进行残酷斗争、无情打击。

1933年6月上旬，博古在宁都主持召开中共中央局会议（也可说第二次宁都会议），总结前段工作。毛泽东出席会议，认为上次宁都会议确定红军主力北上、粉碎敌军于"进剿"合围之前的进攻任务并未实现，而红军第四次反"围剿"恰恰是在受猛力攻击的"训令"中在预定战场上取胜的，于是在会上对前次宁都会议提出批评，对自己受到不公正的对待提出申诉。但是，博古在作结论时重申前次宁都会议是正确的。这样，毛泽东有根有据的申诉被否定，仍然处在挨批的位置上，心情沉重，又一次病倒。宁都会议后，王明"左"倾盲动主义进攻路线，进一步打击坚持毛泽东的正确主张的党、政、军干部，造成了严重的后果。[3]

在被解除军职的日子里，毛泽东度过了一段受压抑的岁月。在以武装斗争为中心的革命战争年代，离开部队，不能将已经初步形成的一套独创性的战略战术贯彻下去，这对毛泽东来说是十分痛苦的。

调查研究

毛泽东被迫离开部队，到后方专做中央政府工作。他以大局为重，任劳任怨地干好组织上分配的政府工作。同时，又利用时间从事社会调查工作，写成了《才溪乡调查》《长冈乡调查》等调查报告。这些调查，使他对中国社会问题有了最基础的认识，得到了"很多闻所未闻的知识"。

吴吉清回忆说：

为了把马克思列宁主义和中国革命的具体实践相结合，为了有力地抵制和批判"左"倾机会主义路线的错误，为了支援战争，发展生产，主席[4]在第四次反"围剿"胜利后，就来到上杭才溪乡，开始了调查研究工作。当时，群众的生产热情非常高涨，主席每到一个村庄，都住在贫雇农家里，和群众同吃同住。并且天天都是黎明即起，带着我们下地去帮助群众生产，从来不允许村苏维埃政府对他的生活有一点特殊照顾。他的调查研究工作，大都是利用饭前饭后、地头田畔休息时间来做。因此每当收工回来，还没等主席放下饭碗，就有好多老表来找主席聊天。特别是那些老年人，他们和主席谈得实在是心投意合，每天夜里守着一盏油灯，一说起来就是半夜。他们在背地里都夸奖毛主席对人谦虚，劳动是一把能手。

夸奖主席对人谦虚，是因为主席在调查研究工作中非常善问。这一点，给了地方干部和群众特别深刻的印象。他们都说："主席问的事情真多、真详细啊！"其实，善问、多问是主席一贯的工作作风，他在任何一件事情上，都再三再四地强调"没有调查就没有发言权"。其他工作是如此，调查研究工作更是如此。就以才溪乡的情况来说，主席每到一个村庄，都必先访问干部、访问群众。而且在问干部、问群众时，一问不明再问，追根究底地问，直到把情况彻底问明为止。这种勇于向人民群众求教的谦虚态度，和那些自以为比谁都高明的主观主义者和不从实际情况出发的教条主义者，真是鲜明的对照啊！主席在一个村里，往往少则三天，多则五天，就把这个村的全部情况吃透了，同时能窥一斑而见全豹，把它提高为党的理论，制定出党的方针政策，指导中国革命。所以老表们都说："毛主席是最好问、最好学、最有学问的人！"⁽⁵⁾

陈昌奉回忆毛泽东在长汀深入调查时的情况说：

这次在长汀，主席的调查方法除了开调查会，更多的是深入到群众中间去。

有一次主席带我一个人到长汀一家斗笠合作社去（主席到群众中去调查都只带很少的人，而且不准我们带枪）。斗笠社的工人同志不认得主席，见来了几个红军在看斗笠，还以为我们是来买斗笠的，便问："红军同志要买斗笠吗？"

主席拿着一个斗笠笑眯眯地坐到正在编斗笠的工人中间（那时候作坊和买东西都在一起），问他们斗笠合作社多少人，工资怎么算，能不能够养家。工人们见主席问得仔细，又不像买斗笠的，便都围上来，问："你这位红军有事吧？"

主席笑着说："我不会编斗笠，可是想同你们商量件事，你们看行不行？"

那时候长汀生产的斗笠顶子很尖，四周打着高高的一圈竹枇子，中间隔雨的是厚厚的棕草。

主席拿着斗笠，问："你们这斗笠什么人买的多？"

工人们回答说："红军和种田的人。有钱的人都戴文明帽、打洋伞，不买这东西。"

主席点点头，说："你们看这斗笠顶这么尖，红军战士和种田人要垫在屁股底下一坐，搞不好要扎他们一下子呢！"

工人们笑了。

主席又指着斗笠边的竹枇子和中间的棕草说："这么硬的竹篾子坐下去也好不自在，这棕草是为了遮雨的吧，可是落上雨沉得很，边上的竹篾子那么高，水就流不下来。碰上雨天戴这样的斗笠走路，可就越走越重了。"

有个工人瞅着主席说："你这位红军在家打过斗笠的吧？"

主席笑着说："没有，没有。咱们商量商量，把尖顶子改成圆的，把四周的竹篾子改低一点，把中间的棕草换成油纸行不行？那样，红军战士和种田人戴起来可是轻快多了。"

工人们你看看我，我看看你，一时都说不上话来。那眼神里好像都在说："这位红军是干什么的，怎么为红军战士和种田人想得这么周到？"

我见他们都不说话，便问："你们看行不行嘛？"

主席站起来笑着对工人说："别忙，你们先试验试验看行不行，过几天我们再来看。"

主席放下斗笠走了。我回头一望，工人们都聚集在门口望着主席七嘴八舌地议论着什么。

路上，我对主席说："主席，他们这一改，红军战士可是高兴了。"

主席说："试试看。你们不是还吵着没有菜、没有盐吗，隔天我们再去找找种菜的人、卖盐的人问问看，好吗？"

"好！"我愉快地答应着。

又过了几天，主席带我们访问过菜农和卖盐的商人后，又来到了那个斗笠合作社。那里的斗笠全按主席说的那个样子改了。我拿了一个往头上一戴，好轻快！[6]

在瑞金

毛泽东被剥夺军权后，集中很大精力，指导苏区政权建设和根据地建设，积累了丰富的经验。这对他后来系统提出新民主主义革命理论有很大的帮助。毛泽东在个人处于逆境之时，也总能泰然处之，把挫折变为好事。

中共龙岩地委党史资料征集研究委员会的资料写道：

1931年到1934年，以王明为代表的"左"倾机会主义者窃据了党中央的领导权，夺了毛泽东的党权和军权，毛泽东一度受到了排挤和打击。邓小平等许多同志为捍卫毛泽东的革命路线，也遭到了排斥和打击。这期间，毛泽东始终坚持马克思列宁主义的原则立场，同王明"左"倾机会主义路线进行了坚决的斗争，胜利地领导了中央根据地的政治、经济和文化建设。

毛泽东亲自在中央工农民主政府所在地叶坪搞试点，发动和领导轰轰烈烈的查田运动。1933年6月，毛泽东召开了石城、会昌、瑞金、于都、宁都等八县查田运动大会。毛泽东患病初愈，仍然在会上作了长达10个小时的报告，强调指出：只有在党的领导之下，解决土地问题，把农村中阶级斗争的火焰烧到最大程度，才能发动广大农民群众起来参加革命斗争，建设巩固的根据地，争取革命更大的发展和胜利。这次大会既批判了包庇地主富农的右倾错误，又反对了侵犯中农利益、消灭富农的过"左"政策，从而促进了查田运动的胜利开展。同年10月，毛泽东写了《怎样分析农村阶级》一文，用马克思列宁主义的阶级分析方法，提供了科学划分农村阶级成分的标准，进一步纠正了王明"左"倾机会主义者在划分农村阶级成分问题上的错误，指导了土地革命的深入发展。

......

王明一伙在根据地建设方面，推行了一条极其错误的"左"倾机会主义路线。他们只要战争，不要经济建设；谁谈经济建设，就给谁扣上"右倾"的帽子。针对王明的错误路线，毛泽东于1933年8月和1934年1月，先后发表了《必须注意经济工作》和《我们的经济政策》两篇光辉著作，阐明了根据地经济建设与革命战争的辩证关系，提出了根据地经济建设的理论、路线、方针和政策。毛泽东及时总结和推广了瑞金武阳区石水乡革命和生产的经验，亲自将"春耕模范"的奖旗赠给武阳区和石水乡。毛泽东号召全体军民自力更生，艰苦奋斗，节省每一个铜板，用于战争和革命事业。毛泽东身体力行，生活非常俭朴，吃红薯，穿草鞋，穿粗布衣，和群众一起开荒种菜、熬制硝盐。由于毛泽东的正确领导，根据地内，供销合作社、消费合作社、粮食合作社、犁牛合作社、生产合作社、信用合作社等各类合作社普遍建立；兵工厂、织布厂、被服厂、草鞋厂、造纸厂、农具厂、煤炭厂等到处兴起。"春风吹来百花鲜，多少细妹学犁田，女子赛过男子汉，多打粮食上前线。""多铲草皮多开荒，粮丰林茂人畜旺；自种棉花自织布，自造枪炮熬硝盐；赤色农民总动员，支援红军把敌歼。"中央根据地蓬勃兴旺的经济建设事业，有效地打破了敌人的经济封锁，支援了持久的革命战争，改善了群众生活，对革命政权的巩固和发展起了重大的作用。

中央工农民主政府领导经济建设的同时，又兴办了各种文化教育事业。瑞金开办了红军大学、苏维埃大学等十几所高等和中等专业学校，其他各地也普遍开办了列宁小学、农民夜校和识字班，用一切办法提高工农群众的政治文化水平，培养出大批领导干部和各种建设人才。中央根据地的文艺、新闻、体育、卫生等事业，也有很快的发展。

......

1933年11月，毛泽东又长途跋涉来到兴国长冈乡，和干部、群众促膝谈心，总结经验，写出了《长冈乡调查》。毛泽东亲自作农村调查的光辉实践和他在这期间所写的著作，是对王明大搞唯心主义、形而上学的有力批判，也是对全党的一次思想和政治路线教育。在瑞金召开的第二次全国工农代表大会上，毛泽东把长冈乡等调查报告发给到会的全体代表，称赞兴国县广大干部创造了第一等的工作，授予长冈乡模范奖旗，并号召要造成几千个长冈乡、几十个兴国县，把革命发展到全国去。在会上，毛泽东作了《关心群众生活，注意工作方法》的总结报告。毛泽东把经济建设和关心群众生活同革命战争有机地结合起来，教育广大干部关心群众的切身利益，把群众团结在党的周围，动员群众参加革命战争，形成真正的铜墙铁壁，巩固和发展革命根据地。

毛泽东始终和人民群众心连心。在中央革命根据地，毛泽东经常为老太婆穿针引线，帮烈军属挑水劈柴、莳田割禾，和群众一道车水抗旱、整地种菜。毛泽东率领沙洲坝人民开挖水井，指示乡干部把坏了的樟树塘小桥修好，亲自把自己身穿的棉衣脱下来，披在站岗放哨的儿童团员身上。广大干部以毛泽东为光辉榜样，处处以党和人民的利益为重，时刻关心人民群众的利益，深受人民群众的爱戴。群众赞扬说："红区干部好作风，自带干粮去办公，日着草鞋干革命，夜走山路访贫农。"

1933年9月，蒋介石以100万军队向中央苏区发起第五次"围剿"。在李德、博古等人的指挥下，红军采取"御敌于国门之外"的被动战法，战况日益吃紧。毛泽东注视着前方战局，心急如焚。

毛泽东回忆说：

为了他的第五次，也就是最后一次"围剿"，蒋介石动员了将近100万人，并且采取了新的战术和战略。蒋介石根据德国顾问们的建议，在第四次"围剿"时就已经开始采用堡垒主义。在第五次"围剿"中，他就完全依赖这个了。

在这个时期，我们犯了两个重大的错误：其一是没有在1933年福建事变中同蔡廷锴的部队联合；其二是放弃了我们以前的机动战术，而采用错误的单纯防御的战术。用阵地战对付占巨大优势的南京军队，是一个严重的错误，因为红军无论在技术上还是在精神上都不善于打阵地战。

由于犯了这些错误和蒋介石在"围剿"中采用的新战略战术，加上国民党军队在数量上、技术上的压倒优势，到了1934年，红军就不得不竭力改变江西迅速恶化的处境。另外，全国的政治形势也促使我们决定将主要的活动中心转移到西北去。随着日本入侵东北和上海，苏维埃政府早在1932年4月就已经正式对日宣战。但由于国民党军队对苏维埃中国的封锁包围，这一宣战自然没法生效。接着，苏维埃政府又发表宣言，号召全国所有的武装力量组成统一战线，抵抗日本帝国主义。1933年年初，苏维埃政府宣布愿在下列基础上同任何白军合作：停止内战，停止进攻苏区和红军；保障民众的自由和民主权利；武装人民进行抗日战争。

第五次"围剿"于1933年10月开始。1934年1月，在苏维埃首都瑞金召开了第二次全国苏维埃代表大会，总结革命的成就。我在会上作了长篇报告，大会选出了中央苏维埃政府——就是现在的这批人员。不久以后，我们就准备长征了。[7]

彭德怀回忆说：

8月，红军进到离闽侯不到200里处，蒋光鼐和蔡廷锴[8]派代表陈××（名字记不起了）[9]前来试探。我们在闽西行动时，对他们是有争取也有批评。说他们抗日是对的；来闽"剿共"是错误的，也是蒋介石的阴谋——即"剿共"和消灭蒋光鼐、蔡廷锴，对蒋介石都有利。把这些意思和"八一宣言"中的三条[10]向陈谈了。陈说："他们要反蒋抗日，不反蒋就不能抗日。"我说："对！抗日必须反蒋，因为蒋执行的是'攘外必先安内'的卖国政策。只有抗日才能停止内战。"请他们吃了饭，大脸盆猪肉和鸡子，都是打土豪来的。宿了一晚。我给蒋光鼐、蔡廷锴写了信，告以反蒋抗日大计，请他们派代表到瑞金，同我们中央进行谈判。把上述情况电告中央，中央当即回电，说我们对此事还不够重视，招待也不周。我想还是重视的。招待吧，我们就是用脸盆盛菜、盛饭，用脸盆洗脚、洗脸，一直沿袭到抗美援朝回国后，才改变了这种传统做法。不久陈××到瑞金谈判，中央又说第三党[11]比国民党还坏，对民众带有更多的欺骗性。我虽然不同意他们这种关门主义的看法，但又觉得自己提不出什么理由来。这时我有一种自卑感，觉得知识分子总是有他的歪道理。如上次来电责备招待不周、不够重视吧，现在又说第三党比国民党还坏。这才是不够重视呢！他反蒋抗日对我们有什么不好呢？当时我要是读了《中国社会各阶级的分析》这本书，就会批判他们，可是那时我根本没有马克思主义的任何批判能力。我入党前，就只看过一本《共产主义ABC》，看过一本《通俗资本论》，当时我也是第6年的党员了，马克思主义列宁主义还没有摸边，多么需要革命理论武器！革命的热情嘛，自问还是有的。

在这以后一两个月，接到毛主席寄给我的一本《两个策略》，上面用铅笔写着（大意）：此书要在大革命时读过，就不会犯错误。在这以后不久，他又寄给我一本《"左派"幼稚病》（这两本书都是打漳州中学时得到的），他又在书上面写着：你看了以前送的那一本书，叫作知其一而不知其二；你看了《"左派"幼稚病》才会知道"左"与右同样有危害性。前一本我在当时还不易看懂，后一本比较易看懂些。这两本书，一直带到陕北吴起镇，我随主席先去甘泉15军团处，某同志清文件时把它们烧了，我当时真痛惜不已。[12]

吴吉清回忆说：

第五次反"围剿"开始时，主席住在沙洲坝，工作十分繁忙。因为工作忙，平时主席的电话，特别是主席不在时，就由我和班长胡昌保等同志来接。那时，主席派我们送往各地的亲笔信和机密文件也比往常多。

……

10月中旬的一天清晨，早霞刚刚退去，空气显得格外清新。我正在外面打扫院子，突然听到电话铃响，就急忙跑进房间。原来是博古给毛主席打来的电话，说他有要事商量，请主席速到中央局。接过电话后，我急忙报告了主席。

主席听说中央局有要事，就对我说："这里到中央局不远，时间也还早，我们现在就去吧！"

……

到中央局"独立房"后，主席参加了会议。开完会，我又跟着主席回到了沙洲坝。原来，中央局请主席去，是研究第二天同19路军谈判的问题。

第二天一早，等几位同行的首长一来，主席换上为他谈判专做的新衣服，骑上马，带着我们向瑞金出发了。

这次谈判进行得很顺利，只一个上午的工夫，我们苏区中央政府和红军革命军事委员会，便与国民党19路军签订了《反蒋抗日协定》。

紧接着，福建人民革命政府，于11月20日正式宣告成立了。

福建人民革命政府的成立和《反蒋抗日协定》的签订，是对国民党反对统治集团的一个很大打击。蒋介石为了镇压福建人民革命政府和19路军，在福建人民革命政府成立的第二天，就惊慌失措地派亲日分子去请日本帝国主义出兵协助，并急调"围剿"中央苏区的敌军主力从闽赣间东进，向19路军发动了进攻。

主席知道敌情的变化之后高兴极了，认为机不可失，时不再来，这是扭转整个战局的良机，要抓住它。因为，当时红军反"围剿"将近两个月，"左"倾机会主义者抛弃了前四次反"围剿"正确的游击战和运动战的战略战术，开棋第一步，在黎川不胜，就丧失了主动权。事实已经证明红军于根据地内击破"围剿"的可能性是很小的了，那么就应该使红军主力突破敌军的围攻线，转入苏区之外线即敌人之内线去击破"围剿"。

因此，主席建议红军主力乘敌东进之隙突进到以浙江为中心的苏、浙、皖、赣地区去，纵横驰骋于杭州、苏州、南京、芜湖、南昌、福州之间，将战略防御转变为战略反攻，威胁敌人的腹地，向广大无堡垒地带寻求战机。同时用这种方法，就能迫使进攻江西南部和福建西部的敌人回援其腹地，粉碎敌人向江西根据地的进攻，并援助福建人民和19路军——这种方法必定能够粉碎敌人的"围剿"，并有力地援助福建人民革命政府。

但是，王明"左"倾机会主义路线的代表者不采纳主席的建议，也不另图他策与福建人民革命政府和19路军合作，而是在所谓中间派别是中国革命"最危险的敌人"的错误论断下，调动红军在苏区内打"土围子"，消灭苏区的白点。眼看着敌人调兵去镇压19路军，而红军却按兵不动，继续在山头上挖工事、筑碉堡，搞"左"倾机会主义路线所谓"碉堡对碉堡"的错误战略，以致错失良机。并且在这以后，王明"左"倾机会主义路线通过临时中央于1934年1月召开的党的六届五中全会，在党内取得了完全的统治地位，不但依然错误地认为"中国革命危机已到了新的尖锐的阶段——直接革命形势在中国存在着"，而且实行了一系列"左"倾政策和错误主张，完全排斥了毛主席早已制定的正确的党的政治路线，违背了服务于党的政治路线的军事路线和组织路线。

那时，主席的心情很沉重。可我们这些警卫战士并不知道以毛主席为代表的正确路线同"左"倾机会主义路线斗争的具体情况，也不知道在福建事变时，主席有这样的建议。因此，我们谁也猜不透为什么主席的心情这样沉重。只觉得主席自第五次反"围剿"以来，工作异常繁忙，同时，为筹备中华苏维埃第二次全国代表大会，夜以继日地忙碌着。

1934年1月下旬，在瑞金召开了中华苏维埃第二次全国代表大会。毛主席在大会上作了两次报告，这就是有名的《我们的经济政策》和《关心群众生活，注意工作方法》。大会选举毛主席继续担任临时中央政府主席。会后，主席在沙洲坝又主持召开了财经会议，并在这次会议后，又投入了调查研究工作。

他带着我们先是在中央苏区生产模范区——瑞金县的武阳镇住了一些时候，然后来到了南线粤赣省委所在地——会昌。

那时，正是第五次反"围剿"最紧张的阶段。自从敌人打垮了19路军，于3月初向中央苏区重新合围以来，红军虽然进行过许多顽强战斗，但是，由于王明"左"倾机会主义路线的统治，红军总不免在数倍于我的敌人兵力的压迫下，丧失根据地的土地和损失红军的有生力量[13]。特别是在广昌防御战中，红军浴血奋战做出了重大牺牲后，不得不采取新的退却。到此，本应改变战略，让红军在不利条件下暂时转移，以保存有生力量，待有利条件出现时，再转入反击与进攻。可是王明"左"倾机会主义路线并没有进行这样的改变，而是从这时起，又实行了防御中的保守主义，主张"分兵把口""处处设防""堡垒对堡垒"，同敌人"拼消耗"，企图以"短促突击"的战术手段完成其战略任务。这样，王明"左"倾机会主义路线就把革命引导到完全被动和十分不利的境地了！

毛主席就是在这种情况下来到苏区南线的。虽然，当时我们并不知道主席到南线来的目的，但明显的事实告诉我们，主席是在和王明"左"倾机会主义路线进行坚持不懈的斗争。毛主席力图把党和红军从当时的处境中拯救出来，使党和红军走向正确的方向。因此，一到会昌，主席就住在粤赣省委驻地文武坝，召集了一连串的调查会议，了解和解决工作中存在的重大问题，纠正由于贯彻执行"左"倾机会主义路线而在工作中造成的偏向。特别是，当主席知道了南线掩护中央苏区后方的红军22师，在闽、粤敌军的强大压力下，被迫退出筠门岭，正在站塘的李官山召开连以上干部会议，总结筠门岭战斗时，他刻不容缓地赶到粤赣省委，给红22师首长打电话，了解部队的情况。

......

我们在李官山一住下，主席就不辞劳苦地在房东家的堂屋里，连夜请来了红22师前线部队的首长，这使我们也在招待首长们的同时，听到了前线一系列新的变化。

......

主席指示他们，对党的事业、人民的事业要忠心耿耿。为革命要不惜自己的生命，前面哪怕是刀山火海，也要闯过去。因为我们是红军战士的指挥员，战士们在看着我们。要带头认真学习，研究情况，从出现的问题中提高认识问题和解决问题的能力。要善于深入细致地总结成功的经验与失败的教训，从中明辨是非，坚持真理。这样胜利就一定会属于我们的。

接着，主席又分析了当前南线与北线的敌情，指示了红22师的行动方针。会议一直开到第二天凌晨4点钟，首长们才一个个怀着兴奋与惜别的心情，在晨光下和主席告别了。

这以后，主席在站塘的李官山又住了十来天，而后回到文武坝，了解这一带的情况和动向，指导苏区的地方工作和斗争。同时，继续调查各地区红军和游击队、赤卫队的情况。在第五次反"围剿"的严重紧张时刻，毛主席风里来、雨里去，足迹遍布苏区南线，把心血洒在人民和红军指战员的心田里。每到一处，主席的谆谆教导，就像夜空中的火把，照亮和温暖了红军及苏区人民的心。会昌一带的工作都按照毛主席的指示重新开展起来，形势一天好似一天。

不久，中央局送来急信，告知主席速回瑞金。

这时，正是1934年的6月底。第五次反"围剿"战况日益恶化，清流、连城局势危急。敌人的飞机也天天不停地在中央苏区上空乱飞，把大量的炸弹疯狂地倾泻在我们可爱的红色土地上，而王明"左"倾机会主义者对此惊慌失措，束手无策，仍然让红军"堡垒对堡垒"地硬顶，并准备调红军主力赶赴清流、连城与敌决战。〔14〕

何长工是毛泽东1934年会昌之行的见证人。

何长工回忆说：

那是1934年晚春，在一个风和日丽、百花争艳的日子里，毛泽东来到了他和朱德、陈毅等共同开创的赣南根据地会昌。

会昌，距红都瑞金不远，它是中央革命根据地的南方门户，战略地位十分重要。

毛泽东来会昌的事，我事先知道。当时我是粤赣军区司令员兼政治委员。在第五次反"围剿"中王明的"左"倾机会主义路线达到了顶峰，先后排斥了毛泽东对党和军队的正确领导，从战略部署一直到具体工作，都是"水坑里照人——

倒立着"。过去在毛泽东正确指挥下，粉碎了蒋介石对中央革命根据地发动的一、二、三次反革命"围剿"；在第四次反"围剿"中，毛泽东虽然被剥夺了发言权，但在朱德、周恩来的指挥下，仍然取得了胜利。可是，这第五次反"围剿"就不一样了，蒋介石集中了100万军队，采取"碉堡推进，步步为营"的新战略。如果我们利用敌占区抗日反蒋运动的大好形势，执行以毛泽东为代表的军事路线，还是可以取得第五次反"围剿"胜利的。然而，以王明为代表的"左"倾机会主义者反其道而行之，在敌强我弱的情况下和蒋介石兵对兵、将对将、碉堡对碉堡地拼起消耗来。这样，我军所在之处，碉堡林立，占地除禾，劳民伤财，大失人心。堡垒主义不仅没有挡住敌人的进攻，相反竟弄得鸡飞蛋打，中央革命根据地的北方门户广昌陷落，敌军分兵6路向我们进攻，形势十分紧急。在我南方战线上，"左"倾机会主义者也要这样干。正在这个节骨眼上，毛泽东来到了会昌，军民的心情是多么高兴啊！

为了毛泽东工作的方便，我和他住在一起。那时，他虽然身体不好，又处在艰难困苦的环境下，但从他的言谈和行动中却看不到一丝一毫的愁闷和不快，他总是那样情绪饱满、豪爽乐观。白天，他不是置身于群众之中，就是到粤赣省委了解情况，晚上还要找战士谈话或是伏案写作。为了中国革命事业，他不知熬过了多少个不眠之夜。

毛泽东来到会昌后，特别注意我们的反"围剿"工作。我记得，一天午饭方罢，我们陪同毛泽东在暖融融的阳光下漫步，当登上一座小山包时，毛泽东双手扳着腰，一面观赏会昌的景色，一面风趣地问我：

"长工，乌龟壳怎么没爬到会昌来？"

我立即意识到这是说筑碉堡的事。我和其他同志一起向毛泽东汇报了我们粤赣军区反"围剿"的情况。我说：

"对面敌人不同，我们当然要灵活处置，敌人没修，我们当然不修；敌人若修，我们也不修。"

听到这里，毛泽东又高兴地问道：

"为什么？"

我说："我们还是搞人民战争，家家是堡垒，户户是哨所，修那玩意儿没必要。在乌龟壳里怎么能打游击？"接着我们又分析了一下陈济棠和蒋介石的矛盾。

陈济棠原系粤军，地方军阀，曾三次反蒋。在这次"围剿"中，陈虽被蒋封为南路总司令，但在蒋一再催战的情况下，他一直觊觎韶关，采取消极态度。因为他已识破"红尘"，蒋要他进攻红军乃是"借刀杀人"，目的在于实现其"一石两鸟"的阴谋。所以陈采取"外打内通"、明打暗和的策略，并派出总参谋长黄育民等三人为谈判代表到寻邬附近找我党和谈，借以偏安广东。我党及时掌握了陈济棠这一情况，周恩来指示我们和陈济棠搞和谈，指定我为谈判代表、潘汉年为副代表。经过三天会议，确立了反蒋四项协议。蒋虽然怒斥陈"借寇自重"，但因疲于"围剿"之中，他也就无可奈何了。

毛泽东深沉的目光里闪射出满意的神采，他说："我们要吸取福建事件的教训，要利用陈、蒋矛盾，壮大我们的力量。可是我们要提高警惕，军阀毕竟是军阀，我们要听其言、观其行。"当晚，毛泽东要我跟他到战地前沿。在茫茫的夜色里，他巡视了各个战位，当看到绿油油的稻田和山林里的战士们严阵以待的情形，观察了敌方阵地上淡淡的灯光、平静的气氛以后，才放心地回到营地。

在深入调查研究的基础上，毛泽东和我们一起制订了切实可行的作战计划和部署，并且对当时的形势作了详尽的分析。他说："目前仍是敌强我弱、敌大我小，我们不能按教条主义者的先生们坐在城市楼房里设计出来的那套洋办法办，什么以碉堡对碉堡，这叫以卵击石。我们要从实际出发，不能拼消耗，要采取游击战和带游击性的运动战的打法，还要牵着敌人的鼻子兜圈子，把它肥的拖瘦、瘦的拖垮。农村是海洋，我们红军好比鱼，广大农村是我们休养生息的地方。要爱护民力，兵民一心是我们胜利的本钱。"[15]

1934年4月广昌失守后，粉碎敌人五次"围剿"的希望荡然无存。5月，中央书记处将红军主力撤离中央苏区的决定电告共产国际。不久，共产国际复电同意。

战略转移的准备工作在极少数领导人中秘密进行。为此，成立了博古、李德、周恩来组成的"三人团"，而实际大权在博古、李德手中。

1934年10月10日晚，中共中央、中革军委率中央红军主力等共8.6万余人，分别从瑞金、于都地区出发，实行战略大转移。这就是举世闻名的二万五千里长征。

长征前夕，毛泽东重病一场，拖着虚弱的身体参加了长征。

吴吉清回忆说：

8月初，红3军团第5师和红5军团第13师，在高虎垴、万年亭与逼进的敌人展开了"短促突击""节节抗击"的阵地战。敌人的兵力虽多于我守军数倍，但红军战士个个非常勇敢，杀伤了敌军三四千人。但当时由于我们严重地缺乏弹药，火力不强，致使红军的伤亡也很大，不得不撤到驿前。

这时，敌机向沙洲坝一带疯狂轰炸，中央政府和"军委"搬到瑞金以西的岩背梅坑，主席也搬到高围云石山。由于形势更加紧迫，主席要去于都。在离开高围云石山的那天，贺大姐和小毛[16]为我们送行。小毛喊道："爸爸，带我一块儿去。清清背我！"主席亲切地抱起小毛说："爸爸那边有工作，你跟妈妈在这里！"讲完亲了亲小毛，把孩子交给贺大姐，又嘱咐了几句，就带着我们出发了。

到了于都，主席继续不辞劳苦地调查，了解敌情，了解苏区红军情况。8月中下旬，敌军采用"堡垒推进"的办法发动了新的进攻，在敌机滥炸、炮火狂轰、匪兵冲击之下，先突破我红军宝峰山地区。防守在那里的红4师、红5师不得不撤离。敌人又拼命地向石城压来。红3军团只好又放弃驿前，退守到石城东北边的小松地区。石城的形势也很危急了。

主席知道这一情况后，紧锁着双眉，天天密切注视着战况变化，了解敌军调动情况。只要有从敌占区和敌人刚攻陷地区来到于都的商人、老表以及我们的同志，主席都要找他们谈谈。

在几个月前，组织上为了照顾主席的健康，派总务厅袁福清厅长和傅连暲院长来征求主席的意见，打算让陈炳辉医生来担任主席的护理工作。可是由于当时医生缺少，主席不同意。袁厅长和傅院长知道主席的脾气，也就没再坚持，只好从中央医务学校毕业生中挑选来一位医助——共青团员钟福昌同志，主席这才同意了。

9月初，在紧张繁忙的工作中，主席病倒了。得病的第二天，发高烧到41℃！这时，钟福昌同志、主席的秘书黄祖炎同志和我们警卫班的同志都急得团团转，眼看着主席一夜的时间两眼就深陷下去，嘴唇也干裂了，脸烧得通红，可就是想不出好办法。小钟虽然给主席吃过奎宁，打了针，也给主席的额头上敷着冷手巾，还是一点不见退烧。

黄祖炎让赶快给中央政府汇报，我急忙跑到粤赣省政府去，和刚搬到瑞金梅坑的苏维埃中央政府机关通了电话，向首长们报告了主席的病情。首长们一听也很着急，立即告诉我：

"你们好好照顾毛主席，这里马上派傅连暲医生尽快赶到于都给主席治疗。"

我把这话报告给主席。黄祖炎和大家都非常高兴。可是一想到路途遥远，交通不便，不知在傅院长赶来途中，主席的病情又会有什么变化。想到这儿，我们就坐立不安，一个个寸步不离地轮流守护在主席床前，看着主席茶喝不下，饭吃不进，忍受极大病痛的样子，感到焦急难过。幸好傅院长在主席病后的第三天傍晚终于骑着骡子赶到了，我们这才稍稍松了一口气。当时，我们都高兴极了，急忙迎傅院长进屋，全部希望都寄托在他的身上了。

……

让人高兴的是，傅院长来到的第二天，主席的病情就开始好转了，随着体温降低，主席睡得安稳了。我们注意观察主席的动静，以便在他醒来时送水、送药、换手巾。直到第八天拂晓，我们刚想睡一会儿的时候，听见有人慢步走到床前来，温和地说："这几天，你们都辛苦了！"

......

9月下旬的一天，吃过午饭，我和班长胡昌保正在院子里打草鞋，听见主席在叫班长和我，我们忙把稻草收拢了，就到了主席房间。主席脸色非常严肃，他左手放在桌子上，右手从桌角上拿起一封信来交给我，然后一字一句地强调说："这是一封非常重要的急信。你们两个务必于明天上午10点钟前送到中央局，交给博古。信送到后，立刻打电话告诉我。信不能耽误，你们俩现在就去粤赣省政府，找朱开铨审视员开一张特别通行证。拿到通行证后马上出发。到黄龙和小密一带时，你们要特别注意，那里有地主武装活动。出发前带好火柴和汽油，若是发现敌情的话，胡昌保掩护，吴吉清用汽油烧信。这信无论如何不能落到敌人手里。知道了吗？"

"知道了！保证完成任务！"我们俩坚决地回答道。

我和班长拿到特别通行证后，渡过于都河，向瑞金行进。于都离瑞金有180多里路。任务重，路途远，时间紧。我们俩顾不上那么多，只管往前紧赶。

......

早上7点多钟，我和班长把主席交给的这封极其重要的信件送给了博古。可是博古的态度很冷淡，只是漫不经心地接了信，也没说什么。

周副主席、朱总司令一见我们，就立刻询问主席的病情，再三指示我们一定要好好照顾主席，让主席早日恢复健康，并让我们转达他们对主席的问候。我们记住首长的指示，就打电话向主席报告，"信已于早晨7时半送到！"主席让我们在瑞金休息三五天再回于都。去打电话时，"总部"通信连指导员康克清同志见到我们，她很关心地问主席病好了没有。我们说，主席病刚好，就忙工作了。康克清同志嘱咐我们，要好好保卫毛主席。

我和班长完成任务后，从梅坑赶到云石山，去看望贺子珍同志和小毛。这时贺大姐也接到主席的信，正准备去于都。

三四天后，我俩回到毛主席身边。这时，石城、宁都、兴国又相继失守，苏区更小了，情况非常紧迫。主席严肃地告诉我们多打草鞋，多准备干粮，他自己则仔细、认真地清理着文件。一坐下来工作，就是几个小时不离桌子。

10月中旬的一天晚上，主席办公休息时，叫班长和我陪他到河边去看看。

踏着星光，主席背着手，拿着帽子，迎着吹来的阵阵秋风，慢步向西门走去。我和胡昌保班长紧跟在主席的后面。到了于都河边一看，啊呀，那么宽阔的于都河上，船连着船，架起了一座浮桥。一队队红军战士排着队向河那边开去。我和班长打听后才知道，是红3军团的同志去打新田、古陂。

主席站在河边，望着浮桥若有所思，轻声地说："红军什么时候都要靠老百姓支援哪！"他向一位红军干部问了一下搭桥的情况，然后回住处又忙工作了。

早晨，当我和班长到城边集市上采买东西时，只见河面上空空的，昨晚千军万马渡河的情景好像没发生过似的。我们问了问周围的同志，得知原来是红军渡河，为防敌人的飞机来轰炸，就在黄昏时分，几百条船从各处汇集到于都城边，连妇女、老人都来了，帮助红军抢架浮桥。当天快亮时，停止渡河，老表们又帮助红军把船只分散隐蔽起来。我忽然想起昨夜主席说的话，真是千真万确啊！就这样，经过两三个晚上，红3军团主力渡过了于都河，向西南挺进。这时，红1军团也从会昌一带向西南进军。

1934年10月16日前后，这是中国工农红军史上，也是中国革命史上难忘的时刻！就在这个时候，中央红军分别从瑞金、会昌、兴国、宁都、福建汀州等地出发。18日这天，毛主席带着我们，从于都迈开了史无前例的震撼世界的二万五千里长征的第一步。[17]

注　释

〔1〕红军夺取南丰城是在1933年2月。——原注

〔2〕《彭德怀自述》，人民出版社1981年12月版，第175—177页。

〔3〕黄允升：《宁都会议始末》，载《党的文献》1990年第2期。

〔4〕1931年11月27日，毛泽东当选为中华苏维埃共和国中央执行委员会主席。

〔5〕吴吉清：《在毛主席身边的日子里》，江西人民出版社1983年10月版，第125—126页。

〔6〕陈昌奉：《跟随毛主席长征》，解放军文艺出版社1986年9月版，第72—79页。

〔7〕埃德加·斯诺：《西行漫记》，生活·读书·新知三联书店1979年12月版，第156—157页。

〔8〕蒋光鼐，当时任国民党第19路军总指挥。蔡廷锴，当时任国民党第19路军副总指挥。——原注

〔9〕当时19路军派到红3军团来的代表是陈公培。——原注

〔10〕中华临时苏维埃政府、工农红军革命军事委员会发表为反对日本帝国主义侵入华北愿在三条件下与全国各军队共同抗日宣言，时间是1933年1月17日。——原注

〔11〕1927年汪精卫等在武汉发动"七一五"反革命政变后，邓演达等国民党左派分子在上海组织中国国民党临时行动委员会，也称第三党。他们反对蒋介石控制的国民党，同时也不赞成中国共产党。1935年，该党改名为中华民族解放行动委员会，响应中国共产党关于各党派合作抗日、共赴国难的号召，积极参加

抗日活动。1941年参加发起中国民主政团同盟。1947年改称农工民主党。1949年参加中国人民政治协商会议第一届全体会议。中华人民共和国成立后,农工民主党拥护中国共产党的领导,是参加社会主义革命和社会主义建设的民主党派之一。——原注

〔12〕《彭德怀自述》,人民出版社1981年12月版,第182—183页。

〔13〕这时王明路线统治的中央,另组临时司令部,博古为政委,共产国际派来的顾问李德实际上为总司令,指挥红军。——原注

〔14〕吴吉清:《在毛主席身边的日子里》,江西人民出版社1983年10月版,第137—156页。

〔15〕何长工:《伟大源于实践》,载《红旗》1979年第12期。

〔16〕小毛,毛泽东和贺子珍之子,长征前夕寄养在当地老乡家,后下落不明。

〔17〕吴吉清:《在毛主席身边的日子里》,江西人民出版社1983年10月版,第160—169页。

六、伟大的历史转折

力挽狂澜

1934年10月初，长征开始前夕，毛泽东在得到周恩来、朱德赞同的情况下，明确地提出了向湖南中部前进，调动江西敌人到湖南消灭之的建议。路线是将红军主力"全部集中于兴国方向突围，攻万安，渡赣江，经遂川以北的黄坳，走井冈山南麓，越过罗霄山脉中段——万洋山，迅速进入湖南境内。再攻鄢县、茶陵、攸县，在衡山附近跨过粤汉路，到有农民运动基础的白果一带休整和补充兵源。而后，再取永丰、攻兰田或宝庆。在这一地区消灭'围剿'之敌后，返回江西南部、福建西部去"。这是打破敌人第五次"围剿"的一个正确建议，可惜，"左"倾领导者拒绝了这一建议。

当长征红军开始集结转移，到达会昌地区后，考虑到蒋介石已在湘粤边境组织封锁线，毛泽东又一次提出："红军主力应取高排，渡濂江，经龙布西北，直下南康、崇义、麟潭，越过湘赣边界的诸广山，进入湖南。再攻资兴、耒阳，越过粤汉路到有工人运动基础的水口山休整和补充兵源。"周恩来也主张红军主力"向湖南中部发展"。但是，这个正确建议，"左"倾领导者又一次拒绝了。

"左"倾领导者选择的突围方向是向根据地西南，沿着赣粤边境前进，最后达到和红2、红6军团会合的目的。这个战略意图，在转移之初即被蒋介石察觉，预先作好充分的准备。照此机械执行，只会给中央红军造成更加严重的损失。力挽狂澜的重任落在毛泽东的肩上。

李维汉回忆说：

第五次反"围剿"斗争，由于博古等人推行以王明为代表的"左"倾冒险主义，使中央革命根据地的军民虽经一年的艰苦斗争，终于1934年10月失败而被迫长征。在第五次反"围剿"斗争中，在军事路线上，他们反对积极防御，实行消极防御。反"围剿"开始时，他们搞冒险主义，"御敌于国门之外"；遇到挫折后，他们搞保守主义，分兵把守，打阵地战；在被迫作战略转移时，他们又搞逃跑主义的大搬家。这是王明"左"倾错误在中央根据地的最大恶果。

当中央红军在广昌保卫战失利后，各路敌军开始向中央苏区的中心区全面进攻，形势已对我军十分不利。红军在内线破敌的可能性已经不存在的时候，1934年七八月间，博古把我找去，指着地图对我说："现在中央红军要转移了，到湘西洪江建立新的根据地。你到江西省委、粤赣省委去传达这个精神，让省委作好转移的准备，提出带走和留下的干部名单，报中央组织局。"他还说，因为要去建立新苏区，需要选择一批优秀的地方干部带走，也让省委提出名单。听了博古的话，我才知道中央红军要转移了。根据博古的嘱咐，我分别到江西省委、粤赣省委去传达。那时，江西省委书记是李富春，粤赣省委书记是刘晓。传达后我又回到瑞金。

长征的所有准备工作，不管中央的、地方的、军事的、非军事的，都是秘密进行的，只有少数领导人知道，我只知道其中的个别环节，群众一般是不知道的。当时我虽然是中央组织局局长，但对红军转移的具体计划根本不了解。第五次反"围剿"的军事情况，他们也没有告诉过我。据我所知，长征前中央政治局对这个关系革命成败的重大战略问题没有提出讨论。中央红军为什么要退出中央苏区？当前任务是什么？要到何处去？始终没有在干部和广大指战员中进行解释。这些问题虽属军事秘密，应当保密，但必要的宣传动员是应该的。

我回到瑞金后，开始进行长征的编队工作。

按照中央指示，将中央机关编成两个纵队。第1纵队，又名"红星纵队"，是首脑机关，也是总指挥部。博古、洛甫、周恩来、毛泽东、朱德、王稼祥、李德，还有其他负责同志，都编在这个纵队。邓颖超、康克清以及电台、干部团也编在这个纵队。干部团的前身是红军大学，学员都是从部队调来的连排级干部，他们都经历过多次战斗。干部团人数虽不多，但战斗力强，实际上是首脑机关的警卫部队，在长征中起过很大的作用。长征开始时，毛泽东身体不好，一直坐在担架上。王稼祥在苏区负伤，不能行走，也只好坐担架。在长征路上，他们两人经常在一块讨论问题，交换意见。那时毛泽东不管事，管事的是博古、洛甫、周恩来。第2纵队，又名"红章纵队"，由党中央机关、政府机关、后勤部队、卫生部门、总工会、青年团、担架队等组成，有1万多人。中央任命我为第2纵队司令员兼政委，邓发为副司令员兼副政委，张宗逊为参谋长。纵队的编组工作，邓发花的力量大，我花的力量小。遵义会议后，红3军团的一位团长牺牲了，张宗逊被调往红3军团任团长，第2纵队参谋长由邵式平接任。李富春是总政治部代主任，也在第2纵队。第2纵队司令部有4个女同志随军行动，他们是蔡畅、陈惠英（邓发夫人）、刘群先（博古夫人）、阿金（金维映）。司令部下面还有几个单位：一、干部团或干部连（也叫工作队），有100多人，李坚真是指导员。这个干部团不是打仗的，是做地方工作和安排伤病员的。二、干部休养队，也有100

多人，徐老（特立）、谢老（觉哉）等都在休养队。他们不担任工作，只要身体好，能随军走就行。三、警卫营（营长姚喆）。四、教导师（师长张建武），担任后卫，约5000人，是1934年红五月扩红时参加红军的新兵，才成立15天就出发了。他们虽是后卫，但没有打过仗，因为第2纵队是由别人保卫的。配属第2纵队领导的还有100多名地方干部，他们对政权建设有经验，准备去新区建立政权。中央党校的一部分学员，也编在第2纵队。此外，还有运输队，挑夫很多，任务很重。党中央机关的文件、资料之类的东西不多，但中央政府机关的东西很多。[1]

刘伯承回忆说：

开始长征时，由于"左"倾路线在军事行动中的逃跑主义错误，继续使红军受到重大损失。当时中央红军第5军团，自离开中央根据地起，长期成为掩护全军的后卫，保护着骡马、辎重，沿粤桂湘边境向西转移。全军8万多人马在山中羊肠小道行进，拥挤不堪，常常是一夜只翻一个山坳，非常疲劳。而敌人走的是大道，速度很快，我们怎么也摆脱不掉追敌。

我军经过苦战，突破敌人三道封锁线后，蒋介石急调40万大军，分成三路，前堵后追，企图消灭我军于湘江之侧。

面临敌人重兵，"左"倾路线的领导更是一筹莫展，只是命令部队硬攻硬打，企图夺路突围，把希望寄托在与2、6军团会合上。在广西全县以南湘江东岸激战达一星期，竟使用大军作甬道式的两侧掩护，虽然突破了敌人第四道封锁线，渡过湘江，却付出了惨重的代价，人员折损过半。

广大干部眼看反五次"围剿"以来，迭次失利，现在又几乎濒于绝境，与反四次"围剿"以前的情况对比之下，逐渐觉悟到这是排斥了以毛泽东为代表的正确路线、贯彻执行了错误的路线所致，部队中明显地滋长了怀疑不满和积极要求改变领导的情绪。这种情绪随着我军的失利日益显著，湘江战役达到了顶点。

这时，2、6军团为了策应中央红军，在川黔湘边界展开了强大攻势。蒋介石为了阻挡我军会师，忙调重兵堵截、追击。如果我们不放弃原来的企图，就必须与五六倍的敌人决战。但部队战斗力又空前减弱，要是仍旧采用正面直顶的笨战法，和优势的敌人打硬仗，显然就有覆没的危险。

正是在这危急关头，毛主席挽救了红军。他力主放弃会合2、6军团的企图，改向敌人力量薄弱的贵州前进，争取主动，打几个胜仗，使部队得以稍事休整。他的主张得到大部分同志的赞同。于是，部队在12月占领湖南西南边境之通道城后，立即向贵州前进，一举攻克了黎平。当时，如果不是毛主席坚决主张改变方针，所剩2万多红军的前途只有毁灭。[2]

陈昌奉回忆说：

我们通过广西的苗族区重入湖南，由湖南的通道县出发，随主席进入了对我们来说完全陌生的贵州省。

主席到贵州的第一个县城是黔东的黎平。到达黎平不久，主席便带我们到了总司令部（那时也叫军委）住的地方。我们原以为是去看看的，但到这里一看，首长们来的很多，像是要开什么重要会议的样子，而且那天一直搞到夜很深了主席才回到住处。

中央政治局黎平会议，是长征途中一次很重要的会议。那时候，王明路线的领导，在敌人前堵后追的形势下，已经是一筹莫展，只是要部队死拼硬打，把希望寄托在难以实现的夺路突围到湘西与2、6军团会师上。如果按他们的办法干下去，前景是很危险的。正是在这个关系到红军存亡的危急关头，毛主席力主放弃与2、6军团会师的计划，而改向敌人力量薄弱的贵州前进。毛主席经过多方面的耐心工作，教育、说服了自己的同志，从而挽救了红军。

这些情况当时我们并不知道，但是，主席参加黎平会议，而且会议开得时间这么长，我们警卫人员便有一些猜测。因为从"宁都会议"之后，我们感觉主席一直是在做政府方面的工作，军委这边的事似乎管得不多。为什么今天在这里待这么长时间？联系到听说这次进贵州是主席的主张，心里想的就更多了。说实在的，五次反"围剿"开始到离开江西这一段，我们心里是窝着不少火的。什么"大会战""不丧失苏区一寸一地"，到头来还不是仓仓促促地全部离开了中央革命根据地！离开江西之后就是走，走，走！我们是不怕走路的，从福建建宁千里回师到赣南，天热路远，又几乎天天急行军，大伙走得是多么带劲呀！可这一次这个走法……心里憋着气没处说，主席在这一方面对我们要求又特别严，连私下里发几句牢骚都不能让他听见。这一次主席来军委开会，而且开了这么长时间，好像有了希望，嘴上不说，心里可真是高兴！

心里有了希望，情绪也高了，劲头也大了。从黎平到剑河，从剑河到台拱，从台拱到黄平，几乎一天一个县城，翻山越岭也不觉得那么累了。待我们到达瓮安县境的时候，正好是1934年的岁末。1935年的新年来到了。离开江西中央根据地两个多月以来，一直处在敌人前堵后追空中炸的险境中，听说要在离瓮安不远的猴场过新年，心里真有说不出的高兴。

……

猴场这地方虽然不是很大，但市面很活跃。不少群众聚拢在路上好奇地望着我们打前站的同志们。

……

一切准备停当，天已经很黑了。我和小曾提上马灯高高兴兴地去接主席。到了会场，会议还在进行。

……

接近午夜了，会议才结束。我看主席在披大衣，就提着马灯迎了上去。路上，主席问我们："住的地方离这儿远吗？"

我说："不算远，有一二里地，过一条小河就到了。"

……

走了好大一会儿，走过那条小河上窄窄的木头便桥后，主席才对我们说："我们不能在这里休息，还有比过年更要紧的事情啊！"

"什么事？"我惶惑地问了一句。

"我们要争取时间突破天险，打过乌江去！"主席说到这里，拍着我和小曾的肩膀说："我们是红军。什么事情对红军来说最要紧？现在就是打仗、消灭敌人。突破乌江很重要，是一件大事。你们觉得这猴场就是个大地方了？不，大地方咱们中国多得很。乌江那边的遵义就比这里大，还有比遵义更大的。等我们突破乌江，打开遵义，在那里过年才有味道呢！"

接着，主席边走边给我们简单地讲了当时的形势：蒋介石派了薛岳、周浑元等几个纵队，紧紧地跟在我们后边，我们必须以最快的速度抢渡乌江，把敌人远远地甩开。

……

那天晚上其他首长没到主席这里来，原来说要开的庆祝会也没有开。我想起主席的话，心里明白了：首长和同志们都忙着准备过乌江呢！

第二天清晨4点多钟，主席还在工作的时候，就传来了好消息：先头部队已到达乌江。主席指示我们准备向乌江出发。[3]

1935年元旦，中共中央政治局在乌江南岸的猴场召开的会议上，作出《关于渡江后新的行动方针的决定》。决定重申黎平会议精神，提出首先在遵义为中心的黔北地区，然后向川南创建川黔边新根据地。在军事指挥上，会议改变一切由"三人团"（实际上是李德、博古）包办的局面，规定"关于作战方针以及作战时间与地点的选择，军委必须在政治局会议上作报告"。这样，就把军事的最后决定权收归政治局，为遵义会议的召开提供了组织基础。否则，在"三人团"把持一切的情况下，遵义会议便难以成功。在促成政治局作出这一决定的过程中，毛泽东的说服工作无疑起了很大作用。而在客观上，一连串的惨败，也使"三人团"的指挥难以为继，威信一落千丈。

猴场会议以后，红军以迅雷不及掩耳之势渡过乌江，1月7日进占黔北重镇遵义城。

吴吉清回忆说：

红军深入贵州，吓坏了贵州军阀王家烈、侯之担。他们立刻调集其亲信林秀生陈重兵于乌江江边，把守住乌江各个重要渡口，企图利用天险乌江把红军阻止在南岸，然后会同尾追而来的匪军薛岳纵队围歼红军于乌江畔。

乌江两岸悬崖绝岸，江水滔滔拍打江岸，急流滚滚，飞流直下。红军赶到乌江边河界河渡口时，林秀生匪徒已烧毁了南岸村子，抢掳了所有船只，逃窜江北设防去了。

情况急迫，毛主席、朱总司令、周副主席和刘伯承总参谋长亲自在前线指挥，给红军很大鼓舞。红军先遣团经过激战，打垮了北岸敌人，强渡了乌江。随后，工兵同志们排除千难万险，奋力在湍急的乌江江面上架起了浮桥。

夜幕降临了，我们跟随主席来到浮桥边，主席看看那用浮桶、毛竹架起的浮桥，看看红军大队人马正在踏过浮桥的雄壮阵容，再看看水急浪大奔腾咆哮的江水，于是脸上浮现出满意的笑容，赞叹地说：

"红军是不可战胜的！"

……

我明显地感觉到，自从红军转战贵州，尤其渡过乌江天险以来，主席的心情似乎舒畅多了。红军队伍的士气也高涨起来。广大干部也越来越清楚地认识到，只有遵循毛主席的正确领导，革命才能胜利。在井冈山，在四次反"围剿"中，已经得到证明。如今按主席的建议，转战贵州，屡战屡捷，又是有力的证明。因此，在红军广大指战员中，要求改变党和红军的最高领导的呼声，越来越高，越来越迫切。到达遵义时，这种呼声发展到了最高潮。[4]

遵义会议

1935年1月7日，中央红军进占黔北重镇遵义城。毛泽东随中共中央进驻遵义城，即着手筹备遵义会议。

毛泽东住在遵义新城黔军旅长易怀之的公馆里。为了便于交换意见，准备会议发言，他特意同最先从"左"倾错误中觉悟过来的王稼祥、张闻天住在一起。

1935年1月15日至17日，中共中央政治局扩大会议在遵义举行。这是一次具有历史转折意义的会议，在历史的紧急关头，挽救了党，挽救了革命。会议在同共产国际失去电讯联系的情况下，独立自主地解决党内重大问题，充分表现出党在政治上和组织上的成熟。会议确立以毛泽东为代表的中共中央正确领导，纠正了王明"左"倾冒险主义在军事上的错误，为日后系统清算王明"左"倾冒险主义的政治路线错误奠定了基础。

为了遵义会议的成功，毛泽东付出了巨大的精力。早在长征初期，他就开始做说服工作，使这次会议收到瓜熟蒂落、水到渠成之效。

遵义会议的参加者伍修权回忆说：

毛泽东在长征途中，利用一切可能的机会，向有关干部和红军指战员进行说服教育工作，用事实启发同志们的觉悟，使大家分清什么是正确的，什么是错误的。这一切都为遵义会议的召开创造了必要的条件，打下了思想基础。此外，客观形势也促成了遵义会议的召开。

在进遵义以前，王稼祥最早提出了召开中央政治局扩大会议（即遵义会议）的倡议。他首先找张闻天同志，谈了毛泽东的主张和自己的看法。他认为，应该撤换博古和李德，改由毛泽东来领导。张闻天也在考虑这些问题，当即支持了他的意见。接着，王稼祥又利用各种机会，找了其他一些负责同志，一一交换了意见，并取得了这些同志的支持。聂荣臻因脚伤坐担架，在行军途中听取并赞同了王稼祥的意见。周恩来和朱德等历来就尊重毛泽东，在临时中央打击排斥毛泽东时，他们也未改变对他的态度，这次也毫不犹豫地支持了王稼祥的意见。正是在此大势所趋、人心所向的形势下，再加上毛泽东、王稼祥做了大量的工作，召开遵义会议的条件已经成熟。

1935年1月上旬，红军胜利攻占黔北的重镇遵义。不久，中共中央在遵义旧城一个军阀柏辉章的公馆二层楼上，召开了中央政治局扩大会议，这就是具有伟大历史意义的遵义会议。参加这次会议的有中央政治局委员博古、周恩来、毛泽东、朱德，张闻天、陈云和刘少奇，政治局候补委员王稼祥，邓发和凯丰（即何克全），总参谋长刘伯承，总政治部代主任李富春。会议扩大到军团一级干部，有1军团长林彪、政委聂荣臻；3军团长彭德怀、政委杨尚昆；5军团政委李卓然因为战事在会议开始后才赶到；邓小平以党中央秘书长身份参加了会议。李德也被通知出席，我作为翻译，也列席了会议。会议中途，彭德怀和李卓然因为部队又发生了战斗，提前离开了。9军团长罗炳辉、政委蔡树藩因为部队没有渡过乌江，未能参加会议。

会议一般都是晚饭后开始，一直开到深夜。因为中央政治局和军委白天要处理战事和日常事务。会场设在公馆楼上一个不大的房间里，靠里面有一个带镜子的橱柜，朝外是两扇嵌着当时很时兴的彩色花玻璃的窗户，天花板中央吊着一盏旧式煤油灯，房间中间放着一张长条桌子，四周围着一些木椅、藤椅和长凳子，因为天冷夜寒，还生了炭火。会场是很简陋狭小的，然而正是在这里决定了党和红军的命运。

会议开始还是由博古主持。他坐在长条桌子中间的位置上，别的参加者也不像现在开会，有个名单座次，那时随便找个凳子坐下就是了。会议开了多次，各人的位置也就经常变动。开会以后，首先由博古作了总结第五次反"围剿"的主要报告。他也看出了当时的形势，对军事错误作了一定的检讨，但是也强调了许多客观原因，为临时中央和自己的错误作了辩护和解释。接着，由周恩来作了关于第五次反"围剿"军事问题的副报告。第三个发言的是张闻天，他作了一个反对"左"倾军事错误路线的报告，是批评博古的，因此被后人称为"反报告"。

之后，毛泽东作了重要发言。像通常一样，他总是慢慢地先听听人家的意见怎么样，等他一发言就几乎是带结论性的了。他讲了一个多小时，同别人的发言比起来，算是长篇大论了。他发言的主要内容是说当前首先要解决军事问题，批判了"左"倾冒险主义的"消极防御"方针和它在各个方面的表现，如防御时的保守主义、进攻时的冒险主义和转移时的逃跑主义。他还尖锐地批评了李德的错误军事指挥，只知道纸上谈兵，不考虑战士要走路，也要吃饭，也要睡觉，也不问走的是山地、平原还是河道，只知道在略图上一画，限定时间打，当然打不好。又用一、二、三、四次反"围剿"胜利的事实，批驳了用敌强我弱的客观原因为第五次反"围剿"失败作辩护的观点。他指出，正是在军事上执行了"左"倾冒险主义的错误主张，才导致了第五次反"围剿"的失败，造成了红军在长征中的重大牺牲。毛泽东的发言反映了大家的共同想法和正确意见，受到与会绝大多数同志的热烈拥护。

紧接着发言的是王稼祥。他旗帜鲜明地支持毛泽东的意见，严厉地批判了李德和博古在军事上的错误，拥护由毛泽东来指挥红军。朱德接着也表示了明确态度，支持毛泽东的意见。朱德历来谦逊稳重，这次发言时，却声色俱厉地追究临时中央领导的错误，谴责他们排斥了毛泽东，依靠外国人李德，弄得丢掉根据地，牺牲了多少同志！他说："如果继续这样的领导，我们就不能再跟着走下去！"周恩来在发言中也坚决支持毛泽东对"左"倾军事错误的批判，全力推举毛泽东参加中央核心领导。他指出，只有改变错误的领导，红军才有希望，革命才能成功。他的发言和倡议得到了与会绝大多数同志的积极支持。

会上的其他发言，我印象比较深的是李富春和聂荣臻。他们对李德那一套很不满，对"左"倾军事错误的批判很严厉。彭德怀的发言也很激烈，他们都是积极支持毛泽东的正确意见的。其他同志也大都支持毛泽东的意见。

林彪本来是支持李德那一套的，会上被批判的"短促突击"等，也是林彪所热心鼓吹的。1934年6月，他还写了《论短促突击》的文章，推销李德的那一套，行动上他更是积极执行王明在军事上的"左"倾错误主张。会议上虽然没有指名道姓地批判他，但是在第五次反"围剿"的"左"倾错误中，他确是一员干将。他在会上实际上也处于被批判的地位，所以基本是一言不发。聂荣臻长期与他共事，对他早就有所认识，那时就看出了他的毛病。

会上被直接批判的是博古，批判博古实际上就是批判李德。因此，会议一开始，李德的处境就很狼狈。当时，别人大都是围着长桌子坐，他却坐在会议室的门口，完全是处在被告的地位上。我也坐在他旁边，别人发言时，我一边听一边翻译给李德听。他一边听一边不断地抽烟，垂头丧气，神情十分沮丧。由于每天会议的时间都很长，前半段会我精神还好，发言的内容就翻译得详细些，后半段会议时精力不济了，时间也紧迫，翻译就简单些。会议过程中，李德也曾为自己及王明在军事上的"左"倾教条主义错误辩护，不承认自己的错误，把责任推到客观原因和临时中央身上。不过这时他已经理不直、气不壮了。事后有人说他在会上发脾气，把烤火盆都踢翻了，把桌子也推翻了，这我没见到。当时会议的气氛虽然很严肃，斗争很激烈，但是发言还是说理的。李德本人也意识到已是"无可奈何花落去"，只得硬着头皮听取大家对他的批判发言。

会议前后共开了三四次，开会的具体日期，我印象是在1月15日左右。遵义会议决议上印的日期是1月8日，我看不准确，可能是1月18日之误。因为1月8日部队刚进遵义，还没来得及召开会议，决议不会那么早就作出来。

会议的后期，委托张闻天起草了《中央关于反对敌人五次"围剿"的总结决议》，即遵义会议决议。《决议》指出，博古和李德（用华夫代名）等人"在反对五次'围剿'战争中，以单纯防御路线（或专守防御）代替了决战防御，以阵地战、堡垒战代替了运动战，并以所谓'短促突击'的战术原则来支持这种单纯防御的战略路线。这就使敌人持久战与堡垒主义的战略战术达到了目的。使我们的主力红军受到一部分的损失，并离开了中央苏区根据地。应该指出，这一路线，同我们红军取得胜利的战略战术的基本原则是完全相反的"。《决议》还就博古、李德等在组织路线、领导作风上及利用敌人内部冲突等问题，一一作了结论。这个《决议》由中央正式通过了。

遵义会议集中全力解决当时具有决定意义的军事问题和组织问题，改组了党和军队的领导，推举毛泽东同志为政治局常委。会后解除了博古的总书记职务和李德的军事顾问职务，选举张闻天为总书记。接着，又在随后的战斗行军中，成立了以毛泽东为首，有周恩来、王稼祥参加的三人军事指挥小组，作为最高统帅部，负责指挥全军行动。全党信服毛泽东同志，把当时最有决定意义的、关系到我党我军生死存亡的军事指挥大权托付给他，从而开始确立毛泽东在红军和党中央的领导地位。这是遵义会议的最大成就，是中国党内最有历史意义的伟大转折。

遵义会议的成功，表现出了毛泽东杰出的领导才能与政治智慧。他在会议上只批判临时中央在军事问题上的错误，没有提政治问题上的错误，相反还在决议中对这个时期的政治路线说了几句肯定的话。这是毛泽东的一个英明的决策。在会议上，曾经有人提出批判和纠正六届四中全会以来的政治错误，毛泽东明智地制止了这种做法。正是这样，才团结了更多的同志，全力以赴地解决了当时最为紧迫的军事问题。会后，曾有司志问毛泽东，你早就看到王明那一套是错误的，也早在反对他，为什么当时不竖起旗帜同他们干，反而让王明的"左"倾错误统治了四年之久呢？毛泽东说，那时王明的危害尚未充分暴露，又打着共产国际的旗号，使人一时不易识破他们，在这种情况下，过早地发动斗争，就会造成党和军队的分裂，反而不利于对敌斗争。只有等到瓜熟蒂落、水到渠成时，才能提出和解决这个问题。毛泽东还注意把推行"左"倾错误的头头同仅仅执行过这一错误决定的人严格区别对待。在遵义会议上，他只集中批判博古和李德，对别的同志则进行耐心的说服帮助，争取他们转变立场。毛泽东这种对党内斗争的正确态度和处理方法，也是促成遵义会议成功的重要原因。

正由于这样，原来曾经支持过王明"左"倾错误的王稼祥、张闻天等在遵义会议这一历史转折关头，都转而支持了毛泽东。这里特别值得一提的是王稼祥。毛泽东曾说，在遵义会议上，王稼祥投的是"关键的一票"。又说，他是第一个从王明的教条小宗派中脱离出来的。周恩来也说，王稼祥在遵义会议上是有功的。张闻天也起了很好的作用。博古虽然是会上主要批判对象之一，但是他的态度也是比较端正的。他主持会议，却不利用职权压制不同意见，表现了一定的民主作风和磊落态度。会后，他又坚决服从和执行中央的决定，并严正地拒绝了别人的挑拨性意见。直到十年以后党的第七次全国代表大会上，他还作了认真的自我批评。这些都体现了一个共产党人的应有品质。[5]

聂荣臻当时是红1军团政治委员，列席了遵义会议。他回忆说：

会议召开之前，经过了紧张的酝酿。毛泽东亲自在中央领导集团中做了一些思想工作。先是王稼祥通了。前面说了，我和王稼祥一路走，一路扯。他和我的意见是一致的，坚决主张请毛泽东出来领导。他说，他参加第二次、第三次反"围剿"，两次都取得了那样大的胜利，完全是毛泽东采取诱敌深入、隐蔽部队、突然袭击、先打弱敌、后打强敌、各个击破等一系列战略战术原则指挥的结果。他赞成毛泽东出来统率部队。对博古、李德，王稼祥十分不满。用他自己当时的话来说："到时候要开会，把他们'轰'下来！"周恩来是个好参谋长，他那个时候行军时往往坐在担架上睡觉，一到宿营地，不管白天晚上，赶快处理电报。他从长期的实践中，已经认识到毛泽东的见解是正确的，也赞成毛泽东出来领导。周恩来、王稼祥他们两个人的态度对开好遵义会议起了关键的作用。

听说要开会解决路线问题，教条宗派主义者也想争取主动，积极向人们做工作。会前和会议中，凯丰（即何克全），当时的政治局候补委员、共青团书记，三番两次找我谈话，一谈就是半天，要我在会上支持博古，我坚决不同意。我后来听说，凯丰向博古汇报说，聂荣臻这个人真顽固！

会议还是开得很紧张的。除了个别同志处理作战指挥方面的事，临时告假以外，其他人一律到会。那时，我的脚还没有好，每天坐担架去。

会议的名称就叫遵义政治局扩大会议，共开了三天。出席会议的，除了政治局委员和候补委员毛泽东、周恩来、王稼祥、张闻天、朱德、刘少奇、陈云、博古、邓发、凯丰以外，还有刘伯承、李富春、彭德怀、杨尚昆、李卓然、邓小平，我和林彪也出席了会议。李德也列席了会议，伍修权给他当翻译。会议由博古主持——他既是会议的主持人，同时在路线方面又处于被审查的地位。博古在会上作了主报告——关于第五次反"围剿"的总结，他一再强调客观原因，强调不可能粉碎这次"围剿"。副报告是周恩来作的，因为他是军委主要负责人。

在会上，多数人集中批判了王明的先是"左"倾冒险主义，以后又发展为右倾保守主义，以及在长征中消极避战，只顾夺路去湘西的错误军事路线；集中批判了王明路线在中央的代理人博古的错误。这方面遵义会议的决议已经讲得很清楚……会上大多数人拥护毛泽东出来领导，只有博古、凯丰出来反对。博古后来作了检讨，但没有彻底地承认错误。凯丰甚至很狂妄地对毛泽东讲："你懂得什么马列主义？你顶多是看了些《孙子兵法》！"并且对会议表示保留意见。李德是列席的，遵义会议文件中的"华夫同志"指的就是他。他没有正式座位，坐在屋里靠门口的地方，经常一言不发，只是一个劲地抽烟，情绪十分低落。但对会上大家对他的批评，他在发言中，一概不承认自己有错误，态度十分顽固。我在会上一提起李德的瞎指挥就十分生气。他对部队一个军事哨应放在什么位置、一门迫击炮放在什么位置——这一类连我们军团指挥员一般都不过问的事，都横加干涉。我记得在会上，林彪没有发什么言。

对于今后行动方向，伯承和我在会上建议，我们打过长江去，到川西北去建立根据地，因为四川条件比贵州要好得多。依我到贵州看到的情况，这里人烟稀少，少数民族又多，我们原来在贵州又毫无工作基础，要想在这里建立根据地实在是太困难了。而在四川，一来有四方面军的川陕根据地可以接应我们；二来四川是西南首富，人烟稠密，只要我们能站稳脚跟，就可以大有作为；三来四川对外交通不便，当地军阀又长期有排外思想，蒋介石想往四川大量调兵不容易。会议接受了我们的建议。只是后来由于川军的顽强堵击，张国焘又不按中央指示，擅自放弃了川陕根据地，使敌人可以集中全力来对付我军渡江，这个设想才未能成为现实。

会议选举毛泽东为中央政治局常委。会后，在常委分工上，由张闻天代替博古负总责，主持党中央的日常工作。在行军途中，又组织了由毛泽东、周恩来、王稼祥三位同志组成的军事领导小组，负责指挥军队。

关于遵义会议的传达，由于经常处在军情紧急状态，我们只能先用电报或个别告诉等形式向团以上干部打招呼，正式传达是在二渡赤水回来，第二次攻克遵义后，在遵义由中央召集团以上干部开会传达的。会上，张闻天、周恩来都讲了话。一些过去受过王明路线打击的干部，一提起过去的错误领导和它给革命带来的损失时，就气得又捶桌子又打板凳。我给连以上干部传达，是在仁怀县一个叫什么场的镇子里，在一家地主的场院里进行的。传达的那天正下着小雨，谭政还帮我撑着伞。干部们都很集中精力听，传达了几个小时，无人走散避雨。大家都拥护毛泽东出来领导。[6]

李卓然也是遵义会议的见证人。他回忆说：

遵义会议前，我担任红5军团政治委员。当时，5军团担任长征的后卫任务，主要是保证前面中央机关的安全和阻截后面的追敌。我和董振堂同志带领红5军团，从长征开始后一直在后边打阻击战，和中央相距一两天的路程。中央用电报指挥军事行动路线，部署军事行动。

......

记得那是1935年刚过了旧历年的第三天，5军团到了贵州的桐梓一带，在那里集结待命。到达的当晚，我就接到了周恩来副主席发来的电报，要我迅速赶到遵义城去参加政治局扩大会议。我记得电报是发给我和刘少奇的。少奇当时是中央驻5军团的代表。董振堂的宿地不和我在一起，我记得他没有去参加遵义会议。我接到中央的电报，午夜过后便从桐梓出发了。当我带着两名警卫员日夜兼程赶到遵义城时，会议已经开始了。开会的两层小楼坐落在遵义城内一个比较高的山坡上，山坡下面是环城的小街道。参加会议的人都分住在小楼里。记得我是和少奇住在一间房子里。

我到遵义后，毛泽东当天就在他的卧室里接见了我。我记得很清楚，他当时正患感冒，头上裹着一条毛巾，尽管是在病中，但他仍然专注地倾听我的汇报。当我谈到部队已经怨声载道时，他笑笑说："怨声载道咯，对领导不满意啦？"我说："是的。"他又说："那你明天在会议上讲一讲，好不好？"毛泽东肯定了我反映的情况很重要，并要我在会议上发个言。

在第二天的会议上，我发了言，其他同志也讲了讲，我们的发言，实际上是对王明"左"倾错误的批判。[7]

陈昌奉回忆说：

会议期间，主席很少回穆家巷吃饭。我们把饭弄好送进会场，有时热几次，主席都没有时间吃，只是招呼我们多搞些木炭，把盆火烧旺些。他几乎每天都是凌晨两三点钟才回穆家巷。有时回到穆家巷天就亮了，主席也不休息，而是披着大衣站在屋外宽宽的走廊上，眺望着远处红花冈上冉冉升起的红日……

我们当时虽然不知道会议的内容，但不少迹象告诉我们，这次会议是很重要的。那时候天气冷，我们警卫人员大都依在会议室外的长廊上休息。参加会议的人讲话的声音有时很高，有时很低，有的人像吵架一样大叫，但当主席讲话后，又都静了下来……我们还深深感到全军上下都在关心着这次会议。那些天，很多认识我们的干部一碰到我们便问："小鬼，会议开得怎么样？毛主席怎么说的？"有的说："怎么？那么好的根据地都让他们搞丢了，他们还不服输吗？"这些话的内涵，我们当时不太明白，但全军上下关心着这次会议的心情，我们是感觉到了。[8]

遵义会议决议形成的时间，一直是不解之谜，最早是1935年1月8日说，后来又定为1月17日（或18日）。据中央档案馆殷子贤、史纪辛考证，较为可信的说法应为2月8日。

他们在《〈中共中央关于反对敌人五次"围剿"的总结决议〉时间考证》一文中说：

《中共中央关于反对敌人五次"围剿"的总结决议》（以下简称《决议》）收入《遵义会议文献》（人民出版社1985年1月版）中的通过时间为1935年1月17日；收入《六大以来》（人民出版社1981年2月版）中的通过时间为1935年1月8日。《中共党史大事年表》则称，《决议》是在遵义会议上通过的。

1984年9月，中共中央党史资料征集委员会《关于遵义政治局扩大会议若干情况的调查报告》确定：遵义会议召开时间为1935年1月15日至17日。陈云的《遵义政治局扩大会议传达提纲》中说："扩大会最后作了下列的决定：……（二）指定洛甫同志起草决议，委任常委审查后，发到支部中去讨论。"这说明，《决议》是遵义会议后由张闻天起草的，它的成文时间只能在1月17日以后。1月8日和1月17日以及遵义会议通过之说是不能成立的。

那么，《决议》究竟是何时何地在什么会议上通过的呢？我们对此进行了调查研究。在中央档案馆馆藏档案中，我们发现了一份印有"1935年2月8日政治局会议通过"和"2月16日印"的《决议》油印稿。经研究，我们初步判定这个时间是准确的，其依据是：

一、据档案记载，1935年2月上旬曾召开过政治局会议，作过若干重要决定，具有通过《决议》的可能性。陈云的《遵义政治局扩大会议传达提纲》中记载："在由遵义出发到威信的行军中，常委分工上，决定以洛甫同志代替博古同志负总的责任。"据中央征委会的调查报告，这一决定是1935年2月5日前后作出的。1935年2月5日中央书记处在给项英转中央分局的电报中说："政治局及军委讨论了中区的问题。"1935年2月7日19时中革军委在给各军团的电报中说："根据目前情况，我野战军原定渡河计划已不可能实现，现党中央及军委决定，我野战军应以川、滇边境为发展地区。"

二、《决议》反映了1935年2月7日党中央及军委重要决定的内容，因而必然通过于2月7日之后。《决议》中说："中央红军在云、贵、川三省广大地区中创造出新的苏区根据地。"这一说法来源于中央2月7日的决定。同时，由于它对遵义会议确定的渡江北上的战略方针作了重大改变，所以它不可能是遵义会议通过的。

三、据《红军长征日记》（档案出版社1986年版）记载，1935年2月10日中央军委在扎西召开营、科长以上干部会议，由张闻天传达《决议》，因此《决议》又必然通过于2月10日之前。

四、从纸张、油墨等文件制成材料上看，印有"1935年2月8日政治局会议通过"和"2月16日印"的《决议》版本与同期的手稿文件基本一致，而且与中央1935年2月8日发布的《告红色指战员》油印稿的刻写笔迹出自同一人之手。档案鉴定人员认为，这一版本确是1935年印制的文件正本，是目前发现的《决议》最早的、最可靠的版本。

综上所述，我们认为《决议》的成文经过大致如下：遵义会议后，张闻天遵照会议决定，在1935年2月7日至2月8日间完成了《决议》的起草工作，2月8日中央政治局在云南扎西附近召开会议，正式通过了《决议》。

那么，"1月8日通过""1月17日通过"和"遵义会议通过"的说法又是如何产生的呢？我们的看法是：

一、档案中保存有写有"1935年1月8日政治局会议通过"的《决议》版本，没有写印制时间，但是从纸张等制成材料判断，其印制时间要晚于前面提到的那个版本，有的甚至是到陕北以后才印制的。其时间的错误可能是由于翻印刻写中的笔误造成的。而《六大以来》一书恰恰选用了这个时间有误的版本。

二、"1月17日通过"的说法没有文献档案依据，其编者在注释中已说明这个时间是推论而来的。"遵义会议通过"的说法也是如此产生的。[9]

在《遵义会议文献》一书中，还收录了《毛泽东有关遵义会议的部分论述》（1945年5月—1964年3月）。现录于后：

三次"左"倾机会主义路线都是在十年内战时期产生的。……第三次是王明路线，时间最长，统治全党达四年之久。这条路线是共产国际制造的。当时，王明发展了李立三的错误，在军事、政治、组织等一系列问题上，坚持错误的冒险主义，结果把南方根据地丢掉了，只好两条腿走路。1.25万公里的长征是光荣的，但实际上是由于犯了路线错误，被敌人追赶得不得不走的。

（1961年6月21日同外宾的谈话）

在长征途中的遵义会议上，才开始批评这些错误[10]，改变路线，领导机构才独立考虑自己的问题。我们采取的方针，是帮助犯错误的同志改正错误。采取帮助的态度，所以我们团结了党的绝大多数。除个别的人跑到敌人那里去之外，另有个别的人死不承认错误，如王明。

（1963年4月17日同外宾的谈话）

大家学习党史，学习路线，知道中国共产党历史上有两个重要关键的会议。一次是1935年1月的遵义会议，一次是1938年的六中全会。

遵义会议是一个关键，对中国革命的影响非常之大。但是，大家要知道，如果没有洛甫、王稼祥两个同志从第三次"左"倾路线分化出来，就不可能开好遵义会议。同志们把好的账放在我的名下，但绝不能忘记他们两个人。当然，遵义会议参加者还有别的好多同志，酝酿也很久，没有那些同志参加赞成，光他们两个人也不行；但是，他们两个人是从第三次"左"倾路线分化出来的，作用很大。从长征一开始，王稼祥同志就开始反对第三次"左"倾路线了。

遵义会议以后，中央的领导路线是正确的，但中间也遭过波折。抗战初期，十二月会议[11]就是一次波折。十二月会议的情形，如果继续下去，那将怎么样呢？有人说他奉共产国际命令回国，国内搞得不好，需要有一个新的方针。所谓新的方针，主要是在两个问题上，就是统一战线问题和战争问题。在统一战线问题上，是要独立自主还是不要或减弱独立自主？在战争问题上，是独立自主的山地游击战还是运动战？六中全会是决定中国之命运的。六中全会以前虽然有些著作，如《论持久战》，但是如果没有共产国际指示，六中全会还是很难解决问题的。共产国际指示就是王稼祥同志从苏联养病回国带回来的，由王稼祥同志传达的。

（1945年6月10日在七大关于选举问题的讲话）

我们在10个年头之内——从1935年1月的遵义会议到1945年5月现在的七次大会，中央是一种什么样的状况呢？中央主要的成分，是四中全会选举的、五中全会选举的，不是六次大会选的；六次大会选的现在只剩下4个。25个人[12]里头，绝大多数是四中全会、五中全会选的，就是翻筋斗的两次会[13]选的。我们和这样一个中央里面的这些同志一道共事；恰恰在这10年中，筋斗翻得少了一点，乱子闹得少了一点，我们的工作还算有进步。这一条经验是不是很重要的经验？是一条很重要的经验。1935年1月遵义会议，就是积极领导或拥护四中全会的一部分人，也就是在第三次"左"倾路线中犯过路线错误的一部分人，出来和其他同志一道反对第三次"左"倾路线。现在大家把这个账挂在我身上。我声明一下，没有这些同志以及其他很多同志——反"左"倾路线的一切同志，包括犯过第三次"左"倾路线错误的一些很重要的同志，没有他们的赞助，遵义会议的成功是不可能的。

（1945年5月24日在七大关于选举问题的讲话）

为什么我们过去虽然犯了许多错误，把南方的根据地统统失掉，被迫举行

1.25万公里的长征，但是没有被消灭掉，保存了一部分力量，继续搞革命，最后取得胜利呢？有两个方面的原因：一个是封建剥削、帝国主义剥削很厉害，这是客观原因，是经常存在的；另一个是主观原因，就是要是不克服1934年以前那种在党内占统治地位、把革命引向失败的教条主义的话，我们的革命早就垮台了。经过遵义会议，我们改变了错误的路线。终于我们这些人从少数变成了多数，党没有发生分裂。张国焘搞分裂，另外成立了一个中央委员会，当时就有了两个中央委员会，但我们终于还是克服了张国焘路线。红军原来有30万人，经过万里长征，剩下不到3万人，不足1/10。党员最初也有30万左右，经过长征，只剩下几万。但是，这时我们不是更弱而是更强了，因为我们取得了经验教训，我们的路线比较正确了。我们总结了1927年犯右倾机会主义错误遭受失败的经验，也总结了1934年前几年间三次"左"倾路线把革命引向挫折、不得不举行万里长征的经验。挫折、失败也有好的一面：教育了我们总结历史经验。

（1963年3月6日同外宾的谈话）

在长征路上，我们开始克服王明"左"倾路线。1935年1月在贵州遵义开会，但未完全解决问题。抗日初期又出现了王明路线，但这次是右的。之后我们用了三年半时间进行整风运动，研究党的历史，学习两条路线，终于说服了犯过错误的同志，然后才能在1945年召开的七次大会上团结了全党。一些犯过错误的同志，仍被选为中央委员。这些同志大多数改好了。只有王明，虽然现在还是中央委员，但是不承认错误。他现在住在莫斯科。

（1961年6月21日同外宾的谈话）

从遵义会议到六中全会，这时第三次"左"倾路线已被清算，但没有彻底。凡是一个东西不搞彻底，就总是不能最后解决问题，因此又出了一些乱子。从六中全会到七大这个时期彻底地清算了。

（1945年5月24日在七大关于选举问题的讲话）

有先生有好处，也有坏处。不要先生，自己读书，自己写字，自己想问题。这也是一条真理。我们过去就是由先生抓着手学写字。从1921年党成立到1935年，我们就是吃了先生的亏。纲领由先生起草，中央全会的决议也由先生起草，特别是1931年的，使我们遭到了很大的损失。从那之后，我们就懂得要自己想问题。我们认识中国，花了几十年时间。中国人不懂中国情况，这怎么行！真正懂得独立自主是从遵义会议开始的。这次会议批判了教条主义。教条主义者说苏联一切都对，不同中国的实际相结合。

（1963年9月3日同外宾的谈话）

我们得到一条经验，任何一个党的纲领或文件，只能由本国党来决定，不能由外国党决定。

我们在这个问题上吃过亏。我们为什么走了2.5万里，军队由30万人变成2.5万人，南方根据地全部丧失，白区的党几乎损失百分之百？这就是由于王明路线。1931年我们党的四中全会决议，就是共产国际给我们起草的，并强加于我们。这个决议也是从俄文翻译过来的。之后我们独立自主。在长征路上，我们批判了"左"倾冒险主义。从那时起，即从1935年1月起到1945年的10年中，我们进行过整风，用说服的方法把全党团结起来。我们的军队又由2.5万人发展到120万人，根据地的人口有1000万。

（1964年3月23日同外宾的谈话）

我们是用马克思列宁主义普遍真理结合本国现实情况的。这一点，我想是适用于一切国家的。你们也是一样，马克思列宁主义的普遍真理必须同你们国家的具体情况相结合。我们犯过教条主义的错误。结果，南方的根据地全部丢失，经过万里长征，30万军队剩下不到3万人。这是不根据本国情况，机械搬用别国经验的结果。之后，我们接受了教训。从1935年起，开始总结经验，在抗日战争初期又认真地总结了一次经验，制定出一套适合中国情况的总路线——军事的、政治的、经济的、文化的路线。有了总路线，还要有一整套具体政策，没有具体政策，是不能成功的。具体政策要经过实践才能使我们取得成功的和失败的经验。没有成功和失败的经验，是不能取得真正的经验的。

（1962年9月30日同外宾的谈话）[14]

四渡赤水出奇兵

四渡赤水战役，是遵义会议之后，毛泽东亲自指挥的一个决定性战役。毛泽东一反"左"倾领导者军事指挥上的死板做法，以自己特有的远大战略眼光，一切从实际出发，灵活地指挥3万余人的红军，与10倍于自己的敌人周旋。东西驰骋千里，南北往返数次；忽南忽北，声东击西，调动敌人；妙趣横生，生龙活虎，矫若游龙，屡用奇兵，震撼敌军；终于使我军从被动转化为主动，摆脱了数十万敌军的围追堵截，取得了长征以来的第一个伟大胜利。

1936年，毛泽东向斯诺讲述了四渡赤水的全部经过。下面是斯诺的转述。应当说明的是，其中也采用了一些别人提供的具体材料，还夹着斯诺本人的评论，但基本内容还是根据毛泽东的叙述。

蒋介石预计红军会试图渡过长江进入四川，于是从湖北、安徽和江西抽调了数以万计的军队，急急忙忙地把他们向西运送，想从北面来切断红军的进路。所有的渡口都用重兵把守，一切渡船都被拖到长江北岸去，所有的道路都被封锁起来，大片地区的粮食被搜刮一空。成千上万的南京军队源源开进贵州，增援军阀王家烈的抽鸦片的地方部队（这支军队最后几乎被红军打得土崩瓦解）。还有一些军队被派到云南边境，在那里设置障碍。因此红军在贵州遇上了由几十万军队组成的"接待委员会"，一路上处处受到堵截。这使红军有必要在川、黔、滇进行两次大规模的回旋行军和一次环绕贵州省会的大迂回。

在川、黔、滇的运动用了4个月的时间。在这段时间里，红军摧毁了敌人5个师，攻占了贵州省军阀王家烈的司令部，占了他在遵义的洋式宫殿，补充了约2万兵员，到过该省大部分城镇，到处召开群众大会，并在青年中培养共产党干部。这时他们的损失是比较小的，但是他们仍然面临着如何渡过长江的问题。蒋介石通过迅速地把军队集中在川、黔边境上，已经巧妙地堵住了直通长江的近路。此时他把消灭红军的主要希望寄托在阻止红军在任何地点渡江，指望把红军逼到边远的西南地区或者西藏的荒野里去。他打电报给他的各级司令官们和各省军阀们说："党国命运系于围歼赤党于长江以南。"

1935年5月初，红军突然掉头往南，进入云南，这是中国同缅甸和印度接壤的地方。红军经过四天速度惊人的行军，出现在离省会昆明不到30里的地方，军阀龙云慌忙把所有能调动的军队集结起来进行防卫。这时候，蒋的增援部队尾随红军从贵州进入云南。耽在昆明的蒋介石本人和宋美龄却慌慌张张地从滇越铁路逃跑了。一大队南京轰炸机天天在红军头上下蛋，但红军仍不断前进。可是不久，惊慌消失了。人们发现红军挺进昆明只是一种少数部队所进行的佯攻。红军主力正在向西推进，显然是打算在龙街渡渡江——这里是长江上游很少几个通航点之一。

在高山纵横的云南境内，长江流经巨大的峡谷，水深流急，有些地方两边悬崖夹峙，长达1英里以上，峻峭的岩壁几乎垂直地矗立在两岸。那很少数的几个渡口，早已被政府军队全部占领。蒋介石这时很得意。他下令把所有的船只拖到长江北岸去烧掉。接着，他调动他自己的和龙云的军队，对红军展开包抄行动，指望在这条历史上有名的波涛汹涌的江边，一下子把红军永远消灭掉。

红军似乎没有意识到自己的命运似的，继续分三路朝着龙街渡飞速西进。那里的船只都早已被烧毁，南京的飞机驾驶员报告说，红军一支先头部队已经开始搭竹桥了。蒋变得更加放心了，因为搭桥需要好几个星期的时间。但是，有一天晚上，一个营的红军突然不声不响地掉转了它的方向。在一次神速的急行军中，他们一昼夜走了85英里，傍晚来到了皎平渡——附近唯一可能过江的另一个渡口。这一营红军穿着缴获的南京军服，在黄昏时候没有引起人们的注意，就进入这个地方，并且悄悄地解除了守军的武装。

船只已经被撤到北岸，可是没有被毁掉。（国民党军可能是这样想的：为什么要糟蹋船只呢？红军还在好几百里以外，而且根本没有向这里来呀！）可是怎样才能把一条船搞到南岸来呢？天黑以后，红军带着村长来到河边，要他向对岸的卫兵喊话，说来了一些政府军队，需要一只船。对岸没有起疑，就把一只船放了过来。一小队这种"南京"士兵挤进船里，很快就登上北岸——终于到了四川了。他们很镇静地走进哨所，发现守军正在安闲无事地打麻将，他们的枪支安然地靠墙放着。当红军命令他们举起双手并缴了他们的武器的时候，他们只是瞪着眼睛，张口发愣。过了很久，他们还明白不过来，为什么成了他们以为还远在至少三天路程以外的"赤匪"的俘虏。

同时，红军主力进行了一次大规模的回旋行军，到了第二天中午，先头部队到达这个渡口。现在，渡河是一件简单的事了。6只大船川流不息地忙了9天，整个红军没有损失一人就进入了四川。运送工作一完成，红军就立即把船只毁掉，然后躺下睡觉。两天以后，蒋军到达河边时，红军的后卫部队乐呵呵地从北岸招呼他们过河，说游泳可舒服呢。蒋介石军队不得不绕道200多英里到最近的一个渡口去，这样红军就把他们甩在后面了。蒋介石大动肝火，飞到四川，在那里集结了新的军队，来阻拦前进的红军队伍，指望能在另一条处于战略地位的河流——大渡河边把他们截住。

渡大渡河是长征途中最关键的事件。如果红军在那里失败了，就很可能被消灭。这种命运，在历史上早有先例。在遥远的大渡河两岸，"三国"时代的英雄们和后来的许多武士遭到了失败；19世纪时，太平天国的最后一支叛军——翼王石达开统率的10万大军，就在这些峡谷里被曾国藩指挥的清朝军队包围和全歼。蒋介石现在打电报给他在四川的同盟者军阀刘湘和刘文辉以及指挥政府追击部队的他自己的将领们，勉励他们重演太平天国时候的历史。他满以为，红军在这里将会不可避免地遭到毁灭。

但是红军也知道石达开的故事，知道石达开失败的主要原因是致命的延误时机。翼王石达开到达大渡河岸以后，曾经停留了三天来庆祝他的儿子——一位王子诞生。这几天的休息使他的敌人有机会集中兵力对付他，在他后面快速行军，切断了他的退路。等到翼王发觉自己的错误，已经太晚了。他试图冲破敌人的包围，但在这种狭窄的峡谷地带没法实施机动，结果他被敌人从地球上抹掉了。

红军决心不重犯他的错误。他们迅速地从金沙江北上，深入四川，不久就进入好战的土著部落的地区——四川彝族[15]居住的地区。这些强悍的彝族人从来没有被居住在他们周围的汉人所征服和同化过，他们多少世纪以来一直占据着四川境内这个山多林密的马蹄形的地区，它的边界西挨西康，东靠长江，往南形成一个大弓形。蒋介石有信心地指望红军会在这里长期耽搁并受到削弱，使他得以在大渡河北岸集中兵力。彝族人过去一向仇恨汉人，汉人军队进入他们的境内，很少有不遭受重大损失或者不被消灭的。

但是，红军却有办法。他们已经安全地通过了贵州、云南的土著居民苗族人和瑶族人的部落地区，并且赢得了他们的友谊，甚至还从这些部落中吸收了一些兵员。这时，他们派出使者先去和彝族人谈判。他们在行军途中攻占了邻近的彝族居住地区的几个城镇，在那里发现一些被汉人地方军阀当作人质而拘禁起来的彝族头人。红军释放了他们，把他们送回去，这些人自然是称赞红军的。

在红军先遣部队里有指挥员刘伯承，他曾经在四川军阀的军队里当过军官。刘了解部落人民的情况，了解他们的内部争执和不满。他特别了解他们对汉人的仇恨，而且会说一点彝族话。他接受了同彝族人商谈缔结友好联盟的使命，进入了他们的地区，同他们的头人会谈。他说，彝族人反对军阀刘湘、刘文辉和国民党，红军也反对他们。彝族人要保持自己的独立，红军的政策是赞成中国一切少数民族实行自治。彝族人仇恨汉人，因为他们受到汉人压迫；但是汉人有"白"的和"红"的之分，一贯屠杀和压迫彝族的是"白"汉人。难道"红"汉人和彝族人民不应该团结起来反对共同的敌人"白"汉人吗？彝族人听得很有兴趣。他们机灵地要求红军为他们提供武器和弹药，以保卫他们的独立，并帮助"红"汉人打"白"汉人。使他们惊讶的是，这两样红军居然都给了他们。

结果是一条能迅速、安全并愉快地通过的道路被打开了。成百的彝族人参加了"红"汉人的队伍，挺进到大渡河攻打共同的敌人。其中有些彝族人一直走到了西北。刘伯承当着彝族大头人的面喝了一碗滴了公鸡血的酒，那个大头人也喝了，他们按照部落的仪式歃血为盟结成兄弟。红军在誓言中宣称，谁违反了盟约的条款，谁就像那只刚被宰的公鸡。

这样，红军第1军团的一个先遣师在林彪率领下到达了大渡河。在最后一天行军中，他们从彝族地区的森林里（茂密的树叶使南京的飞机驾驶员完全找不到他们的踪迹）走出来，突然来到河边的小镇安顺场，就像他们曾经出其不意地到达皎平渡一样。先遣队由彝族人带路通过狭窄的山道，悄悄地来到这座小镇，他们从高处俯视河岸，惊喜地看到三只渡船中的一只还拴在南岸！这一下他们又一次交了好运。

这是怎么一回事呢？原来对岸只有四川省的两个独裁者之一刘文辉将军的一团人。其他四川军队和南京的增援部队，还在慢条斯理地走向大渡河。当时这一团人看来是足够的。要是全部船只都停泊在北岸，只用一个班也就行了。但是那个团的团长是本地人，他很了解红军必须经过的那些地方，也了解他们穿过那些地方来到河岸需要多少时间。他告诉他的士兵说，红军还要过很多天才能到这里呢。他的妻子是安顺场本地人，他必须过河到南岸去探亲访友，同他们吃吃喝喝。结果红军出其不意地占领了这个小镇，俘虏了团长和他的船，夺得了他们到北岸去的通道。

5个连的红军，每连有16个人主动请求乘第一只船过河去把那两只船带回来。同时，红军在南岸的山坡上架起机关枪，组成掩护火力网，集中扫射对岸敌人的暴露阵地。当时是5月，山洪暴发，河流湍急，河面比长江还宽。渡船从上游出发，用了2个小时才到达小镇对岸。安顺场的村民在南岸屏气凝神地注视着，怕这些人会被消灭掉！但是别着急。他们看到过河的人几乎就在敌人的枪口下上了岸。接着他们又想这些上岸的人肯定要完蛋了。然而……红军的机枪不停地吼着。他们看到这一小队人爬上了岸，迅速地隐蔽起来，接着缓慢地攀登一座可以俯瞰敌人阵地的峭壁。在峭壁上，他们架起了自己的轻机关枪，向沿河的敌人工事发射出暴雨般的枪弹和手榴弹。

突然，白军停止了射击，从他们的工事里跑出来，退到第二道防线，接着又退到第三道防线。南岸的人大声议论起来，叫好声飘过河面传到已经夺得了渡口的那一小队人耳朵里。这时，第一只船回来了，还拖回另外两只船。第二次渡河，每只船都载80个人。敌人完全逃跑了。当天和第二天、第三天，安顺场的这三只渡船日夜来回运人，直到最后把将近一师人全部运送到了北岸。

但是，河水越流越急，摆渡变得越来越困难了。到了第三天，运一船人过河需要4个小时。按这个速度，把全军人马和给养运过河去，需要好几个星期的时间。在运送工作远没有完成以前，他们就会被敌人包围。这时第1军团已经拥进安顺场，后面是侧翼部队、辎重队和后卫部队。蒋介石的飞机已经发现了这个目标，进行猛烈的轰炸。敌军正在从东南方向赶来，其他敌军则从北面进逼。林彪急忙召开了一次军事会议。这时，朱德、毛泽东、周恩来和彭德怀已经到达河岸。他们作出了决定，并立即贯彻执行。

在安顺场以北约400里的地方，山峡高峭，两岸狭窄，水流既深且急。那里有一座有名的铁索吊桥，名叫泸定桥。这是西康以东大渡河上最后一个可能渡过的渡口。赤着脚的红军，现在沿着峡谷里一条曲折的小道向这个地点推进，他们有时往上爬几千尺，有时又向下走到涨水的河边，在齐腰的泥浆中跋涉前进。如果他们能夺取泸定桥，全军就能够进入四川中部。如果失败，他们就得从原路折回，经过彝族地区重入云南，向西打到邻近西康的丽江——这样得绕道1000英里，就没有多少人可以指望活下来。

当红军主力部队沿着西岸向北推进的时候，已经在北岸的那个红军师也在向北推进。有时他们之间的峡谷非常狭窄，两路红军可以彼此隔河呼应；但有时他们之间的间隔如此之大，以致他们担心大渡河将会把他们永远分离，于是他们就加快了步伐。夜间，当他们的长龙队形沿着峭壁蜿蜒前进的时候，他们的上万支火把射出一道道火光，斜映到挡在他们面前的黑暗而又不可捉摸的河水上。白天黑夜，这些先头部队以加倍的速度向前疾进，只停留短短的十来分钟，坐下休息和吃饭。休息时，疲惫不堪的政治工作人员就给战士们讲话，反复说明这个行动的重要性，勉励他们每个人要在当前的考验中献出最后一滴血，拿出最后一股劲儿去争取胜利。这里一丝一毫不容许松懈、疲沓，不容许半心半意。胜利则生，失败必死。

第二天，在右岸的先头部队落后了。四川的军队在路上构筑了阵地，发生了小规模的遭遇战。在西岸的部队更加坚韧不拔地向前推进。不久，对岸出现了新的部队，红军用望远镜看出那是白军增援部队，正在急忙向泸定桥赶去！两支军队沿着河岸赛跑了整整一天，可是，红军先头部队——红军的精华，逐渐把疲乏的敌军士兵甩到后面了。敌军休息的时间越来越长，次数也越来越多了，他们好像更加精疲力竭，而且他们毕竟不急于去为一座桥送死。

泸定桥是几百年前建筑的，其构造方式同中国西部深水江河上所有其他的桥一样。16条长100米左右的粗铁链横跨河面，两头埋置在两岸石砌的桥头下面用水泥胶接的大石堆里。铁链上扣着厚木板，构成通行的桥面，但在红军到达的时候，他们发现这些木板有一半给抽掉了，从岸边到河中心只剩下光溜溜的铁链。在东岸的桥头，敌人的一个机关枪阵地正对着他们，后面是由一团白军把守的阵地。这座桥当然是应该被毁掉的。但是四川人对他们极少的几座桥很有感情；重建不容易，而且又费钱。单说这座泸定桥，据说是由"十八省捐款兴建的"。而且无论如何谁能想到红军会发疯似的试图从光铁链上过河呢？可是红军却偏偏这样做了。

不容耽误，必须在敌人增援部队到达以前拿下这座桥。这一次也号召自动报名。红军战士一个个站了出来，准备牺牲自己的生命。从这些报名的人中，挑选了30人。他们把手榴弹和毛瑟枪捆在背上，用两只手交替抓住铁链，摇摇晃晃地向前移动，很快就蹿到了奔腾的河流之上。红军的机关枪嗒嗒地向着敌人的工事怒吼，子弹倾泻在桥头堡上。敌人也用机关枪回击，狙击手对着高悬在水面上逐渐向他们逼近的红军战士射击。头一个战士中了枪，掉到下面的水流里，第二个也掉下去了，接着是第三个。但是，其他战士越来越接近桥中心，那些没有被抽掉的桥板多少起到保护这些敢死队员的作用，敌人的大多数子弹从他们身边擦过去，或者打到对岸的悬崖上了。

四川人过去也许从来没有见过这样的战士——他们当兵不仅仅是为了混饭吃！他们是随时准备献出自己的生命去争取胜利的青年！这些迷信的四川人在想：他们是人吗？还是疯子或者是神呢？白军士兵本身的士气是否受到了影响？也许他们放枪不是为了打死对方吧？也许他们当中有些人还暗中祝愿这些红军达到目的吧？最后，一名红军战士从桥板上爬过去，打开一个手榴弹，十分准确地把它扔到敌人的工事里。白军军官急了，下令把残存的桥板抽掉，但已经太晚了。更多的红军战士爬到他们面前来了。敌人把煤油扔到桥板上，桥板开始燃烧起来。这时，大约有20名红军战士用双手和膝盖匍匐前进，把手榴弹一个接一个地扔进敌人的机关枪阵地。

突然，南岸的同志们开始欢呼起来。"红军万岁！革命万岁！30位大渡河英雄万岁！"这时，敌人乱成一团，正在仓皇逃跑。突击的战士们全速跑过残存的桥板，穿过烧向他们的火焰，敏捷地跳进敌人的工事，掉转敌人丢弃的机关枪，向敌人扫射。

这时，更多的红军拥到铁索上来，赶过去救火和更换桥板。没有多久，在安顺场过河的那个红军师也出现了，他们从侧面攻击残存的敌人阵地。白军一会儿就全跑了，也就是说，或者逃跑，或者投降红军；约有100名川军在这里放下武器，转而加入红军。一两个小时以后，整个红军兴高采烈地高歌迈进，跨过了大渡河，进入四川内地。蒋介石的飞机在高空中气愤而又无可奈何地咆哮着，红军则欣喜若狂地大声叫喊，向它们挑战。当共产党部队蜂拥过河时，这些飞机企图轰击铁索桥，但炸弹只不过在河里溅起了许多美丽的水花！

安顺场和泸定桥的英雄们，由于突出的英勇而被授予中国红军的最高奖章——红星奖章。后来我在宁夏见到他们之中的一些人。我对他们年岁之轻感到惊奇，因为他们全都在25岁以下。[16]

在大军渡金沙江的时候，毛泽东度过了许多不眠之夜。这给陈昌奉留下了深刻的印象。陈昌奉回忆说：

进入云南以来，主席一直同陈赓、宋任穷同志带领的干部团一起，走在部队的前面。往往是干部团的一个营在前，主席带我们在中，干部团的其他部队在后。主席与各部队的通信联络也大都是用干部团的电台。

当我们随主席到达金沙江边的时候，真有点出乎意料——这江这么大呀！真是我们突破乌江以来碰上的第一条大江。江水奔腾，激流飞泻，凶龙般地翻腾着。我们的船只很少，部队很多，又听说蒋介石已经"醒过来了"，知道我们要渡过金沙江，进入四川，所以调兵赶来，形势又有些严峻了。

但是，遵义会议以后的部队，在毛主席指挥下已经变了样子，江大船少部队多，大家虽然也很着急，但和长征开始时的情绪已经完全不同了。

毛主席一到江边，就同朱总司令、周副主席、刘伯承总参谋长一起研究渡江问题。

……

金沙江对岸的几万部队，一直过了几天几夜，主席也几天几夜没有离开那张他亲自搭起来的"办公桌"。毛主席就是在金沙江畔这样一个石洞里，这样一张"办公桌"前，指挥着英勇的红军跳出了数十万敌人围追堵截的圈子，实现了渡江北上的战略意图，取得了长征中的又一个伟大胜利！[17]

新的考验

四渡赤水再次证明，只有毛泽东的领导才能够使党和红军转危为安。但是，这个道理在当时并不是立刻就能体会得到的。

由于四渡赤水是一场运动战，实行大规模的迂回机动，难免有时要多走一些路，也不可能保证每战必胜。因此，中央红军领导层中，有的对毛泽东指挥我军取得的胜利，既不服气，也不服输。聂荣臻回忆当时的情况说："四渡赤水以后到会理期间，在中央红军领导层中，泛起一股小小的风潮，算是遵义会议后一股小小的余波。遵义会议以后，教条宗派主义者们并不服气，暗中还有不少活动。忽然流传说毛泽东同志指挥也不行了，要求撤换领导。林彪就是起来带头倡议的一个。"

鉴于这种情况，当时党中央领导同志认为，我军虽然取得了四渡赤水战役的胜利，但敌情仍然是严重的；毛泽东在全党全军的领导地位确立不久，亟须维护和加强；党和军队高级干部对战略方针的不同意见，需要进一步统一，以便团结一致，战胜强敌，克服面临的严重困难，开创革命的新局面。同时，中央红军已全部渡过金沙江，需要进一步确定新的行动方针。因此，召开一次政治局扩大会议是非常必要的。这就是会理会议。

彭德怀回忆过会理会议前后的一些情况：

军委派刘少奇来3军团任政治部主任，原主任袁国平调军委另行分配工作。在遵义会议时，毛主席向我介绍：这是刘少奇，很早加入党，中央委员。以前我不认识刘少奇，他来3军团工作，我表示欢迎。我和他谈过以下的话：现在部队的普遍情绪，是不怕打仗阵亡，就怕负伤；不怕急行军、夜行军，就怕害病掉队，这是没有根据地作战的反应。遵义会议决定在湘鄂川黔边建立根据地，大家都很高兴，但传达讨论不深入。我们曾想在打败吴奇伟军后，争取三五天休息，讨论遵义会议决议，克服对敌作战的犹豫情绪。现在部队比较疲劳，特别是打娄山关那一战。王家烈所部，是上午八九时从遵义出发的，想先占娄山关（该关离桐梓和遵义各45里）。我们11时许才接到军委告诉的上述情况和要我们相机袭占遵义的命令，即刻跑步前进。武装长途跑步，消耗体力很大，几天都没有恢复起来。我先头部队到娄山关分水线（制高点）时，王家烈部队只隔两三百米，如果他们先占领，我军处仰攻态势，就会增加伤亡和困难。那天因为我军居高临下，王家烈部战斗力也不强，我们伤亡不大，只有百人，就把敌人5个团打败了，但因正面突击，没有截断敌军退路，战缴获也不多。我还同他谈：湖南敌军战斗力也比以前弱。蒋桂战争时，湖南吴尚第8军一部投桂军，一部溃散。红军两次进攻长沙何键部，损失也不少。红军到达郴州、宜章间时，我曾向中央建议：第3军团向湘潭、宁乡挺进，威胁长沙；中央率主力迅速进占溆浦为中心的地区，发动群众准备战场；3军团尽可能在宁乡、湘潭、湘乡、益阳地区同敌周旋一个时期。博古他们未采纳，其实这个意见是可以考虑的。蒋介石部队也很疲劳，目前滇军和川军还是生力军。我军应摆脱堵、侧、追四面环敌的形势，选择有利的战机打一两个胜仗，转入主动，实现遵义会议决议，靠近二方面军，创造新根据地，就好办了。这是我和刘少奇谈话的内容。

过了两天，刘少奇加上自己的意见和别人的意见，写了一个电报给中央军委，拿给我和杨尚昆签字。我觉得与我的看法不同，没有签字，以刘、杨名义发了。

当时中央军委命令，从3军团抽调三四百人，派得力干部率领，在川、滇、黔边创新根据地，我们照办了。抽选了400余人，派师政治委员徐策率领，在军委指定地区进行游击战，创造新根据地。徐是1930年鄂东南特委组织部长，派来3军团做政治工作的。1966年3月我到珙县视察煤矿工作，就调查徐策所部下落，才知他们当年转战至五六月间，只剩数十人，被敌包围，全部壮烈牺牲，没有一人投降。

刘少奇到3军团任政治部主任时，正是蒋介石在贵阳城指挥他数十万军队欲消灭我军之时。在毛主席的英明指导下，我军采取穿插战术，从贵阳城之西北绕至城东，然后又从南向西进，摆脱敌四面包围的形势，把所有敌军抛在我军后面。我军胜利地渡过金沙江，进入会理地区，这是一个很大的胜利。我对这一段穿插、渡江是敬佩和高兴的，并没有什么"右倾动摇"。

大概是5月中旬，中央在会理召开了一次会议，名曰"会理会议"。这时有前述刘少奇和杨尚昆给中央军委的电报，又有林彪写给中央军委的一封信。林信大意是，毛、朱、周随军主持大计，请彭德怀任前敌指挥，迅速北进与四方面军会合。在会议时我看了这封信，当时也未介意，以为这就是战场指挥呗，1、3军团在战斗中早就形成了这种关系：有时1军团指挥3军团，有时3军团指挥1军团，有时就自动配合。如第二次占领遵义的第二天，打吴奇伟军的反攻，1、3军团就完全是自动配合把敌人打败的。这次，毛主席在会议上指出，林彪的信是彭德怀鼓动起来的，还有刘、杨电报，这都是对失去中央苏区不满的右倾情绪的反映。我当时听了也有些难过，但大敌当前，追敌又追近金沙江了，心想人的误会总是有的，以为林彪的信是出于好意，想把事情办好吧。我既没有同林彪谈过话，而同刘少奇谈话内容也是完全正当的，我就没有申明，等他们将来自己去申明。我采取了事久自然明的态度，但作了自我批评，说：因鲁班场和乑水两战未打好，有些烦闷，想要如何才能打好仗，才能摆脱被动局面。烦闷就是右倾。我也批评了林彪的信：遵义会议才改变领导，这时又提出改变前敌指挥是不妥当的；特别提出我，则更不适当。林彪当时也没有说他的信与我无关。

到1959年庐山会议时，毛主席又重提此事，林彪庄严申明了：那封信与彭德怀无关，他写信彭不知道。

我记得刘少奇未参加会理会议。会议决定立即北进，与四方面军会合（靠拢），建立川、陕、甘边苏区。当时我想，电报与信和我完全无关，竟落到自己头上，今后可要注意些，可是事一临头，就忘记了。

在这24年中，主席大概讲过4次，我都没有去向主席申明此事，也没有同其他任何同志谈过此事。从现在的经验教训来看，还是应当谈清楚的好，以免积累算总账；同时也可避免挑拨者利用（之后张国焘利用会理会议来进行挑拨，我说是小事情，是我的不对）。像会理会议，我没有主动向主席说清楚，是我不对。

会理会议后，张国焘分裂和反张国焘分裂的斗争又来了，我站的位置不容我有任何犹豫。[18]

会理会议后，部队继续北进。路途上虽然没有国民党军的围追堵截，但仍然充满着艰险。在化林坪（又作"花岭坪"），毛泽东遇到敌机轰炸。随后，又翻越终年积雪、人烟罕至的夹金山。但这与长征初期面临的险境已经不可同日而语。

陈昌奉回忆说：

战胜了大渡河之后，部队在花岭坪又打了一个胜仗。我们也随主席在花岭坪这个不小的镇子上住了几天。这天，又从花岭坪出发，听说要走一天，赶到前面宿营的水子地。

……

我们随主席到了一个上下10多里的山间。这里小竹子特别多，那时都长得青青的，很是旺盛。我们正走着，忽然，几架"黄膀子"敌机疯狂地向我们冲来。胡长保向我使了个眼色，自己跑到了主席的前边，我按照胡长保的意思，跟在主席的后边，同主席拉开距离继续前进。

主席那时手里拿着一本书，敌机来了，他理也不理，仍然在行进，像在思考问题，有时偶尔抬起头来看看。

我们几个人非常紧张。胡长保一直仰着脸，观察着敌机的动向。

往日的敌机总是转一阵子才投弹、扫射，今天却完全不同，冲下来没再转弯，接着就传来了刺耳的啸叫声。我立刻意识到是敌机投弹了，猛喊了一声："主席！"几乎是同时，听胡长保班长喊："陈昌奉！主席！"话虽简单，但我完全明白了他让我保护主席的意思，而且看见他像腾空飞起，向主席身旁扑来。我也急忙往主席身边奔去。可是刚跑出几步，几颗炸弹带着尖厉的啸叫声，在我们身边和面前爆炸了。我被爆炸的气浪推倒，主席和胡长保也被烟雾罩住了。

我从地上爬起来，一眼便看到主席满身是土，正蹲在一个负伤的同志身边。一见主席没有负伤，心就像从半空中落下来了一样，我不由自主地伸手擦了擦前额上的汗水和灰尘。我跑到主席身边一看，负伤的原来是我们的班长胡长保，我的心突然像被什么吊到了嗓子眼……[19]

吴吉清也回忆说：

1935年6月，红军飞夺泸定桥后，在汉源击溃了四川军阀4个团，旋经天全、芦山、宝兴等地，进入雪山地区，来到了长征途中的第一座大雪山——夹金山下。夹金山的位置在宝兴的西北、懋功的南面，它高耸入云，经常不见山峰。

我们从云南转战进入四川的时候，气候十分闷热，火辣辣的太阳晒在身上，加上一路赶着行军，真是汗流浃背，口渴难熬，整个身子像在蒸笼里一样，使人透不过气来。主席走在前面，手里拄着一根木棍子，他走得很劳累，但依旧坚持不骑马，不坐担架。我们深深地知道，主席越是在困难的时候，越是不肯比同志们多一点照顾和特殊的地方。我们冒着酷热，迈着艰难的步伐，向着早已看到的雪山前进。

……

前面红军的大队人马，已沿着蜿蜒崎岖的山径向上爬去。漫长的行列一望无际，一队红军，又一队红军；一面红旗，又一面红旗，向前缓缓地移动着。就要爬大雪山了，主席看了看我们每人都只穿一套单军衣，便说：

"穿得太少了！"

其实，当时主席也不比我们多穿一件衣裳。这时，炊事员给我们每人喝了一碗热乎乎的辣椒水。然后，我们就向雪山上登去。只听得两旁红军"啦啦队"的喊声、战马嘶鸣声、人们的歌声笑语响成一片，在山谷中回荡。越往上爬山越陡，爬到半山腰后，就像进入了冬天。淡淡的太阳照在雪山上面，银光闪闪，一阵阵冷风吹来，夹杂着无数细细的、比沙子还坚硬的小冰粒，像无数根针扎到脸上、打在身上。手开始发痛发麻，穿着草鞋的脚也麻木得不听使唤了。山上没有道路，没有树木，没有花草，没有人迹。若是说有过道路的话，那也是前面的红军大部队踏出来的。红军的足迹留在了皑皑的雪山上。虽然，人过去了，道路又被风雪埋住了，但是，自从开天辟地以来，这座巍峨的雪山上，还是第一次走过去这么多人，第一次被英勇无畏的红军所压倒、所征服。

我们沿着许多人踩过的雪路，继续向上爬着。那小路，又陡、又硬、又尖、又滑，简直像立起来一样难走。道路两旁和中间，常常可以看到，走脱了带子的草鞋，被风刮掉的被子、干粮袋，还有一些因为实在带不上去，不得不丢掉的担架、背包、箱子、行军饭锅等。我们就沿着这样一条雪中道路向山上爬着。再往上走，山势更加陡峭，道路更加崎岖狭窄，要是一步走不稳滑下去，那就再没办法爬上来。

主席在这样恶劣气候的行军中，依然拄着那根木棍子艰难地走着，有时我们想搀扶他一下，也都被他谢绝了。他说：

"这种路，你们自己走得也很吃力啦！"

本来主席有一匹黄骠马，大家劝他说："主席，您不骑马，那就拉着马尾巴走吧，这样安全，也省劲多了！"

主席微笑着说："马，首先应该让给伤病员和体弱的女同志。多有一个同志爬过这雪山，就为革命多保存了一分力量啊！"

主席不但自己不要我们照顾，还时时关心照顾周围的同志。我们一脚深、一脚浅地走在雪里，有时候，陷入过膝没腰的深雪里，用力拔着脚。这时，只要是主席看见了，他总是伸出有力的大手给拉上来，并且提醒大家，紧靠路边走，不要往外偏，那样容易掉进雪里出危险！

这次过雪山，我有生以来第一次见到这样大的雪，这样高的雪山，走这样又陡又滑又险的路。

……

又爬了一段路，一阵凉风吹来，我好像感到稍微舒适了一些，抬起头来看看，离山顶就差几十步了。这时，我看到主席正用力向山顶走。"啊！就要到山顶啦！"我们怀着胜利的喜悦，加了一把劲，往上冲。

就在这时，主席忽然兴奋地说："你们看！红旗插到了山顶呢。大家快上吧！"我抬头一看，可不是嘛！红日当空，一幅奇异的景象出现在我们面前，山顶上插着一面迎风飘扬的镰刀、斧头红旗，在漫天皆白的雪山衬托下，显得分外鲜艳夺目、庄严美丽。我觉得，这是我一生中见到的最美丽最动人的图景了。"红旗！"大家异口同声地喊着。我们浑身上下一下子增添了许多力量，加快脚步冲向山顶。

戴天福这时也睁开了眼睛，看到了红旗，感到欢欣鼓舞，他从我肩上用力滑下来说："吉清同志，我自己来走！"

于是，我搀扶着戴天福，跟着主席向上登去。

精神的力量是多么大啊！这时我觉得，空气也不那样憋闷了，风也小多了。我们终于走过了最困难的路程，爬到了雪山之巅。

毛主席健步登上雪山，迎着瑟瑟的凉风，站在山顶上，很有兴致地俯瞰着祖国大地的瑰丽景色，表现了伟大的无产阶级革命领袖的广阔胸怀和蓬勃的革命朝气！这对我们这些年轻的革命战士，是多么有力的鼓舞和教育啊！[20]

注　释

〔1〕李维汉：《回忆长征》，载《党史通讯》1985年第1期。

〔2〕刘伯承：《回顾长征》，人民出版社1985年12月版，第4—5页。

〔3〕陈昌奉：《跟随毛主席长征》，解放军文艺出版社1986年9月版，第127—140页。

〔4〕吴吉清：《在毛主席身边的日子里》，江西人民出版社1983年10月版，第190—193页。

〔5〕伍修权：《回忆与怀念》，中共中央党校出版社1991年5月版，第120—127页。

〔6〕《聂荣臻回忆录》，战士出版社1983年8月版，第246—249页。

〔7〕李卓然：《纪念遵义会议五十周年》，载《星火燎原》1985年第1期。

〔8〕陈昌奉：《跟随毛主席长征》，解放军文艺出版社1986年9月版，第148页。

〔9〕殷子贤、史纪辛：《〈中共中央关于反对敌人五次"围剿"的总结决议〉时间考证》，载《党的文献》1988年第3期。

〔10〕指王明"左"倾错误。——原注

〔11〕指1937年12月中共中央政治局会议。——原注

〔12〕4个、25个人，都是指中央委员。4个是指当时在延安的毛泽东、周恩来、任弼时、关向应。——原注

〔13〕《中国共产党中央委员会关于若干历史问题的决议》中，对六届四中全会、五中全会作了评价。六届四中全会于1931年1月7日在上海召开。上述历史决议指出："这次会议的召开没有任何积极的建设的作用，其结果就是接受了新的'左'倾路线，使它在中央领导机关内取得胜利，而开始了土地革命战争时期'左'倾路线对党的第三次统治。"六届五中全会于1934年1月由中共临时中央在江西瑞金召开。上述历史决议指出，这次会议"是第三次'左'倾路线发展的顶点"。——原注

〔14〕《遵义会议文献》，人民出版社1985年1月版，第16—22页。

〔15〕当时称"倮倮人"。——原注

〔16〕《西行漫记》，生活·读书·新知三联书店1979年12月版，第165—174页。

〔17〕陈昌奉：《跟随毛主席长征》，解放军文艺出版社1986年9月版，第

171、177页。

〔18〕《彭德怀自述》，人民出版社1981年12月版，第196—200页。

〔19〕陈昌奉：《跟随毛主席长征》，解放军文艺出版社1986年9月版，第201—203页。

〔20〕吴吉清：《在毛主席身边的日子里》，江西人民出版社1983年10月版，第245—251页。

七、"三军过后尽开颜"

北上与南下之争

1935年6月14日，红一方面军先头部队与红四方面军一部在四川西部的达维镇会师。自遵义会议以来确定的同红四方面军会合的战略方针，经过几个月来的反复周折，终于实现。

消息传来，全军上下欢呼雀跃。毛泽东、朱德立即向张国焘、陈昌浩、徐向前及红四方面军指战员发出贺电，祝贺这一空前的伟大胜利。人们完全有理由相信，这两支主力红军的会合，将会使创建新的革命根据地的斗争进入一个新的更大规模的阶段，中央的北上方针将会更加完满地得到实现。

然而，作为红四方面军领导人的张国焘却另有打算。开始，他对两大主力的会师也抱有很大希望，一再表示会合以后，红一方面军人多枪多，事情就好办了。然而会师以后，他看到红一方面军疲惫不堪、给养匮乏、战斗减员极大，便萌发了夺权的野心。他对能否执行北上方针表示怀疑，把红一方面军退出江西看成是红军战争的彻底失败。他还认为，尾追红一方面军的国民党嫡系部队将很快大举入川，红军肯定招架不住，不如早些退向西部人烟稀少的新疆、青海、西康地区。后来，他又改变主张，要求红军南下。

一场重大的、关系红军生死存亡的特殊斗争，摆在毛泽东和中共中央面前。

1935年6月13日，红一方面军与红四方面军在四川之懋功胜利会师。6月26日，党中央在懋功县属的两河口召开了政治局扩大会议（通称两河口会议），制定了在川陕甘建立革命根据地的新的战略方针。李云龙在《介绍两河口会议》一文中说：

这次会议，距今已49年，它的会议记录完好地珍藏在中央档案馆，这是党在长征的艰苦岁月中保存下来的档案，成为我们研究党史和军史的宝贵文献。记录共25页，8000余字，记载着会议的报告、讨论发言、结论和决议事项。会议记录反映出这次会议的到会人有：毛泽东、朱德、周恩来、刘伯承、王稼祥、洛甫、博古、刘少奇、凯丰、邓小平、林彪、彭德怀、聂荣臻、张国焘、林伯渠、李富春。会议于当日结束。

会议首先由周恩来作《目前战略方针的报告》。他在回顾了红一方面军离开中央苏区9个月来战略方针几度变化之后，着重地谈了以下3个问题：

（一）关于战略方针

《报告》指出：一、四方面军会合前，四方面军决定西去懋功向西康，一方面军决定到岷山东岸。战略方针两个方面军是不同的。现在两个方面军都是离开了苏区，都在新的地区创建新的根据地。现在在什么地区建立苏区？其条件应力求：（1）便利我们的作战。现在一、四方面军会合了，力量大了，应是地区大，好机动。松潘、理番、懋功等地区虽大，但多是狭路，敌易封锁我，使我不易反攻。敌人正想在这些地方逼死我。（2）群众条件，要人口较多、有利于红军本身发展、能大批扩大红军的地方。而松潘、理番、懋功、温川、抚边等地方，多数为少数民族地区，人口只有20万，这些地方是不能成为根据地的。（3）经济条件，能解决军队供给的比较优裕的地方。而这一带粮食缺少，牛羊有限，衣着之布匹也不易解决，军事上的补充更困难。因此，在这岷江西岸懋、松、理地区是不利于建立根据地的，如陷在这里就没有前途。我们应迅速向前，在川陕甘建立革命根据地。

（二）关于战略行动

《报告》说：一、四方面军转移，向南不可能；向东过岷江，敌在东岸有130个团，对我不利；向西北是广大草原。现只有转向甘肃，向岷山山脉以北，背向西，争取这一地域。这里道路比较多，人口多，山少。在此必会遇到敌人，我可用运动战消灭他们。敌进慢，我可得这一大的地区，可向陕西迎击敌人，再向北行动背向西发展。南可以青海一部分作依靠。四川方面，现地区可成为游击区。拟到的地区是否再扩大，要看到那地区后再决定。我们现在是反攻，是无后方的运动战，这性质是不可久的。我们要勇猛果敢、巧妙机动、毫不迟疑地打击敌人。消灭蒋介石的主力是我们的主要任务。

转移计划是战略的主要计划，实现战略计划的原则：第一，向松潘与胡宗南作战，向松北转移，基本条件要迅速。敌人会首先阻我向西北，我主要任务是与敌作战。第二，高度机动。现敌先我部署，因此我应高度机动，使敌对我估计发生动摇，使其部署赶不上我。我们不要被敌牵制，不要因此妨碍我们的机动，这样才能消灭敌人。第三，坚决统一意志。两个方面军部队大，要特别坚决地统一指挥，遇到困难，也要统一意志来克服。这3个条件是最高原则，必须实现。

在地域布置上，分左、中、右3个纵队。中央纵队6个团。右纵队进攻松潘，佯动主要在东岸，使敌不会集中松潘。现地域不好，而我主要力量在东岸，应早点过来。在南边需4个团兵力牵制敌人。3个纵队的部署指挥需统一。战争指挥：第一，需在前线，主要都应在左纵队。各部队最终需平行地走，主力需力争过去。游击区留小部队在此活动。第二，走到北边，或还需过草地，在此夏天一般能克服过去；如不力争迅速过去，到冬天更困难。第三，万一不能过向西，或许困难更多，因而这条退路需保留。

（三）关于战争指挥

指挥问题的最高原则：第一，应集中统一，指挥权要集中军委；第二，为使作战更有力量，需组成左、中、右3个纵队，游击支队，另专门讨论决定；第三，实现战略计划要有政治的保证，当前的一些困难需从政治工作的加强来克服。

周恩来报告之后，会议进行了充分的讨论，有13人相继发言。发言的次序为：张国焘、彭德怀、林彪、博古、毛泽东、王稼祥、邓小平、朱德、刘伯承、聂荣臻、凯丰、刘少奇、洛甫。

张国焘在发言中说："恩来已说过，我以为政治局〔应〕通过战略方针，主要在陕〔甘〕南怎样实现，政治局来布置。"继而在讲了一些两军会合前的情况之后，又说，"在懋功一、四方面军会合了，消灭敌人当更有把握。现在怎样打？现接近我的是胡宗南与刘湘，其他为配角，如战略向南向成都，打这些敌人是不成问题。若消灭了他，成都蒋会加军力，向东打受地势的限制。现发展方向，西边青海是过草原，冬天过，没帐篷冷得很；夏天雨期长途行军会大减员。""发展条件是甘南于我有利，但一定要把胡宗南打下。如他来打，可消灭他；如他不来，也不便多时去打。但一定会有后来追我〔之敌〕，兵力至少会有15个团，他有20个团一定来牵制我，还有蒋。我们去甘南还是立足不稳的，还是要移动地区，还是要减员。所以，要向甘南，一定要取得主力打下胡敌，至少打下他几个团，才能立稳运动战中，各个击破敌人。现以消灭胡敌为重点。如有同志有这观点，可毋庸下打胡敌，是没这道理的。两个主力会合，力量增强，指挥统一，经验增加。另方面〔敌人〕不会让我们很易占领大的区域，只要有一个地方有一个月的根据地，就可消灭敌人。政治局应决定在甘南建立根据地。至于怎样打，军委应作具体计划。许多军事计划不容慢，要快，有错随时可改。政治局与军委又接近。政治局应赶快决定，迅速地定下。"

彭德怀作了简短的发言，对战略方针表示同意，认为报告对形势的分析向东、向南、向西都说得清楚，指出战术只能临时决定。

林彪发言中说："恩来报告国焘发言是同意的，根据这方针定出以后的行动。战略方针的实现，靠打胜仗，消灭敌人有生力量，不然没法扩大红军，创造根据地。作战方式，应采取运动战。在战役中应尽可能控制广大地区。应把主力拿前面去与敌人作战，拿少数部队去扩大红军，征集资材。"他发言说道："再后在新疆打通苏联，蒙古包括进去。这些计划上应提到。"

博古发言中指出："红一、四方面军会合后，战略方针应有新的决定。力求到达经济、居民、政治、军事条件上比现在好的地区，这要依靠两个方面军消灭敌人来实现。我们必须有一定地区成为根据地，并做出模范来影响全国。现在川陕甘首先在甘南，依靠群众工作，游击战争，这就能影响全国。这是我们的战略方针。夺取松潘，打击胡敌，是实现战略方针的枢纽。今后应努力做到不像从前那样没有后方的作战。现在战争性质与前不同，每个大战役都应建立临时后方，并由游击区发展成根据地。"

毛泽东在会上作了重要发言。他首先表示："周报告国焘等发言我同意。"接着谈了以下5点：

（一）根据地问题。为什么弄到这〔川陕甘〕区域来？这区域有它的好处：把苏维埃运动放在更加巩固的基础上，一、四方面军会合也在此。大家懂得这是向前，在四方面军应作解释，因他们是打成都。

（二）战争性质，不是决战防御，不是跑。是什么？是进攻。根据地的建立是依靠进攻的。我们过山战胜胡宗南，占取甘南东，迅速向前。前面打退敌人后建立根据地。

（三）我没根据地，蒋介石高度机动。我应看到哪些地方他是致我命的，应先打破。我需高度机动，这就有走路问题、掉队问题。蒋介石军队与四川军是不同的，如不好走的路他也能走，如我迟缓他即占了先机。

（四）要集中兵力，把主力集中在主攻方面。胡敌是会集中兵力的。敌与我打野战，我有20个团以上是够的；敌不与我打野战，守堡垒，这一个一定要打破。如实在打不破，就要估计好距离打。现迅速地就是打破胡敌向前，今天决定，明天即须行动。这地区条件太坏，后退不利，应力争6日突破，经松潘到决定地区去。

（五）统一指挥问题，责成常委军委解决。

王稼祥在发言中指出："（一）一、四方面军会合后力量大了，甘、陕、川又有好的条件，这地区能使我建立根据地。但能否成为根据地，就靠我们能否消灭敌人。如认为一面无敌，后退无穷，这就错了，这是躲避斗争。我们把苏维埃扩大到全国，主要不是打通苏联，而是坚决斗争，扩大苏区，主要是消灭敌人。

（二）战争怎样打？敌采取堡垒战对我，因此，我应有大区域、好机动，以运动战去消灭敌人。如我取堡垒战，是不能取胜的。现我没有后方，还是带游击战争的形势。中央苏区的经验告诉我们不能全采取正规战争，应正确地运用过去的经验。

（三）这区域条件坏，它能使我与四方面军会合，因敌不易来；但会合了，这地区对我即不利。敌想陷我在此，逼到草地。我应迅速打出，到甘川陕广大地区。

从松潘打出去是一个关键，动作如快，困难即少，慢即更难打。蒋介石很机动，但机动的红军总是超过他。只要指挥正确、坚决、迅速，我们能战胜困难，战胜敌人。"

邓小平的发言，除同意周恩来的报告和其他发言外，还指出，一、四方面军会合，红军主力在这里，党的力量也在这里，发展前途是推动中国革命的前途。我们现在向前打去，不是打通苏联，而是向前，向甘南发展。这里的后方需要整理，应组织委员会来缩编，大的机关单位，如政治部和医院要缩编，闲杂人员补充到战斗部队。1、3军团应补充。要进行大的政治动员，消灭对雪山、草原的恐惧。

朱德发言说："同意报告。背靠西北，面向东南，总的方针应决定下来。要迅速打出松潘，进占甘南，打下敌人，建立根据地。要调动敌人，在野战中消灭敌人。目前建立临时后方，在大战中是必要的，它很快就可变成真的根据地。两主力会合增加很大力量，同时统一指挥，一致行动，更有利于打击敌人。我们还需要用很大力量从政治上来保障胜利。"

刘伯承说："报告、发言对战略说得很清楚。在战略上，中心向东南发展，引起时局变化，使蒋介石兵力分散。对胡宗南，最好在松潘消灭他，如不可能，就在岷江消灭他。要通过作战，增强我有生力量，消灭敌有生力量。现在这个区域，要建立党的工作，开展游击战争，特别是民族问题的正确解决，都对我整个行动有利。"

聂荣臻说："两主力会合，部队很兴奋。对口号，政治部应改变过来。此前四方面军的口号是'打到成都去'，一方面军的口号是'赤化全四川'，这些口号在部队中很有力量。现在是相反的走向，应向部队解释。"

凯丰的发言，除同意大家意见外，还指出，实现这一战略方针，首先打胡宗南是主要关键，应坚决向前。这一战略方针的实现，将使苏维埃运动成为领导全国的革命运动。我们从甘南向川陕发展，把苏区巩固在此。要坚决，如不坚决，就要向西走，使敌人更易封锁我，虽有苏联帮助，也不易出来。应向部队解释，中心是进攻松潘。

刘少奇的发言，首先表示同意战略方针。指出要很好地向部队解释敌情，解释为何不能向成都去，去川陕甘好的条件也要解释清楚。我们坚决通过松潘，但有些部队万一不能通过，应交代以后的工作，应在此区域成立特委。

洛甫发言说："战略方针大家一致意见，应一致来实现。这战略方针，是前进的、唯一正确的。要实现这战略方针，首先进攻和控制松潘。困难是可能发生的，我们应想法来克服，但不是转变。放弃这一方针是错误的。创造川陕甘苏区，只有依靠决战胜利。减员等方式我认为没必要。这地区窄狭，不能以大的运动战消灭敌人，故不好。争取前进，前有广大地区，建立苏区意义比其他区域大。保持后面的路也是一个条件。这区域要尽量发展游击战争，成为游击区，安插病员与笨重的东西。"最后他指出，"（一）组织上应统一；（二）依照战斗部队组织队伍；（三）缩小政治部以及大的机关，干部的调剂、人员的调剂要有具体商量。"

会议讨论发言后，由周恩来作了结论。他说："各同志都是同意的意见。（一）战争性质，现方针当然是进攻的。我们过去在路上讨论过战争性质问题，那时是无后方的运动战，现在不同，是转入反攻，建立根据地，进到大的地区，须与敌战斗。（二）在甘肃南部更便利消灭敌人。对胡宗南，一般求在野战中消灭他，有可能时就在工事中消灭他，也有可能他在堡垒中，我们不易打他，但并不是不消灭他，我们就不能前进。当然他会尾追、切断我，我可用隐蔽、高度机动来处理变化的情况。"

自两主力会合开始到到达预定地区的口号是：赤化川甘陕。通过新的战略方针，司令部应有战役计划，政治部须有政治训练口号发出。两个方面军都要行动，粮食计划等都应在明天弄好。

会议记录的最后部分，记载着此次会议的决议事项："全体通过恩来的战略方针；政治部作训令（博古）；政〔治〕局写一个决定（洛甫）。"

1935年6月28日，根据两河口会议的精神，中央政治局发出了《关于一、四方面军会合后战略方针的决定》。内容有以下5点：

（一）在一、四方面军会合后，我们的战略方针是集中主力向北进攻，在运动战中大量消灭敌人，首先取得甘肃南部，以创造川陕甘苏区根据地，使中国苏维埃运动放在更巩固更广大的基础上，以争取中国西北各省乃至全中国的胜利。

（二）为了实现这一战略方针，在战役上必须首先集中火力消灭胡宗南军，夺取松潘与控制松潘以北地区，使主力能够胜利地向甘南前进。

（三）必须派出一个支队，向洮河、夏河活动，控制这一地带，使我们能够背靠甘、青、新、宁四省的广大地区，有利地向东发展。

（四）大小金川流域，在军事、政治、经济上均不利于大红军的活动与发展，但必须留下小部分力量发展游击战争，使这一地区变为川陕甘苏区之一部。

（五）为了实现这一战略方针，必须坚决反对战争退却逃跑以及保守偷安停止不动的倾向，这些右倾机会主义的动摇是目前创造新苏区的斗争中的主要危险。

以上就是两河口会议的基本情况和关于到川陕甘建立革命根据地的新的战略方针产生的过程。

张国焘在其所著《我的回忆》第三册《懋功之会》一章中，对两河口会议的史实作了任意篡改。下面我们征引张著的原文来作些考辨。

张国焘说："上午9时，毛泽东、朱德、周恩来、张闻天、秦邦宪和我6个政治局委员以及参谋长刘伯承，齐集在毛泽东的住所举行军事会议。首先由毛泽东提出了向甘北宁夏北进的军事计划。他说共产国际曾来电指示，要我们靠近外蒙古，现在根据我们自身的一切情况，也只有这样做。我当即发问：'共产国际何时有这个指示？'张闻天起而答复，在他们没有离开瑞金以前（约10个月前），共产国际在一个指示的电报中，曾说到中国红军在不得已时可以靠近外蒙古。中央离开江西苏区后，即与共产国际失去联系，现在无法通电报。

"毛泽东谈笑风生地说下去。他说他打开地图一看，西北只有宁夏是富庶的区域，防守那里的马鸿逵部，实力也比较薄弱。莫斯科既有这样的指示，虽然事隔多时，相信仍会从外蒙古方面来策应我们，那我们也不怕外蒙古与宁夏之间那片广大沙漠的阻隔了。

"他自己问自己：'为什么我们要到宁夏去？'他自己答复说：'主要是蒋介石的飞机和大炮厉害，现在蒋介石得意，我们倒霉。他耀武扬威地找我们打，我们不中他的诡计，偏不和他打。我们不动声色地跑到宁夏，背靠着外蒙古，看他还有什么办法。'他继续说，我们的同志们不肯老老实实地承认飞机大炮的厉害，现在我们只有变个戏法，也到外蒙古去弄点飞机大炮，来回敬蒋介石。如果没有飞机大炮，那就再不要说'打倒蒋介石'这句话了。

"他加重语气继续说：'打开窗子说亮话，我们是有被消灭的危险的。'他说到宁夏去必须由四方面军担负掩护的责任，这样，在最恶劣的情况下，也可以掩护中共中央和多数干部安全到达宁夏地区。如果在宁夏再不能立足，至少中共中央和一部分干部也可以坐汽车通过沙漠到外蒙古去，留下这些革命种子，将来还可以再起。他还说这是他的冷静想法，也许被人视为右派，但他请求我们慎重考虑他所提出来的计划。"

查当时的会议记录，如上文所述，会议乃是由周恩来作的报告，是周恩来"首先发言"。周恩来提出的是到川陕甘建立革命根据地的战略方针，而不是"向甘北宁夏北进的军事计划"。毛泽东发言是在张国焘之后，是讨论发言的第五位，他的发言内容与张国焘的《我的回忆》所写的并无共同之处。可知张著作伪。

张国焘说："我继起发言，将我所知的西北情况和我的想法报告出来，供同志们参考。我说我们在西北的活动，可能有3个计划：一是以现在我们所占领的地区为起点，向川北甘南至汉中一带发展，以西康为后方，可以名之为'川甘康计划'；二是移到陕甘北部行动，夺取宁夏为后方，以外蒙古为靠背，这就是毛泽东所提出来的'北进计划'；三是移到兰州以西的河西走廊地带，以新疆为后方，可以名为'西进计划'。我提出资料，阐释这3个计划的优点和缺点。我说着的时候，大家都一边听一边在翻阅地图。"张国焘接着用了2000多字的篇幅絮絮叨叨地描绘他如何陈述所谓的"3个计划"，那些文字这里已无征引之必要。

查会议记录，如前所述，（一）张国焘除同意周恩来的战略方针之外，并未提出任何不同的"计划"；（二）历史事实上根本没有所谓的"毛泽东所提出来的'北进计划'"，没有"首先由毛泽东提出……"这个事实。会议记录上记载的张国焘的发言，明白地是说"政治局应决定在甘南建立根据地"，又足以证明张著作伪。

历史事实是，在会上张国焘表面上同意红军北上，但在会后又暗中酝酿南下，这是在玩两面派手法。后来他在《我的回忆》中的说法，是蓄意伪造历史，为自己的两面派行为作辩解。

张国焘说："参加会议的同志们多表示现在我们的着重点是避开战争，找寻一个能有较长时间休养生息的地方，到什么地方都好，只是不喜欢这个吃糌粑的区域。他们虽然大多数表示支持毛的主张，但也没有否定我的西进意见。"

遍查与会者所有的发言，有一点点张国焘所说的影子吗？周恩来在报告中指出：为实现战略方针，我们要勇猛果敢、巧妙机动、毫不迟疑打击敌人。消灭蒋介石的主力是我们的主要任务。毛泽东在发言中更加明确地指出：战争的性质不是决战防御，不是跑，而是进攻。根据地是靠进攻去创建的。这里根本没有如张国焘所诬陷的见飞机大炮就怕、就跑；没飞机大炮就休言打倒蒋介石的意思。王稼祥在发言中说：那种认为一面无敌，后退无穷，是躲避斗争。要把苏维埃扩大到全国，就要坚决斗争。扩大苏区，主要是消灭敌人。邓小平发言中说：红军主力在这里，党的力量也在这里，发展前途是推动中国革命的前途。朱德指出：要迅速打出松潘，进占甘南，打下敌人建立根据地。其他与会人在发言中也都反映了同样的思想和决心，也根本没有任何类似张国焘编造的言论。这又足以证明张著是伪，是污蔑和诽谤。

张国焘说："会议一连开了3个多钟头，并未达成确定的结论。到了吃午饭的时候，毛泽东以主席的身份宣布：'这个问题关系重大，我们再从长研究吧！'不料毛的这句'从长研究'并未兑现，我们以后一直没有再开会讨论这个问题，毛的北进主张便当作多数赞成，开始实施。"

亦如前述，会议结论是由周恩来作的。会议有明确的决定："全体通过恩来的战略方针。"而张国焘在会上的发言，开头是"我以为政治局〔应〕通过战略方针，主要陕〔甘〕南怎样实现，政治局来布置"；结尾又是"政治局应决定在甘南建立根据地"，"政治局应赶快决定，迅速地定下"，等等。所以，周恩来的结论一开头便说：各同志都是同意的意见。这些又足以证明张著作伪。

至此，我们可以清楚地看到：张国焘对会议的描述，自始至终，通篇都是谎话。

但是，还有一点值得澄清一下：即张国焘所说的"后来事实说明中共中央在我未到抚边前，即已决定了北进，可是并没有告诉我"。这段话依然是扯谎。

实际情况是：在中央政治局两河口会议之前的第十天——6月16日，中央即发电给张国焘，提到"为把苏维埃运动之发展，放在更巩固更有利的基础上，今后我一、四方面军总的方针是占领陕、甘、川三省，建立三省苏维埃政权。"同时指出张国焘的川康计划，正是敌人所希望的，"主力出此似非长策"。最后告张国焘有何意见乞复为盼。6月17日，张国焘复电反对。复电说："川北一带地形给养均不利大部队行动"，而"敌已有准备"，不宜过岷江东打。他提出了"集中主力"西进"青海、新疆"或南下川、康的退却方针。6月18日和20日，中央两次电示张国焘，指出他向西或向南发展方针的错误。18日电指出："目前形势须集中火力首先突破平武，以为向北转移枢纽。"并针对张国焘的错误，指出："兄我如此大部队经阿坝与草原游牧区域入甘、青，将感绝大困难，甚至不可能。向雅（安）、名（山）、邛（崃）、大（邑）南出，即一时得手，亦少继进前途。因此力攻平武、松潘，是此时主要一着，望即下决心为要。"由于中央北进方针遭到张国焘的抵制，中央20日电末尾遂通知张国焘"宜立即赶来懋功，以便商决一切"。

中央在五天内给张国焘连发三电，张国焘也曾回电，而且看到最后一电后才有懋功之行和他所说的"懋功之会"。这足以证明：张国焘《我的回忆》中所称中央的北进计划事先没有告诉他，又是一大谎言。[1]

两河口会议以后，中革军委于6月29日制订了松潘战役计划，准备趁国民党军胡宗南部立足未稳之机，以红一、红四方面军协同歼灭胡宗南部，控制松潘地区，打开北上甘南的通道。这是关系到中央北上方针的重大战役步骤。

随后，中共中央率红一方面军自懋功一带北上，翻越梦笔山、长板山、打鼓山等终年积雪的大山，克服重重困难，于7月10日前后到达松潘附近的毛儿盖。

正在这时，张国焘却横生枝节，反对北上，主张南下，向四川、西康边境退却。他还自恃枪多人多，向中央争权，借口"统一指挥"和"组织问题"，策动一部分人提出改组中革军委和总司令部，要求由张国焘任军委主席，给予"独断决行"的大权。

中共中央为争取张国焘，团结红四方面军一道北上，进行了极为克制的说服工作。

在向毛儿盖进发的途中，中共中央政治局曾经在黑水县芦花召开两次会议，争取张国焘一道北上。但张国焘一意孤行，争取工作未能奏效。

1935年8月下旬，毛泽东随右路军离开毛儿盖，穿越茫茫草地，向班佑进发。同时还致电张国焘，催促他尽快率左路军向班佑靠拢。过草地之前，他还部署红1军团4团任先遣团。

　　杨成武回忆说：

　　8月17日清晨，我正在与团里的几个干部开会，商量一些事情。突然，接到军团首长通知，要我火速骑马赶到毛儿盖，说毛主席、党中央十分关心先遣团进入草地的行动，4团担任先遣，要我直接到中央军委毛主席那里去领受任务。军团首长还指示我们，最近周副主席病得很厉害，接受了主席的指示以后，一定要去看看周副主席。

　　去军委开会，过去有过，我在会议上也见过毛主席，但单独到军委，从毛主席那里当面接受任务，这还是第一次，心中不免有点激动。

　　我怀着兴奋的心情，带着骑兵侦察排，从驻地波罗子附近，飞奔党中央的驻地毛儿盖。十几匹快马像一股疾风，忽儿飞上高坡，忽儿驰下山谷，在一起一伏的高原上，扬起阵阵烟尘。由于急于听取毛主席的指示，我还是嫌马儿跑得太慢。

　　几十里路，很快就到了。

　　到了毛儿盖，进入党中央的所在地，我们就直趋毛主席的住处。

　　毛主席与周副主席住在一起，他们住的房子是藏民用木头架起来的普通房子，分上、下两层，按照藏族人民的习惯，底层关牲口，楼上住人。在楼外空地上，我首先碰到保卫局局长邓发同志，邓发同志热情地与我握手，然后引我进楼去见毛主席。

　　我们一前一后，登上了通往楼上的小木梯，踏上楼板，听说周恩来副主席住在西屋，现在他病了。邓发同志领着我穿过中间的屋子。这屋子中间有一块大石头，上面架着个三角架，三角架下面吊了个锅子，这是藏区常见的炊事用具。除此外，有一张铺。据邓发同志说，这是他的住处。邓发同志指着北面一间屋子说：

　　"毛主席就住在里面！"

　　我抑制住内心的激动，整了整军衣，喊了声报告。

　　毛主席正俯身观看一张地图，闻声后回过头来，瞅着我说："你来了，很好！"随即与我握手，并指指旁边的木头墩子，要我坐下。

　　毛主席看出我的激动，有意缓和气氛说："坐下来，慢慢说。"他态度和蔼，脸上露出了笑容。

　　"主席，军团首长要我直接到你这里接受任务！"我虽坐下了，但仍按捺不住内心的激动。

　　"对，这一次你们红4团还是先头团！"毛主席点了点头，铿锵有力地说。

　　"是！"我站了起来。

毛主席说："原想要6团去，但试了一下，没有奏效。"

接着，毛主席总结了6团没奏效的3个原因，这就是：粮食准备不足，思想准备不充分，加上国民党反动派和藏族上层反动武装骑兵的伏击。

毛主席一手叉腰，一手指着地图，说："要知道草地是阴雾腾腾，水草丛生、方向莫辨的一片泽国，你们必须从茫茫的草地上走出一条北上的行军路线来。"

稍顿了一下，毛主席又指着地图继续说道："北上抗日的路线是正确的路线，是中央研究了当前的形势后决定的。现在，胡宗南在松潘地区的漳腊、龙虎关、包座一带集结了几个师，东面的川军也占领了整个岷江东岸，一部已占领了岷江西岸的杂谷脑；追击我们的刘文辉部已赶到懋功，并向抚边前进；薛岳、周浑元部则集结于雅州。如果我们掉头南下，就是逃跑，就会断送革命。"

他说到这里，右手有力地向前一挥，道："我们只有前进。敌人判断我们会东出四川，不敢冒险横跨草地，北出陕、甘。但是，敌人是永远摸不到我们的底的，我们偏要走敌人认为不敢走的道路。"

接着，毛主席又详细地告诉我过草地可能遇到的困难。他说草地不见人烟，连树林也没有；行人走过，有时水可浸到膝盖；夜间寒冷多雨露，就是白天，也气候多变，忽儿烈日，忽儿阴天，有时飘来雨雪，必须做好最坏的打算……然后，他又具体指示解决困难的办法。说完这些，他又强调说："克服困难最根本的办法，是把可能碰到的一切困难向同志们讲清楚，把中央为什么决定要过草地北上抗日的道理向同志们讲清楚。只要同志们明确了这些，我相信没有什么困难能挡得住红军指战员的。"

之后，毛主席又询问了部队的思想情况和过草地的物资准备情况。

我向毛主席报告说，部队的情绪很高，大家一致坚决拥护中央过草地北上抗日的决定，只要中央军委、毛主席一下命令，我们就坚决向草地进军。我们有过草地的思想准备，前些日子省吃俭用剩下了一些粮食，沿途再摘些野菜，估计可以挨过草地。只是衣服成问题，每人只有两套单衣，恐怕抵御不了草地的严寒。

"要尽量想办法多准备些粮食和衣服，减少草地行军的困难！"毛主席恳切地、着重地嘱咐我这两句话，然后问我是否已找到向导。

我说："已找到一个藏族通司，地形他很熟悉，只是年纪大了，60多岁！"

"路上走不动怎么办？"毛主席着急地问。

"主席，我们已准备了8个同志用担架抬着他为我们带路！"

"这样好！"毛主席高兴地说，"要告诉抬担架的同志稳当些，要教育大家尊重少数民族，团结好少数民族。"他思索了片刻，又继续说，"一个向导解决不了大部队行军的问题，你们必须多做一些'由此前进'并附有箭头的路标，每逢岔路，插上一个，要插得牢靠些，好让后面的部队跟着路标，顺利前进。"

我仔细地听着，而且掏出随身带的小本子记下毛主席的指示。

"还有一个很重要的问题，"毛主席以严肃的口吻对我说，"四方面军的294团已经编到你们4团了！"

"是的！"我点点头说。

毛主席接着说："你们必须搞好团结。团结是党的事业胜利的保证，你们搞好了整编后的团结，就是一、四方面军亲密团结的标志。"

最后，毛主席叫我在墩子上坐下。他亲切地问：

"看看，你们还有什么困难？"

我说："我们一定遵照主席的指示去做，有困难我们依靠大家想办法解决！"

毛主席高兴地说："很好！"

我急忙站起来告辞。

毛主席一边与我握手，一边叮咛道："到徐总指挥那里去一下，去接受具体指示。"

"是！"

毛主席又说："去了以后，你再回来这里一下！"

我说："好！"随即走出房门。

从毛主席那里出来，我就径直往徐向前总指挥那里去了。

徐总指挥热情地接待了我。我按照毛主席的指示，把4团接受中央军委交与的先头任务作了汇报。他又向我交代了一些具体注意事项。

从徐总指挥那里出来，我又赶紧去看望周副主席。我想从周副主席那里接受一点指示，但是医生劝阻说，周副主席病重，要我暂时不要探望，以免惊动正睡着的周副主席。我只见到了邓颖超，她详细地告诉我周副主席的病况，并要我转告同志们不要惦念。当时环境艰苦，粮食极度困难，尤其药物更是奇缺。眼看就要向草地进军，周副主席病重，委实叫我们担心，我们多么希望他快点恢复健康！

离开邓颖超的时候，已近黄昏，按照毛主席的指示，我又返回到他的住处，以便看看还有什么事。邓发一见我，就问："吃饭了没有？"经他一问，这才想起今天还没有顾上吃东西，而且还要走几十里才能回到我们团部的新驻地，我便说还没有吃饭。邓发听了，出去了一趟，又到了主席房里，不一会儿便端出来一个土盘子，盘子里盛着6个小鸡蛋般大的青稞面馒头。他一边递给我，一边说：

"毛主席说，你一天没吃饭，还要赶几十里夜路，叫我把他的晚饭给你吃，吃饱了好回去工作。"

我一听说这6个青稞馒头是毛主席省下来的一顿晚饭，心里十分激动，一时不知如何是好。我知道，眼前粮食十分缺乏，部队都勒紧裤带，把数得出的一点粮食省下来，准备过草地之用。邓发找不到饭才告诉毛主席，现在，毛主席要邓发把他的那一份饭端给我吃，我怎么能吃得下啊！我望着这6个乌黑的小馒头发愣。是啊，这岂止是6个馒头，这是毛主席对下属的一片心啊！我不能吃！我想，毛主席操劳着全军的事情，工作那么忙，一顿饭才吃这么一点东西，本来就吃不饱，如果我再把它吃了，毛主席就要饿肚子。想到这里，我真后悔，不该在邓发面前说没有吃饭，便下决心不吃这6个小馒头。但又一转念，不吃，毛主席会不高兴的，只好吃了2个。邓发还要我再吃，我坚决谢绝了。

这时候，毛主席从房里走了出来，笑呵呵地对我说："怎么不吃了，不吃饱不好工作啊！"

"我吃饱了！"

毛主席以慈爱的眼光看了我一会儿，紧紧地握着我的手说："你看到徐总指挥了吧。好，没有别的事了，望你们完成任务！"

我向毛主席敬过礼，便离开毛主席住处，飞身上马，率领骑兵侦察排向驻地奔去。[2]

8月31日，走出草地的右路军一举攻克包座，打开了向甘南进军的门户，保证了中共中央北上方针顺利实施。但在这时，张国焘却多次擅令右路军负责人陈昌浩、徐向前等率部南下，酿成一场分裂红军的悲剧。

徐向前回忆说：

这时，陈昌浩改变了态度，同意南下。我不愿把四方面军的部队分开，也只好表示南下。他去中央驻地反映我们的意见，回来很不高兴，说是挨了一顿批评。

当天，中央致电张国焘："陈谈右路军南下电令[3]，中央认为是不适宜的。中央现在恳切地指出，目前方针，只有向北才是出路，向南则敌情、地形、居民、给养都对我极端不利，将要使红军陷于空前未有之环境。中央认为：北上方针绝对不应该改变，右路军应速即北上，在东出不利时，可以西渡黄河，占领甘、青、宁、新地区，再行向东发展。"晚上，毛主席亲自来到我的住处，站在院子里问我："向前同志，你的意见怎么样？"我说："两军既然已经会合，就不宜再分开，四方面军如分成两半恐怕不好。"毛主席见我是这种态度，便没再说别的，要我早点休息，遂告辞而归。

毛主席和党中央决定，单独带1、3军团北上，速出甘南。他们于10日夜间开拔，第二天凌晨，我们才知道。那天早晨，我刚刚起床，底下就来报告，说叶剑英不见了，指挥部的军用地图也不见了。我和陈昌浩大吃一惊。接着，前面的部队打来电话，说中央红军已经连夜出走，还放了警戒哨。何畏当时在红军大学，他跑来问："是不是有命令叫走？"陈昌浩说："我们没下命令，赶紧叫他们回来！"发生了如此重大的意外事件，使我愣了神，坐在床板上，半个钟头说不出话来。心想这是怎么搞的呀，走也不告诉我们一声呀，我们毫无思想准备呀，感到心情沉重，很受刺激，脑袋麻木得很。前面有人不明真相，打电话来请示："中央红军走了，还对我们警戒，打不打？"陈昌浩拿着电话筒，问我怎么办。我说："哪有红军打红军的道理！叫他们听指挥，无论如何不能打！"陈昌浩不错，当时完全同意我的意见，作了答复，避免了事态的进一步恶化。他是政治委员，有最后决定权，假如他感情用事，下决心打，我是很难阻止的。在这点上，不能否认陈昌浩同志维护团结的作用。那天上午，前敌指挥部炸开了锅，人来人往，乱哄哄的。我心情极坏，躺在床板上，蒙起头来，不想说一句话。陈昌浩十分激动，说了些难听的话，还给张国焘写了报告。

"男儿有泪不轻弹。"然而，那两天我想来想去，彻夜难眠，忍不住偷偷哭了一场。我的内心很矛盾。一方面，几年来自己同张国焘、陈昌浩共事，一直不痛快，想早点离开他们。两军会合后，我对陈昌浩说，想去中央做点具体工作，的确是心里话。我是左思右想，盘算了很久，才说出来的。另一方面，右路军如单独北上，等于把四方面军分成两半，我自己也舍不得。四方面军是我眼看着从小到大发展起来的，大家操了不少心，流了不少血汗，才形成这么一支队伍，真不容易啊！分成两半，各走一方，无论从理智上或感情上说，我都难以接受。这也许是我的弱点所在吧。接着，中央又来电报要我们带着队伍北上，并说：中央已另电朱、张取消8日南下电令。陈昌浩的态度很坚决，骂中央是什么"右倾机会主义"啦、"逃跑主义"啦，决心南下。我想，是跟着中央走还是跟着部队南下呢？走嘛，自己只能带上个警卫员，骑着马去追中央。那时，陈昌浩的威信不低于我，他能说会写，打仗勇敢，又是政治委员。他不点头，我一个人是带不动队伍的，最多只能悄悄带走几个人。想来想去，还是决定和部队在一起，走着看吧！这样，我就执行了张国焘的南下命令，犯了终生抱愧的错误。

党的北进方针，不是随心所欲的决定，而是基于一定的历史环境和党所面临的任务而形成的马克思主义的方针。当时，正是日本帝国主义加紧侵略我国，中华民族同日本侵略者的民族矛盾日益上升，并且国内阶级关系发生变动的时期。日本帝国主义者继武装侵占我东北三省、河北北部、察哈尔省北部后，进而制造"华北事件"，发动所谓"华北五省自治运动"和冀东"自治"，公然声称要独霸全中国。"落后"的北方，一扫万马齐喑的局面，掀起抗日救亡的怒涛。蒋介石的不抵抗主义和"攘外必先安内"的反动政策，不仅被广大人民所反对，同时也引起了统治阶级营垒内部一些爱国人士的不满。党中央和毛泽东从粉碎蒋介石的灭共计划，保存和发展红军力量，使党和红军真正成为全民族抗日斗争的领导力量和坚强支柱这一基本目的出发，确定北进川陕甘地区，创造革命根据地，进而发展大西北的革命形势，是完全正确的。

毛泽东在分析建立川陕甘根据地的条件时，就明确指出：第一，在政治上，能够利用陕北苏区及通南巴游击区取得协同配合，短期内形成巩固的根据地，迅速形成在西北地区和全国的革命领导中心。第二，在敌情上，这个地区的敌人分属几个系统，互相之间存在着矛盾和冲突，战斗力一般较薄弱，并远离其政治军事中心，便于红军各个击破。尤其是东北军张学良部，反对与不满蒋介石的情绪日增，正是红军开展争取工作的有利条件。第三，在居民条件上，由于连年不断的深重农业危机、普遍的饥荒、沉重的捐税和土地在地主手里的高度集中，农民土地革命的要求和斗争正迅速生长着。第四，在物质条件上，川陕甘边是西北比较富庶的区域，能够保证红军现有力量及今后发展的需要。基于上述条件，党和红军集中兵力，乘间北进，在川陕甘边立脚，建立起可靠的前进阵地，就一定能够影响全国革命形势的发展，把民主革命和民族革命推进到一个崭新的阶段。与此相反，张国焘的南下方针，虽然从战术上看，无可取之处，但从战略上看，这一方针不仅会使党和红军退处川康边的偏僻之地，失去迅速发展壮大的机会，而且更重要的是，会使党的力量远远脱离全国抗日图存的革命高潮，无法负担自己对全国革命的领导重任。张国焘反对北进，坚持南下，是同他对整个革命形势的右倾悲观估计，即革命处在两个高潮之间的错误观点分不开的。

……

毛泽东说过，南下是绝路。后来的事实完全证明了这一正确论断。"吃一堑，长一智"。我对毛主席的远大战略眼光和非凡气魄，是经过南下的曲折，才真正认识到的。[4]

彭德怀回忆说：

我完成任务后，回到芦花军团部时，军委参谋部将各军团互通情报的密电本收缴了，连1、3军团和军委毛主席通报密电本也收缴了。从此以后，只能与前敌总指挥部通报了，与中央隔绝了，与1军团也隔绝了。

这次北进，3军团走在右翼纵队的最后面，最前面是1军团，中间是红四方面军之4军、9军、30军和前敌总指挥部。当时我感觉到张国焘有野心，中央似乎没有察觉。毛主席、张闻天随前敌总指挥部一起，先一两天到达上下包座（松潘西北百余里）。3军团后一两天才到达阿西、巴西，离前敌总指挥部约15里至20里。我到宿营地时，立即到前敌总部和毛主席处，其实我只是为了到毛主席处去，才去前总的。这时周恩来、王稼祥均害病住在3军团部。在巴西住了四五天，我每天都去前总，秘密派第11团隐蔽在毛主席住处不远，以备万一。在前敌参谋长叶剑英处，得知1军团到了俄界地区，找不到向导，问不到路。没有地图，茫茫草原，何处是俄界呢？这时杨尚昆已调去做其他工作，3军团政委是李富春。3军团准备了电台，另编了密本，也只能说是要与1军团联络，而未说是为了防止突然事变。派武亭同志（朝鲜同志）带着指北针寻找1军团走过的行踪，务把电台密本送给林、聂。正好送到林彪处，这天，事情就发生了。

某日午前到前总，还在谈北进。午饭后再去，陈昌浩完全改变了腔调，说阿坝比通南巴（川东北）还好。一个基本的游牧区，比农业区还好，这谁相信呢？全国政治形势需要红军北上抗日的事，一句也不谈了。我没吭声，只是听了就是。这无疑是张国焘来了电报，改变了行动方针。我即到毛主席处告知此事，并问毛主席，我们坚持北进，拥护中央，他们拥护张国焘南进方针，1军团已向前走了两天，四方面军如解散3军团怎么办？为了避免红军打红军的不幸事，在这种被迫的情况下，可不可以扣押人质？主席想了一会儿，答曰："不可。"当时我难过：如强制3军团南进，1军团不能单独北进了；中央不能去，1军团单独北进也起不了作用。一同南进，张国焘就可能仗着优势军力，采用阴谋手段，将中央搞掉。这时，黄超的话就说出来了，他说，实际主事人是毛而不是张闻天（当时张闻天是总书记，他们并没有放在眼里）。这话当然不是一个年不满30的黄超所能理解的，而是老奸巨猾的张国焘口里吐出来的。扣押人质的意见是不对的，可是，我没有向第三者讲过，只是在处境危急的时刻，向毛主席提出供考虑，以便求得一个脱身之计。

向毛主席报告后不到两小时，叶剑英秘密报告：张国焘来电南进。毛主席亲到徐、陈处商谈行动方针，陈谈，张总政委（张国焘）来电要南进。毛主席即说："既然要南进嘛，中央书记处要开一个会。周恩来、王稼祥同志病在3军团部，我和张闻天、博古去3军团司令部就周、王开会吧。"陈昌浩同意了，他们未想到是脱身之计。我和叶剑英商量，如何偷出地图和2局，在明晨拂晓前到达3军团司令部北进，叶示意想办法。毛主席脱险来到3军团司令部，发了电给林、聂，说行动方针有变，叫1军团在原地等着。天明还未见叶到，我以为出了问题。正怀疑之际，叶率2局（局长曾希圣）连地图都拿来了。陈昌浩布置的监视，全被叶摆脱了，幸甚！

3军团北进，毛主席和我走在后尾之10团（即杨勇团）中。在路上走时，我问毛主席，如果他们扣留我们怎么办？毛主席说，那就只好一起跟他们南进了。他们总会觉悟的。四方面军之李特（留苏生，四方面军的参谋长），不许红军第一方面军干部回第一方面军，进行野蛮的镇压。可是李德在中央苏区犯了错误，这次表现很好，站在正确的方面，放回一方面军干部。毛主席同李特说了一些很感动人的话，也劝我不要同他闹了。陈昌浩送信给我，要我停止北进。毛主席说，打个收条给他，后会有期。听说陈昌浩要派兵追击我们，徐向前说，岂有此理，哪有红军打红军的道理！这句话起了决定作用，陈未来追击。

第二天到了俄界，会合第1军团，真是比亲人还亲。我在这里真正体会到阶级友爱高于一切友情。

毛主席在同张国焘的斗争中，表现了高度的原则性和灵活性。在黑水寺开中央会议时（我没参加），张国焘要当总政委，洛甫提议把总书记交给张国焘，毛主席不同意。宁愿交出总政委，不能交总书记。张国焘当时不要总书记，他说："总书记你们当吧，现在是打仗呗。"如果当时让掉总书记，他以总书记名义召集会议，成立以后的伪中央，就成为合法的了。这是原则问题。

一、四方面军分裂后，一、三军团到俄界会合，当晚中央召集了会议。有人主张开除张国焘党籍，毛主席不同意。说，这不是他个人问题，应看到四方面军广大指战员。你开除他的党籍，他还是统率几万军队，还蒙蔽着几万军队，以后就不好见面了。在张国焘成立伪中央时，又有人要开除他的党籍，毛主席也不同意。如果当时开除了张国焘的党籍，以后争取四方面军过草地，就会困难得多。就不会有以后二、四方面军在甘孜的会合，更不会有一、二、四方面军在陕北的大会合了。上述做法是在党内路线斗争中原则性和灵活性结合的典范。[5]

李维汉回忆说：

过了草地我们就到了班佑。班佑有一座大寺庙，前敌总指挥徐向前、政委陈昌浩、参谋长叶剑英等已经先住在庙里。我也住进去了。毛泽东带着干部团、3军团住在离班佑大概不到10里路的巴西。

这时中央机关由凯丰负责，政府机关由林伯渠、曹菊如负责，总政治部由杨尚昆负责。上述单位都归我管。没有粮食吃，我们就到老百姓地里割青稞麦。芦花、黑水地方有一个寨子，那里有粮食，每个部队都先到黑水、芦花打粮，然后才到班佑。在藏族地区打粮，经常找不到人，割了青稞就在地里插个牌子，写明割的数量、单位，这是总政治部规定的。我们到老百姓地里割青稞，那是不得已的事。为了红军不致饿死，为了革命事业，只有这样。我们后勤部队是由白载昆带着收割，割后都插上木牌。据说老百姓回来，见到木牌很感动，有的把它保存起来，一直存放到解放后，作为珍贵的纪念。

在班佑时，有一次博古、洛甫对我说，两河口会议决定北上，但张国焘耍两面派，表面上同意，心里是不同意的。后来在毛儿盖附近沙窝召开政治局会议，决定分兵两路北上，张国焘在会上同意了，但会后他又不执行北上的方针。到了阿坝后，他借口噶曲河涨水和粮食困难，要南下到天全、芦山去。他还违背政治局会议的决定，密电要右路军立即南下。右路军是徐向前任总指挥，陈昌浩任政委。右路军有四方面军的两个军——4军、30军，30军是四方面军的主力。洛甫告诉我，张国焘有电报说，如果毛泽东、洛甫、博古、周恩来等不同意南下，就把他们软禁起来。洛甫告诉我上述情况后，叫我负责把党中央机关、政府机关、总政治部等单位在次日凌晨带到巴西，会同党中央一路北上，并要我仍回中央机关担任中央组织部长。洛甫叮咛我上述决定要绝对保守秘密。我接受指示后，就立即分别通知了凯丰、林伯渠、杨尚昆，叫他们第二天凌晨就走。对下只说到黑水打粮，叫各单位负责人准备好。这天晚上，我到街上走了两趟，看看有没有人发现我们要北上的动静。我见四方面军的人没有发现我们北上的意图，就放心了。第二天凌晨，我站在路口上等候他们，中央机关、总政治部都走了，唯有中央政府机关还没走出来，他们有银行、辎重，事情多。我见前面部队都走了，心中很焦急，就亲自跑到政府机关办公的院子里去看，他们还在打包。我说："你们不用打包了，把东西丢掉些 要带的东西驮在牲口上，马上出发。"他们就按这个办法，很快出发了，我随后也走了，安全地到达了巴西。一到巴西，部队立即出发。后来四方面军的特务队长李特带部队来追党中央。但3军团在山上警戒，担任后卫，如果李特攻击我们，我们就自卫还击。后来李特走了，没有打成。我们终于脱险了。《毛泽东选集》第2卷中《中国共产党在民族战争中的地位》一文有一条注释说中央"脱离危险区域"，就是指的这件事。前两年杨尚昆与我说起这件事时还问我："你当时站在路口做什么？我们都走过了，你还站在路口等。"我说："等你们。不等你们走完，我怎么能走呢？"我也问他："你怎么那时还在巴西呢？"他说："我下午还在巴西，想向有关的人了解些情况。有人对我说，你回去问罗迈就知道了。"当年的紧急情况，我们都还记得起来。

从巴西到了俄界，9月12日，中央政治局在俄界召开扩大会议，讨论以后的行动方针，批判张国焘分裂主义的错误。会议是当天上午11时开始的。到会的政治局成员有毛泽东、张闻天、博古、王稼祥、何凯丰、刘少奇、邓发。此外，参加的还有蔡树藩、叶剑英、林伯渠、杨尚昆和我，也有李德。1军团的林彪、聂荣臻、朱瑞、罗瑞卿，3军团的彭德怀、李富春、袁国平、纯青，也出席了会议。

会议首先听取了毛泽东关于与四方面军领导者的争论及今后战略方针的报告。毛泽东在报告中主要讲了以下几个问题：

第一，关于红军今后向北行动的问题。毛泽东说，我们坚持北上方针，但张国焘却反对，坚持机会主义方针。一、四方面军会合后，张国焘起初是按兵不动。7月中旬，党中央指示红军集中，结果由于张国焘从中阻挠而未能实现。张国焘到芦花时，中央政治局决定他任红军总政委，他才调动红四方面军北上，但未到毛儿盖又动摇了。到了阿坝后便不愿北上，而要右路军南下。这时，中央政治局的几个同志在周恩来处开了一个非正式会议，决定给张国焘发电报，要他北上。张国焘公然抗拒中央的决定，拒不执行北上的方针，这是不对的。毛泽东说，张国焘坚持南下是没有出路的，因为南面地形不好，又是少数民族地区，给养无法解决，红军作战只有减员，没有补充来源，战略退路也没有，如果不迅速北上，部队会大部被消灭。很明显，中央不能把1、3军团带去走这条绝路。

第二，关于在何处建立革命根据地的问题。毛泽东说，由于一、四方面军已经分开，张国焘南下，使中国革命受到相当严重的损失，所以1、3军团必须变更建立川陕甘根据地的计划，以游击战争来打通国际联系，靠近苏联，在陕甘广大地区求得发展。毛泽东分析了陕甘一带的地势、居民和敌我双方的情况，认为只要我们团结一致，又有正确的领导，依靠游击战争，是可以战胜敌人达到目的的。

第三，关于张国焘错误的性质和处理办法问题。毛泽东指出，张国焘在通（江）南（江）巴（中）苏区时已经犯了部分严重的错误；在粉碎四川敌人的六路进攻退出通南巴苏区后，便形成了一条错误路线。当一、四方面军会合后，中央曾想了许多办法来纠正张国焘的军阀主义倾向，但没有结果。张国焘的错误发展下去，可能成为军阀主义，或者反对中央，叛变革命。同张国焘的斗争，是两条路线的斗争，应采取党内斗争的方法处理。最后作组织结论是必要的，但现在还不能做。我们要尽可能地做工作，争取他们北上。

会议对毛泽东的报告，进行了认真的讨论。在会上先后发言的有彭德怀、邓发、李富春、王稼祥、聂荣臻、杨尚昆、林彪、博古、张闻天等。大家一致拥护党中央的北上方针，严厉批判张国焘抗拒中央、企图分裂党的严重错误，并且指出同张国焘的斗争是路线斗争。有的同志甚至说如果张国焘坚持错误，他的前途将是另立中央与党对立。我在会上也作了发言，完全同意党中央的北上方针和对张国焘的批判。我说我们党同张国焘的斗争是路线斗争，张国焘惧怕敌人，对在中国本部创造苏区无信心，这与他过去轻易退出鄂豫皖和通南巴是有联系的，这完全是他机会主义错误的表现。他还有一个特点，就是在党内搞小组织活动，公开在下层反对党、侮辱党。自六届四中全会以来，除罗章龙外，还没有第二个像张国焘这样分裂党的人。我同意在陕甘广大地区建立根据地并打通国际路线，对白区工作应有布置。

与会同志一致同意毛泽东对张国焘要有步骤地处理的意见。会议通过了《关于张国焘同志错误的决定》，这个决定只在中央委员中公布，不再往下传达。

会议还同意彭德怀关于缩小部队编制的意见。会议决定：一、成立中国工农红军陕甘支队，由彭德怀任司令员，毛泽东任政治委员，林彪任副司令员，王稼祥任政治部主任，杨尚昆任副主任；二、成立由毛泽东、周恩来、王稼祥、彭德怀和林彪组成的五人团，作为全军的最高领导核心；三、成立编制委员会，以李德为主任，叶剑英、邓发、蔡树藩、李维汉为委员，负责部队的编制工作。会议还决定召开营以上干部会议，向干部说明当时的战略方针和迅速行动的必要性。

俄界会议是同张国焘作斗争的一次重要会议。当时中央对张国焘错误的批判和处理意见都是正确的。后来事实的发展证明了这一点。张国焘无视中央多次令其北上的电示和左路军广大干部、战士北上与党中央会合的要求，率军南下，打出了反党旗帜，成立了伪中央。后来，由于中央的不断斗争和挽救，由于朱德、刘伯承等同志的斗争，特别是由于南下后到处碰壁，广大指战员更加不满，张国焘才被迫取消了伪中央，同意北上。当在甘孜与红2、6军团会合后，又在任弼时、贺龙、关向应等的坚决斗争下，张国焘被迫继续北上，但他一直心怀鬼胎，不可救药，终于在1938年只身投向国民党特务机关，叛党而去。[6]

奠基陕北

1935年9月12日，中央红军主力从俄界出发，继续北上。经过一个多月的艰苦行军，到达陕甘根据地的吴起镇，胜利结束历时一年的长征。

这段时间，毛泽东大多是在部队的前面，亲自部署侦察敌情、道路、整顿部队纪律，指挥红军攻克天险腊子口，越过岷山，突破敌人封锁线，并将革命大本营定在陕北。

1935年9月22日，中央在哈达铺的一座关帝庙里召集全军团以上干部开会，毛泽东在会上作了关于形势和红军整编问题的报告。

杨成武回忆说：

会议开始了。毛泽东与其他中央领导走进会场，顿时响起热烈的掌声。我们仔细一瞧，他们也显得格外精神。

毛主席挥挥手要大家坐下，然后，笑笑说："同志们，今天是9月22日，再过几天是阳历10月，自从去年我们离开瑞金，过了于都河，至今快一年了。一年来，我们走了2万多里路，打破了敌人无数次的追、堵、围、剿。尽管天上还有飞机，蒋介石连做梦也想消灭我们，但是我们过来了，过了江西、湖南、广西、贵州、云南、四川，过了金沙江、大渡河、雪山、草地，过了腊子口，现在坐在哈达铺的关帝庙里，安安逸逸地开会了。这本身是个伟大的胜利！"毛主席激动人心的讲话，使会场上又一次响起热烈的掌声。

稍稍停顿了一下，毛主席又说："但是，在胜利面前，我们必须冷静地分析形势，估计形势。"接着，他介绍说，"我们战胜了自然界的种种险阻，粉碎了敌人数不清的堵截、追击，也顶住了天上敌人飞机的轰炸，但现在在甘肃等待我们和准备截击我们的国民党'中央军'和东北军、西北军还有30多万人，朱绍良（伪甘肃省主席）、毛炳文、王钧等部在甘肃；张学良的东北军、杨虎城的西北军在陕甘；在宁夏、青海、甘肃边境还有'四马'[7]的骑兵和步兵。至于蒋介石，态度仍很顽固，他不顾当前的民族危机，一直不肯接受我党1933年1月17日提出的中国工农红军愿在3个条件下与国民党军队共同抗日的主张，仍醉心于打内战，妄想再次用他的优势兵力，消灭他们认为'经过长途跋涉疲惫不堪'的红军。"

毛主席说："国民党反动派把三四十万兵力部署在陕西、甘肃一带，追堵我们，对红军北上抗日，不能不说是严重威胁。所以，北上抗日的任务还是十分艰巨的。"

毛主席在形势分析中还谈到四方面军与张国焘。

毛主席说："张国焘看不起我们。他对抗中央，还倒打一耙，反骂我们是机会主义。我们要北上，他要南下；我们要抗日，他要躲开矛盾。究竟哪个是退却，哪个是机会主义？我们不怕骂，我们要抗日，首先要到陕北去，那里有刘志丹的红军。"

讲到张国焘闹分裂对抗中央时，毛主席还特别提到："在关键时刻，叶剑英是立了大功的！"

毛主席说到这里，略略停顿了一下，然后诙谐地说："感谢国民党的报纸，为我们提供了陕北红军的比较详细的消息：那里不但有刘志丹的红军，还有徐海东的红军，还有根据地！"

听到这里，同志们按捺不住内心的激动，热烈地鼓起掌来。

毛主席又挥挥手，要大家安静，接着说："我和同志们都惦念着还在四方面军的朱总司令、刘伯承参谋长。我们也都在惦念着四方面军的同志们和5、9军团的同志们，相信他们是赞成北上抗日这一正确方针的。总有一天，他们会沿着我们北上的道路，穿过草地，北上陕甘，出腊子口与我们会合，站在抗日的最前线的，也许在明年这个时候。"

此时掌声雷动，大家的心里热乎乎的。毛主席又笑笑说："同志们，我代表中央，宣布一个重要的决定。"

顿时，同志们都静了下来。

毛主席接着又说："为了适应新的形势，中央决定部队改编，组成中国工农红军陕甘支队，由彭德怀当司令员，我兼政委，下属3个纵队。"

于是在掌声中，毛主席宣布陕甘支队编成3个纵队，即第1纵队由红1军团改编，第2纵队由红3军团改编，军委直属部队改编为第3纵队。

毛主席接着又说："同志们，我们目前只有8000多人，人是少了一点，但少有少的好处，目标小，作战灵活性大。人少，更不用悲观，我们现在比1929年年初红四军下井冈山时的人数还多哩！胜利是一定属于我们的！"

毛主席说完，举起一个指头，笑着说："现在要提醒大家一点，就是在松潘地区，我们是没收反动土司的粮食、牛羊和购买藏民的粮食。现在我们应该坚持以打土豪、筹粮筹款为主，不能侵占工农的利益。这是人民军队的一条重要纪律。"

毛主席最后用洪亮的声音号召大家："经过2万多里的长征，久经战斗、不畏艰苦的红军指战员一定能够以自己的英勇、顽强、灵活的战略战术、战斗经验，来战胜北上抗日途中的一切困难！你不要看着我们现在人少，我们是经过锻炼的，不论在政治上、体力上、经验上，个个都是经过了考验的，是很强的，我们1个可以当10个，10个可以当100个。特别是有中央直接领导我们，这是我们胜利的保证。"

"同志们，朝着胜利前进吧，到陕北只有七八百里了，那里就是我们的目的地，就是我们的抗日前进阵地！"毛主席挥舞着拳头结束了鼓舞人心的讲话。

"拥护中央北上抗日的正确路线！"

"到陕甘根据地去！"

"前进！前进！"

"和25军、27军会师！"

一时间口号阵阵，此起彼伏。

毛主席的指示，坚定了我们胜利的信心，增添了我们斗争的勇气。[8]

中央红军主力面对的最后一道封锁线，位于渭河沿岸。这里驻扎着国民党军第三军王均等部，在兵力上占有绝对优势，又是凭险而守，以逸待劳。这对弱小而又经过长途跋涉的红军来说，似乎是难以克服的障碍。

为了突破渭河封锁线，毛泽东决定采取声东击西、避实就虚的战术。还在哈达铺休整时，就派出一部兵力向东佯动，造成进攻天水的假象。这一招果然奏效，敌人纷纷向天水调动，准备与我决战。

毛泽东见时机成熟，果断地下达了渡过渭河的命令。

9月26日拂晓，支队司令部发出命令，限上午9时以前全部渡过渭河。

杨成武回忆说：

我们紧接着攻占了渭河之滨的陇西，缴获了不少东西，战斗一结束，就把这些东西移交给来接防的2纵队10大队黄祯大队长和杨勇政委。他们看到那么多东西，非常高兴。

我们又继续前进，忽然正前方远处传来了哒哒哒的机枪声。

这时，3纵队——中央直属队在陕甘支队参谋长兼纵队司令叶剑英和纵队政委邓发的率领下从后面赶上来了。走在前面的是毛主席。再一看，彭德怀司令员早就立在山坡上拿着望远镜在观察了。

毛主席看了看远方，又仔细听了听远处传来的枪声。

不一会儿，在急骤的枪炮声中，可以听出哪些是步枪、机枪声，哪些是手榴弹、迫击炮弹的爆炸声了。

毛主席十分镇静，仿佛登临一个风景点，正在欣赏周围的山山水水。

一会儿，彭德怀走了过去，问道："主席，你看怎么样？"

毛主席笑笑，说："我看不是敌人的主力，随便派两个连出去，放几枪，吓吓他们，他们不敢怎么样的。"

果然，不出毛主席所料，我们的小部队才放几枪，敌人的枪炮声顿时停了，两翼刚才噼噼啪啪响得正起劲的声音，几乎同时哑了。

"毛主席真是料敌如神啊！"

"看，毛主席一句话，就把敌人制住了。"

津津乐道的战士们一边走着，一边盛赞着。

毛主席的指挥才干我们真是佩服极了！自遵义会议以后，又和第一、二、三次反"围剿"一样，率领我们红军攻关守隘，冲破重重险阻，夺取一个个胜利，哪次战斗毛主席不是高瞻远瞩！"四渡赤水"可说是个典型的例子了。当时，敌人仗着人多势众，耀武扬威，恨不得一口吃掉我们。毛主席对此了如指掌，带领红军扬长避短，几个来回，就把敌人搞得七零八落，成了战争史上的奇观。当然这是毛主席真正做到了知己知彼，掌握了战争的规律，把马克思主义的军事辩证法和中国革命战争的实践结合起来的缘故。所以，毛主席在红军中享有很高很高的威信。跟随毛主席北上抗日，我们始终充满了胜利的信心。

我们大摇大摆地过了漳县，巍巍的六盘山遥遥在望了。

六盘山地跨宁夏、陕西两省。

进了六盘山，风光、气候、居民着装、住房都迥然不同了。

首先见到的田野，是一片连一片的黄土，见不到砖砌的房屋。当地群众全在山边挖个土洞，后来我们才知道这就是窑洞。在集镇上偶尔见到一排排房屋，也都是黄土垒的。无论树枝、房屋，都蒙上了一层厚厚的黄土。放眼一看，到处都是黄的，色彩单调极了。但是，走进这样暖和的窑洞，对我们这些穿着单衣的红军来说，可以说得上是一种享受了，尤其那热烘烘的土炕，真叫我们这些南方战士感到新奇和满意。至于那黄黄的小米，吃起来不像大米那么习惯，可总比在雪山、草地上吃野菜、青稞面强过不知多少倍。总之，西北高原留给我们的印象是：豪放、单调、庄严。

……

10月7日下午2点，我们的队伍正向六盘山进发，通信员策马奔来，迫不及待地在马上报告说：

"队长、政委，纵队首长请你们马上到前面山上去！"

我与王开湘立即跳上战马，快速向前，越过一个山坡，只见纵队首长站在那里，聂政委手里拎着一根棍子，凝视着前方；聂政委左边站着的是林彪；左参谋长正举着望远镜在细细观察。啊，再一看，毛主席也站在山坡上，昂首远望。他穿着一件蓝布长袍子，连日奔波疲劳，脸庞显得消瘦多了。他手里握着一根细细的棍子，在空中点着说什么。他的旁边站着1大队大队长杨得志、政委肖华，5大队大队长张春山和政委赖传珠。

我们知道，自从离开哈达铺以来，毛主席和我们纵队首长一起，总是带着1、4、5这三个大队走在前面，每天的行军、作战、宿营都是毛主席和纵队首长亲自指挥的。我们几乎天天都可以看到毛主席。

我与王开湘下马敬礼报告。

毛主席这时回过头来笑笑说："好，都来了，现在说一说。"然后，他指着远方又说，"都看到了吧，隘口下边有个村子叫青石嘴，据确切情报，那里驻扎着敌人东北军骑兵第7师的一个团，有几百匹马，别小看他们，我们要消灭这股敌人，不然他们拦着我们的去路。"

毛主席这时转过身来，从警卫员手里接过两块饼子，一边把它分成几块，一边问："都还没吃午饭吧？"

大家点点头。

毛主席爽朗地笑笑，说："那好，分而食之，打下了青石嘴，再吃好饭！"说完将饼子分给大家。

我们每人从毛主席手里接过一小块，而且都高高兴兴地吃了起来。

毛主席一边嚼着饼子，一边说："一定要消灭他们，搬开拦路石！1大队、5大队左右迂回，记住，一定要迂回，由4大队直接冲锋！"然后他又转过脸来，看看我与王开湘，又说，"4大队是有名的英勇冲锋的红4团嘛，要发扬你们的特点，动作要快、要猛、要狠！"

"是，一定遵照毛主席指示，猛打猛冲！"

这时，毛主席从警卫员手中接过水壶，拧开壶盖，倒了一点水在壶盖里，递给我们，说："你们每个人喝一口吧。喝完了，就去打！"

"是！"我们接过壶盖，仰起脖子，将盖子里的水一饮而尽。

待我们一个个喝完，我望望纵队首长，问："首长还有什么交代的吗？"

纵队首长摇摇头，说："没有，照毛主席的命令执行。"

毛主席痛快地说："那好，交代完毕，分头执行，我在这里看着你们打！"

我们辞别毛主席，骑上马。虽然西北高原的秋风尖厉，可心里暖洋洋的，挥鞭策马，一会儿便回到了大队。

同志们一听说有仗打，而且是毛主席亲自指挥，还听说毛主席特意提到了我们是有名的英勇冲锋的红4团，鼓励我们发扬过去优良的战斗作风，大家的情绪可高了。在我们召开的动员会上，大家纷纷表示：一定要打好青石嘴这一仗，决不辜负毛主席的期望。

不用我们再多说什么，部队便斗志昂扬地投入了战斗。我们以飞快的速度，悄悄翻过隘口，正面接近隘口下的村庄青石嘴。

这时，1大队也以迅雷不及掩耳之势从北边迂回插进青石嘴后边，5大队也迂回到南边，截断平固公路，形成了一个钳形包围，敌人骑7师的这个团[9]便成了瓮中之鳖。

一声枪响，我们大队分路出击，一齐压向敌人。伴随着千百人的喊杀声和枪炮声，一刹那，我们就冲进了青石嘴这个山村，这时敌人正在开饭，几百匹马系在村头来不及解，他们就被我们打死的打死、缴枪的缴枪了。那膘肥、高大的战马，自然也就成了我们的战利品。

战斗不到半个小时，我们3个大队胜利会合了，与缴获的花名册一对照，人员、马匹，一点不少。我们大队一清点，还发现多出了十多辆马车的子弹和军装，还有大批的布匹。原来，这是"西北剿总"送来的东西，这里的敌人刚刚收到，没想到，他们还未来得及享用，就全部"移交"给我们红军了。这些马匹，后来按照毛主席和纵队首长的指示，我们把一部分交给1纵队侦察连，大部分交给了纵队，由纵队组建了红军的骑兵侦察连。我们的骑兵侦察连有了那么多马匹，"气"可"粗"了，以后又逐步扩建，组成了一个骑兵营。至于那些军装、布匹，我们留下一小部分外，其余的都按照纵队首长指示上缴和发给了伤病员。至于那些俘虏，经过政治思想教育，说明我们红军的宗旨，凡是觉悟过来了的也都高高兴兴地自动参加了红军。

战斗结束以后，刚打扫完战场，军委就指示我们大队前进20里宿营，并命令我们第二天向环县方向前进。我们又立即出发了。战士们举着的红旗在迎风招展，我们的队伍像奔腾的铁流涌向前方。此情此景，真是壮观万分，我们的心情也实在难以用语言表达。正像毛主席后来写的这首诗[10]：

天高云淡，
望断南飞雁。
不到长城非好汉，
屈指行程二万。

六盘山上高峰，
红旗漫卷西风。
今日长缨在手，
何时缚住苍龙？[11]

在登上六盘山之前，中共中央政治局还在榜罗镇召开常委会，正式决定把落脚点放在陕北。会议的日期是1935年9月28日。

关于这次会议的文字材料至今尚未发现，但从中央红军到陕北后，10月下旬党中央政治局在陕北召开的一次会议中可以了解到榜罗镇会议的情况。毛泽东在这次会议上的报告中说：

"俄界会议与张国焘决裂，那时的口号是打到陕北去，以游击战争与苏联发生联系。榜罗镇会议（由政治局常委同志参加），改变了俄界会议的决定，因为那时得到了新的材料，知道陕北有这样大的苏区与红军，所以改变决定，在陕北保卫与扩大苏区。在俄界会议上，想在会合后，带到接近苏联的地区去，那时，保卫与扩大陕北苏区的观念是没有的，现我们应批准榜罗镇会议的改变，以陕北苏区来领导全国革命。"

1935年10月19日，中央红军到达了吴起镇。在吴起镇，我军根据当时的敌情、部队的需要和当地物质条件的可能，决定在这里休整七天，进行政治军事方面的整训。在政治工作方面，深入解释到达陕北苏区抗日新阵地及与陕北红军会合的重大意义，宣告中央红军二万五千里长征的胜利结束，动员为保卫陕北苏区而战。在军事工作方面，训练新兵、刷擦武器、调整弹药、整顿军容。在物质方面，补充服装、草鞋，洗澡、洗衣、理发，整顿内务。

彭德怀回忆初到吴起镇首战告捷，说：

经过20余天的艰苦奋斗，才由哈达铺到达吴起镇，即陕北根据地的边境。刚停脚一天，敌骑5个团又追到。毛主席说，打退追敌，不要把敌人带进根据地。此役胜利了，结束了红军英勇伟大的二万五千里长征。在哈达铺整编时1.4万余人，到吴起镇只剩7200人。

有人说："在1935年党的遵义会议确立了毛泽东在全党全军的领导地位以后，彭德怀在大部分时期仍然反对毛泽东的领导，并且在党内、军队内进行分裂活动。"这些莫须有的罪名，究竟有什么事实作根据呢？是完全没有事实作根据的。相反，在红军到达陕北吴起镇时，击败追敌骑兵后，承毛泽东给以夸奖："山高路险沟深，骑兵任你纵横。谁敢横枪勒马，惟我彭大将军。"（标点是我加的）我把最后一句改为"惟我英勇红军"，将原诗退还毛主席了。从这首诗中也可以看出，不仅没有什么隔阂，还表现了相互信赖。[12]

聂荣臻也回忆说：

10月18日部队到达吴起镇附近，10月19日我们正式进了吴起镇。这时，宁夏二马（马鸿逵、马鸿宾）和毛炳文的骑兵又跟上来了，紧追在我们的后边不放。行军掉队的战士吃他们的亏不少。我们到达吴起镇时，已经是下午了。1纵队还在抗击气势汹汹的骑兵的攻击。毛泽东认为，让敌人的骑兵一直跟进陕北，对我们很不利，总是被动。他给我们交代，要想办法打一下他们，要我到前面去看看情况再下决心。当天下午我们跑到前边阵地上看了看，看究竟打得赢打不赢。我心想，把敌人带到陕北去也确实不好呀！傍晚回来，我向毛泽东作了汇报，我说，我们应该出击。敌人骑兵也就是几千人，别看他们在马上气势汹汹，真正打起来，他们就不行了。他们一定要下马和我们作战，还要招呼马匹，战斗力就会下降。毛泽东同意第二天早晨出击。10月21日，2纵队在左翼，1纵队在正面，向正迂回吴起镇西北部的敌35师骑兵团的2000多骑兵出击，果然，我们出击不久，敌人就垮了。随后，我们在杨城子以西，在齐桥、李新庄间，分别阻击敌32师和36师的两个骑兵团，又将敌人击溃。敌人骑兵这次垮了以后，一段时间再没有敢来侵犯。我们将先后俘获的敌人的马术教官、兽医以及会钉马掌修马鞍具的工人都补充了骑兵队伍，我们的骑兵连就更充实了。

我们初进吴起镇，看到一间窑洞的门口挂着工农民主政府的牌子。我们到了陕北根据地了！从此，我一方面军正式结束了长征。长征以来，我们做梦也想找一个落脚点，现在总算有一个落脚点了。我们开始把伤兵安置在后方，长征以来一直使我们苦恼的这个问题，现在解决了。我们在吴起镇休息了几天。知道徐海东领导的红25军也到达陕北了，还派了人来和我们联络，真是令人高兴。11月6日，在甘泉南边的象鼻子湾，我们中央红军和徐海东领导的25军、刘志丹领导的26军、27军胜利会师了。

11月7日是俄国十月革命节，我们在甘泉县驻地套塘口开运动大会，全面检查了部队的军事、政治、文化和体育训练素质。这是我们从中央根据地就有的传统做法，那时多是选在"五一"或"八一"开，长征以来没有机会开，所以这次开得很热闹，把开展革命竞赛的风气带到了陕北高原。在这次运动会以前，奉中央军委命令，恢复1军团建制，仍由林彪任军团长，我任政委，左权任参谋长，朱瑞任政治部主任。这个新恢复的1军团，实际上是1、3军团的合并，为了继承从南昌起义到井冈山会师的光荣传统，保留和沿用了1军团的番号。新恢复的1军团，下属2师和4师、第1团和第13团。一个月以后，又恢复了1师的建制。这次运动会结束时，我站在一个八仙桌上，面对全军团的部队讲了一次话，对比赛作了讲评，并强调要互相学习，特别要注意向4师和13团的同志们学习，他们过去是3军团和红7军的，他们有许多好作风，原1军团的同志要好好学习。

两天以后，中央在象鼻子湾召开全军干部会议。毛泽东和周恩来、张闻天、彭德怀等先后到达会场。毛泽东对长征作了总结。他首先对大家说："同志们，辛苦了！"引起会场上一片热烈的掌声。接着，他说："我们从瑞金算起，总共走了367天。我们走过了赣、闽、粤、湘、桂、黔、滇、川、康、甘、陕，共11个省，经过了五岭山脉、湘江、乌江、金沙江、大渡河以及雪山、草地等万水千山，攻下许多城镇，走了2.5万里。这是一次真正的前所未有的长征。敌人总想消灭我们，我们并没有被消灭。现在，长征以我们的胜利和敌人的失败而告结束。长征，是宣言书，是宣传队，是播种机。它将载入史册。我们中央红军从江西出发时，是8万人，现在只剩下1万人了，留下的是革命的精华。现在又与陕北红军胜利会师了，今后，我们红军将要与陕北人民团结在一起，共同完成中国革命的伟大任务！"[13]

历时一年、行程达25万里的长征结束了。一年后，毛泽东在保安窑洞对斯诺回首往事时，感慨地说：

红军经历了无数艰难险阻；横渡中国最长、最深、最危险的江河，越过中国最高和最险峻的山口，通过强悍的土著居民地区，跋涉荒无人烟的草地，经受严寒酷暑、风霜雨雪。在占全中国白军半数的敌人的追击下，通过了所有这一切天然险阻，并且突破了湘、粤、桂、黔、滇、川、康、甘、陕各省地方军队的堵截，终于在1935年10月到达了陕北。并在中国的大西北扩大了现在这个根据地。

红军的胜利行军，以及胜利到达甘陕并保存自己的有生力量，首先是由于共产党的正确领导；其次是由于苏维埃人民的骨干的伟大才能、勇气、决心以及几乎超人的忍耐力和革命热情。中国共产党过去、现在、将来都忠于马列主义，并将继续进行斗争，反对一切机会主义倾向。红军之所以不可战胜和必然取得最后胜利，其原因之一就在于这种决心。[14]

直罗镇大捷

中央红军主力到达陕北，并甩掉了紧追不舍的尾巴，但是对陕甘根据地来说，真正的威胁并没有解除。国民党军三面包围着红军，正在进行第三次"围剿"。打破这次"围剿"是毛泽东必须首先解决的问题。

为打好这一仗，毛泽东和中共中央作了充分的准备。

1935年11月3日，成立西北革命军事委员会，毛泽东任主席，周恩来、彭德怀任副主席，统一整个陕北地区红军的指挥。同时成立第一方面军，彭德怀任司令员，毛泽东任政治委员，统辖红1军团（由中央红军主力组成）和红15军团（由红25军和陕甘、陕北红军组成）。

11月5日，在象鼻子湾举行会议，毛泽东、彭德怀和两军团负责人研究作战方案，决定将敌人放进直罗镇，再乘敌立足未稳，突然发起攻击。会后，毛泽东、彭德怀、周恩来还带领军团首长仔细察看地形。

徐海东当时是红15军团军团长。他回忆说：

1935年11月下旬，陕北已经进入了寒冬。红15军团在"打胜仗迎接中央红军"的口号下，一鼓作气，攻下了张村驿，打开了东村，接着扫清了附近的两个小据点。战斗结束后，毛主席率中央红军来到了东村一带。从此，红15军团与中央红军会师了。红15军团的全体同志，都为这个光荣的会师欢欣鼓舞。大家日夜盼望着的中央红军，现在来到我们身边了。

红军长征胜利到达陕北，宣告了帝国主义和蒋介石消灭红军计划的破产；预示着中国革命新高潮的到来。为了把中国革命的大本营安放在大西北，毛主席一到陕北，即拟定了一个大的歼灭战计划，这就是直罗镇战役。

陕北的战局当时是这样：陕北红军取得劳山榆林桥胜利后，敌人以5个师组织新的进攻，东边一个师沿洛川、鄜县（今富县）大道北上；西边4个师由甘肃的庆阳、合水沿葫芦河向陕北鄜县方面前进。为粉碎敌人的进攻，毛主席决定集中会师陕北的红军，在直罗镇一带，给敌人一个迎头痛击。并指示要我们到那边看看地形，再作具体的布置。

按照主席的指示，这一天中央红军和红15军团团以上干部，在张村驿以西会合后，前往直罗镇去看地形。

从出发地到直罗镇，30余里，一个小时不到，就赶到了。大家下马后，首先登上了直罗镇西南面的一座高山。直罗镇就在脚下。它是个不过百户人家的小镇，三面环山，一条从西而来的大道，像一条白色的带子铺在镇子的中央，穿镇而过。镇子东头，有座古老的小寨，里面的房屋虽然倒塌，石头砌的寨墙却大部完好；镇的北半面，是一条流速缓慢而平静的小河。我们将几十架望远镜举在眼前，从左到右，从东到西，细心地观察着道路、山头、村庄和河流。一个小山包、一棵小树、一条小沟、一家独立房屋，都是指挥员们观察研究的对象。大家都深深了解，在战前观察时疏忽一条小沟、漏掉一个山头，说不定在战斗中会增加想不到的困难。同志们一面观察，一面小声地交谈着：

"这一带的地形，对我们太有利了！"

"敌人进到直罗镇，真如同钻进了口袋。"

边走边观察，边观察边研究，从一个山头转移到另一个山头，结论得出了——把敌人放进直罗镇，再消灭他们。为了防止敌人利用镇东头的寨子作固守的据点，大家商讨后，决定把它预先拆掉。部署确定后，当天晚上，红15军团派出一个营，连夜去拆那个小寨子。这时战斗命令虽然还没有下达，但战士们凭着自己的经验会猜测到，将会在这里打仗。战士们深深懂得平时多流汗，战时少流血的道理。因此不分昼夜，不顾疲劳，一气把寨墙拆完。有些新解放来的战士，悄悄问老战士："敌人真的会来吗？"老战士回答说："会来的，这是毛主席算好了的。"

为了迎接这个大胜利，打好会师第一仗，红15军团除留一个排在直罗镇警戒外，主力集结在张村驿一带，养精蓄锐，积极地投入了战前准备工作。各级干部层层深入，具体进行战斗组织。15军团提出口号："打胜仗庆祝会师！""以战斗的胜利欢迎毛主席！""在战斗中向中央红军学习！"

红军情绪高涨，以逸待劳。一切准备就绪后，第三天下午，敌109师师长牛元峰带着部队在6架飞机掩护下，果然来到了直罗镇。

晚上，毛主席下达了命令。按照已经确定的部署，中央红军从北向南，红15军团从南向北，连夜急行军，在拂晓前包围了直罗镇。毛主席、周恩来副主席亲临前线指挥。主席的指挥所设立在距直罗镇不远的一个山坡上。战斗打响之前，主席就特别指示各部队负责同志，一定要打歼灭战，战斗发起后，主席又一再嘱咐说："要的是歼灭战！"

天刚亮，两路红军像两只铁拳，从直罗镇南北高山上砸了下去。敌人虽有防备，却没想到我军会如此迅速，乃至发觉被包围后，直罗镇两边的山岭已被我军占领。南面一响枪，敌人立刻向北撤；北边一响枪，他们又反过来向南扑。109师被夹击在两山之中一条川里。山谷中到处是枪声、喊杀声。109师是东北军的部队，是红军的老"运输队"了。有不少士兵和军官曾经做过红军的俘虏，有的还不止交过一次枪，在我军猛攻之下，纷纷瓦解，交枪投降。一些拼命顽抗的，丧生于刀枪之下。

战斗不到两个小时，红军两路会攻，占领了敌人的师部所在地直罗镇。最后牛元峰逃到镇东头的小寨里，指挥着一个多营负隅顽抗，死不投降。

这个小寨虽被我军事先拆毁，但敌人昨天下午到达后又连夜改修，加上地形复杂，易守不易攻。我们派了一支小部队攻了一次，没能打上去。正组织第二次猛攻时，通信员报告说："周副主席来了。"

这时太阳已升起老高了。我们向山上看去，只见周副主席同其他同志从山上走下来。他们都拿着望远镜，边走边向敌人固守的小寨子观察。等走到我们近前时，周副主席和干部们一一握手，详细地询问了第一次攻击的情况。最后周副主席指示，敌人已经成了瓮中之鳖，不好攻暂且围着算了。寨子里既没粮，又没水，他们总是要逃跑的，争取在运动中消灭他们。

枪声渐渐地平息下来。两边的山坡上、镇子里，到处堆积着缴获的枪支弹药，到处聚集着俘虏兵。胜利的喜悦洋溢在每个红军战士的心里。经过二万五千里长征的战士，在讲述着爬雪山过草地的故事。来自鄂豫皖根据地的战士和陕北的战士，都倾吐着渴望会见老大哥的心情。欢乐和友情笼罩着战场。

109师师长牛元峰蹲在寨子里，一个电报接一个电报，要求董英斌解围。他哪里知道，董英斌派的106师还没到直罗镇，就被红军击溃了，并且在黑水寺被红军歼灭了一个整团。

晚上，牛元峰待援无望，趁黑夜率领残部突围向西逃跑，我75师的战士随即跟踪追击。战士们说："一定要把这条'牛'追回来。"

一气追了25里，追到直罗镇西南一个山上，牛元峰和他率领的残部一个多营最后覆灭了，牛元峰被抓住了。

"击溃战，对于雄厚之敌不是基本上决定胜负的东西；歼灭战，则对任何敌人都立即起了重大的影响。对于人，伤其十指不如断其一指；对于敌，击溃其10个师不如歼灭其1个师。"直罗镇战役，又一次证明了毛主席伟大的、正确的军事思想。109师全师和106师的一个团覆灭，彻底打乱了敌人进攻陕北的部署。迫使敌108师、111师不得不退回了甘肃境内；东路侵入杨泉源的117师也退出了鄜县。陕北根据地出现了一个新的局面。

直罗镇战役胜利结束后，部队携带着胜利品，押解着俘虏，撤离了战场。晚上，当我们路过毛主席住的村庄时，只见主席住的窑洞里还点着灯。这些天来，主席够辛苦的了，天这么晚了，怎么还点着灯呢？

我怀着一种崇敬的心情，走到主席住的窑洞门口，问门口的警卫员同志：

"主席还没睡吗？"

"主席晚上是不睡觉的。"警卫员同志说着把我引进门去。

主席披着件蓝布旧大衣，点着盏油灯，正精神奕奕地工作着。桌上放着那张1：300000的旧地图。可以看出，主席又在考虑新的行动，策划新的战役了。

主席放下手里的铅笔，亲切地伸出大而有力的手，微笑着说："辛苦了！"

我说："天这么晚了，主席还没休息？"

主席说："这样习惯了。怎么样，部队都撤下来了？"

主席简要地讲了讲这次胜利的意义和当前的敌人动向，然后，关切地询问着部队的伤亡情况和伤员的安置。最后嘱咐要好好地组织部队休息，让战士们都洗洗脚。主席对战士那种无微不至的关怀，具体细致的作风，给我留下了难忘的印象。

我从主席住的窑洞走出来，夜已经很深了。跨上马走了老远，回头望去，主席窑洞里那盏灯还亮着。

部队移住到杨泉源一带，举行了祝捷大会。中央红军和15军团都相互派了参观访问团，进行参观和访问。

11月30日，在东村举行了干部大会。毛主席在会上作了"直罗镇战役同目前形势与任务"的报告。主席讲到直罗镇战役的意义，说：这次胜利，彻底粉碎了敌人对陕北的三次围攻，为党中央和红军在西北建立广大的根据地，推动全国抗战，举行了奠基礼。主席讲到胜利的原因，指出：一、两个军团的会合与团结（这是基本的）；二、抓住了战略与战役的枢纽（葫芦河与直罗镇）；三、战斗准备得充足；四、群众与我们一致。

我们说，还要补充一个最重要的原因：那就是主席正确的军事思想和主席英明的指挥。

主席在报告中还详细地分析了国际形势与国内局势。主席说：目前日本帝国主义正进攻华北并吞全中国；国民党正在南京开卖国大会。我们的胜利，告诉日本帝国主义，我们不许你这个日本帝国主义灭亡我们的华北和全中国；我们的胜利也告诉国民党，我们不允许你们卖国。红军要同全国人民携手，用我们的枪炮与热血，打倒日本帝国主义……

主席洪亮的声音，明确生动的言词，句句印在每个红军干部心里。主席的声音，就是全国人民的呼声，它代表每个红军战士抗日救国的意愿。〔15〕

当时任红1军团政治委员的聂荣臻回忆说：

这是一个严寒的冬天，而1军团当时尚缺2000多套棉衣补给不上，部队在陕北透骨钻心的寒风中致病送医院的先后达千余人次。部队靠士气旺盛御寒，寄希望于打一个胜仗解决棉衣等军需、给养问题。

毛泽东亲自指挥红15军团和1军团打了这一漂亮的歼灭战。11月5日，毛泽东就要我和林彪到象鼻子湾军委总部开会，确定了打直罗镇战役的总决心，开始研究制订战役计划。战役发起的前两天，毛泽东即组织15军团和1军团团以上的干部在张村驿会合，到直罗镇西南面的小山头上看地形，研究具体部署。直罗镇是一个不到百户人家的小镇子，三面环山，镇子的北面有一条小河流过。镇子的东头有座古老的破寨子。大家认为把敌人放进直罗镇歼灭，地形对我十分有利。

20日下午，在我们小部队节节抗击下，敌人进了直罗镇。先开进直罗镇的是敌人的109师的3个团和111师的1个团，后面的106师开到黑水寺附近，就不太敢向前进了。于是109师就成为我们先歼灭的对象。

规定接敌的那一天晚上，我们1军团走错了路，毛泽东同志比我们还先到。我们带着部队到达时，他说："哎呀，我等你们好久了，你们怎么现在才到。"于是，赶紧按预先划分的任务，开进接敌。

整个行动是按毛泽东同志"要的是歼灭战"的指导思想部署的。15军团基本上是由南向北，1军团是由北向南，当天夜间从四面八方包围了直罗镇。

1军团的2师和4师都参加了这次战斗。当时进到直罗镇的敌人部署是，在河北面的是109师的两个团和师直属队，另两个团在河南面。我军的大体部署是这样的：13团配合15军团从药堆头以北地区，由南向北拦头突击敌人，4师一个团直插黑水寺，一方面堵住敌人的退路，一方面钳制黑水寺的敌人。2师、第1团及4师另两个团由北向南直接攻击直罗镇的敌军。

毛泽东的指挥所设在北山坡吴家台北端高地几个破窑洞附近，直接观察战场情况，指挥战斗。彭德怀司令、徐海东军团长则指挥15军团和13团，我和林彪跟随1军团主力，直接指挥作战。11月21日拂晓前5时半，我们已部署完毕，拂晓发起战斗。冲锋号一响，山鸣谷应，千军万马直冲敌人营垒，冲杀拼刺之声震天。打到上午11时左右，2师已攻入直罗镇，15军团也将敌人设在南面山上的阵地攻破。敌人在天上虽然有6架飞机耀武扬威，但是地面的指挥体系已被打乱。不过敌人还想垂死挣扎。打到中午，忽然上来一股敌人，约莫有一团人的样子，直向1军团指挥部所在的山头上冲来，企图向西突围出去。敌人向我们越逼越近。这个阵地，原来我们是命令2师陈光带一个团来占领的。可是他们还没有到达，敌人就上来了，我们只得带着直属部队，面对面地阻击敌人。我们当时身边只有一个警卫排，将警卫连派去保卫毛泽东了。我们命令这个警卫排就地死守，左权参谋长叫通信员赶紧把侦察连、工兵连调上来，还命令直属队所有的人都拿起枪进入阵地，保证不叫敌人冲出去。可是直属部队没有充足的子弹，每人才只有4发，而且警卫排又没有长枪，只能用驳壳枪射击敌人。战斗打得十分艰苦。我的一个老警卫员叫孙起锋，差不多是从江西瑞金参军以后就跟着我的，这次就在离我不远的阵地上，冲锋时中弹牺牲了。直到后来，还是警卫连上来了，我才带着这个连将冲上来的敌人压下山去。为了表彰孙起锋的英勇，我将他牺牲时背的一只带血的图囊一直保存着，直到进北京交给了军事博物馆。直罗镇上的战斗，打到当天中午，敌人河北面109师的两个团和其师直属队被我军全部歼灭，无一漏网。镇子东头那座破土寨子等地的敌人，23日突围，也被我15军团在追击途中消灭。

　　在这次战斗中，4团代政委黄苏同志英勇牺牲了。他是省港罢工的纠察队长，参加过广州起义，当过敢死队队长，任过8军团政委，牺牲的时候是中央委员。军委本已决定：或者将他调到一个新单位去任政委，或者到中央去工作。他本人也知道马上就要离任，可是他坚决要求等打完这一仗再去就任新职。他是一位很好的同志，这次不幸中弹，为革命过早地献出了自己的生命。此外，2团团长李英华同志也在这次战斗中光荣牺牲。

　　解决直罗镇之敌以后，我们回头北进，想消灭黑水寺的106师。106师得知直罗镇109师被歼，立即逃跑。林彪有事，毛泽东命我带1军团追击。当时雪大路滑，我一直跟着前面的部队，追到了太白镇，消灭了敌人一个团。106师师长沈克过去跟我们有些关系，毛泽东要我在前线释放几个俘虏军官，并捎话，只要东北军同意反蒋抗日，与红军停战，我们俘虏的人枪，日后可以如数归还。在太白附近，通过106师我地下党员在中间传话，与沈克谈判几次，沈克吞吞吐吐，始终不予明确答复。毛泽东认为再谈无益，我们1军团就奉命撤回。这次战役，俘虏的敌人真不少。后来我们对这些俘虏进行教育后，将他们都放回去了。这对于日后争取东北军建立抗日民族统一战线起了好的作用。

整个直罗镇歼灭战的结果是：敌109师被歼灭，师长牛元峰被击毙，还捉住了敌人的好几个营长和团长。我军共俘虏敌人5300多名，打死打伤敌1000多人，缴获枪3500多支、轻机枪176挺、迫击炮8门、无线电台2架、子弹22万多发，大大地改善了红军的装备。

受此惨重打击，敌106师的残部和董英斌的另外两个师不得不退回甘肃合水县、敌东路的117师也不得不退出鄜县。

直罗镇战役结束以后，11月30日，毛泽东在一方面军营以上干部大会上，对直罗镇战役胜利的经验和意义作了详细的总结，大家很受鼓舞。之后毛泽东在评价这次战斗时又说："长征一完结，新局面就开始。直罗镇一仗，中央红军同西北红军兄弟般的团结，粉碎了卖国贼蒋介石对陕甘边区的'围剿'，给党中央把全国革命大本营放在西北的任务，举行了一个奠基礼。"〔16〕

当直罗镇战役正在紧张部署的时候，毛泽东听到了徐海东和陕北苏区干部与群众对肃反情况的反映，得知一个多月前，刘志丹、习仲勋、马文瑞等大批负责干部被捕，有的甚至被杀害了。广大干部群众对这件事反映强烈，非常义愤，希望党中央、毛主席公道处理。毛泽东立即指示："刀下留人，停止捕人。"他说："我们刚刚到陕北，仅了解到一些情况，但我看到人民群众的政治觉悟很高，懂得许多革命道理，陕北红军的战斗力很强，苏维埃政权能巩固地坚持下来，我相信创造这块根据地的同志们是党的好干部，请大家放心，中央会处理好这个问题。"〔17〕

为了及时纠正肃反扩大化的错误，党中央决定成立由董必武同志负责的五人领导小组，负责调查处理肃反问题。党中央和毛泽东主席立即派当时在国家保卫局工作的王首道和刘向三等到瓦窑堡去，接管陕甘边区保卫局的工作，以控制事态的发展。

在王首道等去瓦窑堡之前，毛泽东在下寺湾的一次干部会上，语重心长地说："杀头不能像割韭菜那样，韭菜割了还可以长起来，人头落地就长不拢了。如果我们杀错了人，杀了革命的同志，那就是犯罪的行为。大家要切记这一点，要慎重处理。"〔18〕他又对王首道等嘱咐说，"要谨慎，要做好调查研究工作，不能马虎从事。"

直罗镇战役结束后，毛泽东、周恩来来到瓦窑堡，与张闻天一起，亲自过问和处理肃反扩大化的问题。王首道等将审查刘志丹"案件"的情况向党中央、毛泽东作了详细汇报，党中央充分肯定了他们的看法，并严肃指出：逮捕刘志丹等同志是完全错误的，是莫须有的诬陷，是机会主义"疯狂病"，应予立即释放。

不仅如此，毛泽东还解决了鄂豫皖肃反中遗留下来的问题。一天，徐海东向毛泽东汇报了鄂豫皖苏区肃反的情况，说至今还有300多个同志受冤枉，被打成了"改组派""第三党""AB团""反革命嫌疑犯"。毛泽东询问了事情的真实情况之后，当即指示说："要立刻给他们摘掉帽子。党员恢复党籍，团员恢复团籍。"又说，"这些同志都跟着长征一路，吃了许多苦，为什么还当反革命？"毛泽东让徐海东亲自去解释、安慰他们。

徐海东说：

我按照毛主席的指示，向300多个被冤枉的同志宣布了恢复他们的党团关系。300多个同志全哭了，我也流了泪。从这件事，我又一次感受到，毛主席是最实事求是的。如果不是毛主席，那些同志不知还要被冤枉多久呢！[19]

这样，王明"左"倾机会主义路线造成的肃反扩大化解决了，陕北苏区内部的严重危机消除了，党中央在陕北站稳了脚跟。吴黎平说得好："毛泽东同志挽救了中央红军，也挽救了陕北革命根据地。"[20]

习仲勋是刘志丹事件的见证人。他回忆说：

不幸，王明"左"倾机会主义路线也影响到陕北。他们不调查研究，不了解陕甘革命历史，不了解敌情、我情，全凭主观臆断。强调对外是一切斗争，否认联合；对内凡不同意他们错误观点的，就残酷斗争，无情打击。他们指责刘志丹等只分川地，不分山地（陕甘边某些地方土地多，光川地平均每人就有几亩、几十亩，群众只要川地不要山地），不全部没收富农的东西，不在游击区分配土地，是"不实行土地革命"；指责我们纠正一些人违犯纪律的土匪行为是"镇压群众"；还说我们同杨虎城有联系，是"勾结军阀"。他们无中生有，无限上纲，先说我们"右倾"，继而说我们"右倾取消主义"，进而又说我们是"右派"。诬陷我是"右派前线委员会书记"，诬蔑刘志丹"和杨虎城有勾结"，是"白军军官"。当时，蒋介石正对陕甘边区进行第三次"围剿"。于是出现了这样一种怪现象：红军在前方打仗，抵抗蒋介石的进攻，不断地取得胜利；"左"倾机会主义路线的执行者却在后方先夺权后抓人，把刘志丹等一大批干部扣押起来，红26军营以上的主要干部、陕甘边县以上的主要干部，几乎无一幸免。白匪军乘机大举进攻，边区日益缩小。"左"倾机会主义路线的执行者的倒行逆施，引起了群众的极大疑虑；地主、富农乘机挑拨煽动，以致保安、安塞、定边、靖边等几个县都"反水"了。根据地陷入严重的危机中。

我被扣押了。起初关在王家坪，后又押到瓦窑堡，和刘志丹等一起被关在一个旧当铺里。"左"倾机会主义路线的执行者搞法西斯审讯方式，天气很冷，不给我们被子盖；晚上睡觉绑着手脚，绳子上都长满虱子；一天只放两次风，有人拿着鞭子、大刀，看到谁不顺眼就用鞭子抽，用刀背砍。在莫须有的罪名下，许多人被迫害致死。

千里雷声万里闪。在这十分危急的关头，党中央派的先遣联络员带来了令人无比高兴的喜讯——毛主席来了！1935年10月，毛主席率领中央红军进入陕甘边的吴起。他立即向群众和地方干部进行调查。当时陕甘边特委龚逢春同志去迎接毛主席，向毛主席汇报了陕北苏区和红军胜利发展的情况，又汇报了当时乱搞"肃反"，把刘志丹等红26军的干部抓起来的问题。毛主席马上下达指示：立即停止任何逮捕，所逮捕的二部全部交给中央处理，并派王首道等去瓦窑堡办理此事。我们这100多个幸存者被释放了。毛主席挽救了陕北的党，挽救了陕北革命，以致出现了团结战斗的新局面。[21]

注 释

〔1〕李云龙：《介绍两河口会议——兼辨张国焘〈我的回忆〉之伪》，《党史通讯》1985年第3期，第17—23页。

〔2〕《杨成武回忆录》（上），解放军出版社1987年6月版，第213—220页。

〔3〕根据中共中央文献研究室编《毛泽东年谱（1893—1949）》，这句话是这样的："阅致徐、陈右路军南下电令。"见该书上卷第471页。

〔4〕徐向前：《历史的回顾》，解放军出版社1985年10月版，第452—457页。

〔5〕《彭德怀自述》，人民出版社1981年12月版，第201—204页。

〔6〕李维汉：《回忆长征》，《党史通讯》1985年第1、2期。

〔7〕即马鸿逵、马鸿宾、马步芳、马步青。——原注

〔8〕《杨成武回忆录》，解放军出版社1987年6月版，第275—277页。

〔9〕即敌人东北军骑兵第7师的王牌——骑兵第19团。——原注

〔10〕即《清平乐·六盘山》，作于1935年10月。——原注

〔11〕《杨成武回忆录》，解放军出版社1987年6月版，第280—287页。

〔12〕《彭德怀自述》，人民出版社1981年12月版，第206—207页。

〔13〕《聂荣臻回忆录》，战士出版社1983年8月版，第292—295页。

〔14〕埃德加·斯诺：《西行漫记》，生活·读书·新知三联书店1979年12月版，第157页。

〔15〕徐海东：《奠基礼》，载《星火燎原》第4集；又见：《伟大的历程——回忆战争年代的毛主席》，人民出版社1977年8月版，第141—147页。

〔16〕《聂荣臻回忆录》，战士出版社1983年8月版，第296—300页。

〔17〕王首道：《怀念集》，湖南人民出版社1983年11月版，第25页。

〔18〕王首道：《怀念集》，湖南人民出版社1983年11月版，第25页。

〔19〕《徐海东生平自述》。

〔20〕《人文杂志》，1981年庆祝中国共产党诞生60周年专刊。

〔21〕习仲勋：《红日照亮了陕甘高原》，载《星火燎原》，战士出版社1980年11月版，第21—23页。

八、迎接抗日救亡高潮

"三位一体"的新局面

正当中央红军主力将立脚点放在陕北的同时，中国政局也发生了前所未有的重大变化。在日本帝国主义吞并东北后，又将目光集中在华北的形势下，中日民族矛盾日益尖锐，逐渐成为中国社会的主要矛盾。

在华北事变的刺激下，北平发生了著名的"一二·九"运动。中国人民长期孕育又被压抑的爱国情绪，猛烈地爆发出来，对蒋介石"攘外必先安内"的国策表示强烈不满。与此同时，国民党统治集团内部的政治态度也开始分化，社会各界停止内战、一致对外的呼声越来越高。

毛泽东和中共中央把握历史时机，顺应民族救亡的历史潮流，从1935年12月17日开始，在陕北瓦窑堡召开具有历史转变意义的中共中央政治局扩大会议，确定了抗日民族统一战线的战略和策略方针。

会上，毛泽东作了关于军事问题的报告，并起草《中央关于军事战略问题的决议》，明确提出：以坚决的民族战争反对日本帝国主义进攻，把国内战争同民族战争结合起来。会后，他又在党的活动分子会议上作了《论反对日本帝国主义的策略》的报告，进一步阐明会议通过的《关于目前政治形势与党的任务决议》。

关于毛泽东在瓦窑堡会议前后的活动情况，陈昌奉回忆说：

直罗镇战役的胜利，彻底地粉碎了敌人对陕甘根据地的第三次"围剿"。当时有的同志想，下一步可能要集中兵力把在陕北地区的国民党全部赶出去了。但是，主席告诉我们，他要到瓦窑堡去开会。

当时，从东村到瓦窑堡这一路，并不完全都是根据地。而跟主席从东村走的，就是我们这些警卫、勤杂人员。这一带情况我们不熟，心里不是那么踏实。经富县、道左铺、高桥，绕过当时还被东北军占着的延安，我们来到了安塞县。

安塞虽然是根据地，但离延安比较近。一进城，县苏维埃军事部和安塞独立营的同志，一再坚持我们不能住城内，理由是住延安的东北军可能出来扰乱，安全没有保证。他们的态度很恳切、很严肃。我们也劝主席离开城里。结果，那天晚上我们宿在了离安塞城八九里地的一个小村子里。

住下之后，主席对我们说："安塞的同志很认真、很负责。其实，这一带是东北军，张学良的队伍是不会出来的。"

张学良的队伍为什么不出来，对我们来说是一个谜。

那时，毛主席根据两次国内革命战争的基本经验和国内外的状况，已经预见到了由于日本帝国主义要变中国为它的殖民地，民族危亡严重地威胁着全国人民的生存，蒋介石坚持卖国反共的政策已不得人心，全中国不愿做亡国奴的各阶层人民响应我党关于"停止内战，一致抗日"的主张的呼声越来越高，中国的"政治形势已经发生了很大的变化"。

在这样的情况下，毛主席带我们来到了瓦窑堡。

……

1935年12月17日，具有伟大历史意义的"瓦窑堡会议"在毛主席主持下开始了（当时我们还不知道是政治局会议）。27日，毛主席在瓦窑堡党的活动分子会议上，作了著名的《论反对日本帝国主义的策略》报告。

毛主席作罢报告之后，部队的同志、宣传队的同志，在瓦窑堡的大街上书写了好多大标语：

停止内战，一致抗日！

全国人民联合起来，打倒日本帝国主义！

中国人不打中国人！

欢迎张（学良）杨（虎城）抗日！

中国共产党万岁！

毛主席万岁！

……

那些天，我们乃至整个部队，都在进行着热烈的学习和讨论。有时候在吃饭中、睡觉前也不停嘴。

毛主席在《论反对日本帝国主义的策略》这部光辉著作中，分析到中央红军长征到达陕北后，全国政治形势的特点时，曾指出："目前是大变动的前夜。党的任务就是把红军的活动和全国的工人、农民、学生、小资产阶级、民族资产阶级的一切活动汇合起来，成为一个统一的民族革命战线。"这个民族统一战线，在毛主席的领导下形成了！伟大的抗日民族解放战争的烈火，由毛主席亲自点燃，在陕北、在全国烧起来了！而且越烧越旺，越烧越旺……[1]

瓦窑堡会议后，在毛泽东的亲自主持和部署下，抗日民族统一战线工作在半年多时间里取得了很大进展，初步形成了红军同东北军、西北军"三位一体"的新局面。

郑广瑾、方十可在《中国工农红军长征记》中写道：

张学良的东北军和杨虎城的西北军，与蒋介石是有矛盾的。这两支军队绝大部分官兵厌恶内战，要求抗日，特别是东北军，抗日要求更加强烈。党决定把争取东北军和西北军的工作，作为建立抗日民族统一战线，实现全民抗日的重大步骤。

我军对在劳山、榆林桥、直罗镇等战役中俘虏的东北军官兵，生活上给予优待，政治上向他们宣传抗日救国的道理。党中央领导亲自对他们做工作。党中央有一次把所有被俘的东北军写官集中在一起，召开了一个热烈的宴会，毛泽东、周恩来等中央领导同志亲自出席，并作了热情、亲切、生动的讲话，向他们讲形势，宣传停止内战、一致抗日的主张。这使他们深受感动，反对内战、要求抗日的情绪更加高涨。

叶剑英是北伐将领，在国民党军队中有声望，中央派他去做这批俘虏军官的工作。伍修权也给他们上了几次政治课。彭德怀亲自对东北军团长高福原做工作。高福原系北平的大学生，曾任张学良的卫队营长，与张学良关系密切，有相当强烈的抗日要求。我军待之如宾，彭德怀亲自和他谈了两天一夜，进行教育。高福原要求去被围在甘泉的110师，彭德怀同意了。几天后他从甘泉回来，对彭德怀说："抗日救亡大事依靠共产党和红军。红军与人民的关系，表现了共产党是真正爱国爱民。"一个晚上，他主动找彭德怀，谈到张学良、王以哲等都要求抗日，东北军要求打回东北去是普遍的，关键在张学良。如张能了解红军的真实情况，在抗日问题上是可以合作的。彭德怀根据瓦窑堡会议决议和毛泽东报告精神，果断地决定说："你就回西安去，做这件工作。"他高兴极了，说："你们真敢放我回去吗？我若回去，一定不辜负红军对我的优待。"彭德怀说："你什么时候去都可以。"高福原说："明早？"彭德怀热情地说："好吧！欢送你。"并送给他200元，又派骑兵送他到王以哲的防线内。

高福原回到东北军后，先说服他的上司王以哲，又把红军托他捎的话告诉张学良，他说服张学良放弃进攻红军，与红军联合抗日。红军的强大战斗力，震撼了张学良；红军的主张和政策，感动了张学良。一星期后，高福原乘运送给养的飞机到甘泉，在我军司令部附近，投下了报纸刊物。从此，红军即同东北军搭起了抗日民族统一战线的桥。之后，张学良第二次派高福原来根据地，毛泽东、周恩来亲自接见了他，与他的关系开始改善了。

1936年春节前夕，毛泽东指示围攻甘泉的红军：主动停止攻击，让开大路，纵敌南归。当时被困在甘泉的东北军110师，缺粮缺柴，马匹已杀光吃光，桌椅板凳门窗都已烧光，既少接济，又无援兵，处境危殆。我军纵敌南归时，在路旁列队唱歌，烧茶送饭，欢送他们，这使东北军官兵深受感动。他们流着眼泪，发誓再也不来攻打红军了。

为了争取东北军，1936年1月25日，我党以毛泽东、周恩来、彭德怀、叶剑英、聂荣臻、刘志丹、徐海东等的名义，发表了《红军为愿意同东北军联合抗日致东北军全体将士书》，指明了抗日反蒋是东北军的唯一出路。1936年6月20日，党中央制定了《关于东北军工作的指导原则》，明确地提出"争取东北军到抗日战线上来是我们的基本方针"。党中央成立了以周恩来为书记的北方白区工作委员会，专门领导做东北军的工作。

我军积极开展争取东北军下层的工作，进行战场联欢。红军与东北军阵地相接，随着我军释俘工作的进行，宣传工作的深入，东北军士兵要求停止内战、共同抗日的呼声越来越强烈。在前线常常出现这样的情况，白天两军严阵以待，向天空鸣枪开炮，摆出一副真打的架势；晚上互相联欢，各自在阵地的一边唱着《救亡三部曲》《打回老家去》等歌曲。每当红军高唱"我的家在东北松花江上……"的时候，东北军士兵往往低声配合，有的甚至泣不成声。这就争取了越来越多的东北军下层官兵。

我军还大力开展争取东北军上层人士的工作。毛泽东亲自给东北军67军军长王以哲、51军军长兼国民党甘肃省政府主席于学忠写信。同时，毛泽东、周恩来亲自给张学良写信，建议停止内战，共同抗日。这对争取张学良和东北军到抗日战线上来起了重要作用。

张学良在日本帝国主义的"教训"下，在蒋介石的排挤下，在全国人民抗日热潮推动下，在我们党的争取教育下，在"围剿"红军中连连败北，损失两个师长、7个团长、步骑兵3个多师的情况下，认识到和红军作战是没有出路的。张学良"剿共"的决心开始动摇，他想另找出路。1936年1月，他到上海找与我党有关系的进步人士杜重远，想和我党拉关系。回到西安后，他又要有抗日进步思想的王以哲军长到前线去设法改善与红军的关系。高福原捎回去的红军关于停止内战、共同抗日的主张，正中张学良的下怀。这样，张学良与我军开始搭上了关系。1936年二三月间，党中央派李克农到洛川会见王以哲，通过友好谈判，定了互不侵犯、通商和交通3个口头协定。3月中旬，上海地下党组织应张学良之请，派刘鼎到西安与张学良联系。张学良问刘鼎：红军为什么能以长征疲惫之师打败装备精良的东北军？是什么力量使红军在任何艰难困苦的环境中也不溃败？刘鼎回答说：那是因为红军中有共产党的组织领导，以及红军指战员有坚强的政治信念和高度的阶级觉悟。双方决定举行高级会谈。1936年4月9日，在延安天主教堂，周恩来与张学良举行了会谈。我方参加会谈的有李克农和刘鼎同志，东北军方面有王以哲。谈判达成了联合抗日的协议。这次谈判的成功，对争取东北军迈出了决定性的一步。此后，双方派出代表建立了正式关系，我党在东北军设立了电台。张学良从此走上了联共抗日的道路，我党与张学良东北军的统一战线关系开始正式形成。

杨虎城领导的西北军（17路军），也是我党统一战线的重要对象。杨虎城是一个有民族意识的将领，主张抵抗日寇入侵。1933年日军侵略热河时，他曾向蒋介石提出请求，愿率17路军全部开赴华北抗日。在蒋介石的眼中，杨虎城是个有才干的雄心勃勃的将领，17路军是一支有抗日要求的、愈来愈难以驾驭的地方势力。他害怕杨虎城力量的增长，他做梦也想排除他。我们党分析了杨虎城和西北军的情况，决定利用蒋、杨矛盾，争取和西北军建立抗日民族统一战线。

1935年10月，中共北方局联络局负责人南汉宸（曾在西北军中工作，与杨虎城有深厚友谊）在天津派申伯纯去找杨虎城，向他说明当前的形势和我们党的主张，传达《八一宣言》精神，建议他改善与红军的关系，与陕北红军订立抗日友好互不侵犯协定，杨虎城基本同意。

1935年11月，毛泽东写了亲笔信，派汪锋前去联络杨虎城。行前，毛泽东亲自向他交代任务，说："西北军是典型的地方势力，他们要扩大实力，控制地盘，对抗国民党中央，同国民党中央军胡宗南部的矛盾必然会日益突出。杨虎城先生和他的中下级军官多有反蒋抗日的思想，我们提出联合一切抗日力量的方针，一定会在这些部队中产生影响，我们的口号应当是'西北大联合'。"[2]汪锋到西安后，三次会见杨虎城，转交了毛泽东的亲笔信，坚定了杨虎城联共抗日的决心。

1936年4月1日，党中央派王炳南与杨虎城谈判，达成了4点协议：一、在共同抗日的原则下，红军与17路军订立友好互不侵犯协定；二、双方互派代表，在杨虎城处建立电台秘密联系；三、17路军在适当地方建立交通站，帮助红军运送必要物资、掩护人员；四、双方同时做抗日救亡工作。这样，我们党和西北军的统一战线关系也建立起来了。

之后，杨虎城思想有过动摇，我们党又及时做了工作。1936年8月13日，毛泽东写信给爱国民主人士、杨虎城的总参议杜斌丞，请他给杨虎城做工作，以坚定杨虎城参加联合战线的决心。同一天，毛泽东又写信给杨虎城，一方面赞扬他："先生同意联合战线，盛情可感。"另一方面又批评他："全国各派联合抗日渐次成熟，而先生反持冷静态度——若秘密之联系，暗中之准备，皆所不取，甚非敝方同志所望于先生者也。"[3]在我们党的积极推动下，红军与西北军终于建立了比较稳固的统一战线关系。[4]

关于毛泽东亲自做杨虎城的工作，申伯纯在《西安事变纪实》一书中写道：

1935年11月下旬，陕西长武县城外的大路上，有一个商人模样的中年人，由一个老乡带路，从北向南而来。

这个人就是汪锋。那时他是中共陕西地下省委兼军委成员,又兼红26军的政委,曾领导17路军中的地下党员。他这次由陕北出来,是受党中央毛主席的派遣,代表红军去西安同17路军谈判,争取他们同红军互不进攻、联合抗日。当时正是直罗镇战役以后,毛主席和前总住在鄜县西边的套通塬东村。毛主席为了开辟对17路军的统战工作,特由瓦窑堡调汪锋同志到前总驻地,当面向他交代了这项任务,并且详细地分析了当前的形势和西北军(17路军)的情况。主席说,西北军和东北军都不是蒋介石的嫡系部队,由于蒋介石力图排斥和削弱这些杂牌军,他们间的矛盾是不可调和的。东北军要求打回老家去的愿望很强烈;西北军是典型的地方势力,他们要扩大实力,控制地盘,对抗中央,同中央军胡宗南部的矛盾必然会日益突出。杨虎城先生和他的中下级军官多有反蒋抗日思想,我们提出联合一切抗日力量的方针,一定会在这些部队中产生影响。我们的口号应当是"西北大联合"。主席指出,这次谈判成功的可能性是很大的,但谈得不好,也是有一定危险的,要汪在精神上有所准备。[5]

1936年9月1日,中共中央根据蒋介石在抗日问题上的态度变化,以及国共双方谈判的进展等情况,发出了《关于逼蒋抗日问题的指示》。这进一步推动了"三位一体"联合抗日局面的形成。

申伯纯在《西安事变纪实》一书中写道:

党中央决定逼蒋抗日的方针以后,就电召刘鼎去陕北。刘鼎乘坐张学良的飞机到延安,然后由延安进入苏区,到达安塞,见到了毛主席、周副主席和李克农。毛主席要刘鼎将中央决定"联蒋抗日"的方针转告张学良,请张今后大力劝蒋抗日。刘鼎还带回来张学良所提的一个新问题,就是"万一东北军与蒋介石决裂时,东北军是否可以同红军合在一起去打游击,去抗日?"对于这个问题,毛主席指出,现在大家都要团结抗日,东北军同蒋介石,在停止内战、一致抗日的原则下也要团结,不要破裂。

刘鼎很快就由陕北返回西安,向张学良传达了党中央关于逼蒋抗日的政策和毛主席对他的期望。张学良听了非常高兴,他认为这是中共虚心接受了他的意见,是中共对他最大的信任,并表示愿以最大的勇气和最有力的办法来劝蒋,一定以劝蒋联共抗日为己任。关于东北军万一与蒋决裂的问题,他也接受了毛主席的意见。[6]

东征和西征

在初到陕北的日子里,生存和发展成为红军面临的最大问题。陕北地区贫瘠荒凉,交通极为不便,使红军的给养和供给产生极大困难。

毛泽东提出"以发展求生存"的方针，首先把发展的目光投向黄河东岸。

在黄河东岸，是阎锡山盘踞的山西。它是通向华北抗日前线的战略跳板，资源丰富，交通比较发达，对于红军的发展具有极大的战略价值。

为了充分作好东渡黄河的准备，毛泽东从1936年1月起，就集中精力督造船只，整训部队，扫清沿河据点，侦察对岸敌情。他还亲自到黄河沿岸选择渡口，了解敌情和地形。

气势恢宏的诗词《沁园春·雪》，就是毛泽东在这时一气呵成的。

2月中旬，毛泽东和彭德怀下达渡河命令。20日，红一方面军主力一举突破黄河天险，迅速攻克沿河要地。晋军慌作一团，纷纷溃逃。以闭守山西著称的阎锡山为红军的勇猛所震惊，慌忙向蒋介石发去求援的电报，甘冒"引狼入室"的风险。

当时和毛泽东共同指挥东征战役的彭德怀回忆说：

粉碎国民党对陕北的第三次"围剿"以后，部队的物资给养等仍然很困难。这些实际问题，也就经常使我们考虑红军的行动方向问题。

陕北是小红军的好根据地、大红军的落脚点，但经济落后，交通不便。东侧黄河，北靠沙漠，西面荒凉，人烟稀少，虽不易形成白军四面"围剿"的局面，但红军本身的发展也有困难。向南发展，就要同东北军和西北军打仗；且陈诚于洛阳及其以西控制3个军，放在机动位置，这是专门对付我军的；向南发展就会把蒋军嫡系引进西北，加强对西北的控制。这些，对于当时的发展和总的局势都不利。东渡黄河开展吕梁山根据地，再向晋中和晋东南发展比较理想。东征可以把抗日主张发展到华北去，可以解决给养问题、补充兵员问题，以及筹款和其他物资问题。但是，东征必须保正部队和陕北根据地的联系。

1936年，大约是1月中旬，接毛主席电报，决定东渡黄河，夺取吕梁山脉，开辟新根据地。我接到军委这个指示后，是拥护毛主席这一决定的，但是内心有两点顾虑：一是怕渡不过去。当时红军在大疲劳之后，体质还很弱，且人数也少，包括刘志丹、徐海东两部分才1.3万余人，如受挫而强渡不成，那就不好。二是东渡黄河后，在蒋军大增援下，要保证能够撤回陕北根据地。在这一点上，也是不能大意的。因此，我除复电同意外，还就自己的上述看法，提出东渡黄河是必要的，但须绝对保证同陕北根据地的联系。我这种想法，反映了当时红军体质弱的实际情况以及长征中没有根据地的痛苦教训。这引起了主席的不高兴，他说："你去绝对保证，我是不能绝对保证的。"

我随毛主席到无定河以北之大相村后，即率电台去无定河口上下游各数十里，详细侦察渡河点。我用了7个晚上侦察了1军团和15军团的两处渡河点，也侦察了敌情。不仅了解了敌人表面的工事构筑、兵力火力配备，而且掌握了敌人的纵深配备，以求既保证东渡取得胜利，又准备形势万一变化，能安全撤回陕北。我到预定渡河点时，才造好15只船，每船乘30人，来往一次需要80分钟。全军1.4万人，还有行李、伙食担子、马匹等，这样少的船只，是无法保证东渡胜利和万一情况变化需回师的安全的。即决心组织地方党、政、民全力以赴，根据掌握的每渡一次来回的时间，星夜赶造百只船。每船配备三四个船工，对船工加强政治动员和组织训练。这才有了东渡的胜利保证和必要时返回西渡的安全，不然绝对保证同陕北根据地的联系就成了空话。1军团和15军团渡点正面守敌各不到一个营，其纵深也只有留誉镇、石楼各一个营，都离河岸30里至40里。待敌纵深部队到达河岸时，我之战斗部队即可全部渡完。

我在黄河边做了一个多月这样的准备工作，还做了详细的侦察工作，把对岸每一个碉堡敌人的兵力、火力配备及预备队位置都弄清楚了；选择了适当的渡河点，大体保证了渡河的准确性。这样细致的组织、侦察工作，对那次东渡的保证是有帮助的。在我军火力弱，尤其无炮火掩护下，作为一个高级指挥员，在执行军委指示时，亲自详细侦察，进行各种渡河准备，是非常重要的。我回到大相村，向主席汇报了各项准备工作的情况，渡河地点、时间得到了批准。强渡很顺利，两处渡点部队均已登岸，几乎没有什么伤亡。主席随15军团到石楼，我随1军团到留誉镇。

东渡黄河后，我军胜利占领吕梁山之隰县、石楼、吉县，逼退了敌军进占绥德、米脂的两个师。这对于陕北根据地可以减少威胁，有利于陕北根据地的发展。阎锡山花了数十万元修建的沿黄河的堡垒，一点也没有起到阻拦红军东渡的作用。

敌人迅速集结12个团于兑九峪，准备向大麦郊推进。如乘敌前进时，首先消灭其先头两个团（一个旅）是可能的。当时没有这样打，而是对兑九峪三面包围攻击。此役口张得太大，战斗一天成了相持状态。毛主席又即改变了计划，乘晋军后方空虚，以15军团向北挺进文水、交城，威胁太原，后又挺进到静乐县，宣传北进抗日；1军团进占孝义，向灵石、介休北扩张，威胁平遥、榆次、太谷、太原。这就使兑九峪晋军退守太原，阎锡山原进入陕北绥德、米脂的两个师，星夜东调回晋，使无定河两岸苏区连成一片；迫使陈诚3个军不敢从潼关北渡黄河入晋，而绕道郑州、石家庄乘火车集结榆次、太谷地区，然后逐步南压。待阎、陈主力集结向我军进攻时，我军争取了一个多月时间休整，做群众工作。1军团在灵石、介休、临汾之线，发动群众打土豪，筹得现金数十万元，扩兵数千人（河南、山东人多），收缴民团武装、弹药不少。15军团因行动时间多，扩兵筹款成绩少些，但他们回师时经岚县、柳林，在柳林以南歼敌军一个整团。当敌军进迫河岸，我军早已准备大量船只胜利地安全地撤回陕北。

当阎、陈集中兵力向吕梁山进攻时，我们以红军抗日先锋军名义发表了宣言，通电国民党政府、全国海陆空军、各公法团体学校，并写专函给阎锡山，说明抗日主张，不愿同室操戈（从这时起对蒋介石、阎锡山等均称阎氏、蒋氏）；说明我们北进抗日，他们既不能原谅，奉中国红军革命军事委员会命令，将红军抗日先锋军暂时撤回陕北，请他们派代表前来共商救国大计等。

东征意义甚大：消灭敌军约3个团，共缴获了几十万发子弹；动员群众参加红军竟达5000人，还有俘虏参加红军，共约7000人；筹了40万元左右的现金；扩大了陕北苏区。这次行动宣传了中共中央1935年12月会议的抗日主张，对平津、太原学生救亡运动起了积极支援作用。全军指战员都看出了以毛主席为首的党中央政治路线的正确。政治、军事由被动转入主动，向敌人开展了战略上的进攻。

在毛主席的正确领导下，粉碎了国民党军对陕北根据地的第三次"围剿"，进军山西，扩大宣传抗日主张，从此共产党夺取了抗日领导权，这是红军到达陕北后的第二个伟大胜利。这次，毛主席是以军委主席兼抗日先锋军政治委员亲自出征的，一切措施都是他决定的。灵活机动，所耗甚少，收获很大。我是抗日先锋军司令员，在他的领导下，做一点点微不足道的具体工作。

东征胜利结束后，红军回师陕北。1936年，约在5月下旬或6月上旬，中央机关驻瓦窑堡，在瓦窑堡以东地区开了全军干部会议，毛主席讲了话。讲到东征的伟大胜利，反对了1军团不愿调出新兵补充15军团的本位主义。组织了西征军及其指挥部，任务是扩大抗日根据地，接援二、四方面军出草地。以我为司令员，没有指定政治委员，但以刘晓为政治部主任。从部队中抽调大批干部成立了红军学校，林彪为校长。[7]

当时任红15军团政治委员的程子华回忆说：

陕北历来是个贫困的地区，在4万多平方公里的土地上，人口只有150多万，交通闭塞，经济落后，当时除瓦窑堡外，大小城镇都被敌人占领着，延安到西安的公路是通往外界的唯一交通命脉，也被敌军封锁。当时陕北根据地又被敌人切断成陕甘和陕北两块地区，中央红军经过二万五千里长征后，部队减员很大，体质和装备也很差，急需休整补充，但陕北这块地瘠民贫的地区，群众连穿衣吃饭都成问题，根本无力供养大批部队和机关，有的地方甚至连人畜吃水都无法满足。敌人碉堡林立，我军又不能攻坚。怎样巩固和扩大现有力量，怎样发展和扩大苏区，怎样挑起抗日救国的重任，使陕北苏区成为中国革命的大本营和抗日的出发点，成为亟待解决的问题。

围绕着这一重大课题，产生了好几种不同的意见：一种意见是确保陕北，向西发展，向敌人力量比较薄弱的宁夏、甘肃等地区发展；一种意见是立足陕北，向北发展，出兵绥远、内蒙、察哈尔等地，向蒙古人民共和国靠拢，以便打通与苏联的联系，取得国际支援。毛泽东提出了他的看法，认为不宜向西或向北发展，而应该是东渡黄河，打到山西去开辟吕梁山根据地，再进一步通过河北或察哈尔开赴抗日前线，从而把国内战争和民族抗日战争结合起来。当时正是"一二·九"学生抗日救亡运动以后，我们东征山西，从政治上来说，可以推动华北乃至全国的抗日救亡运动。从军事上来说，不仅可以避免同东北军和西北地方实力派的武装冲突，有助于和张学良的东北军和杨虎城的西北军建立统一战线；同时可以使阎锡山把晋军撤回山西，保护他的老巢，不战而解除陕北苏区东边绥德一带的威胁。从经济方面看，山西比较富足，便于我军筹款、扩军和补充物资。

毛泽东的主张得到大多数同志的支持，但那个洋李德却反对，他在写给中央的《对战略的意见书》中，提出了反对红军主力东征、死守陕甘苏区的主张。李德在中央苏区时搞的就是单纯防御作战方针，现在反对东征也还是他那老一套。但是这时情况不同了，1935年1月的遵义会议建立了以毛泽东为首的新的中央领导，改变了过去"左"倾机会主义领导，解决了当时最迫切的军事问题和组织问题。但因限于战争情况，未能总结政治上的问题，红军长征到达陕北之后才有了可能。中共中央于1935年12月17日到25日，在瓦窑堡召开了中央政治局会议。会议通过了《中央关于目前政治形势与党的任务决议》。于12月27日又召开了党的活动分子会议，会上毛泽东同志作了《论反对日本帝国主义的策略》报告，还通过了《中央关于军事战略问题的决议》，统一了关于渡河东征的思想，且规定了在当时形势下红军作战的基本原则：1.正确地估计敌我力量，红军作战的主要目标是汉奸卖国贼的军队；2.猛烈扩大红军；3.红军主力部署的基础应放在"打通抗日路线与巩固、扩大现有苏区这两个任务上。此外，系统地说明了政治策略上的问题，全面地阐述了党的抗日民族统一战线的策略，从思想上理论上统一了全党的认识，保证了东征的顺利进行。

瓦窑堡会议后，开始了东征的准备工作。在军事上，中央军委决定重新建立红一方面军，由彭德怀任司令员、毛泽东兼总政委、叶剑英任参谋长，下辖红1军团和15军团2个军团，共1.3万多人。此外，将陕北安定的第1纵队、游击队等整编为红28军，共3个团1200多人，由刘志丹任军长、宋任穷任政治委员、唐延杰任参谋长。同时组建了红29军，由萧劲光任军长、甘渭汉任政委。当时革命军事委员会副主席周恩来同志除了担任巩固陕北根据地的任务外，还亲自领导为东征主力红军进行各项后勤准备工作。周恩来同志对东征部队的编制、干部的配备、游击队的配合、造船和船工的征调、兵站和医院的设置、被服军鞋的供给等都作了周密的布置。

1936年1月15日，毛泽东、周恩来和彭德怀共同签发了红军东进抗日的命令，命令指出：抗日红军愿意同一切革命人民联合起来，不问什么人，只要是愿意打日本、打汉奸卖国贼的都要同他讲团结。我们只打日本和汉奸卖国贼，欢迎一切敌方官兵到抗日红军中来。命令还要求黄河两岸游击队和民众，夺取敌人的船只，替红军主力运伤兵、运粮食、运枪械。按照命令，部队隐蔽地到达预定地区待命。红1军团驻于延长以南临真镇一带，我们15军团进抵延长以西沙滩坪、郑庄地区，红29军分布在宜川河以北担任警戒，红28军作为北路军集结于安定地区。方面军总部在无定河口上、下游侦察，选择渡河地点。1936年1月底，毛泽东在延长县城亲自主持召开了军委会议，进一步研究了东征的行动路线和作战方针，部署了兵力，调整了干部，正式组成了"中国人民红军抗日先锋军"，由彭德怀任总指挥、毛泽东任总政委、叶剑英任总参谋长、杨尚昆任总政治部主任。总部下辖左、中、右三路大军，红1军团为中路、红15军团为右路、红28军为左路。黄河游击师随同出征，除配合主力作战外，负责与后方的交通联络，并协助地方工作团开展地方工作。

......

黄河对岸山西阎锡山晋军的情况：自中央红军到达陕北就开始加强河防，构筑工事。修碉堡1000多个，每个碉堡驻兵一两个班，重要渡口驻兵一个排以上，并配备有机关枪、迫击炮等火器。碉堡封锁线外，还挖了深、宽各1丈的外壕。阎锡山任命24军军长杨爱源为前敌总指挥，以70师师长杨耀芳为晋西警备司令，以69师师长杨澄源为晋南警备司令，凭借黄河天险和吕梁山的山隘层层设防。

据我军在渡河前的侦察和河东送来的情报判明：东岸中阳县三交镇、碛口、军渡一带，驻有孙楚所部约4个旅的兵力，作跨河守备。在中阳县至石楼县之间的河防线上，有晋军71师所属泯玉如一个旅的兵力担任防守，这一段河面比较狭窄，虽水流湍急，摆渡较难，但河床弯曲，沟汉纵横，便于隐蔽集结部队和发起突击，我方还可以就近造船，是较为理想的渡河突破地点。

1936年2月20日，总部正式下达渡河命令，红1军团在中阳县三交镇附近的坪上村登陆。与此同时，红15军团的渡河地点选在了对岸石楼县的贺家凹渡口。本来黄河已结冰，但到20日却突然解冻，要从冰上过去已不可能，好在毛泽东早已准备了两手，涉冰不成就用船渡。15军团渡河突击队由75师223团各连选拔的40多名战士组成，本来是偷渡，但被东岸守敌发现，只好由偷渡改为强渡。75师参谋长毕士悌同志指挥后续部队继突击队之后登上东岸，向敌发动猛攻时不幸中弹英勇牺牲。毕士悌同志是朝鲜人，1925年加入中国共产党，参加过南昌起义和广州暴动，也参加过二万五千里长征，他为中国革命事业献出了生命，使我们深为哀悼。部队歼敌一个连，占领了贺家凹村。拂晓时223团全部渡河，接着我15军团渡河占领义牒镇，并一直追到石楼城下。我军以小部围攻石楼县城，大部队绕过石楼向隰县前进，在隰县西北蓬门一带与敌203旅一营遭遇。我78师和81师经一昼夜激战，歼敌500多人，并俘敌营长以下200多人。在这之前，红1军团在中阳县关上村歼敌1个团，后进至孝义县的兑九峪以西的大麦郊地区。我15军团奉总部命令也向大麦郊开进，准备配合红1军团重创敌军。3月初，两个军团在大麦郊地区会师。这时阎锡山召集紧急会议，决定在汾阳、孝义之间集结两个纵队共8个旅、2个山炮团、1个野炮营的兵力，由总指挥杨爱源坐镇孝义，直接指挥与红军对抗。

3月6日至8日，在大麦郊召开了中共中央政治局扩大会议，出席的有毛泽东、周恩来、彭德怀及中央其他负责人和各军团的领导人等。会议分析了渡河以来的政治、军事形势，调整了东进抗日的战略部署，并具体研究了兑九峪战斗的部署，决定集中兵力在这一带重创晋军。3月8日下达了作战命令，15军团主力75师、78师为右翼，集结于兑九峪东南的鱼湾、仲家山地区；红1军团主力为左翼，布防于兑九峪西北的张家庄、碾头村、下堡一带，与15军团形成南北夹击之势，对集结于兑九峪正面的敌军，形成了一个半月形的包围圈。3月9日，下大雪，天很冷。敌左翼杨效欧第2纵队向兑九峪以西之大麦郊、双池镇推进，同时敌右翼李生达第3纵队也协同动作，经三泉镇到达下堡一带，准备于10日拂晓时配合杨效欧部向我军发动袭击。红军部署了下一步的行动，决定兵分三路，进一步发动群众，扩军筹款，创立河东根据地，积蓄抗日力量。具体行动方案是：彭德怀、毛泽东、叶剑英指挥总部特务团和黄河游击师作为中路军，转战于隰县、交口、石楼、永和一带，牵制晋西方面的孙楚、杨效欧等部；徐海东和我指挥15军团的75师、78师为左路军，挥师北上直逼太原，以牵制和调动晋军主力保守太原，并向晋西北行动，拟创建根据地；红1军团为右路军长驱南下，扩大红军和筹款，发动群众，相机分兵挺进河北抗日前线。15军团的81师的241团和243团归总部指挥保卫总部，其余部队随1军团行动。

……

红军东征后，1936年时全国的形势是：日本帝国主义已实际上侵占华北，进一步侵吞全国的危机迫在眼前。在西北地区，张学良在3月到洛川与我党代表李克农会谈，并表示希望与我党主要负责人会晤；同时西北军杨虎城也已与我党进行了联系。4月9日，周恩来与张学良在延安进行了谈判，紧接着周恩来到山西永和县向毛泽东汇报。在这之前，阎锡山怕自己抵挡不住红军，已要求蒋介石派兵入晋援助。蒋介石早就想染指山西，当即派陈诚带10个师进入山西，同晋军合起来打红军。这样，中共中央军委主席毛泽东、副主席周恩来和彭德怀、叶剑英等开会，认为敌军力量太强，在山西创建根据地是不可能了，派一部分部队去河北省抗日也不可能了。于是在4月5日发出了要求南京政府停战议和、一致抗日的通电，同时决定将"渡河东征，抗日反蒋"的方针改变为"回师西渡，逼蒋抗日"。红军总部即向红1军团和红15军团发出回师陕北的命令。[8]

毛泽东在结束东征后，曾希望国民党方面做出积极的反响，停止内战，一致对外。

然而，蒋介石仍然坚持"剿共"政策，调集兵力，准备发动新的"进剿"。他还搬出堡垒主义政策，调晋绥军等由山西入陕，又将宁夏部队置于陕甘宁边界地区，并督促东北军和第17路军由南向北进攻。如果红军不及时采取对策，将有被困死在陕甘地区的危险。

毛泽东充分意识到处境的危险。他一贯主张灵活机动的战略战术，决不能让红军坐以待毙。毛泽东在冷静分析敌情之后，决定先发制人，向陕、甘、宁三省交界的敌人薄弱地区出击，发起了西征战役。事后证明，此举对促成敌人营垒的分化，加速张、杨同蒋介石矛盾的激化，有重要的作用。

1936年5月18日，中革军委下达西征战役计划，任命彭德怀为西方野战军司令员兼政治委员、叶剑英为参谋长，率红一方面军主力西征。

西征取得了重大战果，开辟了纵横400余里的新根据地，同原有的陕甘根据地连成一片，奠定了陕甘宁根据地的基础。红军的生存与发展问题，至此初步得到解决。

毛泽东没有随主力西征，在部署就绪后，回到了瓦窑堡，度过了一段相对稳定的时期。

当时任毛泽东的警卫员的贺清华回忆说：

1936年5月，毛主席率领红军东征返回陕北后，在延川县送走了西征的部队，便率领我们返回瓦窑堡。

瓦窑堡是陕北的一个大镇，里外三道城墙，约1800户人家。1935年12月17日起，党中央政治局在这里举行过一次有历史意义的会议，决定了党的抗日民族统一战线的策略，通过了《目前形势与党的任务》决议。12月27日，毛主席在党的活动分子会议上作了《论反对日本帝国主义的策略》报告。从此，瓦窑堡这地方就出名了。

这次主席回到瓦窑堡，住在三道城里河滩上一座砖砌的窑洞里。当时，瓦窑堡的街头上，满是"团结抗日，枪口对外""打倒日本帝国主义"的标语。主席每天写文章、开会、和干部们谈话，给红大讲《中国革命战争的战略问题》的课，常常工作到深夜。

窑洞里，所有的家具，除了一个三屉桌，还有两只白铁皮箱子。它是主席的文件箱，又是主席的办公桌、写字台。每天夜深人静，主席就坐在那箱子旁，点着一盏小油灯写作。他的行李极为简单，甚至连枕头也没有。每天入睡时，不是把棉衣卷起来枕着，就是拿几本书垫在包袱下当枕头。吃饭，也是和我们一样，顿顿是小米干饭，菜是不多的。我们几个警卫员，虽想尽办法给主席弄点好吃的东西，但因为菜金少，东西难买，经常是干着急办不到。

过了些日子，转移到保安县城后，主席更是夜以继日地开会、谈话、写文章，仍时常到红军大学去作报告，夜深才回来。我们4个警卫员都为主席的健康担心，大家商议：一定想办法给主席改善一下生活。

这天，我们听说几十里路以外的永宁山一带，老乡家里养着鸡，便瞒着主席到永宁山去了。结果不但买到两只鸡，还买到一些主席最喜欢吃的辣椒。

有了鸡，4个警卫员就忙起来了，有的烧火，有的杀鸡，班长大显身手，做了个白斩鸡。吃饭时，主席见了奇怪地问："哪里来的鸡？"我们把经过告诉了主席。主席说："大家的生活都很苦嘛，我应该和大家一样，不应该特殊。下次再不准这样做了。"

几天后的一个傍晚，我们跟随主席在外边散步，来到一片荒地里。主席停住脚步，指着一种枝秆很高、长着圆叶、开着蓝花的野草，对我们说："这叫冬苋菜，可以吃。往后买不到菜，就吃这个吧！"

从这以后，每逢买不到菜，我们就去采冬苋菜。主席看到这菜，高兴地说："这是很好的菜嘛！"[9]

在瓦窑堡，以及以后的一段时间，毛泽东以很大精力抓了干部的培养问题。

杨成武回忆说：

到陕北以后，在延水地区的大乡寺召开团以上干部会，总结东征战斗的经验。这时整个形势很好，抗日的局面逐渐成熟，陕北根据地已经成为抗日的前线。会议决定抽调大批有经验的连、营、团、师包括军团这一级的干部，到红军大学学习。这所大学，为抗日高潮的到来做了十分及时、十分宝贵的干部准备工作。红大后来改名为"抗大"，并在抗日前线成立了分校，数以千万计的干部从这所学校毕业，走上抗日前线，成长为我军的优秀指挥员。抗大在伟大的抗日战争中有着特殊的历史功勋。

当时从红1师调到红大学习的有耿飚、谭政和我；红2师有刘亚楼；红4师有陈光、彭雪枫、黄永胜、王平等。我们到瓦窑堡集中，听了毛主席的报告。毛主席讲了形势任务，号召同志们迎接抗日战争大好形势的到来；传达了共产国际第七次代表大会关于国际反法西斯统一战线的情况报告。在红大，毛泽东同志任校务委员会主席，林彪任校长。学员分为3个科：军团一级、师一级的干部为一科，科长陈光、政治委员罗荣桓，他们本身也是学员，参加操课；团、营职干部为二科，科长周建平、政治委员谭政；三科多是连、排职干部，都是老红军，罗瑞卿任教务长，负责具体工作。一科的课程比较重，讲马列主义，讲联共（布）党史，讲战略学，讲战役学等。毛主席亲自任教，讲中国革命战争战略问题，讲哲学。洛甫讲中国革命问题，也讲哲学、政治经济学。林彪讲战役学。李德讲战术学等。还有凯丰、吴亮平等，老师很多。开头，我们一科对讲课有些意见，毛主席给我们做工作说，你们应该尊重老师，已经换了几个老师，你们还有意见……总之，他们比你们强，再不要提意见了。我们这个科一共三十来个人。

我们在红大学习期间，中央红军西征，三大主力会师。

不久发生了西安事变，我们准备迎接新任务：红军与张学良、杨虎城两将军的部队联合起来，准备粉碎亲日派何应钦打内战和破坏国共合作的阴谋，以争取西安事变的和平解决，争取国共合作、共同抗战，赶走日本帝国主义，挽救中华民族。

我们作为红大的第一期学员毕业了。在奔赴抗日前线之前，突然听说中央军委打算让我回到1师当师长。我当时想，自己过去一直当政委，还是干老本行吧，最好不要改我的行，便要求领导来考虑一下这个问题，说我不一定能当好师长。林彪和罗荣桓向中央反映了我的要求。但是，中央军委经过全面的考虑决定了，毛主席定了，朱总司令定了，周副主席定了，还是叫我当师长。[10]

三大主力会师

在红一方面军主力西征的胜利捷报中，迎来了三大主力会师。这对毛泽东来说，是件盼望已久的大事。他为这一天的到来，尽了最大的努力。

张国焘在南下以后，虽然取得了一些胜利，但很快局势急转直下，陷入了原先未曾料想到的困境。这使张国焘的权威面临危机。

这时，红2、6军团在甘孜等地同红四方面军会师，增强了同张国焘分裂主义斗争的力量，对红四方面军北上起了重要的推动作用。1936年6月6日，张国焘不得不宣布取消第二"中央"。

1936年7月上旬，红二、四方面军从甘孜出发，途经阿坝、包座等地，越过雪山草地，于8月到达甘肃南部。9月上旬，红四方面军又攻占通渭、岷县、临洮等地，为三大主力会师打开了道路。

在此期间，毛泽东和中共中央多次致电红二、四方面军，对三大主力早日会师表示关切。

郑广瑾、方十可在《中国工农红军长征记》一书中写道：

红二、四方面军共同北上，党中央非常高兴，不断地给予指示。6月25日，毛泽东、周恩来、彭德怀致电朱德、张国焘，询问二、四方面军"何日开始北上？经何路？何日可达何处？敌情如何？我陕甘应如何策应？均请见告。"并指示，二、四方面军"如能迅出甘南，对时局助益匪浅"。7月13日，毛泽东、周恩来、彭德怀致电朱德、张国焘、任弼时，指示二、四方面军北出草地后，应迅速攻占岷州，强调此举将使红军在"战略上大占优胜"。7月22日，党中央再次向二、四方面军指示行动方针："我们正动员全部红军并苏区人民粉碎敌人之进攻，迎接你们北上。""二、四方面军以迅速出至甘南为有利。待你们进至甘南适当地点时，即令一方面军与你们配合南北夹击，消灭何柱国、毛炳文等部，取得3个方面军的完全会合，开创西北的伟大局面。"7月27日，中央批准西北局成立，任命张国焘为书记、任弼时为副书记。这对贯彻中央正确路线，抵制张国焘错误路线，起了重要作用。7月28日，毛泽东等电询二、四方面军："不知粮食够用否？目前确在何地？8月中旬可出甘南否？"强调指出："3个方面军会合之后，即能引起西北局面大变化。"8月1日，四方面军走出草地到达包座地区后，党中央即来电祝贺："接占包座捷电，无任欣慰。"并指示："四方面军到包座略作休息，宜迅速北进；二方面军随后跟进到哈达铺后再大休息，以免敌人封锁岷西线，北出发生困难。"同一天，朱德、任弼时等复电中央，说明俟兵力稍集结后即向洮、岷、西固前进。约8月中旬，主力可向天水、兰州大道出击。[11]

1936年10月21日，贺龙、任弼时、关向应、刘伯承在甘肃平锋镇，同红一方面军1军团代理军团长左权、政治委员聂荣臻会面。随后，红2军团和红6军团分别在将台堡和兴隆镇同红一方面军会师。在此之前，10月9日，红四方面军指挥部到达会宁，同红一方面军会合。至此，中国革命的三大主力胜利完成了长征，开始了中国革命的新阶段。

毛泽东对张国焘分裂红军、另立中央的错误，始终采取弄清是非、团结挽救的方针。同年12月7日，还任命张国焘为中革军委副主席和中国工农红军总政治委员。同时，对他的错误也进行了严肃的批评教育。

1937年3月，中共中央政治局在延安举行扩大会议，除讨论政治形势，还集中揭发和批判张国焘分裂党和红军的严重错误，作出《关于张国焘同志错误的决定》。

在毛泽东等的提议下，仍由张国焘担任陕甘宁边区政府副主席，给他以改正错误的机会。但张国焘拒绝教育和挽救，终于走上了绝路。1938年4月，他只身逃出陕甘宁边区，当了可耻的叛徒。

时局转换的枢纽

1936年下半年，中国的时局到了即将发生重大变动的前夜。这时，一位西方记者来到保安，试图向全世界介绍这块神秘的地方，以及那些充满传奇色彩的人物。他就是斯诺。

1936年7月16日起，斯诺多次访问了毛泽东。毛泽东除了向他讲述个人的经历外，还向他详尽地说明了中国共产党人的抗日民族统一战线政策，并且对未来的抗日战争作了预言。其中也包含着持久战思想的萌芽。下面是斯诺与毛泽东的谈话：

斯诺问：如果日本被打败，并被赶出中国，你是否认为外国帝国主义这个主要问题大体上在中国得到了解决？

毛泽东答：是的。如果别的帝国主义国家不像日本那样行动，如果中国打败了日本，这将意味着中国人民大众已经觉醒了，已经动员起来，并已取得了独立。因此，帝国主义的主要问题也就得到解决了。

问：中国苏维埃政府发表了许多呼吁和宣言，主张建立一个由各党各派和各方面的军队等组成的统一战线，对日本帝国主义进行誓死斗争，把日本军队从中国赶出去。它是否相信中国目前能单独打败日本——也就是说，在没有任何外国支援的条件下打败日本？

答：让我先提醒你，无论是中国还是日本，都不是孤立的国家；东方的和平与战争问题是一个世界性问题。日本有它潜在的盟国，例如德国与意大利。中国想要成功地反对日本，也必须争取别国的支援。但是，这并非说，没有外援，中国就无法和日本进行战争。也不是说，我们必须等到有了同外国的联盟才能开始抗日。

中国蕴藏着极其巨大的潜力，这些力量，在一个伟大的斗争时期是能够组织起来投到强大的抗日战线上去的。在1927年以来反革命发动的长期内战中，中国人民早已对这股力量有了很多认识，并且找到了一个依靠共产党来领导它斗争的好办法。中国人民大众在其长期的政治经验中，已经掌握了反对敌人的非常有效的武器。

今天，特别是从1931年9月18日以来，卖国贼的欺骗宣传已经破产了，已经没有什么人会上他们的当了。人民群众越来越清楚地认识到是谁代表他们的真正利益。连某些国民党员都已经参加或是打算参加抗日运动了。

我们深信，中国人民是不会向日本帝国主义屈服的。我们深信，他们会把他们的巨大潜力动员起来，投到抗日的战场上去的，他们会全力以赴地去对付侵略者的挑战。在这场斗争中，最后胜利必定属于中国人民。如果中国单独作战，相对地说，牺牲就会大些，战争的时间也会拖得长些，因为日本是一个充分武装的强国，而且它还有盟国。为了在尽可能短的时期内以最小的代价赢得对日本帝国主义的胜利，中国必须首先实现国内的统一战线；其次，还必须努力把这条统一战线推广到所有与太平洋地区和平有利害关系的国家。

问：在什么条件下，中国能战胜并消灭日本帝国主义的实力呢？

答：要有3个条件：第一是中国抗日统一战线的完成；第二是国际抗日统一战线的完成；第三是日本国内人民和日本殖民地人民的革命运动的兴起。就中国人民的立场来说，3个条件中，中国人民的大联合是主要的。

问：你想，这个战争要延长多久呢？

答：要看中国抗日统一战线的实力和中日两国其他许多决定性因素如何而定。即是说，除了主要看中国自己的力量之外，国际间所给中国的援助和日本国内革命的援助也很有关系。如果中国抗日统一战线有力地发展起来，横的方面和纵的方面都有效地组织起来，如果认清日本帝国主义威胁他们自己利益的各国政府和各国人民能给中国以必要的援助，如果日本的革命发展得快，则这次战争将迅速结束，中国将迅速胜利。如果这些条件不能很快实现，战争就要延长。但结果还是一样，日本必败，中国必胜。只是牺牲会大，要经过一个很痛苦的时期。

问：从政治上和军事上来看，你以为这个战争的前途会如何发展？

答：日本的大陆政策已经确定了，那些以为同日本妥协，再牺牲一些中国的领土主权就能够停止日本进攻的人们，他们的想法只是一种幻想。我们确切地知道，就是扬子江下游和南方各港口，都已经包括在日本帝国主义的大陆政策之内。并且日本还想占领菲律宾、暹罗、越南、马来半岛和荷属东印度，把外国和中国切开，独占西南太平洋。这又是日本的海洋政策。在这样的时期，中国无疑会处于极端困难的地位。可是大多数中国人相信，这种困难是能够克服的。只有各大商埠的富人是失败论者，因为他们害怕损失财产。有许多人想，一旦中国海岸被日本封锁，中国就不能继续作战。这是废话。为反驳他们，我们不妨举出红军的战争史。在抗日战争中，中国所占的优势，比内战时红军的地位强得多。中国是一个庞大的国家，就是日本能占领中国一万万至二万万人口的区域，我们离战败还很远呢。我们仍然有很大的力量同日本作战，而日本在整个战争中需要时时在其后方作防御战。中国经济的不统一、不平衡，对于抗日战争反而有利。例如将上海和中国其他地方割断，对于中国的损害，绝没有将纽约和美国其他地方割断对于美国的损害那样严重。日本就是把中国沿海封锁，中国的西北、西南和西部，它是无法封锁的。所以问题的中心点还是中国全体人民团结起来，树立举国一致的抗日阵线。这是我们早就提出了的。

问：如果发生中日战争，你认为日本会发生革命吗？

答：日本人民的革命，不仅是可能的，而且是肯定的。它是不可避免的。

问：你认为苏俄与外蒙会卷入这场战争并支援中国吗？在什么情况之下会这样？

答：当然，苏联也不是一个孤立的国家。它不能对远东的事态漠不关心，采取消极的态度。它会坐视日本征服全中国，把中国变成进攻苏联的战略基地呢，还是会帮助中国人民反对日本侵略者，赢得独立，与苏联人民建立友好的关系呢？我们认为苏联是会选择后一条道路的。

一旦中国人民有了自己的政府，开始抗战，并且愿意与苏联和其他友好国家建立友好同盟，我们相信，苏联将会站在与我们握手的国家的前列。反对日本帝国主义的斗争是一个世界性的任务，作为世界一部分的苏联和英美一样，是无法继续保持中立的。

问：中国的迫切任务是从日本手中收复所有的失地呢，还是仅仅把日本从华北与长城以外的中国领土上赶出去？

答：中国的迫切任务是收复所有失地，而不仅仅是保卫我们在长城以南的主权。这就是说，东北必须收复。这一点同样适用于台湾。至于内蒙，那是汉族与蒙古族人民共同居住的地区，我们要努力把日本从内蒙赶出去，帮助内蒙建立自治。当我们光复中国的失地之后，如果朝鲜人民希望挣脱日本帝国主义的枷锁，我们将对他们的独立斗争提供热情的援助。

问：假如战争拖得很长，日本没有完全战败，共产党能否同意讲和，并承认日本统治东北？

答：不能。中国共产党和全国人民一样，不容许日本保留中国的寸土。

问：在实际行动中，共产党政府和红军怎么能与国民党军队合作共同抗日呢？就是说，在一场对外战争中，必须将所有的中国军队置于统一的指挥之下。如果红军在最高军事委员会中享有代表权，红军同意服从最高军事委员会的军事和政治决定吗？

答：是的。只要这样一个委员会是真正抗日的，我们的政府将衷心服从它的决定。

问：红军是否同意除非得到最高军事委员会的同意或命令，不把它的部队开进国民党军队占领的地区，也不调动它的部队指向这些地区？

答：是的。我们当然不会把我们的军队开进抗日军队占领的任何地区去——一段时期以来，我们也没有这样做过。红军是不会采取机会主义的办法来利用任何战争局势的。

问：作为这种合作的报答，共产党会提出什么要求呢？

答：共产党会坚持要求对日本的侵略展开决定性的、最后的抗战。此外，它还会要求实施我们在建立民主共和国与国防政府的呼吁中所提出的主张。（苏维埃政府和红军最近向国民党发出的几个宣言中论述了这些主张。——斯诺）

问：为了进行抗日战争，红军需要多大的基地，需要外界的多少支援？

答：不论基地大小，红军都能进行战争。但是，基地越大，它能动员的抗日力量自然也就越强大。如果我们有三四个省，我们就能把一支比南京的全部兵力还要大、还更有效率的抗日队伍投入到战争中去。至于外援，我们非常需要，而且越多越好，但是即使没有任何外援，我们也能对付得很好。在没有任何援助的情况下，我们已经进行了10年的革命斗争了。

问：怎样才能最好地武装、组织和训练人民，使他们参加到这样一场战争中来呢？

答：人民必须享有组织与武装自己的权利。在北平、上海和其他地方，尽管有严厉的镇压，学生们已经开始组织起来，并使自己在政治上有了准备，但学生与革命的抗日群众仍然没有自由，不能得到动员、训练和武装。如果情况与此相反，人民群众能享有经济、社会与政治的自由，那么他们的力量将能成百倍地增长，国家的真正力量将显示出来。

红军通过自己的斗争，从军阀手中赢得了自由，成为一支不可战胜的力量。抗日义勇军从日本压迫者手中赢得了自由，并以同样的方式武装了自己。如果中国人民都得到训练、武装和组织，他们也同样能成为一支战无不胜的力量。

问：照你的意见，这次解放战争，主要的战略方针是什么？

答：我们的战略方针，应该是使用我们的主力在很长的变动不定的战线上作战。中国军队要胜利，必须在广阔的战场上进行高度的运动战，迅速地前进和迅速地后退、迅速地集中和迅速地分散。这就是大规模的运动战，而不是深沟高垒、层层设防、专靠防御工事的阵地战。这并不是说要放弃一切重要的军事地点，对于这些地点，只要有利，就应配置阵地战。但是转换全局的战略方针，必须是运动战。阵地战虽也必需，但是属于辅助性质的第二种方针。在地理上，战场这样广大，我们作最有效的运动战，是可能的。日军遇到我军的猛烈活动，必得谨慎。他们的战争机构很笨重，行动很慢，效力有限。如果我们集中兵力在一个狭小的阵地上作消耗战的抵抗，将使我军失掉地理上和经济组织上的有利条件，犯阿比西尼亚的错误。战争的前期，我们要避免一切大的决战，要先用运动战逐渐地破坏敌人军队的精神和战斗力。

除了调动有训练的军队进行运动战之外，还要在农民中组织很多的游击队。须知东三省的抗日义勇军，仅仅代表了全国农民所能动员抗战的潜伏力量的一小部分。中国农民有很大的潜力，只要组织和指挥得当，能使日本军队一天忙碌24小时，使之疲于奔命。必须记住这个战争是在中国打的，这就是说，日军要完全被敌对的中国人所包围；日军要被迫运来他们所需的军用品，而且要自己看守；他们要用重兵去保护交通线，时时谨防袭击；另外，还要有一大部力量驻扎满洲和日本内地。

在战争的过程中，中国能俘虏许多日本兵，夺取许多武器弹药来武装自己；同时，争取外国的援助，使中国军队的装备逐渐加强起来。因此，中国能够在战争的后期从事阵地战，对于日本的占领地进行阵地攻击。这样，日本在中国抗战的长期消耗下，它的经济行将崩溃；在无数战争的消磨中，它的士气行将颓靡。中国方面，则抗战的潜力一天一天地奔腾高涨，大批革命民众不断地倾注到前线去，为自由而战争。所有这些因素和其他的因素配合起来，就使我们能够对日本占领地的堡垒和根据地作最后的致命的攻击，驱逐日本侵略军出中国。

被我们俘虏和解除武装的日军官兵将受到优待。我们不会杀死他们，而是会像兄弟那样对待他们。我们将采取一切措施，使得与我们并无冲突的日本无产阶级出身的士兵站起来反对他们自己的法西斯压迫者。我们的口号将是："团结起来，反对共同的压迫者法西斯头子。"反法西斯的日本军队是我们的朋友，我们彼此的目的是一致的。[2]

1936年12月12日，爆发了震惊中外的西安事变。消息传来，陕北军民极为兴奋。多年的宿敌蒋介石被张、杨二将军扣押，杀蒋的呼声自然是异常强烈的。毛泽东在作出和平解决西安事变的决策后，反复说明我们要以民族利益为重，认清眼下最主要的敌人不是蒋介石，而是日本侵略者。中国革命已到了一个新的转折点，不能再以国内革命战争时期的观点对待当前的政治局面了。为了举国一致抗战，蒋介石确实不能杀。

杨成武回忆说：

当时，我最关心的有两点：一是放蒋回去后，他会不会撕毁抗战协定，重开内战？二是我们什么时候开走抗战前线？形势发展这么快，我估计我们快要离开红大回部队了。

果然，过完阳历年，中央就决定了红大学员提前毕业，回部队准备上前线。我也接到了通知，回红1师由攻委改任师长。

紧接着，红大在保安的旧戏台上举行了毕业典礼，毛主席也来了。我长时间地注视着他，发现这些日子来他消瘦多了：颧骨微凸，两眼有些下陷，身上的棉袄也显得宽松。听说，自从西安事变发生以后，他每日只休息几个小时，文稿、电报、会议一下子增加了几倍，百忙之中，还三天两头地了解我们红大学员的各种情况。但是，毛主席一开口，我就感到，他心情很好，仿佛有什么喜事，声音洪亮有力，笑容满面，举止洒脱。他刚刚走上主席台，就朝我们大家扬手道："祝贺同志们从红军大学毕业，我代表中央来给大家送行！"然后，他高兴地和我们一起鼓掌。

掌声一停，主席又着重讲了西安事变的意义和形势发展的趋向。他说："西安事变带来了两个可能，一是国民党加剧内战；二是促使蒋介石抗日，形成民族统一战线。现在看来，情况往好的方面发展。我听说，蒋介石被张学良、杨虎城抓住后，红大里头不少同志主张杀蒋。请同志们说说，杀一个蒋介石好，还是形成一个抗日民族统一战线好？现在还有不同意放蒋的同志没有？站起来发表你的主张嘛，我可以把这个讲台让给你。"

主席幽默的问话唤起满场笑声，主席也亲切地笑了。最后，主席说："现在大家要到前线去了，我希望你们回去以后，一定同张学良、杨虎城将军的部队搞好联合。要知道，你们联合得越好，对抗日就越有利。希望你们那里将来都有一个很大的发展。希望发展以后，我们中央和你们用无线电联系，而不是用骑兵通信员联系！同志们，抗战到底，前途光明！"

主席最后一段话给了我非常深刻的印象，使我感觉到我们的任务异常艰巨，同时又信心十足。是啊，抗战到底，前途光明！〔13〕

贺清华回忆说：

1936年冬天，蒋介石不顾民族危亡，坚持内战，调动大批军队逼近陕西潼关，并且亲自坐飞机到了西安，威胁、强迫张学良的东北军和杨虎城的17路军进攻陕北红军。形势突然紧张起来了。

一天晚上，轮到我值夜班。夜深人静，主席正在聚精会神地工作，秘书同志送来一份电报。我去给主席送开水，主席看完了电报对我说："张学良和杨虎城在西安把蒋介石扣住了。"

我高兴得几乎跳了起来。蒋介石这个祸国殃民的坏蛋，也有这么一天，当了俘虏。我扭身要走，打算把这个消息告诉同志们。主席看到我慌忙的样子，笑着招呼我说："不要走，不要走，还有事情呢。你赶快去请周副主席、朱总司令、博古同志到这里来。"

我跑回到住处就喊叫起来："喂，醒醒，把蒋介石抓住了！"

正在睡觉的同志们被我喊醒了，从炕头上爬起来，莫名其妙地对着我直眨眼。我也顾不上解释什么，就去找首长们。

西安事变的消息冲破了黑夜的寂静，各单位住的窑洞里都透出了灯光，人们心情激动，议论纷纷。我们几个警卫员也沉浸在欢乐的气氛里，围着地上的火堆直嚷嚷，有的说，要把蒋介石关起来。有的说，关着干什么？宰掉算了！还有的说，不行，那太便宜他了，还是把他捆起来，戴着高帽子游街，边区所有的村子都得游一遭……

主席窑洞里的会议，直开到天亮。不一会儿，我们得到通知说，要在保安修飞机场，地点在红军大学前面的平地上。我心里想，修飞机场，这一定是要用飞机把蒋介石送到保安来。

飞机，在当时是个新鲜稀罕的东西，这一次飞机要落在保安，说不定要把老蒋捆来呢！大家的情绪非常高涨。机关干部、红大学生以及老乡们，背着筐子，拿着锄头、铁锹，欢欢喜喜地在平场地砍树、抬石头。正干得起劲，忽然传来"嗡嗡"的声响，转眼飞机来到我们的头顶上，转过来转过去，一会儿高一会儿低，机场还没有修好，它哪里落得下来？飞机在天空转悠了一会儿，只好返回去了。第二天，机场虽然修得差不多了，可是机场附近的山沟太窄，飞机还是落不下来。第三天一早，周副主席便离开了保安城。

飞机场停工了。人们再也听不到飞机发动机的轰响。这是怎么回事呢？我心里糊糊涂涂的，遇到一个机会，就问主席："主席，飞机场怎么不修了？不把蒋介石送来啦？"

主席明白我的意思，爽朗地笑了，然后说："嗬，不是那么回事，不是把蒋介石弄到保安来关窑洞。修飞机场，是张学良、杨虎城的飞机来接我们的代表。周副主席已经到西安去了，要和平解决西安问题。只要蒋介石能够停止内战，一致抗日，我们不但不主张杀他，还主张放掉他呢！"

怎么？要放掉蒋介石？我感到十分惊奇。

"是啊，放掉他，一切为了抗日嘛。"接着，主席耐心地对我们解释说，"现在不能把蒋介石关窑洞，更不能杀他。亲日派何应钦正想利用西安事变搞掉蒋介石，挑起全国范围的内战。杀了一个蒋介石，还有第二个蒋介石。民族危亡，抗日救国第一……"

在毛主席的教导下，我们认识到了党的抗日统一战线政策的英明和伟大。后来听说，西安事变一发生，当时有许多人的头脑是发热的。号称"左"倾的人们，都主张"打出潼关去"或"杀掉蒋介石"。张国焘就是最积极的一个。主席高瞻远瞩，坚持党的正确主张，极为英明地处理了西安事变，使中国的抗日斗争出现了一个新的局面。[14]

西安事变后不久，毛泽东和中共中央于1937年1月10日由保安迁往延安，13日到达延安。从此，毛泽东在延安度过了他的思想和事业蓬勃发展的最为关键的10年。

贺清华回忆说：

西安事变和平解决后，1937年1月，我们跟随主席迁往延安。一路上主席很少骑马，走在队列里，跟大家说说笑笑。快到延安的时候，主席嘱咐我们说，延安过去长期在反动派统治下，群众还不了解我们，到了那里一定要很好地联系群众，注意群众纪律，多做宣传工作。

延安的人民听说毛主席到了，纷纷跑到城外欢迎。从大砭沟口到城门排满了人，有城里的市民，有机关干部、红军战士和学生，还有从甘泉、鄜县赶来的农民。毛主席走到哪里，哪里就响起狂欢的呼声。"共产党万岁！""毛主席万岁！"的口号声，以及锣鼓声震荡着山谷和平静的延河。

自从党中央、毛主席来到延安，延安——这座庄严雄伟的古城，就成了指引全国人民革命方向的灯塔。党和毛主席的光辉，照耀着全国人民的心，照亮着漫长的道路……

延安城东约40里，有个拐峁村，驻着我们的野战医院。一天，从黄河东岸转来了一位伤员，子弹打在他的胸部，伤势很重。在当时极端困难的环境下，医生们虽然用尽一切办法，但是，伤员的生命看来很难挽救了。

伤员时常处在昏迷状态。他不时张动着嘴唇，吃力地微弱地呼唤着："毛主席，毛主席……"像有一桩重大的心愿未了。这是怎么回事呢？当他偶尔清醒的时候，医生们才弄清楚，原来他参加革命几年，从来没有见过毛主席，他多么渴望着能见到敬爱的领袖，哪怕只见一面、看一眼也好啊！

医院的同志们一面安慰伤员，一面商议着：主席工作非常忙，住得离这里又远，恐怕没有时间来。可是，伤员的伤势垂危，想见主席的心情殷切，怎么办呢？最后，医院决定给主席打个电话，就是来不了，让主席知道一下也好。

清早，秘书接听了医院打来的电话，便走进窑洞，告诉毛主席。这时主席刚起床，当即决定到医院去探望这个伤员，并吩咐我们："赶快搞饭吃，伤员很危险，不知能不能看到他。"

我们4个警卫员立刻忙了起来，收拾东西，打洗脸水、端饭、备马。主席草草吃了几口饭，就带我们出发了。

按平时的习惯，主席总是出了城才骑马，而且走得很平稳。这次一出门，主席就跨上了小黄马。出了东门，过了延河，就上了平坦的东关飞机场大道，主席迎着寒风，放马奔跑起来，不一会儿，便到达医院。小黄马已经浑身淌汗，气喘吁吁了。

主席走进医院，同志们感到十分意外，忙招呼主席休息，报告伤员的伤势和抢救经过。主席水都没有喝，说道："赶快去看看他吧。"

医生们陪着主席进了沟口，向山坡上的病房走去。

窑洞里，伤员闭着眼睛，平静地躺在床上。主席在门口停了一下，示意大家不要惊动伤员，然后轻轻地走近床边。这时，有一个小护士抑制不住内心的激动，兴奋地对伤员说："同志，你不是想看看毛主席吗，毛主席来了！"

伤员猛睁开眼睛，看到毛主席站在他床边。他用尽力气，想坐起来。主席连忙弯下身去，精心地扶着他，要他安静地躺着。伤员伸出双手，紧紧地握住主席的手，激动得两眼闪出泪花。

站在旁边的人看到这一情景，也深受感动，眼眶不由得也湿润了。

伤员脸上浮现着幸福的笑容。他无力地垂下双手，缓慢地合上眼睛，停止了呼吸。

"同志，安息吧！"寂静的、被悲痛笼罩着的窑洞里，回荡着我们伟大领袖毛主席洪亮、坚强的声音。"你是我们党的好同志，我们永远不会忘记你。"

埋葬烈士的工作，医院里事先有所准备。入殓时，主席默默地站在一旁，等收殓完毕，主席又随着烈士的灵柩走到山上的陵地。主席和同志们一起，站在烈士墓前，倾听着医院代表介绍烈士的生平事迹。直到开完了追悼会，主席才回到医院里。

毛主席来到拐峁的消息，迅速地传遍了野战医院，能动的伤病员纷纷走出窑洞，站在山坡上看望毛主席；躺在床上不能动的重伤员，也急得要求护士背他们前去看毛主席。主席知道了这个情况，就对医院的负责同志说，请伤病员同志回自己的窑洞，他要到每个病房里去看望大家。主席不顾劳累，走遍了野战医院的全部病房，和伤病员们一一握手，慰问他们。伤病员们十分感动，能够见到毛主席，和毛主席握手、谈话，是多么幸福和光荣啊！

太阳西斜，我们跟随主席走出了拐峁村。一路上，主席沉思不语，任凭小黄马漫步走去。从早晨到现在，主席没休息一会儿，也没吃一点东西。[15]

从战士临终前质朴的渴望中，我们感受到了一种民族的伟大情感。这情感集中于中国共产党人的领袖毛泽东。在他的身上，凝聚着中华民族救亡图存的希望。

注　释

〔1〕陈昌奉：《跟随毛主席长征》，解放军文艺出版社1986年9月版，第267—275页。

〔2〕吴黎平：《毛泽东同志挽救了中央红军，也挽救了陕北革命根据地》。——原注

〔3〕《毛泽东书信选集》，人民出版社1983年12月版，第38页。——原注

〔4〕郑广瑾、方十可：《中国工农红军长征记》，河南人民出版社1987年6月版，第681—684页。

〔5〕申伯纯：《西安事变纪实》，人民出版社1979年11月版，第48—49页。

〔6〕申伯纯：《西安事变纪实》，人民出版社1979年11月版，第69页。

〔7〕《彭德怀自述》，人民出版社1981年12月版，第209—214页。

〔8〕《程子华回忆录》，解放军出版社1987年12月版，第110—125页。

〔9〕贺清华：《随从毛主席在陕北》，选自《伟大的历程——回忆战争年代的毛主席》，人民出版社1977年8月版，第152—154页。

〔10〕《杨成武回忆录》（上），解放军出版社1987年6月版，第324—325页。

〔11〕郑广瑾、方十可：《中国工农红军长征记》，河南人民出版社1987年6月版，第756页。

〔12〕《毛泽东一九三六年同斯诺的谈话》，人民出版社1979年12月版，第107—117页。

〔13〕《杨成武回忆录》（上），解放军出版社1987年6月版，第343—344页。

〔14〕贺清华：《随从毛主席在陕北》，选自《伟大的历程——回忆战争年代的毛主席》，人民出版社1977年8月版，第154—156页。

〔15〕贺清华：《随从毛主席在陕北》，选自《伟大的历程——回忆战争年代的毛主席》，人民出版社1977年8月版，第156—159页。

第四编
"兵民是胜利之本"

一、统筹全局

指导独立自主的山地游击战

1937年7月7日，日本帝国主义以制造卢沟桥事变为起点，发动了灭亡全中国的侵略战争。中国共产党在卢沟桥事变的第二天，即向全国发出通电，指出只有全民族实行抗战，才是中国的出路，号召全国人民、军队和政府团结起来，筑起民族统一战线的坚固长城，抵抗日寇的侵略。

7月23日，毛泽东发表《反对日本进攻的方针、办法和前途》一文，指出对付日本的进攻有两种方针和两套办法，也有两个前途。一个是坚决抗战的方针，一个是妥协退让的方针。在坚决抗战的方针下，必须实行全国军队和人民的总动员以及革新政治等一整套办法。在妥协退让的方针下，那就会实行相反的一套办法，即不动员军队和人民群众，不给人民以民主自由，不改良人民生活，保持官僚买办豪绅地主的专制政府，破坏抗日民族统一战线，等等。实行前一套办法，其前途就一定是驱逐日本帝国主义，使中华民族得到自由解放。如果实行后一套办法，那就不可能坚持抗战，结果必定得到日本帝国主义占领全中国、中国人民做牛马当奴隶的前途。毛泽东代表中国共产党人表示："愿同国民党人和全国同胞一道为保卫国土流最后一滴血，反对一切游移、动摇、妥协、退让，实行坚决的抗战"。[1]

8月22日至25日，中共中央在陕北洛川冯家村召开中央政治局扩大会议。会上，毛泽东作了军事问题和国共两党关系问题的报告。关于军事问题，他分析了中日战争中敌强我弱的形势和当时敌人用兵的战略方向（以夺取华北为主），指出抗日战争是一场艰苦的持久战。红军在国内革命战争中已经发展成为能够进行运动战的正规军，但在新的形势下，在兵力使用和作战原则方面，必须有所改变。红军的基本任务是：创造根据地，牵制消灭敌人，配合友军作战（主要是战略配合），保存和扩大红军，争取共产党对民族革命战争的领导权。红军的作战方针是：独立自主的山地游击战争，包括在有利条件下集中兵力消灭敌人兵团，以及向平原发展游击战争。独立自主是相对的，是在共同抗日的统一战略目标下的独立自主的指挥；游击战的作战原则是，游与击结合，打得赢就打，打不赢就走，分散发动群众，集中消灭敌人；着重于山地，是考虑便于创造根据地，建立起支持长期作战的战略支点。关于国共两党关系问题，毛泽东指出，要坚持统一战线，巩固扩大统一战线；同时要保持共产党在政治上、组织上的独立性，汲取1927年革命失败的教训。总之，必须坚持统一战线中的无产阶级领导权。[2]

洛川会议通过了毛泽东起草的《中国共产党抗日救国十大纲领》。其要点是：1.打倒日本帝国主义；2.全国军事的总动员；3.全国人民的总动员；4.改革政治机构；5.抗日的外交政策；6.战时的财政经济政策；7.改良人民生活；8.抗日的教育政策；9.肃清汉奸卖国贼亲日派，巩固后方；10.抗日的民族团结。这是实行全面抗战路线的纲领，它把实行抗日同争取民主紧密地结合起来，争取抗日民族解放战争朝着有利于人民胜利结局的方向发展。

关于洛川会议，徐向前在《历史的回顾》一书中写道：

洛川会议于8月22日召开，25日结束，会址在洛川城外的冯家村。这是一次政治局扩大会议，出席会议的有：张闻天、毛泽东、周恩来、朱德、任弼时、博古、关向应、凯丰、张国焘、彭德怀、刘伯承、贺龙、徐向前、张浩、林彪、聂荣臻、萧劲光、罗瑞卿、李富春、林伯渠、徐海东、周建屏，共22人。会议议程有三项：（一）政治任务问题；（二）军事问题；（三）国共两党关系问题。后两项议程，涉及党和红军的战略方针及行动部署，讨论很热烈，是主要议题。

毛泽东的发言，给我的印象最深刻。他强调在国共合作抗战的新形势下，我党一方面要团结国民党、中央军及地方实力派，积极推动他们拥蒋抗日；另一方面，要提高警惕，坚持统一战线中的独立自主原则，在政治上、组织上保持我党的独立性，以免被蒋介石吃掉，重蹈第一次国共合作失败的覆辙。鉴于抗日战争的持久性、艰苦性，以及蒋介石企图驱使红军开赴前线充当炮灰的险恶用心，毛泽东提出了独立自主的山地游击战方针。因为没有独立自主，就会失去党对红军的领导权、指挥权，前途可想而知；不是着重于山地，红军便没有可靠的依托和周旋余地，充分发挥自己的战术特长，发展壮大自己；离开了游击战为主的作战形式，以几万红军去同几十万日军硬拼，那就等于送上门去被敌人消灭，这正是蒋介石求之不得的。有人主张以运动战为主要作战形式，红军兵力全部出动，开上去多打几个漂亮仗。毛泽东认为，根据现时的敌情我力，还不能那样干，他主张只出动2/3的兵力，留下1/3，保卫陕甘根据地，防止国民党搞名堂。这些基本思想，表现出毛泽东的远大战略眼光及把握革命航向的非凡能力。

我和与会绝大多数同志都同意毛泽东的意见。会议一致通过了《关于目前形势与党的任务的决定》《为动员一切力量争取抗战胜利而斗争》的提纲（其中包括"抗日救国十大纲领"），还组成了新的中央军事委员会，成员为朱德、彭德怀、任弼时、林彪、贺龙、刘伯承、徐向前、毛泽东、叶剑英、周恩来等人，毛泽东任主席，朱德、周恩来任副主席。

洛川会议期间，叶剑英从南京来电，说国民党政府已同意红军改编为国民革命军第八路军。闭会那天，正式宣布了改编的命令。八路军总指挥朱德，副总指挥彭德怀，参谋长叶剑英，副参谋长左权，总政治部主任任弼时，副主任邓小平，下辖115师、120师、129师3个师。115师师长林彪，副师长聂荣臻；120师师长贺龙，副师长肖克；129师师长刘伯承，副师长徐向前。129师辖385旅、386旅2个旅，另1个教导团、5个直属营，共1.3万余人。我和刘伯承在长征期间相处，对他有所了解。他为人处世光明磊落，豁达大度，熟思断行，军事理论和指挥能力都相当强。再次与他共事，我是很高兴的。

根据会议确定的出师2/3的原则，党中央令八路军总指挥部率115师、120师先赴山西抗战；129师暂不出动，保卫陕甘宁边区。我主力部队向山西挺进，行进路线、活动地区、作战原则、指挥关系、后勤保障等一系列问题，需同阎锡山具体谈判，协商解决。党中央和毛泽东决定，委派我跟随周恩来去完成这一任务。我是山西人，与阎锡山同乡，又在他办的太原师范读过书，晋军中有些熟人，便于开展统一战线工作，中央派我去参加谈判，有这种考虑在内。〔3〕

聂荣臻元帅作为参加会议的亲历者，也对洛川会议做了如下回忆：

洛川，当时是陕甘宁边区和国民党管辖区相交接的地方，北距延安城90公里，南距国民党统治区10多公里。会址之所以选在洛川，主要是为便于军队的负责同志参加。因为参加这次会议的，除了中央政治局委员之外，扩大到军队的主要负责同志。当时，我们和兄弟部队大多驻在西安附近。洛川是延安与西安间比较适中的地方。毛泽东、周恩来和中央其他领导同志，从延安往这边来，我们部队的同志则往北赶，从两边集合到洛川。周恩来、朱德、叶剑英、邓小平是8月上旬到南京参加国防会议的。周恩来、朱德刚刚从南京飞回延安，就赶来参加会议。

……

在这次会议上，讨论时间比较长、议论比较多的，是八路军出征以后的作战方针问题。在讨论这个问题时，曾经出现过不同的意见。

毛泽东在发言中说，对日本帝国主义，我们不能低估它、看轻它。同日本侵略军作战，不能局限于同国民党军队作战的那套老办法，硬打硬拼是不行的。我们的子弹和武器供应都很困难，打了这一仗，打不了下一仗。由于蒋介石奉行错误的政策，和日本帝国主义的力量暂时处于优势地位，因此，我们必须开展独立自主的山地游击战争，准备坚持持久抗战。毛泽东还说，要充分发动群众，广泛建立抗日民族统一战线，不断壮大我们的力量。那个时候，毛泽东已经想到了更长远的目标，打败了日本帝国主义以后，我们还要建立新民主主义的新中国。只有争取了群众，扩大了武装力量，才能取得抗日战争的胜利，并为革命的深入发展奠定坚实的基础。

林彪不同意打游击战。他在会上说，要以打运动战为主，搞大兵团作战。他的思想还停留在同国民党军队作战的那套经验上，觉得内战时期我们已经可以整师整师地歼灭国民党军队了，日本侵略军有什么了不起！他对日本帝国主义的力量估计太低。当时的情况是，红军长征到达陕北才一年多的时间，部队还没有大的发展，后勤供应方面，武器弹药、粮秣、被服都非常缺乏。这样一个现状，到前方同日本帝国主义硬拼，能拼出什么名堂来，非吃大亏不可！另外，我们开赴抗日前线，根据我军当时的能力和特长，只能是发展游击战争，牵制敌人，拖住敌人，使敌人进攻时有所顾虑，阻止他们长驱直入，以支持正面作战，振奋全国人民的抗日热情，进而抑制一下弥漫于国民党上层的失败主义情绪。如果只想到前方同日本侵略军拼几下，不重视发动群众建立根据地，壮大人民的力量，怎么能够起到这样的作用呢？

洛川会议从8月22日到25日，一共开了4天，讨论来，讨论去，最后还是统一到毛泽东提出的作战方针上来了。不过，毛泽东也考虑到讨论中的不同意见，把关于作战方针的提法做了一些变更，使之更全面、更科学了。这就是：基本的是独立自主的山地游击战，但不放松有利条件下的运动战。当然只提山地游击战，似乎也窄了一点。所以，我们出师华北之后不久，又改成了：基本的是游击战，但不放松有利条件下的运动战。历史事实证明，毛泽东在洛川会议上提出的战略方针，符合实际情况，是认真分析了敌我双方力量对比而提出的正确方针。

我在洛川会议上讲得不多，作了两次比较短的发言，表示赞成毛泽东提出的作战方针，开展游击战争，配合正面作战。我之所以笼统地提游击战争，是因为考虑到华北那个地方还有不少的平原地带。我还讲到，出征之后，我们要注意发动群众，依靠群众，争取得到群众的密切配合，壮大人民的力量。因为秋季即将来临，出征的部队还穿着单衣、草鞋，过冬的服装尚无着落，我想到了部队的供应问题。我发言说，我军到抗日前线作战，士气是高的，这没有问题；但是，在经费和武器弹药等物资供应方面问题很大，这是我们面临的最大困难。所以我提出，要尽量多筹一些款。毛泽东说，我们正在同国民党方面谈判，但他们一味拖延，鉴于当前的条件和出征的紧迫，不能把希望寄托在蒋介石身上，解决这个问题的办法，还是靠我们自己，一切靠我们自己。

经过洛川会议的讨论，对出征以后究竟怎么办的问题，思想上更为明确了。所以，在部队匆匆出征的时候，尽管前方战局混乱，我们对胜利还是很有信心的。

......

平型关大战之后，115师转回到五台。八路军总部也来到五台，总部驻在五台山下的南茹村。我们的师部设在五台城东的一个小村子里，准备在这里略事休整。

在五台，我看到了毛泽东发来的关于坚持独立自主的山地游击战争的几个电报。在八路军出师华北之后，毛泽东就这个问题连续发了一系列电报。这些电报，有的是单独发给八路军总部领导同志的，有的是同时发给八路军各师和北方局负责同志的。有些电报，我们在北进的路上就传阅过，有的是从平型关下来才看到的。毛泽东在这些电报中，再三强调要坚持独立自主的山地游击战争这一基本的战略方针。因为，在洛川会议上讨论作战方针时，曾出现过不赞同游击战而主张打运动战的分歧意见，他担心部队挺进前线后，一些同志蛮干。他认为，当前红军的拿手好戏是真正独立自主的山地游击战。他说，今日红军在决战问题上不起任何决定作用，而有自己的一种拿手好戏，在这种拿手好戏中一定能起决定作用。因此，就要分散兵力，以创造根据地发动群众为主，而不是以集中打仗为主。他指出，集中打仗则不能做群众工作，做群众工作则不能集中打仗，二者不能并举。只有分散做群众工作，才能决定地制胜敌人，援助友军。他又指出，目前应全力布置恒山、五台、管涔三大山脉的游击战争，而重点在五台山脉。整个华北工作，应该以游击战争为唯一方向。一切工作，例如兵运、统一战线等等，都应环绕于游击战争。河北党应全力发展游击战争，借着红军抗战的声势，动员群众，收编散兵散枪，普遍地但是有计划地组成游击队，以备在敌人整个占领华北后，我们能坚持广泛有力的游击战争。

看到毛泽东的这些电报后不久，就接到党中央决定我留在五台山区创建抗日根据地的命令。受命之际，读到毛泽东的这些电报，感到很重要、很亲切，特别是对深入敌后，创建抗日根据地，开展游击战争，坚持长期抗战的思想，更为明确了，同时也觉得，他的这些电报，对洛川会议所确定的战略方针是坚定不移的，唯恐在行动中由于思想不统一而出现偏差。[4]

近年来出版的权威性传记中，也披露了有关洛川会议发言及意见分歧的情况。

《任弼时传》写道：

会上，毛泽东首先就军事问题和国共两党关系问题作了报告。他指出红军的基本任务是：创造根据地，钳制与消灭敌人，配合友军作战（战略支援任务）；保存与扩大红军，争取民族革命战争领导权。在作战中，要发挥红军的特长，实行"独立自主的山地游击战争，包括有利条件下消灭敌人兵团与在平原发展游击战争，但着重于山地"，作战的原则是"分散发动群众，集中消灭敌人"，不同敌人打阵地战、硬拼。在处理两党关系上，毛提出"统一战线与政治警觉性"的问题，告诫：党的阶级的独立性应引起全体党员注意。

任弼时在发言中说：国共两党谈判交涉是不同阶级之间的斗争，最近中央采取的立场是对的。在谈判中，能争到的应该力争。红军出动抗战是全国人民的切望，出动前《宣言》最好要求用国共两党名义发表，"蒋或者还想拖延，用修改来拖延"，但《宣言》如不发表，红军主力是否就不出动呢？"这要估计到人民对红军出动是切望的，这在全国政治影响上有些损失，国民党还可以造些谣言"。另一方面，如果修得坏一些，"就会损失独立立场，因此要国民党完全承认我们宣言发出去，在今天还困难。我意由我们自己发"，另外可从别的途径公开，如办报问题，"使全国都看到国共合作的事实，把现在军部亦可以公开活动，逼迫国民党承认，争得公开合法地位"。对于抗战问题，任弼时说，这"是长期的战争，红军要保持战争的领导，一方面要发挥我们特长，一方面要保持我们的力量，基本上用此原则保持我们持久的模范。因此队伍的补充是很大工作。后方要努力于争取有几万人的补充"，但后方扩兵与国民党交涉"希望还少"，"最主要的还要靠前方"，要抓紧在战区扩红。部队的使用要争取独立自主，两方面指挥，万一蒋的命令下来，使我们自主范围很小，这就要求在山西"我们有得力军事代表，能共同解决问题"。部队出动后，要"不失时机地在有利条件下，集中力量消灭敌人，增强我们的领导及扩大部队"。"所以，还是独立自主的山地、运动、游击战。"

……

洛川会议结束后，朱德、彭德怀、任弼时同时离开冯家村，同行的还有傅钟。傅曾任红四方面军政治部主任、中国人民抗日军政大学政治部主任，这次大军出动，任弼时特请他担任政治部民运部长。他对傅钟说：这是很重要的一个部，专门负责对外宣传，做居民和友军的工作，面很广，党政、军事、外事都要做。

任弼时一行，行抵离洛川不远的桥山镇时，稍事停留，因为这里是中华民族的元祖轩辕黄帝陵所在地，陵墓坐落在"百里荒原青一点"的森森古柏丛中。4月清明时，毛泽东、朱德派林伯渠为代表，和国民党的代表一起前来祭扫黄陵。轩辕庙内的供案上，毛泽东手书的祭文还陈列着，文中写道："……东等不才，剑屦俱备，万里崎岖，为国效命。频年苦斗，备历险夷，匈奴未灭，何以为家。各党各界，团结坚固，不论军民，不分贫富。民族阵线，救国良方，四万万众，坚决抵抗。民主共和，改革内政，亿兆一心，战则必胜。还我河山，卫我主权；此物此志，永矢勿谖。经武整军，昭告烈祖，实鉴临之，皇天后土。尚飨！"任弼时等一边阅读，一边交谈，说"这是我们开赴前线的《出师表》哩！"[5]

《彭德怀传》写道：

1937年8月22日到25日，彭德怀出席了中国共产党在陕西省洛川县冯家村举行的政治局扩大会议，这次会议通过了中国共产党向全国民众提出的著名的《抗日救国十大纲领》和向全党提出的《关于目前形势及党的任务的决定》，会议还讨论确定了红军在抗日战争中的任务和作战方针。

根据敌强我弱的抗战形势，洛川会议提出了进行持久战的抗日战略。决定红军只留少数兵力驻守陕甘宁边区，主力3.2万人开赴晋绥前线，和国民党军共同支持华北。万一国民党军队放弃黄河以北，红军仍然要拖住日军，坚持华北抗战，挽救危亡。

这时，北平、天津已相继沦陷，进攻华北的日军达到5个师团、10万人以上。以3万余红军而决心支撑华北，说起来，这是一个难以令人置信的要求。红军将如何去实现这个战略要求呢？

8月22日晚，毛泽东在冯家村头一个权充会场的私塾小学的土窑洞内，从容道出他的深谋远虑：

"红军的作战地区在晋察冀之交，受阎锡山节制，红军的基本任务应当是：1.创造根据地；2.牵制与消灭敌人；3.配合友军作战；4.保存与扩大红军；5.争取民族革命战争的领导权。"

关于红军的作战方针，毛泽东提出：红军要"进行独立自主的山地游击战——包括有利条件下消灭敌人兵团与在平原发展游击战争——但着重于山地"。

毛泽东关于红军的任务和作战方针的意见，引起了大家的讨论。红军前敌总政治委员任弼时在发言中提出红军应当采用独立自主的山地、运动、游击战。

彭德怀即将身赴前线，正思索着红军怎样以3万之众，在广阔的华北战场上打开局面，实现毛泽东提出的红军的基本任务。他接着发表意见说："红军出去，基本是打胜仗，树立声威，开展统一战线。只有这样，才能提高党与红军的地位，也可使资产阶级增加抗战的决心。"关于红军的战略问题，他说："我基本上同意毛泽东同志的报告。"对任弼时提出的运动战、游击战的问题，他说："一般说，运动战的可能减少了一些，但发动群众，麻痹敌人，调动敌人是可能的，游击战与运动战是密不可分的。"

会议进行到深夜，气氛严肃而热烈，大家畅所欲言。关于红军的作战原则，有了三种意见：独立自主的山地游击战；独立自主的游击运动战；独立自主的运动游击战。由于出师紧迫，这个问题在会上没有进一步展开讨论。[6]

洛川会议后，八路军迅即挺进山西抗日前线，不久取得平型关大捷，有利地配合了国民党军第二战区的忻口会战。

太原失守后，国民党军纷纷溃退。毛泽东亲自指导八路军在晋东北、晋西北、晋东南、晋西南实行战略展开，创建了多块敌后抗日根据地，为持久抗战打下了战略基地。

正在八路军发展顺利之时，王明奉共产国际和斯大林之命回国，对毛泽东的正确指导提出挑战。

在1937年12月中共中央政治局会议上，王明抹杀全面抗战路线与片面抗战路线的原则区别，要求"一切服从统一战线"，"一切经过统一战线"，遭到毛泽东等的抵制。但由于王明自称是传达共产国际的指示，使不少与会者难以分辨是非。

此后，毛泽东等在实际工作指导中，通过各种方式抵制王明右倾投降主义的影响，并在1938年2月27日至3月1日召开的中央政治局会议上，作出派任弼时赴莫斯科向共产国际汇报中国情况的决定。这些措施，为召开中共六届六中全会，解决中国共产党以毛泽东为核心的团结统一问题铺平了道路。

主持扩大的六届六中全会

为了总结全国抗战以来的经验教训，确定中国共产党在抗战新阶段的基本方针任务，统一全党的认识和步调，1938年9月29日至11月6日，中国共产党在延安召开扩大的第六届中央委员会第六次全体会议。参加这次会议的有中央委员和中央候补委员17人，中央各部门和各地区领导干部30余人。这是自党的第六次全国代表大会以来出席人数最多的一次中央全会。在这次全会上，毛泽东作《论新阶段》的政治报告，这是会议的中心议题。

中共六届六中全会的召开，同任弼时到共产国际进行的工作有密切关系。1938年4月14日，任弼时代表中共中央向共产国际提出《中国抗日战争的形势与中国共产党的工作与任务》的书面报告大纲；5月17日，他在共产国际会议上对报告大纲作了说明。任弼时在口头说明中，对国共重新合作的特点、阻碍以及八路军在抗战中的地位和作用，作了较详细的解释。6月11日，共产国际执委会主席团根据中共代表的报告作出决议，确认中国共产党的政治路线是正确的，赞同加紧巩固和扩大八路军、新四军，继续大力开展敌后游击运动，坚持统一战线中共产党在政治上组织上的独立性。在王稼祥回国前夕，季米特洛夫接见了王稼祥和任弼时，他表示，在中共中央内部应支持毛泽东的领导地位，王明缺乏实际工作经验，不应争当领袖。

8月初，王稼祥从莫斯科回到延安。9月14日，中共中央政治局举行会议，由王稼祥传达共产国际的决定和季米特洛夫的意见：中共一年来建立了抗日民族统一战线，政治路线是正确的。中共在复杂的环境和困难的条件下真正运用了马克思列宁主义，在中共中央领导机关中，要以毛泽东为首解决统一领导问题，中央领导机关要有亲密团结的空气。这些意见对六中全会的顺利召开，起了好的作用。

王稼祥曾回忆过这段难忘的往事，他写道：

我在莫斯科治伤之后，季米特洛夫把我留在共产国际工作，接替康生任中国共产党代表。一年后，我回延安之前，共产国际讨论了中国党的报告，报告由任弼时带来，同时由他接替我的工作。在讨论这个报告的会议上，我补充发言，讲了中国党目前的第二次统一战线和第一次统一战线的区别。会议同意了我的意见，讨论后通过了一个支持中国抗战的公开文件，另外还有内部文件要我带回国，呈交党中央、毛主席。临动身时，季米特洛夫向我和任弼时说了一番语重心长的话，主要内容是："应该告诉全党，应该支持毛泽东同志为中国共产党的领导人，他是在实际斗争中锻炼出来的领袖。其他的人如王明，不要再争领导人了。"我当时很高兴，毛主席的威信已使共产国际的最高领导人信服了。我带了这个十分重要的文件，还有一些援助物资，回到了延安党中央。

王明当时在武汉工作。他心怀鬼胎，一听说我回国带了共产国际的文件，盘算不知对他是凶是吉。当毛主席指定我在六届六中全会上传达共产国际的文件，并且打电报叫王明回延安参加六届六中全会，听取共产国际的文件时，王明不服从，又耍起花招来，竟然蛮不讲理，反而要毛主席、党中央到他那儿——汉口或西安召开党的六届六中全会。这是一个狂妄的阴谋，他是要以国民党统治地区作为开会的地点，而不以我党自己的根据地延安为党的开会地点。不难看出，王明仍一心要抬高国民党蒋介石的统治地位，妄想把无产阶级革命政党随时随地奉送给蒋介石，连我党中央的重要会议也要在国民党统治区开。不仅如此，王明还妄想拉拢我个人，要我去武汉向他单独透露共产国际讨论问题的经过和传达文件内容，以及在莫斯科谈话的情形。我及时看穿了他的诡计，没有上他这一圈套。我打了电报，告诉他速来延安，听取共产国际季米特洛夫同志的重要意见，应服从毛主席的领导，否则后果由他自己负责。

在会上，大家批判了三明"左"倾机会主义路线。[7]

曾经担任过六届六中全会警卫工作的蒋秦峰回忆了保卫六届六中全会的情况。他写道：

1938年9月底，秋风拂扫着原野，海洋似的一片无际的谷穗，在耀眼的阳光下，泛起金色的波浪，散发出车阵扑鼻清香。延安周围的农民们喜气盈盈、成群结队，满山遍野地为收割忙碌起来了。在火红热闹的劳动中，不时有人放开嗓子唱起优美动听的陕北民歌。

正在这秋高气爽、五谷丰收的时节，我们周副主席、林老、董老、吴老、邓颖超等首长都从大后方回到了延安；朱总司令、贺龙、罗荣桓诸首长也从华北回到了延安；刘伯承、陈毅诸首长也从遥远的江南前线回来了，他们都分别住在王家坪、杨家岭、蓝家坪等地。这时，我们大队的保卫工作就更繁忙起来，不是从西安乘汽车护送首长回来，就是从黄河对岸骑马接首长回来。途中护送、回到延安后的驻地、随身警卫都由我们全部担负。这时，我们的人员已增加到100多人，又加强了武器配备，还组织了一个骑兵班专门担负护送任务。

当中央各首长从各地先后回到延安时，我们都纷纷猜测着：中央首长都回到延安来干什么？汇报工作吗？看来不像，以往都是个别回来汇报。休息治病？更不是，有很多首长是从遥远的前线和敌后回来的。一定是中央召开什么会议吧！猜来猜去，谁也不知道到底是干什么。

9月20日，王首道秘书长召集我大队干部开会，告诉我们说，现在抗日战争将要转入相持阶段，中央决定最近召开扩大的六中全会，总结15个月以来的经验，更好地领导中国伟大的革命运动。中央教导大队应集中最大的力量保卫毛主席和参加会议的中央首长的安全，全大队要作好政治思想动员，提高革命警惕性，防止特务汉奸的阴谋破坏，还要注意防空、防毒、防特……

会后，全大队开动员会，通过讨论，大家一致表示坚决完成任务。大队首长又把警卫力量加以调整充实。三天后，吴大队长亲自率领我们30余人，携带全副武装，背起背包，来到延安东关外7华里的桥儿沟。这里是鲁迅艺术学院的所在地。扩大的党的六中全会会场就设在这里。

桥儿沟是延安附近一个比较大的村庄，有五六十户人家。在一大片星罗棋布的窑洞里，耸立着一座高大华丽的西式楼房。楼前面有着宽阔的拱形大门，门两旁竖立着四层高塔形的高楼，像是钟楼，两侧整齐地排列着两层楼房，中央夹着一个富丽堂皇的大礼堂。原来这是旧时的教堂。扩大的党的六中全会会场，就设在这座大楼的旁边。紧靠它的墙壁，用木杆、苇席搭起一个宽敞的大棚。棚内前壁上挂着马恩列斯的巨幅画像和党旗，棚中间整齐地排列着一排一排的普通桌椅。桌上摆着成行的有盖搪瓷缸，这是供全会的首长们喝水用的。除了有些长期在延安工作的首长每天回去住宿外，大部分与会的首长都住在这座大楼和周围的窑洞里。

10月10日，具有重大历史意义的扩大的第六届中国共产党中央委员会第六次全体会议，就在这抗战艰苦的日子里，在极其简单朴素的会场里开幕了。会议第一天，毛主席代表中央政治局作了政治报告——抗日民族自卫战争与抗日民族统一战线发展的新阶段。在《解放日报》上发表时，题目是《论新阶段》。报告总结了15个月抗日战争的基本经验；进一步批判了"亡国论"和"速胜论"的错误；分析了抗日战争即将转入相持阶段的新形势；阐明了中华民族的紧急任务，规定了中国共产党必须认真负起领导抗日战争的重大历史任务。随后，朱总司令、周副主席、林老、吴老、董老等分别作了军事工作、统战工作和组织工作等报告。罗荣桓、关向应等作了地方工作报告。

会议前一阶段，都是报告和讨论。我们在值勤时，有时听到首长们发言很热闹活跃，有说有笑；有时批评很尖锐，斗争也很激烈。他们到底批评争论什么问题？我们也听不出什么名堂来。加之，我们警卫人员的纪律规定：不应该知道的绝不去听，万一听到了要自动避开，绝不泄露秘密。这样我们就更加莫名其妙了。事后才明白是批判统一战线中的右倾投降主义的错误。

会议期间，晚上首长们都是休息，或观看文艺晚会。鲁艺和西北战地服务团的歌舞、评剧团的京戏、民众剧团的秦腔都专门为会议演出。每天晚饭后，是最活跃、最热闹的时候，首长们都同我们大伙一起参加各种体育活动。有的打篮球，有的打排球，年老体弱和有病的就到田间、河边散步。毛主席工作十分繁忙劳累，他那慈祥的面庞显得有点清瘦。常常在发笑时，两颊的颧骨就微微地凸起；在作报告或谈话时，也常常有一两声咳嗽。但他的精神仍然充沛，每天晚饭后，他都要到山头、田间或延河边去散步。这已成为他的生活习惯。在田野里散步时，他总是同农民们亲切地攀谈，仔细询问他们生活、生产和学习各方面的情况。谈话中还谦虚地向老乡们征询对我党政机关和军队的意见和要求。

这天下午，我们最荣幸的日子来到了。我们敬爱的领袖毛主席在朱总司令、周副主席和王首道秘书长的陪同下，来到会场前面我们住的地方。毛主席走进我们的宿舍，见我们向他敬礼，便频频点头说："同志们，你们辛苦了！"接着又和我们一一亲切地握手。在仔细看过我们的被盖、棉衣和枪支后，关怀地问道："你们的衣被都很单薄，晚上很冷吧？"

我们立刻回答说："不冷！"

班长李登文连忙接着说："对，不冷。我们保卫党中央、保卫毛主席，浑身上下都是热乎乎的，一点也不冷！"引得毛主席、周副主席、朱总司令都笑了。

周副主席笑着说："你说得很有道理。冷还是冷一点，不过你们积极负责地保卫中央和毛主席，工作起来就不怕冷或者不感觉到冷了。人的精神作用也很大嘛！"

接着毛主席又问："你们有木炭火烤吗？"

余区队长回答说："有，炭早已背来了，等下雪的时候再烤火。"

毛主席笑了笑说："不要为了节约，把人冻病了啊！现在晚上可以烤烤火嘛。"

"晚上睡觉的时候，要防着炭气中毒啊！"朱总司令笑眯眯地叮咛说。

"是啊，这是很危险的，一定要小心。夜里睡觉时不要添黑炭，窗户上留个孔让空气流通流通。"毛主席说完又问，"你们夜间放哨有没有大衣和棉鞋啊？"

"我们每个人都有一件老羊皮大衣，还有公用的几双毡靴子。"吴大队长回答说。

毛主席连连点头，笑着说："这就很好。如果没有这些东西，在冰天雪地里放哨，就会冻坏人啊！"

毛主席带着满意的神情，又来到我们的厨房。他见到炊事员刘维楼，笑呵呵地说：

"你辛苦了，大师傅同志。"

刘维楼先是拘束不安，见毛主席倒先问起他来，便大胆地笑嘻嘻地回答：

"主席，您好！"

"你做的饭菜，可不可以让我们参观参观呢？"毛主席笑着问。

"好，好。"刘维楼忙回答说。立刻打开了锅盖、盆盖，请毛主席、朱总司令、周副主席观看。

毛主席拿起锅铲，在热气腾腾的小米饭上轻轻地挑起一铲看了看，又回头在菜盆里挑起半铲豆腐白菜看了看。笑着说：

"大师傅的手艺不错，饭菜做得又鲜又香嘛！"

"我不会做。这是主席的夸奖，我还要好好学习。"刘维楼嘿嘿地笑着说。

朱总司令说："做饭炒菜也是一门技术啊，需要努力学习才能提高。"

随后毛主席详细问我们每天吃多少粮、多少油、多少菜，多久吃一次肉。朱总司令问我们有没有病号等。当吴大队长和我们一一向毛主席、朱总司令回答清楚以后，毛主席点点头，笑着说：

"这次我们开会，没有你们辛辛苦苦的工作，这个会也是开不好啊！我们这些人都很感谢你们咯！"毛主席说到这里，转向王秘书长笑着说，"你们当秘书长的同志，应该照顾他们一下吧！改善改善他们的生活，好不好？"

"这没问题，明天就能办！"王秘书长说。

"我完全同意。请秘书长作会议的全权代表吧。"朱总司令说。

"这完全应该照顾他们一下，我举双手赞成！"周副主席也笑着说。

毛主席看了看大家："我们走吧，开饭的时间到了。"

毛主席、朱总司令、周副主席都笑呵呵地向我们频频点头而去。

第二天上午，王秘书长派总务处王处长亲自给我们送来猪肉40斤、鸡蛋100个，还有几斤烧酒，每人两盒哈德门香烟。我们大队长很恳切地向王处长说：

"我们大家都感谢中央和毛主席的关怀和爱护。这次会议中，首长对我们的生活照顾得很多了。请你把这些东西拿回去，给毛主席他们保养身体。毛主席日夜操劳革命的大事，身体又不好，生活也很苦。只要毛主席健康，我们再苦再累心里也高兴！"

王处长笑着说："慰劳你们这点东西，是中央、毛主席的心意。毛主席看到你们日日夜夜、风里雨里保卫中央，也很辛苦的。当然，你们都很热爱和关心毛主席，同我们的心情一样，这点东西很少，意义重大啊！你们还是收下吧！"他说完就飞快地走了。

这次扩大的六中全会开了一个多月，直到11月6日才胜利闭幕。毛主席在11月5日、6日作了会议的总结报告，解决了两个重大问题：一个是关于统一战线中的独立自主问题，另一个是关于战争和战略问题。6日下午，扩大的六中全会根据毛主席的报告，通过了一个政治决议案。全会批准了以毛主席为首的中央政治局的关于抗日战争和抗日民族统一战线的路线。确定了在贯彻党的统一战线中，必须坚持独立自主的原则，和有斗争、有团结，以斗争求团结的方针。还确定把党的主要工作任务放在战区和敌区：放手发动群众，武装群众，扩大人民军队和抗日根据地。会议一致通过了开除叛徒张国焘的党籍。同时，会议鉴于党内右倾机会主义分子违犯组织纪律的事实，还通过了几个组织建设方面的文件："关于各级党委暂行组织的决定"，"关于各级党部工作规则的决定"。其中强调党员认真遵守个人服从组织、少数服从多数、下级服从上级、全党服从中央的民主集中制的根本原则。反对任何自由主义的言论和行动。"关于中央委员会工作规则与纪律的决定"中，规定各中央委员，没有中央委员会、中央政治局及中央书记处的委托，不得以中央名义向党内外发表言论及文件；各中央委员不得在中央委员会外，对任何人发表与中央委员会决定相反的意见，亦不得有任何违反的行动；各中央局、中央分局须完全执行中央委员会、中央政治局、中央书记处的决议和指示。另外还发出告全国同胞、将士和全党书。

在会议期间，在毛主席的报告中，会议的讨论中，政治决定案中，都批判了新的右倾投降主义的错误和危险；批判了统一战线中把领导权让给国民党的无原则的迁就主义和尾巴主义的错误，即所谓"一切经过统一战线，一切服从统一战线"；批判了那种把战胜日本帝国主义寄托于国民党军队，把人民命运寄托在国民党反动统治下的合法运动的错误。这时右倾投降主义的错误路线是以王明为代表的，但在会议上并没有直接指名批判他。这都是毛主席从团结的愿望出发，治病救人，等待他们和某些群众觉悟的方针。由于有了毛主席为首的党中央的英明坚强的领导，制定了正确的决议和政治路线，纠正了右倾投降主义的错误和危险，从而奠定了抗日民族解放战争胜利的基础。六中全会的胜利和成功，正是毛泽东思想在我党历史上的光辉创造，是马列主义的新发展。

全会结束这天，正逢十月革命佳节，为了欢庆六中全会的胜利和十月革命胜利21周年，举行了会餐和晚会。下午，毛主席和中央首长同我们为会议服务的工作人员一起会餐。毛主席、朱总司令、周副主席都亲自来到我们工作人员较多的席间，轮流向我们祝酒致谢。毛主席满面笑容、兴致勃勃地举起酒杯，以洪亮的声音亲切地说：

"同志们！今天六中全会胜利地闭幕了！为全会工作的同志们，你们也有一份功劳，也很辛苦。我们为了庆祝伟大的十月革命21周年和六中全会的胜利，并向大家致谢，我们共同喝一杯酒。"

全场起立，热烈鼓掌。我们都兴高采烈地举起酒杯，一饮而尽。

当晚，鲁迅艺术学院的师生组织了专场晚会，演了许多新排的精彩节目，其中最动人的是冼星海新创作的《黄河大合唱》。毛主席、周副主席、朱总司令都坐在银光闪闪的汽灯下观看。毛主席眼神专注地看着舞台上的表演，在节目最精彩的地方连连点头，热烈地鼓掌赞赏，有时也发出爽朗的笑声，或同坐在旁边的首长交谈、称赞。

晚会结束时，毛主席和其他中央首长都站在台前热烈鼓掌。最后，毛主席、周副主席到后台去接见全体演员。这时，舞台上掀起了一阵阵热烈的掌声和欢呼声：

"毛主席万岁！"

"中国共产党万岁！"

有些演员激动得跳跃起来，有些演员激动得热泪滚滚。毛主席笑吟吟地亲切地同演员们一一握手，还不住地说：

"你们演得好啊！谢谢你们！"

毛主席最后向他们挥手告别时，全体演员又是一阵欢呼和热烈的鼓掌，一直把毛主席送出大礼堂的门口，还久久地在那儿张望着。

扩大的六中全会胜利闭幕后，很多中央首长很快就要赶回前线、敌后或大后方去了。我们的任务立即繁忙起来，先后分批地护送各位首长平安回到原来的工作地点。这时，全大队一面执行繁重的保卫任务，一面热烈学习毛主席在六届中央全会上的报告——《论新阶段》。

延安解放社出版的《解放周刊》，第1页上就是毛主席亲笔书写的红色醒目的大字标题《论新阶段》。延安各机关、部队、学校、工厂……都普遍地掀起了学习热潮，轰轰烈烈地讨论着毛主席的报告和六中全会的政治决议。[8]

艰辛的理论创作

抗日战争爆发后，党中央和毛泽东同志特别重视加强党的思想理论建设，提高干部的马克思列宁主义水平，用马克思列宁主义的普遍原理和中国革命的具体实践相结合的思想武装全党，清除主观主义特别是教条主义的影响，以便使党能够在国共合作抗战的复杂环境中正确地解决各种问题。毛泽东在这个时候用大力进行理论研究工作，着重从思想路线的高度总结党的历史经验。

新中国成立以后，毛泽东曾应美国记者埃德加·斯诺的要求，回忆了写作《实践论》《矛盾论》的一些情况。斯诺记录下了他们的谈话内容：

"当你在中国进行一场革命的同时，你也革了外国的'中国学'的命，现在出现了毛派和北京学派的各种派别。不久前我曾出席过一个会议，教授们在争论着你对马克思主义究竟有没有任何首创性的贡献。会后我问一位教授，如果能够表明毛从未自己宣称有过任何创造性的贡献，那么这对他们的争论有没有影响？那位教授不耐烦地回答说：'没有，的确没有影响。那完全是题外的问题。'"

毛笑了起来。他说，2000多年前，庄周写了一篇关于老子的不朽著作（《庄子》），于是出现了100家学派，争论《庄子》的意义。

"1960年，我上一次见到你的时候，我曾问你是否写过自传和有没有写的打算。你回答说，除了已对我讲过的有关你生平的一些事情外，你没有写过。但是有些教授已发现了你写的'自传'。当前教授们在研究的一个问题是，你的有名的哲学论文《矛盾论》和《实践论》，是否如《毛泽东选集》里所说，真的是在1937年夏天写的，还是实际上是在又过了几年以后写的。我自己好像记得，在1938年夏天曾看到过这两篇未出版的手抄的翻译稿。你可以告诉我这两篇文章究竟是在什么时候写成的吗？"

他说，确实是在1937年夏天写的。在卢沟桥事变[9]前后的几个星期里，他在延安有一段暂时空闲的时间。军队开赴前线了，毛腾出时间来收集准备在（延安）抗大讲课用的基本哲学教学材料。在3个月的短期课程中，一些简单而基本的教材，对于受训的青年学生来说，作为他们今后政治上的行动指南还是需要的。在党的坚持要求下，毛总结了中国革命的经验，写成《矛盾论》和《实践论》，把马克思主义的原理同中国的具体的日常实例结合起来。毛说，他大都在夜里写，白天睡。他花了几个星期写成的东西，讲课时两小时左右就讲完了。毛还说，他自己认为《实践论》是比《矛盾论》更重要的一篇文章。

"西方研究毛泽东的专家们把一篇没有收入《毛泽东选集》的题为《辩证唯物主义》的文章当作是你的著作[10]。你写过这样一篇文章吗？"

毛要我把问题再说一遍。他回答说，他从没有写过题为《辩证唯物主义》这样一篇文章。他认为如果他写过的话，他是会记得的。

"从1927年起，你就为学习战争的艺术而非常忙碌。在1937年以前，你是否有时间读过黑格尔的著作？"

毛说，他读过黑格尔的著作，在这以前还读过恩格斯的著作。他还说（也许想到了他的美国批评家们），他从来没有读过美国的马克思主义理论家的书。美国有优秀的马克思主义理论家吗？我问他在青年时代是否听到过索尔斯坦·维布伦写的《有闲阶级论》。即使有过中译本，毛也没有看过。我举了爱德华·贝拉米著的《向后看》一书，它对19世纪美国的空想社会主义者有过很大影响，它的预言性今天读起来仍是非常有趣味的。我还举了现代美国马克思主义思想家保罗·斯威齐著的《资本主义发展论》。毛说，遗憾的是，这些书他都没有读过。⁽¹¹⁾

原中国人民解放军军事科学院副院长郭化若，在延安时曾在毛泽东身边工作。他回忆道：

毛主席一到延安就搜集马列主义的书，挤出时间，不分昼夜，发愤攻读。后来他在一次谈话中讲到：有一位同志给我一顶"狭隘经验主义"的帽子，这才逼得我发愤读书。

记得是在王明路线进入江西初期，刚开始反对毛主席时，周以栗同志（原长江局军事部长）就站出来说"山沟里有马克思主义"，横眉冷对王明路线的围攻。陈毅同志在七大前也对我说过："毛主席的唯物论辩证法思想，早在井冈山时期，就已经基本上建立了一个初步完整的体系。好比砌房子，已经有了栋梁、墙壁、屋顶、楼板、楼梯、门窗……而后来则是粉刷、油漆、装饰、布置家具、室内摆设等，使之更加完美罢了。"他是来到我住的土窑洞内讲的，讲得直爽、诚恳、明确，给我很深的印象。他还讲他和毛主席坦率地谈了井冈山的争论问题，毛主席说，井冈山的争论不属路线问题。这就消除了那些说陈毅同志不那么佩服毛主席甚至反对毛主席的不实之词。历史证明，在第三次反"围剿"胜利之后，毛主席就把马列主义和中国革命实践结合起来，不但创造性地为我党我军制定了一条马列主义的政治路线，而且也制定出一条马列主义的军事路线。

虽然这样，毛主席并不自满，他到延安后的确是发愤读书。有一次我在毛主席办公室内，看到桌面上放着一本《辩证法唯物论教程》，翻开一看，天头和其他空白处都有墨笔小字的旁批，内容全是中国革命中路线斗争的经验教训。这使我初步了解到毛主席是用马列主义的立场、观点、方法来分析中国革命的实际问题，并把中国革命的实际经验提高到理论水平上来充实和发展马列主义。他这些旁批，后来就逐步发展成为他的光辉著作《实践论》。

到延安不久，在一次小型会议上，毛主席向我们讲："李达同志给我寄了一本《社会学大纲》，我已经看了10遍。我写信请他再寄10本来，让你们也可以看看。"接着他又说，"李达还寄给我一本《经济学大纲》，我现在已读了3遍半，也准备读它10遍。"后来延安译成中文的马列主义的书逐渐多了起来，毛主席在百忙中以刻苦钻研的精神、对革命负责的态度，联系革命实际，认真地研究阅读。马、恩、列、斯的著作他都读，他自己说较多地读列宁的著作。这大概是要在列宁著作中，找到关于帝国主义时代无产阶级在半殖民地半封建国家中对民主革命和由此转变到社会主义革命过程中的基本指导思想，以便和中国革命的实践相结合。他对斯大林的著作也很尊重。他在一个干部会上讲过："《联共党史》是本好书，我已读了10遍。奉劝各位也多读几遍！"

毛主席理论上多方面发展马列主义的成就，是和他在学习中联系实际、刻苦钻研、深入研究分不开的。

1937年八九月间，我从庆阳到延安，毛主席教哲学的高潮已经过去。我所听到的反映是，主席讲哲学深入浅出，讲得非常生动、活泼、有趣，许多听众不断发出笑声，有时则哄堂大笑。有一次，我到主席处谈到这些反映，并以我不在延安为憾。毛主席幽默地说："我折本了。"我不大理解，有点诧异。主席解释说："我花了四夜三天的时间，才准备好了讲课提纲，讲矛盾统一法则，哪知只半天就都讲完了。岂不折本了吗？"

正是由于毛主席作了深入精细的研究，所以他才能发展辩证法的许多方面。特别是他创造性地提出"矛盾的特殊性"问题。他的杰出的命题是"不同质的矛盾，只有用不同质的方法才能解决"，"用不同的方法去解决不同的矛盾，这是马克思列宁主义者必须严格地遵守的一个原则"。例如武装夺取政权问题，这是马列主义的普遍真理，但是由于各国社会情况、历史情况不同，所走的具体道路也各不相同，所以毛主席后来说：我们不要求兄弟党都照中国革命的办法做，只要求他们把马克思列宁主义的普遍真理同各国革命的具体实际相结合。

毛主席所说的"折本"当然是开玩笑，他历来是把学而不厌和诲人不倦两句成语统一起来，看作教学相长的。他自己学了就向干部讲，把讲课前的准备和上课时的讲解，作为加深研究的方法。在陕北公学讲了哲学课后，又应红军大学（后改为抗日军政大学，简称"抗大"）的请求，讲了唯物论和辩证法。总政治部把讲课的记录稿整理了出来，经过毛主席同意，打印若干份，分给我们学习。后来毛主席根据记录稿，选出辩证唯物论中的《实践论》和唯物辩证法中的《矛盾统一法则》两节，整理加工成为现在我们所看到的《实践论》和《矛盾论》。《实践论》《矛盾论》和后来写的《关于正确处理人民内部矛盾的问题》与《人的正确思想是从哪里来的》4本哲学著作，就成为当代马列主义哲学发展的新成果。

一段时间，在杨家岭毛主席办公的窑洞里，每到星期三夜晚，总有七八个人围在一支蜡烛前，漫谈马列主义的新哲学。这个会是毛主席组织的，每次他都亲自主持。事先指定一个报告人，准备好发言提纲，首先发言，然后大家发表意见。开始谈的几个人都是毛主席秘书处的秘书或干事，谈的只是哲学的一般常识或通俗讲话。随后逐渐扩大，也有高级干部和理论家参加，人数增加了，座谈的内容也有所发展，地点移到了中央组织部大而深的土窑洞内，中央组织部还准备了简单的面食招待。因为毛主席的号召适应了广大干部的迫切需要，因此参加的人都踊跃积极。这是毛主席传播马列主义唯物论辩证法的一种方式，引起了许多高级干部学习马列主义哲学的兴趣。

毛主席认真实行把哲学从哲学家的书本和讲堂上解放出来，交给广大干部和工农群众。他不断地竭尽心思、想方设法，把唯物论辩证法这一无产阶级的宇宙观，用通俗、易懂、易记的语言传播出来。如"实事求是""从实际出发""调查研究""点的试验，面的推广""总结经验，提高认识""从群众中来，到群众中去""一分为二""要抓住主要矛盾""物质变精神，精神变物质"，等等。这样就把哲学思想和实际工作密切地结合起来了。

党政军干部学习哲学的热潮初步形成了。毛主席很高兴，进一步提出成立"新哲学会"，由艾思奇、何思敬等同志主持，具体工作叫我做。新哲学会用什么形式宣布成立呢？毛主席提出筹备召开新哲学年会。艾思奇、何思敬同志都表示拥护。于是分别去请人作报告，并邀请各方人士到会。愿意来听报告的人不少，起码在200人左右，而作报告或讲话的人则你推我让，最后请了几位同志来讲演，新哲学年会毕竟开成了，开了三四个半天。开完会，我向毛主席汇报时，主席高兴得立即定于第二天在西北饭馆庆祝。

第二天在西北饭馆摆了几桌酒菜，费用是毛主席用自己的稿费交付的。人们都满面笑容而来。毛主席首先举杯庆祝新哲学年会的成功，并宣布新哲学会的成立，号召大家积极学习马列主义的新哲学，把传播新哲学的活动进一步扩大。毛主席还走到每一桌去敬酒，并和每个人碰杯，大家都受到极大鼓舞。⁽¹²⁾

延安时期，是毛泽东理论创作的高峰期。除了《实践论》《矛盾论》这两部毛泽东哲学思想的奠基作之外，毛泽东在新民主主义革命理论、军事理论、政策和策略理论以及党的建设理论等方面，都有系统的、富于创造性的建树。许多闪烁着马克思主义原理同中国革命具体实际相结合的精神的名篇，如《〈共产党人〉发刊词》《新民主主义论》《抗日游击战争的战略问题》《论持久战》《战争和战略问题》《目前抗日统一战线中的策略问题》《中国共产党在民族战争中的地位》等，都是在这一时期问世的。其中，凝聚了毛泽东对中国革命规律和马克思主义真理的执着追求，体现着他对中国民族战争和中国政局发展的非凡驾驭能力和卓越的领导才能。尤其在中共扩大的六届六中全会以后，他的思想及其多方面的领导才能逐渐为全党所充分认识和接受，并在中共七大上得到了最终的确认。

皖南事变前后

1939年冬到1940年春，国民党顽固派的反共活动迅速扩大。他们由制造小规模的军事摩擦，发展到在几个地区向根据地军民发动较大规模的武装进攻，掀起第一次反共高潮。

毛泽东针锋相对，提出一系列重要的策略思想，指导抗日根据地军民击退了国民党顽固派的第一次反共高潮。

陈枫在《皖南事变本末》一书中写道：

第一次反共高潮集中在华北地区：一是在陕甘宁边区，二是在山西，三是在冀南和豫北。

为了击退国民党军的进攻，1939年2月中共中央就发出"中央关于河北等地摩擦问题的指示"，指出"对非理进攻，必须反击，决不能轻言让步"。1939年6月30日，毛泽东在《反对投降活动》一文中，就坚决地斥责了那些公开的汪精卫和暗藏的汪精卫辈们所制造的反共罪恶行径。1939年7月7日，中共中央在纪念抗战三周年对时局发表的宣言中就提出了向一切投降、分裂、倒退的活动进行斗争的口号。9月16日，毛泽东在同中央社、《扫荡报》和《新灵报》记者谈话时就明确表示："人不犯我，我不犯人；人若犯我，我必犯人。"

各地军民坚决响应党中央和毛泽东的号召，坚决击退蒋介石发动的第一次反共高潮。

第一次反共高潮被击退，毛泽东于1940年3月11日在延安党的高级干部会上作了题为《目前抗日统一战线中的策略问题》的报告。这个报告总结了抗日战争开始以来，特别是击退国民党第一次反共高潮以来，我们党同国民党建立统一战线的全面经验。毛泽东在报告中指出：

"抗日战争胜利的基本条件，是抗日统一战线的扩大和巩固，而要达此目的，必须采取发展进步势力、争取中间势力、反对顽固势力的策略。"

毛泽东说，发展进步势力，"就是发展无产阶级、农民阶级和城市小资产阶级的力量，就是放手扩大八路军新四军，就是广泛地创立抗日民主根据地，就是发展共产党的组织到全国，就是发展全国工人、农民、青年、妇女、儿童等的民众运动，就是争取全国的知识分子，就是扩大争取民主的宪政运动到广大人民中间去。只有一步一步地发展进步势力，才能阻止时局的逆转，阻止投降和分裂，而为抗日胜利树立坚固不拔的基础。但是，发展进步势力，这是一个严重的斗争过程，不但要同日本帝国主义和汉奸作残酷的斗争，而且还要同顽固派作残酷的斗争。因为对于发展进步势力，顽固派是反对的，中间派是怀疑的。如不同顽固派作坚决的斗争，并收到确实的成效，就不能抵抗顽固派的压迫，也不能消释中间派的怀疑，进步势力也就无从发展"。

毛泽东说，争取中间势力，"就是争取中等资产阶级，争取开明绅士，争取地方实力派"。争取中间势力，必须在一定条件下才能完成这个任务。这些条件就是："（一）我们有充足的力量；（二）尊重他们的利益；（三）我们对顽固派作坚决的斗争，并能一步一步地取得胜利。"

毛泽东在报告中提出了我党同顽固派斗争的三项著名原则。"第一是自卫原则。人不犯我，我不犯人；人若犯我，我必犯人。这就是说，绝不可无故进攻人家，也绝不可在被人家攻击时不予还击。这是斗争的防御性。对于顽固派的军事进攻，必须坚决、彻底、干净、全部地消灭之。第二是胜利原则。不斗则已，斗则必胜，绝不可举行无计划无准备无把握的斗争。应懂得利用顽固派的矛盾，绝不可同时打击许多顽固派，应择其最反动者首先打击之。这就是斗争的局部性。第三是休战原则。在一个时期内把顽固派的进攻打退之后，在他们没有举行新的进攻之前，我们应该适可而止，使这一斗争告一段落。在接着的一个时期中，双方实行休战。这时，我们应该主动地同顽固派讲团结，在双方同意之下，和他们订立和平协定。绝不可无止境地每日每时地斗下去，绝不可被胜利冲昏自己的头脑。这就是每一斗争的暂时性。在他们举行新的进攻之时，我们再用新的斗争对待之。这3个原则，换一句话来讲，就是'有理、有利、有节'。坚持这种有理、有利、有节的斗争，就能发展进步势力，争取中间势力，孤立顽固派，并使顽固派尔后不敢轻易向我们进攻，不敢轻易举行大内战。这样，就有争取时局走向好转的可能。"

毛泽东这个总结，为我党今后扩大与巩固抗日民族统一战线，为击退蒋介石国民党在抗日战争中再次掀起的反共高潮，在理论上和实践上提供了锐利的斗争武器。[13]

1940年夏秋，国民党顽固派在华北进行的第一次反共高潮被打退以后，又把反共中心转向华中，策划以武力进攻新四军。

1940年9月初，中共中央得到周恩来、叶剑英从重庆发回的报告，获悉国民党军司令部已向顾祝同发出命令，扫荡长江南北的新四军。中共中央军委即电令叶挺、项英、刘少奇准备自卫，叮嘱"皖南尤须防备"。陈毅根据这一指示，于10月初取得黄桥之战的重大胜利，有力地打击了苏北顽军的反共气焰。

10月19日，国民政府军事委员会正副参谋总长何应钦、白崇禧发出致朱德、彭德怀和叶挺的《皓电》，要求大江南北的八路军、新四军在一个月内全部开赴黄河以北，要求将50万八路军、新四军缩编为10万人。同时，还密令汤恩伯、李品仙、韩德勤、顾祝同等部准备向新四军进攻。

第二次反共高潮迫在眉睫。

陈枫在《皖南事变本末》一书中继续写道：

何、白《皓电》把抗战以来国共军事摩擦的根源归结于八路军、新四军的四条"罪状"。《皓电》说："综观过去陕甘冀察晋绥鲁苏皖等地历次不幸事件，及所谓人多饷少之妄说，其症结所在，皆缘于第十八集团军及新四军所属部队：一、不守战区范围自由行动；二、不遵编制数量自由扩充；三、不服从中央命令破坏行政系统；四、不打敌人专事并吞友军。以上四端，实为所谓摩擦事件发生之根本。"为此，《皓电》把中央提示案以正式形式下达，说什么"兹奉谕将前经会商并奉核定之中央提示案正式抄达，关于第十八集团军及新四军之各部队，限于电到一个月内，全部开到中央提示案第三问题所规定之作战地境内，并对本问题所示其他各项规定切实遵行，静候中央颁发对于执行提示案其他问题之命令。至周副主任委员恩来所提调整游击区域及游击部队办法三种[14]，其第一、第三两种，决难照办，其第二种应俟开到规定境内后，再行酌办，持并附达，盼复"。

何、白《皓电》实际是发动内战的"檄文"。

《皓电》发出后，毛泽东及时科学地分析了形势，正确论断了蒋介石国民党的反共阴谋。毛泽东指出，英美集团与德意日集团，一个月来在中国的相互斗争，是十分激烈的。英美集团要求蒋介石加入他们的同盟，德意日集团要求蒋介石放弃中日战争，加入德意日同盟。他们间的这一斗争，目前已达到白热化。"蒋介石现在是待价而沽"，他一方面准备加入英美联盟，一方面准备加入德意日联盟。蒋介石发动第二次反共高潮，就是准备加入德意日联盟的严重步骤。因为日本要南进太平洋，就需要一个巩固的后方，而共产党"已成了破坏日本这个后方的最严重的因素"。蒋介石表示，愿意替日本担负起巩固后方的这一职务，以此求得日本对他的让步。所以蒋介石企图用武力把新四军、八路军驱逐到老黄河以北，以置我军于死地，"这一计划是下了决心的"。

根据对形势的科学分析和正确论断，毛泽东提出了党所面临的严重任务：

"我们一方面要坚持华北、华中各根据地，一方面要打破蒋介石的进攻，这就是我所处的严重局面。"

毛泽东11月15日在对党内的指示中提出我党对蒋介石进攻所采取的全面对策，"对于蒋介石此次反共进攻，对皖南取让步政策（即北移），对华中取自卫政策，而在全国则发动大规模反投降、反内战运动，用以争取中间势力，打击何应钦亲日派的阴谋挑衅，缓和蒋介石之反共进军，拖延抗日与国共合作时间，争取我在全国之有理有利地位。"

华中的自卫政策，针对汤恩伯大军准备东开的情况，毛泽东指示周恩来，汤军之是否移动，"这是蒋介石是否有决心进攻华中抗日根据地的表现。在汤部只作移动准备尚未实行移动以前，应设法使其不动。"毛泽东请周恩来向国民党代表张冲表示，如汤军东进，则国共战争难免，皖南我军北移也难免发生波折，我党均不负责任；如汤军向我进逼，则我军即动手"解决"韩德勤。毛泽东指出这是蒋介石的利害问题。毛泽东要周恩来向国民党代表张冲作以上适当表示，以延缓蒋介石进攻。

毛泽东又电告项英、叶挺，请叶挺会见顾祝同时，向顾提出要求，要他致电蒋介石，停止汤恩伯、覃连芳两军东进，否则引起战事，由彼方负责。当时覃连芳的两个师已到河南商城、固始，覃及各师长均集安徽立煌，计划攻皖东；汤恩伯9个师在南阳准备东开，形势十分危急。毛泽东请叶挺质问顾祝同，一面令我皖南部队北移，一面又派20万大军东进，是何用意？是否彼方已准备决裂？叶挺同顾祝同谈判时，指出"这是第一位问题"。

......

由于蒋介石的反共内战存在着以上种种制约和困难，所以关于粉碎蒋介石的反共阴谋，11月21日毛泽东在致周恩来的电文中指出：

其一，"只要蒋介石未与日本妥协，大举剿共是不可能的，他的一切做法都是吓我让步"。发表《皓电》是吓，何应钦在纪念周发表反共演说是吓，汤、李军东进也是吓，胡宗南集中4个师打关中也是吓，命令李克农撤销桂林办事处也是吓。蒋介石还有可能再做出其他吓人之事。除"吓"以外，还有一个法宝，即封锁，此外再无其他可靠办法（当然进攻新四军张云逸、彭雪枫部是可能的）。许多中间派被蒋介石吓倒了，纷纷要求我党让步，"我须善为说词以释之"。我党除《佳电》中表示缓和及皖南作一点点小小让步外（实际上我早要北移），其他是寸土不让，有进攻者必粉碎之。"我们已准备了一个铁锤，只待政治条件成熟，即须给他重重一棒。目前我们的一切宣传文章，都是为了成熟这个政治条件。"

其二，除何应钦另有挑拨内战阴谋外，蒋介石必把他吓共产党让步的法宝密告了白崇禧。故白崇禧如此煞有介事，实际是不想打的，他很怕真打起来。"我们却应利用这个弱点去吓白，除白以外一切吓我之人，我应以我之法宝转吓之。"这些法宝就是，八路军、新四军下级官兵对反共内战如何愤激，他们请求南调支援新四军；我们已14个月未发子弹；华北灾荒部队没有饭吃；汤、李军东进必引起大冲突，苏北和平也必破裂；陕北今年灾荒甚重，饥民要求迁地就食，等等。这些政治攻势，"也应向着那些天真烂漫的中间派，引起他们着急，去影响蒋介石"。

其三，胡宗南已对28师、24师、预3师、第8师下令，准备进攻宜君、淳化、正宁三点间葫芦地带。朱德总司令一面已电告胡宗南叫他制止，一面又准备了一部分兵力打击之。只待胡宗南发动进攻，我军在苏北发动一个局部战斗以报复。为隔断韩德勤、霍守义部打通皖苏之目的，我军攻占淮阴、宝应间之一块地方，如得手，霍必好转，韩必就范。其直接的理由是霍守义打我军彭明治部，莫德宏打我军张云逸部，我不得不报之。

毛泽东在致周恩来的电文中最后说："只有软硬兼施，双管齐下，才能打破蒋介石的诡计，制止何立钦的投降，争取中间派的向我，单是一个软或单是一个硬，都达不到目的。"

据此，毛泽东于11月30日就科学地论断了蒋介石的中心战略和提出了党的斗争方针：

此次蒋介石、何应钦、白崇禧串通一气，用《皓电》、调兵、停饷、制造内战空气、威胁我军办事处等手段，"全为吓我让步，并无其他法宝"。他只有吓人一法，对日本是吓，对我们也是吓。除了这个流氓手段外，他是一筹莫展。蒋现在的特点是内外危机交迫，在他统治下，军政、财经、文化、人心一概不稳固，其危机在蒋历史上是空前的，这是其内部不稳固；对敌对我没有防线，这是其外部不稳固。为挽救危机稳固内外防线起见，结成蒋、白、何联盟（大资产阶级的反共统一战线，而何、白却另有目的），"其中心战略是攻势防御，以攻势之手段，达防御之目的。绝非全部战略攻势，因为这是不可能的"。其一切对我恐吓手段及可能的局部进攻，都是攻势，而以沿泾水、渭水、黄河、淮河、淮南路筑封锁线达其巩固外部防线之目的，以造成反共空气，缩小我之活动，组织反共联盟（以蒋、白、何联盟为基础）达其巩固内部防线之目的。这两件事是他能够办到的，总之是达到防御目的。"本质上蒋与过去一样，依然未变，仍是又抗日又反共的两面政策，而其对日则是绝对防御（毫无攻势），对我则是攻势防御。所以，（一）不稳固；（二）两面政策；（三）攻势防御。这三点就是蒋目前的全部实质。"在此情况下，"我之方针是表面和缓，实际抵抗，有软有硬，针锋相对。缓和所以争取群众，抵抗所以保卫自己，软所以给他面子，硬所以给他以恐怖"。而真正的军事调动，只有八路军115师两个团南下华中，支援新四军，其他部队一律不动。但各地仍需积极准备，除对付蒋介石的局部进攻外，随时可以调动7万以上精兵，给敢于大举进犯者以猛重的打击。因我军愈有准备，彼方愈不敢进攻，这是有备无患的道理。所谓惹急了他会撕破脸皮乱打，这是被蒋介石吓倒了的话。其实蒋是精于计算人的，他只用以吓人，并不用以决定政策。[15]

1941年1月4日，奉命北移的新四军军部及其所属皖南部队9000余人，从云岭驻地出发北上。6日，在泾县茂林地区突遭顾祝同、上官云相指挥的国民党顽军8

万余人的包围袭击。新四军将士浴血奋战7昼夜，终因寡不敌众，大部被俘、失败或牺牲。这就是震惊中外的皖南事变。

1月17日，蒋介石反诬新四军"叛变"，宣布取消新四军番号，将军长叶挺"交付军法审判"，把第二次反共高潮推向顶点。

毛泽东和中共中央关心着新四军将士的命运和安危，同国民党顽固派进行了针锋相对的斗争。

陈枫在《皖南事变本末》一书中写道：

事变期间，中共中央所在地延安、周恩来所在地重庆、刘少奇所在地盐城、叶挺所在地茂林地区，通过电台，频频联系，作出决策和指挥。皖南新四军根据党中央的指示，浴血奋战，突出重围，坚决完成北移任务。

1月5日，我军北移行至茂林地区，军部决定就地休息一天。7日，毛泽东、朱德即致电叶挺、项英：

你们在茂林不宜久留，只要宣城、宁国一带情况明了后，即宜东进，乘顽军布置未就，突过其包围线为有利。

1月9日晨，情况极为紧张，我军处境危殆，项英等带领小队武装企图冲出包围圈，私自离开了军部指挥岗位。叶挺、饶漱石即致电毛泽东：

今（9）日晨北进、又受包围，现在集全力与敌激战，拟今晚分批突围北进。项英、国平于今晨率小部武装上呈而去，行方不明，我为全体安全计，决维持到底。

中共中央中原局刘少奇接到叶挺等报告以后，当即指示：

项、袁不告而去，脱离部队，甚为不当，即在以前他们亦有许多处置不当，违反中央的指示，致造成目前困难局面。望你们极力支持，挽救危局，全力突围走苏南，已直令苏南二支队接应。

同日，刘少奇把叶、饶的急电又报告给毛泽东等，并向中央提议：

项、袁在紧急关头已离开部队，提议中央明令撤项英职，并令小姚（即饶漱石）在政治上负责，叶在军事上负责，以挽危局。

项英等离开部队以后又折回石井坑军部。10日，项英向中央报告了离队的经过，并请中央处罚：

今日已归队，前天突围被阻，部队被围于大蕅山中，有被消灭极大可能，临时动摇，企图带小队穿插绕小道而出，因时间快要天亮，曾派人请希夷（即叶挺）来商计，他在前线未来，故临时只找着国平等同我走，至9日即感觉不对，未等希夷（叶挺）及其他同志开会并影响甚坏。今日闻5团在附近，即赶队到与军部会合。此次行动甚坏，以候中央处罚。我坚决与部队共存亡。

毛泽东等请刘少奇、陈毅转给叶挺、饶漱石的指示称：

希夷（叶挺）、小姚（饶漱石）的领导是完全正确的，望全党全军服从叶、饶指挥，执行北移任务。你们的环境虽困难，但用游击方式保存骨干，到达苏南是可能的。

同一天，毛泽东等又将项英等离队情况通报了周恩来：

据叶挺、小姚（饶漱石）9日报告称，今9日北进，又受包围，现集全力与敌激战，分批突围北进。项、袁今晨率一部不告而别，去向不明。我为全军安全计，决维持到底。

12日，中共中央作出新四军由叶挺、饶漱石负总责的决定：

中央决定一切军事、政治行动均由叶军长、饶漱石二人负总责，一切行动决心由叶军长下。项英同志随军行动北上。

中央将此决定向部队干部宣布。

叶挺等在被重围期间，对敌情我情及所取对策迅速报告了毛泽东等。

1月10日，叶挺、饶漱石向毛泽东、朱德、王稼祥的报告称：

支持4日夜之自卫战斗，今已濒绝境，干部全部均已准备牺牲。请即斟酌实情，可否由中央或重庆向蒋（介石）交涉立即制止向皖进攻，并按照原议保障新四军安全移江北及释放一切被捕军部工作人员。

同日，叶挺等又给毛泽东等报告：

我全军被围于泾县茂林以南，准备固守，可支持一星期。请以党中央及恩来名义，速向蒋（介石）、顾（祝同）交涉，以不惜全面破裂威胁，要顾（祝同）撤围，或可挽救。上下一致，决打到最后一人一枪，我等不足惜。一周后如无转机，则将全部覆没。

同日，叶挺、饶漱石又致电刘少奇、陈毅：

我1纵队傅秋涛两个团已打到泾县、宁国间，我军其余均被围于茂林附近山地，敌大我五六倍，突围困难，死守硬拼到最后一人，唯粮弹不济，恐守不住，请中央设法以全面分裂胁蒋（介石），或能挽救，并示方针。二支队应即向苏皖边积极行动，苏北能同样行动以为声援更佳。

11日，叶挺等向中共中央报告了敌军情况及我军行动方针：

顽敌40、144、79、52、108各师，已于今日合围，预计明晨会总攻。

顾并已下生擒我等之命令。

我们方针：缩短防线，加强工事，以少数牵制多数，控制一个团以上强力，选择弱点，俟机突击，给以大打击后，再走第二步，能突破当更好。

现士气尚佳，唯粮弹不齐，不能久持。

毛泽东、朱德、王稼祥接叶挺等报告后，迅速作出重要指示。

12日，毛泽东等指示叶挺、饶漱石应速谋突围：

你们当前情况是否许可突围，如有可能，似以突围出去分批东进或北进（指定目标，分作几个支队分道前进，不限时间，以保存实力、达到任务为原则、为有利，望考虑决定为盼）。因在重庆交涉恐靠不住。同时应注意与包围部队首长谈判，并盼将情形告知。

同日，中共中央致电周恩来、叶剑英，望向国民党交涉撤围：

新四军全军东进，行至太平、泾县间之茂林，被国民党军队重重包围已6天，突不出去，据云尚可固定7天，望向国民党军提出严重交涉，即日撤围，放我东进北上；并向各方面呼吁，证明国民党有意破裂，促国民党改变方针，否则有全军覆灭危险。

13日，毛泽东、朱德、王稼祥又致电周恩来、叶剑英，应向国民党当局提出最严重交涉：

叶挺军部率3个团仍在泾县以南茂林地区围困中，并没有出来，现粮尽弹绝，处境极危，有全军覆没之可能。虽有傅秋涛2个团突出至宁国山地，亦未突出大包围线外，青严重向重庆提出交涉，并向全国呼吁求援等语。请向当局提出最严重交涉，如不立即解围，我们即刻出兵增助，破裂之责由彼方担负。我们今日发出之通电，望立即散发。

朱德、彭德怀、叶挺、项英于13日发出《通电》，严重抗议国民党围歼我江南新四军。《通电》称：

我江南新四军军部及部队万人遵令北移，由叶挺等率领行至泾县以南之茂林地区，突被匪军7万余人重重包围，已血战7昼夜，死伤惨重，弹尽粮绝。挺等率部遵令北移，不意全是诱我聚歼之计。在战斗中据所获包围军消息，此次聚歼计划，蓄谋已久，布置周密，全为乘我不备，诱我入围，其所奉上峰命令有一网打尽、生擒叶项等语。德等远在华北，未悉命令移防底蕴，迄今始知聚歼计划。今不问对敌行动如何，但对我则是聚歼，何、白两总长《皓电》《齐电》所称之仁义道德何在？所谓破坏抗战、破坏团结者究属何人？所谓军政军令军纪者究在何处？似此滔天罪行，断不能不问责任。同时全国正准备大批逮捕、大批杀人，与袭击八路军各办事处，在西北则修筑万里长城之封锁线，在华中则派遣20余师正规军实行大举进攻，国内局面顿改常态。我八路军新四军前受日寇之扫荡，后受国军之攻击。奉命移防者则遇聚歼，努力抗战者则被屠杀，是而可忍，孰不可忍！特电奉达，敬恳中央立解皖南大军之包围，开放挺等北上之道路，撤退华中之剿共军，平毁西北之封锁线，停止全国之屠杀，制止黑暗之反动，以挽危局，以全国命。

在朱、彭、叶、项发出《通电》的同时，新四军华中将领陈毅、张云逸、彭雪枫、罗炳辉、邓子恢、粟裕、李先念，为叶、项军长暨皖南部队被包围致电华中、华南我军全体指战员：

叶、项军长遵照中央命令，于本月4日由皖南泾县北移，准备经苏南渡江。7日行至茂林，即由顾祝同派遣大军重重包围，激战7昼夜，迄未停止，军部及我二三支队殆陷绝境，请各部队立即在驻扎地向各友党友军友好士绅及一切文人居士，说明军部遵命北移被围的险状，吁请各方主张公道；并向中央当局请求迅予制止顾祝同破坏抗战合作的分裂行为。我新四军将士应一致团结，坚决表示：如叶、项军长及其被围部属，竟陷于不救境地，则我华中华南新四军全体将士，不仅不考虑北移命令，即对一切命令皆不再有执行之考虑。尔后华中抗战破坏，合作破坏，不论于国家民族前途产生任何影响，其责任应由顾祝同的分裂行为担负之。同时，我新四军将士应知叶、项军长为我们直属官长，患难生死多年与共，竟因遵命北移而被歼，则我等自无生存余地，除准备一切牺牲斗争到底，外无他途！时机危殆万分，不容迟疑，请迅速准备行动为要！

面对皖南我军被严重包围的局势，1月12日，刘少奇、陈毅关于在苏、鲁发动攻势，以与国民党交换，向毛泽东等建议：

我江南军部叶、项、袁、周等共约9个团，遵令北移至茂林附近，被顾祝同层层包围，多次未冲出，已激战6昼夜，死伤已重，弹尽粮绝，已致绝境。他们准备拼至最后一人，望你们速向重庆严重交涉，停止包围，请让我安全北移。请朱、陈、罗准备包围沈鸿烈，我们准备包围韩德勤，以与国民党交换。是否有当，请毛、朱、王立复并直告朱、陈、罗执行。

13日，毛泽东、朱德、王稼祥对于皖南事变中我之对策给刘少奇、陈毅发出通报：

我们已向当局提出最严重之抗议。申明如不撤围，破裂之责在彼。

同日，毛泽东等发出关于在苏、鲁发动攻势以答复皖南事变的指示：

同意刘少奇、陈毅12日意见，苏北准备包围韩德勤，山东准备包围沈鸿烈，限10天内准备完毕，待命攻击。以答复蒋介石对我皖南1万人之聚歼计划。

为应付严重事变，重庆、桂林、西安、洛阳各办事处，应即刻准备好对付蒋介石袭击。

同日，周恩来、叶剑英关于向国民党交涉情况给毛泽东作了报告：

本日晨与三战区参谋长用无线电话谈新四军情形，据说，新四军北移不遵照指定路线，自行向相反的方向（东南），因与友军"误会"。其冲突地点是在太平地区，从6日起直至今日止，仍未结束，详情不明。我们责以友军对新四军北移，不但不予以帮助，反借口狙击，江南如此，则华北、华中问题更难解决。他答复不能"负责"。

我们今日已动员党的干部向各方揭发国民党狙击新四军阴谋，并向蒋、何、白抗议，要求立即削止围攻新四军行动，否则，江南摩擦，我们不负责。

同日，周恩来。叶剑英关于与蒋介石交涉情况给中共中央报告：

本日公开告诉刘为章[16]说：（一）叶（挺）、项（英）等及其主力，已经突出重围，进至泾县、宁国间，有一小部后方，尚在茂林山中被围。（二）请蒋（介石）、何（应钦）立令顾解除茂林包围，并让出去苏南的道路来，否则新四军主力虽北上，其被围部队势将被迫分散，江南局面仍不能解决。（三）我华北、华中将士得四军恶讯，气愤填膺，几不可遏，只有迅速解除对新四军围攻，才能免危机于万一。

刘为章说：我今天可负责答复，蒋已令贺耀祖（侍从室）用电话直告顾（祝同），只要新四军确实北渡，他们应予帮助，不应为难。至于冲突，因估计双方都在严密戒备情况下，自然容易发生误会。

我们又提出北上必经苏南，皖北绝对走不通。刘（为章）允再给顾一电，并嘱其执行。

刘为章顷接何应钦家来电竟说：本日谈话后，我即报告委座。委座答复说：（一）关于茂林方面不要继续打的问题，我昨夜（12日夜）已由（贺耀祖）下了命令，此事不成问题。（二）新四军今后所走路线，可走苏北，但须执行两条件：部队过江后，不得打韩德勤；且过江后不得盘踞，须遵命继续到河北去。（三）刘为章今晚即用电话向顾传达蒋的意见。（四）望我们即告前方。

蒋介石佯称已直令顾祝同对北移我军"应予帮助，不应为难"的当天，即1月12日拂晓，顾祝同、上官云相已根据蒋介石生擒叶、项的手令对我全线发动第二次总攻。佯称对我军北撤"应予帮助"的第二天，即1月13日下午，蒋军全线又对我发动第三次总攻。与此同时，何应钦以急电致国民党各部队，谓"连日来各战区进剿匪军颇为顺利，匪首叶挺、项英均先后被擒"，"各部队须严为戒备，勿为匪乘'。

对此，1月15日，毛泽东致电周恩来：

（一）蒋介石一切仁义道德都是鬼话，千万不要置信。

（二）中央决定发动政治上的全面反攻，军事上准备一切必要力量粉碎其进攻。[17]

皖南事变发生后，党内"左"的倾向开始抬头。一些人认为，这是1927年"四一二"政变的重演，国共破裂迫在眉睫。毛泽东认真分析了国内外局势，提出在中日民族矛盾依然是主要矛盾的情况下，应当继续坚持又联合又斗争、以斗争求团结的政策，在军事上严守自卫，在政治上坚决反击。

在毛泽东的正确指导下，中国共产党利用国民参政会、驻重庆办事处及《新华日报》等合法斗争手段，取得了初步成效。国民党顽固派空前孤立，不得不有所收敛。民主党派及国民党的有识之士目睹了皖南事变前后的种种事实，也深为中国共产党人忍辱负重、深明民族大义的立场所折服。蒋介石大大地失了分。

中国政局开始出现有利于中国共产党方面的微妙变化。

注 释

〔1〕毛泽东：《反对日本进攻的方针、办法和前途》，选自《毛泽东选集》第2卷，1991年第2版，第346页。

〔2〕1937年8月27日，毛泽东在中央政治局常委会上再次强调提出，在统一战线中，有一个共产党吸引国民党，还是国民党吸引共产党的问题，也就是说，是把国民党提高到共产党所主张的全面抗战呢，还是把共产党降低到国民党的片面抗战？

〔3〕徐向前：《历史的回顾》，解放军出版社1984年7月版，第571—573页。

〔4〕《聂荣臻回忆录》，战士出版社1984年12月版，第339—343、359—360页。

〔5〕中共中央文献研究室编：《任弼时传》，中央文献出版社、人民出版社1994年4月版，第401—403页。

〔6〕《彭德怀传》，当代中国出版社1993年4月版，第165—166页。

〔7〕王稼祥：《回忆毛主席革命路线与王明机会主义路线的斗争》，载《红旗飘飘》（18），中国青年出版社1979年11月版，第58、59页。

〔8〕蒋秦峰：《毛主席在延安的几个故事》，载《红旗飘飘》（17），中国青年出版社1979年6月版，第32—38页。

〔9〕日本入侵长城以南中国的起始地点，这一事件毛早已预见到；他的准确性大大增加了他作为一个党内和全国的领袖人物的威信。——原注

〔10〕见《中国季刊》，第19期，1964年7—9月，伦敦。——原注。

〔11〕埃德加·斯诺：《记毛泽东回忆写作〈实践论〉〈矛盾论〉》，载《漫长的革命》，上海人民出版社1975年4月版，第208—211页。

〔12〕郭化若：《在毛主席身边工作的片断——纪念毛主席八十五诞辰》，载1978年12月28日《解放军报》。

〔13〕陈枫编著：《皖南事变本末》，安徽人民出版社1984年12月版，第29—31页。

〔14〕一、扩大第二战区至山东全省及绥远一部；二、按照第十八集团军新四军及各地游击队全数发饷；三、各游击部队留在各战区，划定作战界线，分头击敌。——原注。

〔15〕陈枫编著：《皖南事变本末》，安徽人民出版社1984年12月版，第

49—65页。

〔16〕刘为国民党军令部次长。——原注

〔17〕陈枫编著：《皖南事变本末》，安徽人民出版社1984年12月版，第154—161页。

二、养精蓄锐

大生产运动和精兵简政

1938年10月，抗日战争进入相持阶段。由于日军作战逐步转向敌后解放区战场和国民党实行消极抗日积极反共的政策，陕甘宁边区和敌后各抗日根据地在财政经济上日益困难。在这种形势下，中共中央于1939年2月2日在延安召开生产动员大会，毛泽东在会上发出了"自己动手"的号召。1941年，针对当时面临的经济上的严重困难，中共中央再次强调走生产自救的道路。各抗日根据地的党、政、军学人员和人民群众响应号召，掀起了大规模的生产运动。大生产运动首先在陕甘宁边区展开。边区政府成立生产委员会，采取有效措施，鼓励生产，要求在原有基础上扩大耕地面积，提高粮食产量，并号召种植经济作物，特别是纺织原料。这年年初，中共中央下令八路军359旅开赴荒无人烟但土质肥沃、适于开垦的南泥湾。这支部队在缺乏资金、工具的极端困难的条件下，发扬自力更生、艰苦奋斗的精神，一面动手开挖窑洞解决住宿问题，一面勘察开荒地区，学习耕作技术，制作生产工具。从旅长王震到公勤人员、随军家属，人人动手，开荒种地，经过不长时间就使南泥湾变成了"陕北的好江南"。与此同时，在延安的党政军学各方面数万人，都投入大生产高潮中。毛泽东、朱德、周恩来等党政军负责人，带头参加生产劳动，他们亲手开荒、种菜，经常利用休息时间去劳动。

曾任毛泽东警卫员的贺清华回忆道：

1939年的春天来到了。革命圣地——延安，到处是一片新生气象。宝塔山和清凉山下，南川和北川里，出现了一排排崭新整齐的窑洞。傍晚，人们经过一天紧张的工作、劳动之后，在平静的延水两岸散步、休息。山谷和田野间，荡漾着雄壮的抗日歌声和那悠扬的、激动人心的《延安颂》。

这时候，延安各机关、部队、工厂、学校，响应党中央和毛主席的号召，掀起了轰轰烈烈的大生产运动。我们单位也不例外，警卫员、勤务员、通信员上山背柴、烧木炭，积极准备开荒种地。

在一个天气晴朗的日子里，我们坐在山坡下开生产动员大会，忽然看到主席从窑洞里走出来了，同志们立刻热烈鼓掌，欢迎主席讲话。主席微笑着问："是开生产动员大会？这很好嘛。"他走到我们面前，接着说，"党中央号召我们，要开展生产运动，克服目前的经济困难，减轻边区人民的负担。"主席停了一下，望着两旁的山坡说，"杨家岭山上的土地很多，我们可以种瓜、种菜，还可以养些猪，解决自己的穿衣、吃饭问题。如果能搞起一个合作社，帮助大家解决日常的生活用品，那就更好了……"

主席讲的话，又具体，又明了，大大地鼓舞了我们的生产干劲。会后，我们很快地组织了生产队伍，制订生产计划，分片开荒种地。主席还和大家一起凑了些钱，在杨家岭沟口开设了一个机关合作社。

主席看到我们每天轮流上山开荒，就对我们说："我不能走远，你们在近处给我分一块地，我也好开荒种菜。"

我们劝说："主席工作很忙，身体又弱，不一定要参加生产啦！"

"不行。"主席坚决地说，"生产是党的号召，我应该和同志们一样，响应党的号召，参加劳动生产。"

在主席的坚持下，我们商议了一会儿，就在主席住的窑洞下面，靠近河渠的地方，给主席划分了一亩地。下午，主席休息的时候，拿起锄头挖地去了。我们几个警卫员、勤务员一见主席下地，急忙回到窑洞里，拿起锄头赶上去，和主席一起挖地。主席立刻阻止我们说："你们有你们的生产计划，我有我的生产任务，这点地，你们都挖了，我没有挖的了。"

我们一边笑，一边在主席身旁挖地。主席身上的衬衣都被汗水浸湿了，还不停地挖着地，愉快地和我们说话。和领袖在一起劳动，这对于我们是多么大的幸福和鼓舞啊。大家劲头十足，很快就把一亩地挖完了。然后，主席又和我们一起，在地里垒了个小水坝，准备引水浇地。

几天后，主席和我们在地里种上了西红柿等蔬菜。蔬菜长出来了，主席和十几岁的勤务员小王一起抬大粪，给菜地施肥。主席参加劳动生产的事迹，使老乡们也受到了感动。杨家岭村有个二流子，成天闲逛，不务生产，当他看到主席冒着炎日，在地里锄草、浇水，感动得流下了眼泪，跑回家里，提起锄头上山生产去了。中央党校种的地在杨家岭后沟的山上，下午，同学们返回学校时，经过沟口，看到主席正在地里辛勤劳动，感动地站在路旁，热烈地给主席鼓掌。主席站起身子，微笑着和他们招手。同学们更兴奋了，站在地头高唱起《生产大合唱》……[1]

当年曾任359旅政委的王恩茂在题为《南泥湾精神永远激励我们奋勇前进》的文章中写道：

抗日战争进入相持阶段，日本侵略者停止了向国民党战场的战略进攻，将其主力转移到解放区战场，1941年以后，调集了侵华兵力的75%，对我各抗日根据地进行大规模的"扫荡"，实行惨无人道的"三光政策"。蒋介石实行投降政策，配合日寇进攻抗日根据地，消极抗战，积极反共。从1939年到1943年，掀起三次反共高潮，调遣了几十万大军，西起宁夏，南沿泾水，东迄黄河，构筑了一道道严密的封锁线，对我陕甘宁边区进行军事包围和经济封锁，叫嚷一斤棉花、一尺布也不准进入边区。既妄想进犯消灭我们，又妄想困死、饿死我们。

当时边区只有一百四五十万人口，又是土瘠地薄的高原山区。在蒋介石国民党反动派的封锁下，要担负数万名干部、战士以及全国不断奔赴革命圣地的青年学生的吃穿住用，实在成了一个大问题。在一段时间里，我们几乎没有衣穿、没有油吃、没有菜吃、没有纸张、没有鞋袜，冬天没有被子盖，甚至吃粮也很困难。

怎么办？在这革命面临严重困难的紧急关头，怎样才能克服困难，打败蒋介石国民党反动派对陕甘宁边区的经济封锁和军事进犯？怎样才能巩固陕甘宁边区和全国各个抗日根据地并使其不断发展壮大？怎样才能坚持抗日持久战，并取得打败日本帝国主义的最后胜利？毛主席以坚定的无产阶级革命家的气魄和胆略，及时地为我们指明了克服困难夺取胜利的方向，向边区和各根据地军民发出了具有深远意义的"自己动手，丰衣足食"的伟大号召。1939年2月，毛主席在延安干部生产动员大会上，尖锐地提出：饿死呢，解散呢，还是自己动手呢？饿死是没有一个人赞成的，解散也是没有一个人赞成的，还是自己动手吧——这就是我们的回答。又说：从古以来的人类究竟是怎样生活的呢？还不是自己动手活下去的嘛。为什么我们不能自己动手呢？我们是确信我们能够解决经济困难的，我们对于这方面的一切问题的回答，就是"自己动手"4个字。这是毛主席的伟大号召，是发动人民战胜困难、坚持抗战的伟大动员令。陕甘宁边区和各根据地军民在毛主席这一伟大号召鼓舞下，开展起轰轰烈烈的大生产运动，这是一个伟大的创举。

毛主席对部队的大生产运动十分重视，向我们指出：在政府、军队、机关三部分公营经济中，军队的生产事业是最主要的部分，因为军队是更有组织性、具有更多劳动力的集团。又说，要"一方面打仗，一方面生产……我们的军队有了这两套本领，再加上做群众工作一项本领，那么，我们就可以克服困难，把日本帝国主义打垮"。

毛主席的指示，使我们部队一手拿起枪杆，提高警惕，保卫边区；一手拿起镰头，生产自给，克服困难，有力量有办法粉碎蒋介石国民党反动派的军事进犯和经济封锁，坚持抗战，夺取胜利。同时，通过参加生产，提高劳动观念、群众观念，增强官兵关系、上下关系，减轻人民负担，密切军民关系、军政关系，保证我们军队永远立于不败之地。

我们359旅是在1939年的秋季，奉毛主席和党中央的命令，从华北调回陕甘宁边区，担负保卫边区、保卫党中央、保卫毛主席的光荣任务的。1941年3月，响应毛主席的伟大号召，经毛主席亲自批准，朱总司令下达命令，全旅指战员在王震率领下，怀着保卫边区、保卫党中央、保卫毛主席、生产自给、克服困难、坚持抗战、夺取胜利的坚强信心，斗志昂扬地开赴新的战场——南泥湾。

······

1943年9月，毛主席亲临丰收的南泥湾，视察我们部队。毛主席走进刷得雪白的窑洞，看到桌子、凳子和一切家具都是战士自己做的，微笑着说："你们这里什么都不花钱，同志们靠着自己的双手创造了一切。"当我们向毛主席汇报了部队生产情况后，毛主席高兴地说："国民党要困死我们，饿死我们，他们越困，你们越胖了。看，困得同志们连柳拐病都消灭了。"毛主席在谈话中深刻地指出，困难，并不是不可征服的怪物，大家动手征服它，它就低头了。大家自力更生，吃的、穿的、用的都有了。目前我们没有外援，假定将来有了外援，也还是要以自力更生为主。我们不能像国民党，他们连棉布都靠外国人。毛主席这一光辉思想，一直是鼓舞和激励我们艰苦奋斗、自力更生、克服困难、争取胜利的巨大力量。[2]

董廷恒怀着激动的心情，回忆起当年毛泽东视察南泥湾的情景：

1943年7月，南泥湾遍地是一番丰收的景象。一块块绿油油的稻田，一片片玉米、大豆，在微风中摇动。山上的海棠、红枫、栗子树，衬托着山下的田园，使得美丽的南泥湾更加可爱。一天中午，我们正冒着炎热，在玉米地里锄草，从旅部跑来一个通信员，老远就喘吁吁地喊着："快点，旅长叫你们回去几个人！"我插上锄，擦了擦头上的汗水，问他："什么事？"他说："我也不知道，快走吧！"

这时我在359旅旅部当4科长，听说旅长叫快点回去，心想：一定有紧要的事，不然旅长怎么会叫人跑20多里路来叫我们。我们几乎像长了翅膀，一气就"飞"到了旅部驻地——金盆湾。

王震旅长像是刚刮过脸。我们一进窑洞，他就说："你们回来了，快准备，明天毛主席要来！"

我一听，简直要跳起来，生怕自己听错了，又问了一句："是毛主席要来吗？"

"是毛主席！"王震旅长笑了，"怎么？高兴吧！"

真的太高兴了，一时竟不知说什么好了。接受了旅长的吩咐，我们忘了吃饭，愉快地忙起来。有的同志去打扫窑洞，有的去收拾新盖的房子。炊事班的同志们更加乐得闭不上嘴，到菜园里去选青菜，到猪圈去捉肥猪，也有的去抓小鸡。这个说："咱们要把生产的每一样东西都拿出一点，让毛主席看看。"那个说："那怎么行？凡是生产的都拿一点，一间窑洞也放不下啊！"

我们359旅原是八路军一支主力部队，三年以前，奉党中央和毛主席的命令，从华北抗日前线返回到陕甘宁边区。当时，国民党反动派30万大军包围着边区，军事进攻，经济封锁，叫嚣着要"饿死八路军，困死八路军"。毛主席给我们任务：自力更生，发展生产。我们来到南泥湾后，一手拿枪，一手拿镢，展开了大生产运动。开荒种地，养羊喂牛，自办工厂，把一个荒凉的南泥湾变成了富饶地方。毛主席亲自来看看这光景，该多高兴啊！

这天晚上，我们不由得又谈起三年前的情形：那时候，南泥湾遍地是荒草，晚上睡到树枝搭的小窝棚里，直担心豹子和野狼钻进来。夜晚没有油点灯，开会也是摸黑。粮食不够吃，只好上山挖野菜。每顿饭都掺和着野菜、黑豆、红薯或南瓜。冬天的棉衣，大都是羊毛捻成的线织的，一个小孔连一个小孔，比麻袋还粗，里头的"棉絮"是牛毛和羊绒，刚做起来还像个样，穿过几天就往下掉，裤腿软软囊囊，活像条没装满的布袋。夏天，每人只有一条裤子，许多同志没裤子换，洗裤子的时候，蹲在河里，等晒干了才爬上岸来重新穿它。没有袜子，弄块破布包上脚，用绳子一捆。没有牙刷、牙膏，洗脸时在手巾上放点盐擦擦牙……说真的，当时有不少同志曾怀疑：南泥湾这块穷地方，我们能搞出个名堂来吗？想想过去，再看看今天，嘿！哪还能比！吃的、穿的、用的，一切都有了。牛羊成群，肥猪满圈。除此以外，还开办了纺织厂、铁工厂、木工厂、农具厂、酱菜厂，真是百行百业，无所不有。我们"大光纺织厂"出的布匹，毛巾厂织的毛巾，肥皂厂制的肥皂，除了自己的部队使用外，还拿到市场销售。如今的南泥湾，真像那支动听的歌儿唱的：到处是庄稼，遍地是牛羊，变成了陕北的好江南。

毛主席啊，毛主席，这都是您指示我们走出的一条康庄大道啊！有了您，我们什么都不怕。要什么，就有什么。任何困难都吓不倒我们，任何凶恶的敌人我们都不怕……

第二天一早，窑洞外刚刚放亮，我们就起来了，心里跳着，脸上笑着，一个劲儿向通往延安的路上看。从延安到我们这儿大约60里，我们计算着：毛主席吃过早饭出发，要是骑马，3个多钟头就到了；要是乘汽车，只要1个钟头就到了。

等啊，等啊，一直等到快开午饭的时候，还是不见主席来。有的同志说："主席工作太忙，可能又被什么大事耽误了，不会来了！"有的说："你别瞎参谋，主席说今天来就一定来！"其实就是说这话的同志，也暗暗担心，可不要真有事耽误了。

就在这个时候，一辆汽车驶来，毛主席微笑着出现在我们面前，我们不禁欢呼起来。主席挨个和欢迎的人握手，并向王震旅长说："庄稼生长得蛮好啊！"

随同主席来的警卫员同志告诉我们，主席一路来，一路察看了田里庄稼。还和在田里生产的同志谈了话。因此，整整走了一个上午。

已经是开午饭的时候了。旅长请主席到新盖的房子里休息，嘱咐我去厨房准备饭。主席笑着说："刚刚来到就开饭，可见你们粮食很多咯！"说着也没进房休息，同旅长、政委、副旅长等首长去看新盖的房子，看新开的窑洞。

我顾不得跟主席走，赶忙往厨房跑去。大师傅已经喜气洋洋地忙开了。不论是炒的、煎的、炖的，一切都是我们自己生产的。

开饭的时候，把饭菜送到主席休息的房里。我走到主席身边，问还要些什么菜，主席爱吃什么，我们全有。主席笑笑说："这么多菜，我尝都尝不过来了。"

我向主席说："这些菜都是我们自己生产的。"其实，这话是多余。旅长正向主席讲着生产情况哩！

主席问："每人每天多少油，多少菜？"

"平均5钱油。"王震旅长说，"菜随便吃。"

主席问："星期天要改善生活吗？"

"午饭多半是吃大米、白面。"王恩茂副政委回答，"有时杀头猪，有时宰只羊，几个单位分着吃。"

主席问："有没有发生柳拐病？"

"没有，一个也没有。"

主席很风趣地说："国民党要困死我们，饿死我们，他们越困，你们越胖了。看，困得同志们连柳拐病都消灭了。"说得大家都笑起来。

旅首长一面陪主席吃饭，一面讲着部队的生产情况。他们告诉主席，刚来的那年，平均每人种3亩地，今年每人种30亩。去年的口号是"不要公家1粒粮、1寸布、1文钱"，今年的口号是"耕2余1"。每人生产的指标是6石1斗细粮、6斤皮棉……

主席听着，不时点头微笑。主席说："困难，并不是不可征服的怪物，大家动手征服它，它就低头了。大家自力更生，吃的、穿的、用的都有了。目前我们没有外援，假定将来有了外援，也还是要以自力更生为主。我们不能像国民党，他们连棉布都靠外国人。"

如果说主席在吃饭，倒不如说在谈工作。

主席吃过饭，又和王震旅长、王恩茂副政委、苏进副旅长、李信主任谈了一阵话，然后就走出窑洞到金盆湾附近视察。主席一边走一边说，他在来的路上，就下车看了玉米、豆子、瓜菜，庄稼生长得很好，只是有的豆子秧上有虫子，要注意灭虫保苗。

主席来到了通信连，见一座座新开的窑洞刷得雪白，问石灰从哪里来的。王震旅长说，是从山里取石头自己烧的。主席又问窑洞里的桌子是不是战士们自己做的。王震旅长说，全是自己做的。主席拿起桌上一个学习本，看了上面写的字，摸摸"纸"的厚度，高兴地说：

"这是桦树皮吧？看，倒真像纸哩！"

王震旅长说："同志们都叫它不花钱的油光纸。"

"你们这里什么都不花钱。"主席微笑着说，"同志们靠着自己的双手，创造了一切。"

王震旅长对主席说，桦树皮用处可不小，不光能写字，同志们还用它做饭盒、做斗笠，说着从墙上取过一顶桦树皮斗笠给主席看。主席接过去，看了又看，称赞做得好。

主席走到厨房，李金山老头正在切菜，两只湿漉漉的手紧紧握住主席的手，激动得嘴上的胡子直抖，不知说什么好了。

主席问："做的什么菜？"

"炒瓜片。"李金山连忙回答，"还熬个萝卜汤。"

主席又问："你一个人做多少人的饭菜？"

"不算多，四十几个人。"

"辛苦咯！"主席勉励他说。

李金山回答主席说："同志们每天下地，手都磨了泡，比我辛苦得多。"主席又鼓励他说："大师傅的工作很重要，同志们吃得好、营养好，才有劲生产。"

主席从厨房出来，又到养猪的地方去看。老杜头正在圈里收拾什么，看见旅长陪着一个人走来，只是笑了笑。他不认识毛主席，也想不到毛主席会有空到他工作的地方来。主席站在栏外，看着那懒洋洋的一大群肥猪和一窝乱拱乱跳的小猪，向老杜头说：

"老同志，你养的这些猪好肥啊！"

老杜头只顾挖猪圈，没听见主席夸他。这时，王震旅长说："老杜同志，毛主席说你养的猪肥呢！"

老杜头这才知道毛主席站在旁边，他连手里的铁锹也忘了放，赶忙向主席敬礼，同时回答主席说："过去没养过猪，养得不肥。"

主席和他握手，问他多大岁数，家乡是什么地方，从什么时候开始做这养猪的工作。

老杜头回答主席说，他干这工作才两年，经验不多，摸索着干的。主席说："老同志，你的工作很光荣。把猪养得肥肥的，好给同志们改善生活，你说对吧？"

"对，对！"老杜头快活地回答。

主席最后向老杜头挥挥手，向营地西边田里走去。不远处山坡上，是成群的牛羊，山川里苗壮的谷子、玉米、豆子，在微风中摇摆着；流动的小河边生长着一片片绿油油的稻苗，还有一块块绿色的菜田。万物在生长，万物都像是在歌唱。

主席走了许多地方，仍是毫无倦意，在旅首长的陪同下，沿着田边的小路，边谈边走，视察着战斗的南泥湾、美丽的南泥湾……[3]

为了减轻根据地人民的负担，各根据地实行了精兵简政的政策。这个政策是党外人士李鼎铭先生于1941年11月在陕甘宁边区第二届参议会第一次会议上首先倡议的。中共中央接受了这个倡议，于同年12月初发出"精兵简政"的指示。

李维汉在回忆录中写道：

我在中央研究院的整风学习告一段落，确定调往陕甘宁边区政府工作时，枣园打来一个电话，说毛泽东找我谈话。我到了毛泽东那里，他和我谈了很长时间，主要谈边区政府的工作。他说：今后边区政府的工作，第一，要讲团结，全边区要团结在以高岗为首的西北局周围，边区政府内部要团结在以林伯渠为首的政府党组周围；第二，要精兵简政，做到五句话：精简、节约、统一、效能、反对官僚主义；第三，要发展生产，主要是农业生产，也要搞好工业生产（他知道边区已经有火柴、毛织等工业和700个工人，沈鸿还带进一些机器来）；第四，要搞好文化教育工作，边区文化教育太落后，文盲多、巫神多、迷信多，文化教育要抓紧发展；第五，要搞好"三三制"政权，此事，陕甘宁边区一定要带头搞好。我离开时，他送到窑洞外，特别叮咛说："罗迈，延安好比英国的伦敦。"我体会这句话的意思是说，伦敦是英国的首都，它的政策影响着英国的众多殖民地。我们当时也有很多根据地，根据地当然不是殖民地，但需要一个"首都"作为政策中心，则是一样的。毛泽东是要求陕甘宁边区在执行党的政策中带个头，自觉承担试验、推广、完善政策的任务。期望殷切，鼓舞极大。毛泽东的这次谈话，我向西北局报告过，也在边区政府党组传达讨论过。

……

毛泽东在1942年9月7日为延安《解放日报》写的社论《一个极其重要的政策》中说："党中央提出的精兵简政的政策，是一个极其重要的政策。"我在同年同月临来陕甘宁边区政府前，他找我谈话，嘱咐我转达边区政府的第一件事，也是精兵简政。我在边区政府的工作，就从精兵简政开始。

……

精兵简政，是李鼎铭等人提出来的。1941年十一二月间，陕甘宁边区召开第二届参议会，李鼎铭等11人提出一个有关财政问题的提案，建议："政府应彻底计划经济，实行精兵简政主义，避免入不敷出经济紊乱之现象。"这个提案经参议会讨论通过，"交政府速办"。毛泽东看到后，批示："这个办法很好，恰恰是改造我们的机关主义、官僚主义、形式主义的对症药。"党中央讨论了这个问题，并于1941年12月13日向各抗日根据地发出精兵简政、发展经济的指示，普遍推行。之后毛泽东还说过："'精兵简政'这一条意见，就是党外人士李鼎铭先生提出来的。他提得好，对人民有好处，我们就采用了。"[4]

领导延安整风运动

抗日战争以来，中国共产党已经制定了一条正确的总路线，党的工作是有成绩的。但是，党内还存在着需要解决的问题。毛泽东指出，我们的学风有些不正，就是有主观主义，特别是教条主义的毛病；我们的党风有些不正，就是有宗派主义的毛病；我们的文风有些不正，就是有些党八股的毛病。这些不正的作风，在遵义会议以后，虽然已经不占统治地位，但是它们还在经常作怪。毛泽东为首的党中央总结党的历史经验，深切地认识到党内的思想矛盾是会经常发生的，要解决这些矛盾，必须使党员群众和党的干部首先是高级领导干部学会运用马克思列宁主义的立场、观点和方法来辨别是非，来观察问题。在党内进行一次普遍的、生动的、理论联系实际的，运用批评和自我批评方法的马克思主义教育运动，就是为了达到这个目的。

开展整风运动需要一定的客观和主观条件。这些条件在1941年以后已经具备。这时，已经形成了以毛泽东为首的党中央的正确领导；已经有一批比较了解党的历史上多次"左"、右倾错误的经验教训的骨干；敌后斗争虽然处于困难阶段，但总的斗争形势变化较小，特别是党中央所在地陕甘宁边区的形势比较稳定。因此，也就有可能集中精力进行一次全党性的整风运动。

1941年5月，毛泽东在延安高级干部会议上作《改造我们的学习》的报告，深刻地论述了马克思列宁主义原理同中国革命具体实践相结合的原则，批判了主观主义的作风，号召全党注重调查研究，树立理论和实际相统一的马克思主义作风，为全党的整风学习指出了明确的方向。

1941年9月10日至10月22日，中共中央政治局召开扩大会议（也称"九月会议"），拉开中央领导层整风的序幕。

关于这次会议的情况，《任弼时传》写道：

1941年9月的政治局会议，在延安整风运动的进程中，是十分重要的会议。任弼时说过，党性是以党员的思想意识、政治观点、言论行动来测量的，那么，检查党性既应当联系现实问题，也必然涉及历史，是一场思想政治方面的革命。9月10日，毛泽东在政治局会议上提出反对主观主义、宗派主义，整顿党风和学风。他回顾了从苏维埃革命后期以来党的政治路线，指出四中全会后的中共中央，号称是执行共产国际路线，其实不是真正的马克思列宁主义，这条路线和立三路线相比，政治上和组织上错误更加严重，危害更加严重。要求政治局把掌握思想列为"第一等业务"，检验六大以来有关的中央决议，"从整个事物中抽出问题来分析研究"，求得肃清主观主义的遗毒。这以后，政治局连日开会，到会的同志按理论联系实际的原则先后谈了各自的体会。

9月12日，任弼时在发言中说：主观主义的认识论根源是唯心主义，表现在政治上是"左"或右的机会主义。四中全会后的政治路线比立三路线更"左"，是"更高明的教条主义，是主观主义的充分发展。它是小资产阶级的空想主义。主观主义者要巩固自己的领导，必须要宗派主义在组织上来维持。他们否认过去的经验，不愿与群众接近，自己规定许多任务要人家来做，以宗派主义手段打击异己者。而当革命危机时，表现为悲观动摇"。

任弼时说："真正的理论与实际联系，是用马克思列宁主义方法来认识客观规律，这种规律便是真正的理论。许多斗争经验的综合，并加以运用，这便是理论"；"理论与实践联系，便是理论与实践的统一，这便是创造性的马克思主义。如新民主主义、三三制政权、统一战线中一打一拉的策略等，都是马克思主义新的创造"，它"是用辩证唯物论来解决工作问题的，是根据当时可能的客观条件来解决问题的，是抵抗那些不正确路线的"。

任弼时以自己的经验教训为例，说他到中央苏区后，对毛泽东在反"围剿"斗争中主张诱敌深入，在苏区内部击敌的方针，认识上是有一个过程的，虽然自己"毫无军事知识"，但在南雄会议上对毛泽东认为苏区内部也能打仗的正确主张不以为然。特别是"当时毛主席反对本本主义即是反对教条主义，我们当时反对所谓'狭隘经验主义'是错误的"。

心底无私天地宽。任弼时的发言真诚、坦率、磊落，表现了共产党人服从真理的革命精神，和王明的虚伪、欺诈、口是心非形成鲜明的对照。

王明在9月10日的发言中说："反对主观主义、教条主义对我有很大好处。"但是他说"四中全会的路线是正确的"，博古和洛甫在中央苏区的错误政策他是"不同意的"；五中全会提出"苏维埃与殖民地两条道路决战"的主张他也是"不同意的"；对抗日民族统一战线问题，他早在共产国际第十三次执委会上就已提出了"全部办法"等。对他应负的第三次"左"倾路线的主要政治责任竟然也推卸得一干二净。他所表示的"从头做起，向下学习"，实际上是毫无诚意的虚伪之词。他所谓的"对我有很大好处"，就是以反别人的主观主义、教条主义来掩盖自己的责任。

王明的虚伪性在毛泽东发表《改造我们的学习》后就已经表露出来了。王明在延安青年干部学校开学典礼上曾经作过《学习毛泽东》的报告，口口声声称毛泽东为"伟大的政治家和战略家""伟大的理论家""公认的领袖""鹤立鸡群"的革命家，"《新民主主义论》不仅是中国现阶段国家问题的指南，而且是殖民地半殖民地关于革命政权的指针，同时也是马列主义关于国家问题的新贡献"，等等，几乎用尽了最美好的词汇，这是1940年5月间的事。但是1941年5月，在女子大学传达《改造我们的学习》时，同样是王明，针对毛泽东反对教条主义提倡理论联系实际，却十分反感地说什么"不要怕说教条，教条就教条，女子大学学生要学它几百条。学会了，记住了，碰见实际问题自然会运动（用）"，甚至针锋相对地说不要这也联系、那也联系，变成"乱联系"。这种难以抑制的反感情绪，恰好说明一年之前王明所谓《学习毛泽东》云云纯粹是虚伪的。

如果说，王明在女子大学的讲话对毛泽东的攻击还只是情不自禁的发泄，9月10日在政治局会议上的发言还是对错误的辩解和推诿，那么10月8日在书记处的会议上，王明的长篇发言便是对以毛泽东为代表的正确路线的进攻。王明为什么在这时候发难呢？事情是这样的：

苏德战争爆发后，共产国际和苏联驻华军事代表崔可夫一再要求八路军配合国民党的部队向进犯晋南、豫西等中条山脉一带的日寇发起进攻，以牵制日军北进。蒋介石眼看苏联战局吃紧，反共的劲头又上来了，一面造谣攻击说八路军"游而不击"，中共"对日妥协"，企图用"激将法"让八路军去和向中条山进攻的24个师团的日军单独作战；一面则派兵进攻在豫皖边区的新四军。如果八路军孤注一掷，蒋袖手旁观，可收渔利。7月2日，日本内阁表明态度，在苏德战争中将恪守中立。形势明朗后，毛泽东致电周恩来，要他答复崔可夫并告苏方：八路军"假若不顾一切牺牲来动作，有使我们被打坍、不能长期坚持根据地的可能，这不管在哪一方面都是不利的。因此我们采取巩固敌后根据地，实行广泛的游击战争，与日寇熬时间的长期斗争的方针"。苏方对此表示不满，以致后来通过季米特洛夫来电提出15个问题要中共答复，如中国共产党准备采取什么措施在法西斯德国继续进攻苏联的情况下，能在中日战场上积极从军事上打击日军，从而使日本不可能开辟第二战场打击苏联等，言辞颇含责备。10月4日和5日，毛泽东将来电交给王明看，并商量如何答复。7日晚，毛泽东偕王稼祥、任弼时到王明的住处共同商量复电问题。王明以为有机可乘，便提出许多原则问题责难中共中央。

10月8日下午，在书记处会议上，王明作了长篇发言。他说："昨晚我是随便说的，今天我把对时局及过去武汉的工作发表意见。"他认为1937年12月会议后，他在武汉的工作"路线是对的，个别问题有错误，在客观上形成半独立自主"。他进而对党中央坚持统一战线中独立自主和国民党顽固派斗争的一系列原则问题进行指责，说在统一战线时期将反帝反封建"含混并举是不妥的"；《新民主主义论》中关于政权问题和经济政策中"不要大地主大资〈产阶〉级，这是缺点"；抗日根据地的政权可提出"与国民党大同小异（形式上）"，而现在是"小同大异"；抗日根据地的政权，中央应向国民党当局"承认是地方政府，承认国民政府的领导"；"我们今日还不希望国民党实行彻底的民主共和国。这个问题要向蒋声明，向国民党说清楚"；在反对顽固派的反共摩擦中，"有些斗争是可以避免的"，"对地方实力派消灭过分，对地主搞得太过火"；"今后阶级斗争要采用新的方式，使党不站在斗争的前线，而使广大群众出面，党居于仲裁地位，可有回旋余地"，等等。他咄咄逼人地对毛泽东说："你是党的领袖，我的话对否，作结论权在你！"

王明的攻击理所当然地遭到书记处其他成员的反驳。

毛泽东说："王明同志在武汉时期的许多错误，我们是等待了他许久，等待他慢慢地了解。最近和王明谈过几次，但还没有谈通。"毛泽东澄清：王明今天说的有些问题和昨晚不同，作了一些修改。昨晚他说，当前我们要和大资产阶级弄好关系，说《边区施政纲领》和《新民主主义论》只要民族资产阶级，不好；而要与蒋介石弄好关系。批评我们的方针是错的，太"左"了。恰恰相反，我们认为王明的观点太右了。对大资产阶级、对蒋介石只是让步，是弄不好的。蒋介石对我们采取一打一拉的策略，我们要依靠无产阶级的自觉性，不能上他们的当。所以，我曾多次说到陈独秀的右倾机会主义造成大革命失败的历史教训，来教育同志，而王明没有一次说到陈独秀主义的错误。

自1938年以来，任弼时、周恩来先后向共产国际全面报告过中共中央关于统一战线的基本政策，共产国际两次形成决议，肯定中共中央的政治路线是正确的。但王明错误地以为季米特洛夫的来电是对共产国际过去决议的否定，所以敢于向中共中央挑战。这样，王稼祥和任弼时不得不以见证人的身份向书记处报告共产国际对王明的一些评价。王稼祥说："我没有听到共产国际说过中国党的路线不正确的话；相反，王明回国时，季米特洛夫对他说：'你回中国去，要与中国同志弄好关系，你与国内同志不熟悉，就是他们要推你当总书记时，你也不要担任。'"

任弼时说："我与恩来在莫时，季米特洛夫与我们谈话说到王明一些缺点，要我们告毛泽东帮助王明改正。我们回来只对毛说过，对王明也没有说，因为感觉不好对他说。有一次毛找王明、洛甫、康生、陈云和我谈过话，批评过王明一些缺点。后来他担任某边区工作，开始实际工作的调查研究，我感觉他有进步，但前次政治局会议，王发言批评别人无党性，对自己缺乏批评精神。前几次毛与王谈武汉时期的错误，王还不愿接受。昨晚谈话更提出新的原则问题。今天书记处会上，我不得不把季米特洛夫对我说的问题谈出来，帮助王明来了解问题。"

任弼时说："首先是曼努伊尔斯基问我三点，我只记得以下两点：第一问，王明是否有企图把自己（的）意见当作中央的意见；第二问，王明是否想团结一部分人在自己的周围。"而季米特洛夫的评语是"王明缺乏工作经验"，"王明有些滑头的样子"。据共产国际的干部反映，有一次出去参观，米夫介绍王明为中国党的总书记，王明居然默认。张闻天插话说，《救国时报》宣传王明为英明领袖。任弼时接着说："根据共产国际说的这些话，和王明回国后的情形，王确有'钦差大臣'的味道。三的主要问题便是个人突出，自以为是，对国共关系问题有原则上的错误，特别是忽视反对陈独秀右倾机会主义的复活。"

树欲静而风不止。本来，王明在武汉工作时期的错误，党的六届六中全会《政治决议案》中已经大体作了结论，事隔三年，王明利用时机想要翻这个案，并且提出许多新的原则问题。书记处认为有必要召开政治局会议，请王明在会上把问题说清楚。毛泽东特别叮嘱说："在政治局会议上，关于共产国际对王明的批评可以不必说。"

在书记处同志的批评下，气势汹汹的王明突然一反常态。10月13日下午，任弼时向书记处报告，王明病了，不能出席政治局的会议。他提出以下意见：一、关于武汉时期的工作，"同意毛主席10月8日结论"。二、关于目前局势的意见，请政治局到他住室去谈；以后政治局讨论的内容，他会在会后看记录。李富春参加了医生的会诊，医生要王明休息3个月。王明提出休养时不参加书记处的会，只参加政治局会议。

10月8日毛泽东所指出的王明在武汉时期"几个问题"上的错误，具体内容是："（一）对形势估计问题——主要表现乐观；（二）国共关系问题——忽视在统战下的独立性与斗争性；（三）军事策略问题——王明助长了反对洛川会议的独立自主的山地游击战的方针；（四）组织问题——长江局与中央的关系是极不正常的，常用个人名义打逼电给中央与前总，有些是带有指示性的电报。不得到中央同意，用中央名义发表了许多文件。这些都是极不对的。"

王明以翻《中共扩大的六中全会政治决议案》为目的挑起党内斗争，不到一个星期，却又出尔反尔地表示"同意"毛泽东的结论，表明他在严肃的政治问题面前，根本不是按是非标准办事，只有从个人的政治需要出发，这恰好证明了季米特洛夫的评价——"王明有些滑头的样子"。这样，毛泽东便在会上说：王明因病，关于武汉时期的工作只好停止讨论，以10月8日书记处会议作为定论。如他还有意见，等病好了随时可以说。委托弼时向他说明。

会议决定，对苏维埃时期的"左"倾机会主义错误，政治局应作一结论草案，提交党的七大形成正式结论。毛泽东说：要在这次讨论中得到一个教训，从检查过去错误中得到经验教训，使全党了解失败为成功之母；要使犯过错误的人逐渐纠正错误；要采用"治病不治人"的办法使犯错误者客观地看问题。

从9月10日开始的政治局会议和书记处会议，中共中央为总结历史的经验教训，先后决定了几项实际措施：一是成立在延安的高级干部学习研究组，毛泽东为组长、王稼祥为副组长，主要任务是研究马克思列宁主义理论和党的历史经验，以克服主观主义等错误思想。参加学习的成员名单由任弼时、康生、陈云和李富春商定。二是成立研究党的历史问题的委员会，以毛泽东、王稼祥、任弼时、康生和彭真五人为委员，毛泽东为首。三是成立以陈云为首的专门委员会，对在错误路线下受"残酷斗争，无情打击"的干部重新进行审查。

为了研究党的历史问题，毛泽东将1931年9月至1935年1月，即九一八事变后至遵义会议前，反映以王明为代表的中央政治路线的9个文件，作了详细的剖析，送给任弼时阅读。这9个文件是：《由于工农红军冲破第三次"围剿"及革命危机逐渐成熟而产生的党的紧急任务》（1931年9月20日）、《中央关于日本帝国主义强占满洲事变的决议》（1931年9月22日）、《中央委员会为目前时局告同志书》（1931年12月11日）、《中国共产党关于争取革命在一省数省首先胜利的决议》（1932年1月9日）、《中央关于一·二八事变的决议》（1931年2月26日）、《中央致各级党部的一封信》（1932年3月30日）、《中央为反对帝国主义进攻苏联瓜分中国给各苏区党部的信》（1932年4月14日）、《在争取中国革命在一省几省首先胜利中中国共产党内机会主义的动摇》（1932年4月4日）以及《苏区中央局关于领导和参加反对帝国主义进攻苏联瓜分中国与扩大民族革命运动周的决议》（1932年5月11日）。毛泽东以犀利的笔触系统地揭示了以王明为代表的第三次"左"倾路线的形成发展和破产的历史过程；指出这条统治全党达4年之久的错误路线不但是立三路线"一个胎胞里出来的双生子"，而且是比前者形态"更加完备的系统的路线"；批评它是打着国际路线招牌的"极端主观主义、极端冒险主义"的假马克思主义。如果说，在此之前，任弼时对这条错误路线已具有一定的认识，那么，读了毛的一系列批判文字后，认识就更加系统、更加深刻。10月，政治局详尽地检讨了中央过去的路线，并由毛泽东以党的历史问题研究委员会名义草拟了《关于四中全会以来中央领导路线问题结论草案》（又称历史草案）。这就是后来党的六届七中全会委托任弼时主持起草的《关于若干历史问题决议》的底本。

毛泽东关于9个历史文件的批判稿，当时只给了任弼时看，后来刘少奇回延安，又请刘看。为什么阅读范围那么窄呢？1965年5月12日，有人从中央档案馆找出了这篇文章的原稿送给毛泽东，毛冠以《驳第三次"左"倾路线》的题目，并写了一段前言。他说："这篇文章是在延安写的，曾经送给刘少奇、任弼时两同志看过，没有发表'，"在延安之所以没有发表，甚至没有在中央委员会内部传阅，只给两位政治局委员看了一下，就不再提起了，大概是因为这篇文章写得太尖锐，不利于团结犯错误的同志们吧。"这个历史上鲜为人知的事实，说明毛泽东处事严谨，同时也是后来党的六届七中全会委托任弼时主持起草《关于若干历史问题决议》的渊源。[5]

为了弄清历史是非，回答王明对以毛泽东为核心的中共中央领导集体的诘难，澄清党内相当多的人在一系列重大历史问题上的模糊认识，毛泽东除了撰写系统地批判王明"左"倾路线的9篇文章外，还在六届六中全会闭幕不久着手编辑《六大以来》党内文献集。

《六大以来》的资料收集始于1940年。当时收集资料的目的，还是为召开中共七大作准备。这项工作开始是由任弼时负责。

1940年10月16日，中共中央政治局会议决定，由陈云、王明、王稼祥、张闻天、邓发等人分头负责收集资料。但由于上述分工实际上不可行，很快又改由中央秘书处承担，并由毛泽东负责督促和审核。

在审核六大以来历史文献的过程中，毛泽东重新审视这段历史，深感王明"左"倾错误危害极大，决心用丰富的历史文献来教育党的高级干部，明辨大是大非，萌发了编辑《六大以来》的念头。在1941年八九月间，毛泽东向中央提出了建议，并得到同意。

协助毛泽东编辑《六大以来》的胡乔木回忆说：

我去毛主席那里工作时，《六大以来》这本文献已经在编。开始我不知道秘书该怎么做。后来我看到毛主席在校对《六大以来》清样。我对毛主席说："我来干这个事吧。"毛主席说："你这才算找对任务了。"他对我讲校对怎么难，校对也称校雠，就是要像对待仇人那样把文章中的错误校出来。之后我就接手这件事了。

编辑工作起初是由王首道同志负责。我参加编辑时，王首道同志还在负责，慢慢地他就交给了我。我是什么时间完全接过来的，已记不清了。

《六大以来》分上、下两册。上册是政治性文件，下册是组织性文件。编《六大以来》是要解决一些历史问题。王明是什么人？从苏联回来是什么背景？回来干了什么事？这都是党史上的常识……

王明是1937年12月不知是从新疆这条路还是从别的路由苏联回来的。回来时，毛主席去机场欢迎，说："喜从天降。"去机场的还有王稼祥等。王明一回来，大肆宣扬抗战主要是靠国民党领导，共产党不要同国民党争领导权。这是斯大林的一贯思想。他认为只有蒋介石能抗日，认为张学良、共产党没有多大作为。王明的口号是："一切服从统一战线，一切经过统一战线。"他不知道国民党根本不承认统一战线。一直到七七事变时，国民党还没有决定承认红军。他想把卢沟桥事变当局部事变处理，让宋哲元去同日本人谈判。到八一三事变后，蒋介石被迫全面抗战。这样他才不得不承认八路军，承认这支军队由共产党领导，国民党不派人参加任何八路军的组织。国民党不想让八路军开到敌后去。共产党为了抗日，同阎锡山进行了紧张的谈判，八路军要假道同蒲路到山西北部山区去抗日。阎锡山眼看那些地方保不住了，就同意了。反正是一丢，丢给日本是丢，丢给共产党还是一个人情。这样，八路军一部分开到晋察冀前线，发动了平型关之战，名声大震。八路军还打了一些其他的仗。后来日本人在山西驻兵越来越多，使我们面临严峻的局面。但我们在山西的工作做得很好。如山西新军是由薄一波等同志组成的。阎锡山为网罗人才，选中了薄。在新军的配合下，八路军很快在太行站住了脚，后来又在晋绥站住了脚，创造了晋察冀、晋冀豫、晋绥三块大的根据地，还有其他根据地。八路军在山西站住脚后，在河北也慢慢打出了一个局面来。吕正操的回忆录提供了许多材料。河北的根据地不仅有冀中，它是主要的，还有冀南、冀热辽。然后115师一部又开到山东去，与山东纵队等共同开拓了山东的局面。另外，鄂豫皖老根据地在抗战初期也搞了一些游击队，后来编为新四军第5师。新四军在长江南北都找到了立足点。皖南事变后，新四军发展更快。八路军黄克诚部队南下与新四军会合，成了新四军的一部分。

在抗战中，共产党、八路军、新四军的力量发展壮大起来了。这都是坚持统一战线中独立自主原则的结果，都是与王明的右倾主张相反的。王明回国后在延安指责党中央坚持独立自主的许多正确做法，到武汉时发表了许多宣扬右倾思想的文章。蒋介石对王明的一套根本不感兴趣。蒋介石并不认为王明是共产国际派来的什么大人物，有什么分量。所以王明搞的那一套在武汉完全碰壁。之后王明要用他的那一套保卫武汉，结果越来越保不住了。仅仅靠讲演、游行、宣传，是保卫不了武汉的。本来，长江局如果利用在武汉七八个月的时机着重搞抗日游击战的工作，力量就用到点子上了。当然，武汉工作还是有成绩的。

王明搞了几个月，犯了右倾错误。六届六中全会上批评了他的错误。在这之前，王明刚回国时，在1937年12月的中央政治局会议上表现得不可一世。对王明这种表现，毛主席一时有点摸不着头脑，没有多说话，但还是坚持了他原来的正确主张。会后，张闻天传达了王明的讲话。我当时在安吴堡青训班，听冯文彬从延安来传达的。1938年六中全会上批评王明，指出王明的那些口号是行不通的。要团结就得有斗争，必须坚持统一战线中的独立自主，不独立自主就没有统一战线。抗战一年后，许多事情的发展变化使我们对这个独立自主问题看得清楚了。

王明后来到了重庆。这时国民党更加反共，对他的那一套就更不理睬了，王明也就更加不能起什么作用了。

王明在延安时，重印了他在1930年写的《为中共更加布尔什维克化而斗争》。这样一来，王明究竟是个什么人，他搞的一套究竟是对还是错，就成了一个问题了。这就要算历史账，才能搞清楚。这样才开始编《六大以来》。

……

1937年、1938年报纸刊登决定召开七大的通知，有十多个人联合署名，都用的原名。陈云用的廖陈云。但结果没有按原定的时间开。编辑《六大以来》，我想是为七大作准备。

四中全会不太合法，是闹出来的。推选的领导人不能反映出党的情况。王明、博古等人原先都不是中委，都是米夫等人搞的鬼。从六大到编《六大以来》的1941年，间隔时间长，变化大。一编《六大以来》，就发现了过去存在的许多问题。过去没有时间、没有机会研究四中全会的决议有什么问题。在20世纪30年代，以王明为代表的中央发表这些文件的时候，毛主席对这些文件不可能有很多接触。那时中央在上海，文件即使传达到苏区，时间也过了很久。

在研究六大以来的文件时，毛主席注意到四中全会的一些文件，不能不考虑：四中全会是怎么来的，文件是什么性质的，有哪些问题，三中全会对不对，该不该否定，六大对不对等一系列问题。在编辑过程中，毛主席愈来愈深入地从中找出他要提出的问题——两条路线的问题。毛主席特别重视其中的9个文件。针对这9个文件，他写了9篇批判文章。

当时没有人提出过四中全会后的中央存在着一条"左"倾路线。现在把这些文件编出来，说那时中央一些领导人存在主观主义、教条主义就有了可靠的根据。有的人就哑口无言了。毛主席怎么同"左"倾路线斗争，两种领导前后一对比，就清楚地看到毛主席确实代表了正确路线，从而更加确定了他在党内的领导地位。从《六大以来》，引起整风运动对党的历史的学习，对党的历史决议的起草。《六大以来》成了党整风的基本武器。[6]

经过充分的准备，从1942年春天起，中国共产党在全党范围内开展了整风运动。毛泽东为整风运动规定的任务是：反对主观主义以整顿学风，反对宗派主义以整顿党风，反对党八股以整顿文风。

在毛泽东既要弄清思想，又要团结同志、惩前毖后、治病救人的正确方针指导下，这次整风运动实际上成为马克思主义普遍思想教育运动。从此，毛泽东提出的实事求是的思想和"把马克思主义中国化"口号日益深入人心，毛泽东思想作为中国共产党的指导思想也日益为全党所认识和接受。

许多参加过延安整风的老同志，都曾对延安整风有过回忆。

李维汉回忆说：

1942年2月，毛泽东发表了《整顿党的作风》《反对党八股》等重要讲话，号召全党用惩前毖后、治病救人的方法，开展反对主观主义以整顿学风、反对宗派主义以整顿党风、反对党八股以整顿文风的运动，这就是著名的1942年延安整风运动。

这次整风的主要目的，是反对以王明为代表的教条主义，以求最终肃清王明"左"倾路线的思想影响。我们党清算王明的错误用了很长时间，1935年遵义会议解决军事路线和瓦窑堡会议解决政治路线以后，毛泽东鉴于改造世界观的迫切需要，写了《实践论》和《矛盾论》两篇经典性的哲学著作，还写了许多总结中国革命经验的政治、军事著作，同样贯穿着辩证唯物主义思想，实际都是批判王明教条主义、主观主义思想路线及其给中国革命带来的严重危害。这种批判工作，到1941年已取得很大成绩，但并未彻底解决问题。最后，从1942年开始用全党整风这样一个方法，即开展普遍的马克思主义教育运动，给长期以来的党内思想教育作了一个历史性的总结，王明的教条主义、主观主义思想路线宣告彻底破产。

由此可见，整风的对象主要是老干部（当时是中年干部）。但整风刚开始时，中央研究院的一部分青年知识分子出来刮了一阵小资产阶级歪风，影响很广，如果不首先加以端正，就不可能把整风运动纳入正路。因此，在一段时间内，整风矛头首先对准了青年知识分子中的这股歪风。但过后不久，毛泽东还是把整风矛头拨回到领导干部的思想路线方面，组织大家学习和清算六大以前、六大以来的路线斗争历史，终于在七大前夕，在扩大的六届七中全会上通过了《关于若干历史问题的决议》，最终清算了王明"左"倾冒险主义在政治上、军事上、组织上和思想上的错误。在思想上着重批判了教条主义，同时也批判了同它合作并成为它的助手的经验主义。这样就为胜利召开"七大"作了充分的思想准备。王明称病未参加会议，写了一封信承认毛泽东路线是正确的，但无自我批评。

当时，有同志提议要对王明在抗日战争初期的右倾机会主义路线给予批判，毛泽东说，现在抗日战争还没有结束，谁是谁非还不能作结论。1947年12月，中央在陕北米脂县杨家沟召开中央政治局扩大会议，毛泽东作了《目前形势和我们的任务》的报告，不指名地批判了王明在抗日战争时期的右倾思想是和陈独秀投降主义相类似的思想。讨论报告时，王明和我在一个小组，他讲了不少话，根本不接受报告中的批评。但毛泽东在七届、八届两次代表大会上仍提名选他当中央委员。

我参加了两条路线斗争的学习。约在1942年秋季，毛泽东邀集陈云、博古、凯丰、康生和我以及其他人谈话。毛泽东说："老干部也要整风，学习《六大以前》《六大以来》两本书，联系党的路线斗争的历史，主要靠自学；成立一个小组，也开小组会，互相交换意见，开展批评和自我批评，和风细雨，弄清是非，团结同志。"大家都发言表示赞成。毛泽东又说："我们整风的方法是要惩前毖后、治病救人，使大家心情舒畅，团结一致，向前奋斗。"小组会约一个月开一次或二次，大家都讲了话。周恩来讲过党的历次路线变迁，其他同志插了些话。前后经过一年多时间。结束时，毛泽东说："我们这个会也可以说是个神仙会。"

经过整风学习，我的世界观得到根本性的转变，这主要是从两方面学习，即同群众一道学习和同中央同志一道学习得来的。

所以延安整风教育了两代人：青年一代（新干部），中年一代（老干部）。那时延安除董老、林老、徐老、谢老、吴老等"五老"外，一般老干部还是中年人，没有老年一代，整风教育了中、青两代人，教育了新、老两层干部。这是我们党在毛泽东领导下在思想战线上的一个伟大创造，是培养实事求是精神的一次伟大胜利。[7]

王首道在回忆录中写道：

1940年春，毛主席、党中央又发出了《关于干部学习的指示》和《关于在职干部教育的指示》。在这些指示中，明确提出了"全党干部都应当学习和研究马列主义的理论及其在中国的具体运用"。这些指示是为了以后延安整风和路线学习而作出的重要部署，在全党掀起了学习热潮，为整风运动创造了有利条件。

1942年，毛主席领导我们党开始了伟大的整风运动，这是我党历史上第一次全党范围的整风运动。由于历次机会主义路线，特别是王明的"左"倾机会主义路线的流毒和影响，主观主义、宗派主义、党八股等非无产阶级思想还在党内大量存在，加上新吸收的大批党员，也把许多不符合马克思主义的思想带进党内来，因此，这次整风就把"反对主观主义以整顿学风，反对宗派主义以整顿党风，反对党八股以整顿文风"作为主要内容。全党上下开展大学习、大检查、大提高的马列主义自我教育，真正树立毛主席倡导的一切从实际出发、理论与实践相结合和实事求是的优良传统和作风。

1943年，毛主席、党中央决定在整风运动中审查干部。这次审查干部是完全必要的，党的干部队伍从抗战以来有很大的发展，100万党员中，抗战开始后入党的就占了90多万，在党内和干部队伍内，都发现混入了少数敌特、叛徒和其他坏人，因此，为了净化我们的干部队伍，必须在思想整顿的基础上进行组织上的整顿。在这次审干中，一些隐藏得很深的阶级敌人被挖出来了，搞清了一些人的严重问题；一些本来没有什么问题的同志，经过审查后进一步取得党和群众的信任，更好地为人民工作。我们还从运动中总结了审查干部的宝贵经验，审干工作取得了很大的成绩。可是，当时这项工作的负责人康生，却违背了毛主席的干部政策，背离了整风运动的精神，实际上继续推行王明"左"倾机会主义的干部路线，严重地干扰了毛主席关于审查干部的部署，使审干工作出了偏差，给革命事业带来不应有的损失。

在1943年夏秋两个多月时间中，他们搞了所谓"抢救运动"。从主观唯心主义出发，对干部队伍的基本情况作了完全错误的估计，看不到我们党的绝大多数干部和来到延安的大多数知识分子是好的和比较好的，而极力扩大敌情，把革命队伍看成一团漆黑，认为"特务如麻"。在审干和反特斗争中，搞扩大化、简单化，在各个机关中追求揪出阶级敌人的一定比例数字，大搞"逼、供、信"。如有不同意他们这样搞的人，就被指为"没有敌情观念"，甚至本身也受到怀疑，有的因此被扣上"特嫌"帽子。特别是对过去从事党的地下工作的干部和从白区来的同志，不作具体分析，怀疑一切，制造了不少冤案、假案。

在湘赣苏区的肃反工作中，我是有过教训的。对于当时审干的这些做法，我虽然一时还弄不清究竟是什么问题，但对我自己负责的中办秘书处的审干工作，我是采取了老老实实的态度，自己怎样看，就去怎样做。当时我认为，秘书处的同志都是经过党组织严格审查和挑选出来的，他们每天都接触大量的党的核心机密，即使个别真有问题的人，也会很快暴露的，因此我认为他们都没有问题，就绝不望风捕影乱加怀疑。而康生抓不住说得过去的借口，也不敢轻易直接插手党中央机关的审干工作。现在，当年在秘书处工作过的同志提起来，也认为那时候中办秘书处的运动是很稳的，基本没有出现什么问题。当然，现在看来，如果没有毛主席党中央的正确领导，我们迟早会顶不住的。

毛主席及时地发现了审干工作中出现的偏差，立即着手纠正。他在大量调查研究、倾听各方意见的基础上，于1943年8月亲自为中央起草了《关于审查干部的决定》，提出了"首长负责，自己动手，领导骨干与广大群众相结合，一般号召与个别指导相结合，调查研究，分清是非轻重，争取失足者，培养干部，教育群众"9条方针。毛主席说，这个方针是同十年内战时期许多地方犯过错误的肃反方针根本对立的，那个错误的方针，简单地来说就是"逼、供、信"三字，这是完全主观主义的方针和方法。毛主席指出，就是对于有问题的人，也应走群众路线，应"予以实事求是的调查研究，禁止主观主义的逼供信方法"，"如果是被冤枉了的、被弄错了的，必须予以平反，逮捕的宣布无罪释放，未逮捕的宣布最后结论，恢复其名誉"。同年10月，毛主席在一个材料的批示中，再次强调指出，"一个不杀，大部不抓，是此次反特务斗争必须坚持的政策"，要求各级党组织都要坚持这种政策。后来，周恩来副主席从重庆回到延安，听了关于审干工作的汇报后，当即表示不同意过去那种做法。他说："怎么能这样搞？把这么多人说成是特务，哪儿有这么多特务？"他坚决提出要甄别！

毛主席对这次审干运动所出现的错误，不但及时纠正，而且亲自做思想工作，向被搞错了的同志赔礼道歉，对那些冤案、假案进行平反昭雪。但是，在审干中大搞主观主义、扩大化的康生等人，却文过饰非，推卸责任。他曾派一位同志去陇东分区推行他的那一套，等这位同志回来汇报时，毛主席已对审干中的偏差进行了纠正。而康生听了汇报，竟翻脸不认账，说："谁叫你那样搞的。"这位同志为之气极。

在整风学习的基础上，我党高级干部又在1943年冬进行了两条路线问题的学习。大家以整风精神对过去各个根据地的历史进行总结，分清路线是非，分清功过，分清路线之间的根本对立。这次学习，采取个人学习与集体讨论相结合的方式，充分发扬敢于发表意见、提出问题与同志辩论问题的做法，大大提高了干部的理论水平和路线觉悟，为党的七大的召开作了充分的准备。毛主席非常关心这次学习，亲自参加一些讨论会，并就党的历史问题对大家作过报告。

在延安期间，毛泽东同志还写了不少有关革命战争的战略问题的光辉著作，这对于提高广大干部首先是高级干部的战略水平，指导抗日战争走向胜利，起到了不可估量的伟大作用。在写作过程中，毛泽东同志很重视听取其他同志的意见。记得毛泽东同志写出《战争和战略问题》的初稿后，曾给我批示："首道同志，此件请油印二百余份，发与各重要干部，阅后定期收回……"毛主席这一时期的其他许多重要著作，例如《反对日本进攻的方针、方法和前途》《抗日游击战争的战略问题》《论持久战》等，都是这样把初稿发给一部分有关同志阅读，多方听取意见，经过一段时间的实践检验，最后反复进行修改后，才公开发表的。[8]

徐向前在回忆录中写道：

延安整风始自1941年5月的高干整风学习会议。毛主席强调：整风，主要是高级干部，其次是中级干部，再次是下级干部。这次整风，分为高干整风学习（1941年5月至1942年2月）、全党整风（1942年2月至1943年10月）、总结提高（1943年10月至1945年4月）3个阶段，历时4年之久。我在联防司令部和抗大期间，一直参加高级干部的整风学习。

整风是一次普遍的马克思主义教育运动，也是党的建设发展史上的重要里程碑。我从中受到的教益，是终生难忘的。

首先，必须坚持理论与实践相统一的原则。

理论与实践相统一，即实事求是的原则，是延安整风解决的基本问题之一。不解决这个问题，全党便无法从王明"左"倾教条主义的禁锢中解放出来，正确地总结历史经验，分清路线是非，认真研究中国革命的特点和规律，从而确立马列主义理论与中国革命实践相统一的正确思想路线。

我们党是以马克思列宁主义为理论基础的党。马列主义不是教条，而是行动的指南。从建党之日起，我党就不乏注意把马列主义应用于中国革命实际的同志。党依靠着他们和广大革命群众，经过反复实践、摸索，走上了武装斗争和创建农村革命根据地的道路，坚持了土地革命战争，赢得了敌后抗战的重大胜利。这方面的杰出代表是毛泽东。而历次机会主义却违背理论与实践相统一的原则，给革命造成严重损失。危害最甚的是王明路线统治全党的4年，曾使党几乎陷入绝境。

王明一伙在四中全会上台后，大肆泛滥教条主义、主观主义、党八股等恶劣倾向，荼毒全党。他们对中国革命的实际一窍不通，却寻章摘句，夸夸其谈，以"精通"马列主义而自居；对武装斗争、建设红军、创造根据地、土地革命和反敌人"围剿"，毫无实践经验，却自以为是，高高在上，写决议，发指示，"钦差大臣"满天飞，凭主观臆想指导革命。革命实际纷繁复杂，千变万化，他们不调查、不研究，照搬"本本"或外国经验，把抽象原则和死板公式当作"万应药方"，套在活生生的变化发展着的革命实际中。这种理论与实践相分裂的特征，乃是教条主义者的致命顽症所在。结果，弄得党内死气沉沉，一切"唯书""唯上"，失去了生动活泼的主动性和创造性。

针对教条主义、主观主义、党八股给党造成的危害，毛主席提出了"没有调查就没有发言权"的著名论断。党中央也作出了《关于加强调查研究的决定》，号召全党面向实际、面向群众，调查研究。同时，规定了干部的教育，"应确立以研究中国革命实际问题为中心、以马克思列宁主义基本原则为指导的方针，废除静止地孤立地研究马克思列宁主义的方法"。这就打破了教条主义的禁锢，树立了实事求是的作风。我在整风学习中深刻体会到，共产党人要认识世界、改造世界，必须坚持理论与实践相统一的原则，不断深入实际，调查研究。我在整风笔记中写道："调查研究的目的是为了对客观事物、中国社会、中国历史、国际国内的情况及变化等事物的了解、认识，辨明其发展规律，决定正确的政策。"并且归纳了坚持调查研究的10条要求自己："1.长期性。是经常的工作，不是一时的突击工作。2.彻底性。对每一个问题务须弄个水落石出。3.具体性。不仅注意问题的正面，还务须注意各个侧面，以免挂一漏万。4.真实性。反映真实的材料，不要加以臆断。5.计划性、组织性。明确目的，不能无的放矢，也不能无矢求的。6.批判性。兼听不兼信，仔细研究各种反映。7.抓住中心，要有准确的时间、地点和问题。8.深入各阶级，利用各阶层的干部。9.多去底层，不能忽视大多数。10.甘当小学生，不耻下问。"一切从实际出发，注重调查研究，实事求是，是我们党坚持理论与实践相统一的原则，克服教条主义、主观主义的根本途径。

其次，必须坚持正确的路线和策略。

从政治上分清路线是非，确立马克思主义路线在全党的统治地位，肃清王明"左"倾路线的影响，是延安整风解决的又一根本问题。什么是"两条路线""王明'左'倾路线""一省数省首先胜利"，经过整风学习，我才有了深刻的认识。

六大以来，在党的历史上出现过三次"左"倾错误，而且一次比一次严重，教训是很深刻的。第一次"左"倾，发生在1927年冬，翌年4月基本结束。那时，我参加了广州起义，又在东江坚持游击战争，对一些"左"的口号和作法深有感触。广州起义和东江游击战争的失败，与"左"倾错误有很大关系。第二次"左"倾，即"立三路线"，约半年的时间。我在鄂豫皖根据地，仅有2000来人的队伍，中央却叫我们去攻打武汉！以卵击石，行不通，我们作了抵制。根据地里贯彻"左"倾政策，结果造成许多农民"反水"，一部分红色政权塌台，吃了苦头。第三次"左"倾是王明路线，统治时间最长，形态最完备，影响最深，因而危害也最大。他们打着"反对立三路线""反对调和主义""反右倾机会主义""拥护国际路线"的旗号，极力推行"左"的一套。什么"打倒一切帝国主义"呀、"武装保卫苏联"呀、"两条道路决战"呀、"中间势力是最危险的敌人"呀、"创造百万铁的红军"呀、国民党"十分动摇""恐慌万状""总崩溃"呀、以夺取中心城市为中心的"一省数省首先胜利"呀……纯粹是冒险主义、盲动主义。与此相联系，在军事政策、土地政策、城市工作、敌军工作等方面，也都"左"到无可再"左"的地步。结果，招致白区党损失近100%，红军损失90%。在鄂豫皖根据地、川陕根据地，由于张国焘推行王明那套"左"的东西，竭泽而渔，弄得民穷财尽，使部队无法生存下去。在中央革命根据地的第五次反"围剿"中，福建事变发生，博古等人不懂得联合19路军共同对付蒋介石，一面和人家订了三条协定，一面又说蔡廷锴等"比蒋介石还蒋介石"，把送上门来的同盟者抛到一边。我们学习小组，对此事议论很多。事实证明，"左"决不比右好，不论"左"的或右的路线和策略，都会葬送革命事业。

教条主义统治时期，武装斗争以毛泽东为代表，白区工作以刘少奇为代表，创造性地把马列主义原理运用于中国革命的实际，是坚持正确路线和策略思想的典范。他们代表了广大党员和人民群众的意志，站在最前列，同教条主义者进行针锋相对的斗争，有一系列的文献和实践活动可资佐证。遵义会议确立毛泽东在全党的领导地位，是完全正确的。从此，才使革命转危为安，才有抗日民族统一战线的建立，才制定了抗战时期的正确路线和策略，才赢得了敌后抗战的伟大胜利。由任弼时主持起草、六届七中全会通过的《关于若干历史问题的决议》，关于刘少奇"在白区工作中同样是一个模范"的论断，也是正确的。

最后，必须正确地进行党内斗争。

用整风的形式，去分清路线是非，去克服党内的主要矛盾——无产阶级思想同各种非无产阶级思想的矛盾，是毛泽东对马列主义建党学说的一大贡献。延安整风的经验证明，只有用正确的方法去开展党内斗争，克服矛盾，才能达到教育全党，团结全党，增强党的战斗力的目的。

我们的党，是由无产阶级先进分子组成的党。但党的成员来自社会，生活在社会之中，不可避免地带来各种非无产阶级的思想、观点。混进党内来的坏人只是极少数，党内的主要矛盾不是敌我问题，而是正确与错误、无产阶级思想与非无产阶级思想的矛盾。因而，解决这种矛盾的主要方法，只能是"团结、批评、团结"，而不是其他。不明确这一点，开展党内斗争，势必走到歪路上去。

王明路线时期，开展了机械、过火的党内斗争，搞"残酷斗争，无情打击"，造成极为严重的后果。他们从宗派主义集团的私利出发，把"党内斗争"变成提高自己"威望"、铲除异己、吓唬党员的经常手段。正如《关于若干历史问题的决议》所指出的："为贯彻其意旨起见，在党内曾经把一切因为错误路线行不通而采取怀疑、不同意、不满意、不积极拥护、不坚决执行的同志，不问其情况如何，一律错误地戴上'右倾机会主义''富农路线''罗明路线''调和路线''两面派'等大帽子，而加以'残酷斗争'和'无情打击'，甚至以对罪犯和敌人作斗争的方式来进行这种'党内斗争'。"大家对此深有体会，举出了许多事例。在中央苏区，王明一伙大反"邓（小平）毛（泽覃）谢（唯俊）古（柏）"，排挤毛泽东。在鄂豫皖根据地，曾中生和我因与教条主义者派来的中央代表张国焘等人发生"南下之争"，官司打到中央，教条主义者不问是非曲直，给我们扣上一大串罪名，撤了曾中生的职。从那以后，曾中生便屡受打击，直至被张国焘监禁、杀掉。他们这种错误做法，只能窒息党的民主气氛，发展盲从主义、奴隶主义。

尤其令人痛心的是，教条主义、宗派主义的"党内斗争"，同错误的"肃反"政策搅在一起，残害了大批干部和党员，言之令人发指。在中央苏区、鄂豫皖、湘鄂西、各革命根据地，大抓"AB团""第三党""改组派""托陈取消派"，大搞"逼、供、信"，被错杀的共产党员和群众何止千万！弄得党内人人自危，一片恐怖气氛。这套衣钵，在整风审干中被康生等人搬来，"抢救失足者"。凡是从白区来的，都受到怀疑，甚至连叶剑英同志都被列为怀疑对象。幸亏毛主席及早察觉，提出审查干部的9条方针，规定"大部不抓，一个不杀""严禁逼供信""有错必纠"，才避免重蹈以往"肃反"的覆辙，挽救了大批革命干部，端正了整风审干的方向。

整风过程中，毛泽东为了总结历史经验，分清是非，纠正机械过火的党内斗争偏向，提出了一系列原则和方法，这就是"团结、批评、团结""惩前毖后，治病救人""既要弄清思想，又要团结同志""对于人的处理问题取慎重态度，既不含糊敷衍，又不损害同志"等。我认为是完全正确的，对党的建设和发展有极为深远的意义和影响。中央决定，让李立三、王明、博古等"左"倾路线的代表人物继续留在党内，分配适当工作，也是必要的。从而为无产阶级政党解决路线问题，树立了一个范例，表现了我们党的伟大气魄和自信力。历史证明，犯路线错误的同志，在党的教育下，绝大多数能够改正错误，继续为党做出有益的贡献。

这些，就是我在延安整风中的主要收获。

整风中期，我参加了西北局高干会议。会议自1942年10月19日开始，至翌年1月14日结束，开了近3个月。任弼时主持了会议。解决的主要问题是，西北党的历史上的路线是非问题；边区党的领导问题；今后边区的工作任务问题。出席会议的共有266人。毛主席在会上作了思想方法问题的报告、十大政策的报告、布尔什维克化12条的报告、经济问题与财政问题的报告。朱德、任弼时、高岗、林伯渠、贺龙也都作了报告。会议期间，共有46位代表发言。我也主持过会议，发过言。会议贯彻了整风精神，认真开展批评和自我批评，着重分清路线是非，反对纠缠细枝末节，较好地达到了既要弄清思想又要团结同志的目的。会议也有缺点。主要是高岗把自己说成是正确路线的代表，把阎红彦等一批同志弄下去，有些同志有不同看法，未能畅所欲言。批判郭洪涛、朱理治，有过火的地方。

延安整风的胜利，为召开党的全国第七次代表大会，形成全党大团结的局面，争取抗战总反攻的伟大胜利，奠定了牢固的基础。[9]

整风运动中，一些大战略区的负责人也回延安参加整风。《陈毅传》写道：

陈毅到达延安，受到毛泽东等中共中央领导人的热情欢迎。其中许多领导人，自1934年在中央根据地分别之后，已经将近10年不见了，而在10年之后的今天，革命事业已有很大发展，陈毅感触极深，作一首《延安宝塔歌》以抒怀。但他一见到毛泽东，除要系统汇报华中抗战形势外，还有满腹委屈，急需倾诉，那当然是"黄花塘事件"问题。

1954年2月16日，陈毅在关于饶漱石问题的座谈会上说，当时毛泽东却给他浇了浇冷水，对他说："如果尔谈三年游击战争的经验，谈华中抗战的经验，那很好，我可以召集一个会议，请你谈三天三夜。至于与小饶的问题，我看还是不要提，一句话也不要提。关于这件事，华中曾经有个电报发到中央来。这电报在，如果你要看，我可以给你看，但是我看还是暂时不要看为好。"

陈毅说："那我就不看，华中的事也就不谈。"

毛泽东说："我欢迎你这个态度。"

虽然如此，起初陈毅心中仍然有一个疙瘩，颇为沉闷。毛泽东又给他讲了许多党史问题。陈毅乃静下心来，开始给中共中央和中央军委写了一份《1938年至1943年的华中工作总结报告》。一进入对敌斗争的回顾，陈毅立刻精神振奋，思潮汹涌。这总结报告于4月底完成。在《结束语》中，他自豪地写道："在华中6年工作的结果，使我党在华中敌后广大农村中确立了普遍的巩固的军政优势。由零星分散的小块地区逐渐衔接成几个大片，由零星的武装建立成大的集团部队，经过了反顽、反'扫荡'、反'清乡'的艰苦锻炼，一般维持着向前发展的形势。"而日军是逐渐削弱，"配合国内外条件，这一削弱更是日益增长"。国民党虽有"正统"的优势，"但在敌后由于他们的反动政策自取溃灭"。所以陈毅充满信心"坚持抗战，过渡新时代，迎接胜利"。

在写作中，陈毅心情有所好转，对华中工作系念殊深。

善于知人的毛泽东自然心中有数。3月15日那天，他对陈毅说："经过一个多礼拜的考虑，我以为你的基本态度是好的。你现在可以给华中发一个电报，向他们作一个自我批评。我也同时发一个电报去讲一讲，这个问题就打一个结。你看如何？"

陈毅诚恳地说："这样好，我照办。"

于是，陈毅向饶漱石和华中局、军分委各同志发了个电报。电报在热忱地叙述了到延安后毛主席等对他的巨大教育帮助后，说："对于如何团结前进的问题，我的某些认识和处理方式常有不正确的地方。由于自己遇事揣测，自己又常重感情、重细节，不正面解决问题，对人对事不够严正等陈腐作风，这样于彼此协调工作以大的妨碍……我自惭最近一年来在华中的工作尚未能尽我最大的努力。这就是我到中央后所获得的教训。"结尾，他表示"七大后再回华中工作"。

毛泽东阅后，也起草了一份电稿，于3月15日一同发往华中。

毛泽东的电报说："关于陈、饶二同志间的争论问题，仅属于工作关系性质。在陈动身前，两同志已当面谈清，现已不成问题。中央完全相信，在陈、饶二同志及华中局、军分委各同志的领导下，必能协和一致，执行中央路线，争取战争胜利。关于内战时期在闽西区域的争论，属于若干个别问题的性质，并非总路线的争论，而且早已正确地解决了。关于抗战时期皖南、苏南的工作，陈毅同志是执行中央路线的，不能与项英同志一概而论。无论在内战时期与抗战时期，陈毅同志都是有功劳的，未犯路线错误。如有同志对以上两点不明了，请漱石同志加以解释。"

饶漱石收到电报后，在第二天上午以他个人的名义给毛泽东回电，整个电文所反映的他的基本态度是"顶"。电文主要一段如下：

"陈和我的争论，既非属于重大路线，也非简单属于工作关系性质，而是由于陈同志在思想意识、组织观念上仍有个别毛病。他对统一战线、对文化干部、对某些组织原则，仍存有个别右的观点。对过去历史问题，存有若干成见，且有时运用很坏的旧作风，这些陈同志来电有隐约说到，所以我去电欢迎。但似乎尚欠清明，故详告与你，以便你给他帮助。"

他还告诉毛泽东，他另外给陈毅复电了。饶漱石对毛泽东的电报尚且如此"顶"，对陈毅电报的复电就可想而知了。

陈毅正患感冒，看到饶回复他的电文，顿时怒火中烧，提起笔来就给毛泽东写了封信，马上派人送去。

毛泽东看过陈毅的信，决定给他降降温，让他通通气，4月9日便回信一封，给予开导：

"……来信已悉，并抄送少奇同志阅看。凡事忍耐，多想自己缺点，增益其所不能，照顾大局，只要不妨大的原则，多多原谅人家。忍耐最难，但做一个政治家，必须锻炼忍耐。这点意见，请你考虑。"

4月10日，毛泽东又找陈毅去面谈。对此，陈毅1954年还记得很清晰。

陈毅如实地汇报了这两天的病情和心绪，毛泽东劝他说："你现在在延安，又不能回去，横直搞不清楚。这个事情容易解决，将来你回去是可以解决的。主要是人家对你有误会，你看什么办法？越解释，误会越大。"

陈毅表示："本来我的气很大，你这样一讲，我也没有什么意见了。"

毛泽东愉快地笑了，问陈毅对于《学习和时局》那篇文章有什么意见。

陈毅说："我曾提了一个意见，并对弼时的意思亦认为有考虑的必要。"

毛泽东说："好，还有什么意见随时告诉我。"

陈毅知道这段时间毛泽东正忙于改定《学习和时局》这篇文章，便告辞退出。但毛泽东的劝导，使他又有茅塞顿开之感。他通过阅读毛泽东送来的向他征求意见的《学习和时局》来检查自己的思想路线等问题，经过一昼夜的反复思考，他又给毛泽东写信，在论述经验主义问题之后，写下了这么一段话：

"我个人说来多年含茹于经验主义的原野之上，今后多从打开脑筋重新认识自己去着手，由己及人，变更过去及人而不由己的办法。"

这大概是4月10日同毛泽东谈话之后的回声吧。就在这天，4月12日，毛泽东在高干会上作了《学习和时局》的报告。毛泽东提出："如果我们既放下了包袱，又开动了机器，既是轻装，又会思索，那我们就会胜利。"陈毅听了很受鼓舞，更加自觉、自励。

中共中央为了进行七大的准备工作，于5月中旬在杨家岭召开六届七中全会第一次会议。在议定的各项准备工作中，陈毅被选定为军事报告的起草人。陈毅在愉快地领受了这项任务之后，积极收集材料，经常往返于他的住处杨家岭和军委总部所在地王家坪之间。

陈毅与毛泽东的接触越来越多了。毛泽东也经常找他商量一些工作。如8月10日要接见美军驻延安观察组的成员，通知陈毅参加；之后美国总统特使赫尔利来延安谈判，也让陈毅出些主意。9月间，陈毅比较空闲。毛泽东批准他到医院割治他的"十年宿疾"。贺子珍的妹妹贺怡在延安养病，毛泽东特地要陈毅去看她。陈毅对于一些问题，也主动向毛泽东反映或提意见。如刘伯承秘密来到延安，有的大活动未通知他参加，陈毅立即反映，毛泽东便马上批示解决；红七军的同志要想集中谈些问题，陈毅也向毛泽东提出，结果开了座谈会，大家心情舒畅。在这频繁的接触中，陈毅收获很大，思想上也产生了新的飞跃。

这年的11月，王震、王首道将带领359旅进军华南，毛泽东给他们讲话，陈毅听了启发很大。12月1日，他在给毛泽东的一封信中说：

"在几年整风弄清路线原则之分歧后，作大度的自我批评，讲团结对外，这足以教育一切人，主张印发全党（指毛的讲话记录）。华中的团结亦只有走此道路。回想几年华中工作，被我打击屈服的高级干部，至少也在一打以上。只有自己批评去打通思想而团结对外，才是于党于己的有益办法。去冬在华中，我不了解这点，所以满腔愤愤不平之气。赴延留别诗中说：'知我二三子，情深更何言。去去莫复道，松柏耐岁寒。'这仍包袱很重，自以为残菊傲霜。春间到延……你要我于华中近事取得教训，略略纾解愤懑……近来与许多人谈话，广泛阅读文件，似乎更感觉以前所见不免皮相，才知道处理许多问题。疏虞之处甚多，别人的批评反对，其中事出有因，查实无据者有之，而自己过与不及两种毛病则所在多有，那种'寡人之于国也，尽心焉耳已'的自己条条做到的态度，实在要不得。"

这似乎是陈毅经过整风运动之后的一纸自我鉴定，他派人送给毛泽东主席之后，毛立即阅看，越看越高兴，看完便回信，鼓励与希望的火热的感情溢于言表：

"陈毅同志：

你的思想一通百通，无挂无碍，从此到处是坦途了。随时准备坚持真理，又随时准备修正错误，没有什么行不通的。每一个根据地及他处，只要有几十个领导骨干打通了这个关节，一切问题就可迎刃而解。整个党在政治上现在是日渐成熟了，看各地电报就可以明了。"

整个党在政治上日渐成熟，而陈毅也是成熟的党之中的一分子。15年前，他在闽西同毛泽东等的交往和在上海同周恩来等的讨论中，曾获得了思想上的一次飞跃。15年后在延安，但又在毛泽东为首的中共中央的帮助下，获得了第二次飞跃。一年以后，陈毅回到华东，有人问及他对毛泽东的印象，他说："毛泽东进步太大了，我是望尘莫及。"[10]

文艺工作的方向

1942年5月，在延安召开文艺座谈会，毛泽东在会上发表讲话并作总结，阐明了革命文艺为人民群众，首先是为工农兵服务的根本方向，系统地回答了文艺运动中许多有争论的问题，强调党的文艺工作者必须从根本上解决立场、态度的问题。

胡乔木比较系统地回忆了延安文艺座谈会前后的情况。他说：

当时报纸上已经发表了许多作家的言论。毛主席开始找作家谈话，越谈找的人越多，有的谈过多次。比如，说"不歌功颂德"的那个作家并不出名，他的话就是跟毛主席讲的，不是写文章讲的。毛主席在讲话时提到这个观点，我就知道是针对那个作家的话讲的。

毛主席跟作家的来往比较早，如跟萧军早就有来往。1941年8月给萧军写过信，是派我送去的。这封信已收入《毛泽东书信选集》中。毛主席当时比较赏识萧军。后来萧军的观点与党的观点有距离。文艺座谈会召开时，萧军第一个讲话，意思是说作家要有"自由"，作家是"独立"的，鲁迅在广州就不受哪一个党哪一个组织的指挥。对这样的意见，我忍不住了，起来反驳他，说文艺界需要有组织，鲁迅当年没受到组织的领导是不足，不是他的光荣。归根到底，是党要不要领导文艺、能不能领导文艺的问题。萧军就坐在我旁边，争论很激烈。他的发言内容很多，引起我反驳的，就是这个问题。对于我的发言，毛主席非常高兴，开完会，让我到他那里吃饭，说是祝贺开展了斗争。后来雪苇写信给我，说鲁迅当年跟党是有关系的，我没有查考过这个事情。

当时，主要是围绕两个人，头一个是萧军，然后是丁玲，还有其他一些人多少牵进去了。斗得相当厉害。当然用不着详细写。然后，要求作家下乡。现在许多作家回忆，除座谈会本身外，下乡是很重要的问题，因为座谈会讲话的中心论点之一，是普及与提高，是作家与工农兵结合。座谈会讲话后，有一大堆事情。多数作家经过这场洗礼，回忆起来，尽管里面有些问题，但还是觉得有益处。主要是在与群众结合这一点上。丁玲也写过谈收获的文章。艾青除写了《吴满有》这篇作品外，还写了《秧歌剧的形式》这篇文章。毛主席对艾青是比较满意的，对他写出好的作品非常高兴。

王实味的事要提，最好放到前边。王的问题定性是错了。当时对其他人的斗争也很不合适。对萧军，搞到不让他吃公粮。萧军这个人很偏强，他就住到延安东边的一个孤孤单单的房子里，自己搞生产，干了一段时间。后来彭真找他谈话，表示过去两方面都有错误。之后萧军回到文协。对萧军问题的那种做法是不对的，对王实味问题的处理尤其不对。首先把王实味定成托派，结果没有证据。还说他是特务，关起来，最后打仗时杀掉了。

王实味不代表整个文艺界。尽管《野百合花》引起很大争论，比丁玲的《三八节有感》争论得更尖锐，但《三八节有感》在文艺界有相当代表性。有一次，毛主席召集《解放日报》的人开会，谈改版问题，批评《解放日报》对党中央的主张、活动反映太少。在这个会上，贺龙、王震都批评了《三八节有感》，批评得很尖锐。贺龙说："丁玲，你是我的老乡啊，你怎么写出这样的文章？跳舞有什么妨碍？值得这样挖苦？"话说得比较重。当时我感到问题提得太重了，便跟毛主席说："关于文艺上的问题，是不是另外找机会讨论？"第二天，毛主席批评我："你昨天讲的话很不对，贺龙、王震他们是政治家，他们一眼就看出问题，你就看不出来。"贺龙同志对文艺问题还发表过一些别的意见，最早的就是对《三八节有感》的批评。

毛主席并没有因为《三八节有感》就否定了丁玲。他很注意丁玲的作品，并有相当评价。丁玲写的《田保霖》，毛主席很称赞。对于有才气的作家，毛主席是很赏识、器重的。后来《太阳照在桑干河上》写出以后，先是不能出版，有人反对。丁玲找了好几个人看，那是在西柏坡。艾思奇、陈伯达、萧三和我几个人看了，都认为这部书写得不错。因此，毛主席对丁玲更加看重。他曾说："丁玲下乡，到农民里面生活，写出小说来了，而有人经常说与工农兵结合，也没有写出什么作品，到底结合了没有？"后来文艺界的风波，讲起来有些很难理解。文艺界一些人之间的关系好像不可调和，一说起来就充满仇恨。

……

在我的印象里，座谈会是在礼堂里开的。毛主席最后作结论的讲话是在露天，人到得很多，在礼堂里不方便。

整风和文艺座谈会之间的关系要弄清楚，究竟是会前文艺界已经在整风，还是在会后才开始整风？有可能座谈会前已开始整风，但整不下去，各说各的吧。

至于讲话怎么样形成文字的，没什么必要多说。当时有记录，我根据记录做了整理，主要是调整了一下次序，比较成个条理，毛主席看后很满意。整理过的稿子发表时，正在搞"抢救运动"，搞出很多"特务"，所以就把文艺界的"特务问题"特别标出来。后来《讲话》再发表，就是收入《毛选》时，把这些关于"特务"的话删掉了。《讲话》从在《解放日报》发表到收入《毛选》，中间不会有大变动，因为毛主席的讲话是不好轻易改动的。编《毛选》时，我建议在有的地方加一些话，讲讲现实主义问题，因为当时说现实主义是马克思主义文学的根本方法，原《讲话》稿没有这样的话，我就想把日丹诺夫讲社会主义现实主义的定义写进去，毛主席很不满意。

《讲话》在收入《毛选》时，是作了一些修改。讲讲有哪些重要的修改，倒是很有意义。这并不是考据，而是可以说明毛主席详细考虑了哪些问题，可以看出他的思想的发展。删掉"特务文艺"之类的提法，可以讲，但并不重要。还有很重要的改动，如对待文化遗产，原来只讲"借鉴"，后来改为"继承和借鉴"，因为有的文学遗产就是要继承。如毛主席写旧体诗词、诗体七律、词牌《菩萨蛮》，这根本谈不到什么借鉴，就是继承。不仅这个，还有语言，就是继承，任何作家离开历史形成的语言传统都不可能写作。语言尽管有创新，但基本是继承，不可能每一个人创造一套语言，那样的文学是不可想象的。像这样原则性的修改还有，如原来说国统区作家在脱离群众问题上跟国民党"有些不同"，后改为"不同"。这表明毛主席并没有停留在原来那个地方，他对一些问题是很郑重、很认真的。

……

关于讲话本身的文艺理论问题，集中在两个问题上谈一谈。一是文艺和生活的关系，二是文艺与人民的关系。在这两个问题上，《讲话》的观点是不可动摇的。其他的具体提法，相比之下，都是次要的。钱钟书《宋诗选注》序言中引用毛主席的话，强调的就是这两点，可见是大家公认的。生活是文艺的唯一源泉，其他都是流，所以作家要深入生活。文艺要诉之于读者，读者基本上是人民。文艺如果没有读者，就是没有对象。这两点可稍许发挥，但也不要说多。比较起来，这些道理是颠扑不破的。

关于文艺从属于政治的问题，《讲话》有它的局限性。这个问题不仅仅是属于《讲话》本身的问题。列宁的《党的组织和党的文学》讲了一个齿轮和螺丝钉的比喻。当时《解放日报》登了这篇文章，是博古翻译的。literature，很容易译成文学，但literature的意义很多，我反复看原文，认为不能译成文学。齿轮和螺丝钉不是指文学，是很明显的。我在1981年有一次讲话，着重讲了这个问题。

文学服从于政治这种话是不通的。古往今来的文学都服从于政治，哪有这回事？恐怕绝大多数的作家根本不承认这样的事。你说托尔斯泰为政治服务？他绝不会承认。他有他的政治观点，这是一回事，但他写《战争与和平》绝不是为政治服务。写《安娜·卡列尼娜》是为政治服务？也不是。例子多了。莎士比亚为政治服务？他哪一部著作是为政治服务？你说《奥赛罗》是为政治服务？《罗密欧与朱丽叶》是为政治服务？根本讲不通的话。

文学是一种广泛的社会主义现象。它跟阶级、政治现象有些关系，但关系不是那么直接。有时关系多点，如反法西斯战争前兴起的反法西斯运动中，世界文学几乎出现一种反法西斯潮流。当时作家有一种信念，反对法西斯就是维护人类的正义、和平、文明。法西斯没有文明，作家要维护文明。但也不能说那时的作品都是反法西斯的。有那么一些作家比较积极。比较出名的一个大作家是德国的托马斯曼，他在法西斯上台后积极反法西斯，但他出名比较早，那时的作品没有什么政治倾向，是描写一种社会生活。其他的作家，如巴比塞，政治倾向比较明显，但这也是后来发展起来的，并不是一开始就有一种政治倾向。如左拉，反对德雷夫斯案件非常积极、非常坚决，甚至流亡到英国去，因为在法国待不下去了。左拉的作品虽然也涉及一些政治问题，但一般地不能说是为政治服务的。中国最著名的《红楼梦》也不能说为政治服务。文学服从于政治的说法，一方面是把文学的地位降低了，好像它一定要服从于某个与它关系不多的东西；另一方面把文学的范围不可避免地缩小了，好像作品不讲政治的作家就是没有政治倾向（这种作家很多），就不觉悟、落后，他的作品就不是文学。这样一来，好些事就讲不清楚了。

因为将列宁的文章中的话翻译错了，影响到认为文学是齿轮和螺丝钉，作家也是齿轮和螺丝钉。毛主席不能对翻译负责，但文学服从于政治这种讲法，是一个很深的印痕。《讲话》对作家的要求有的地方过于苛刻，把作家脱离群众跟国民党脱离群众说得差不多，这是不妥当的。这些说法对于我们文艺工作的发展产生了不利的影响。

文学艺术是一种社会文化现象，是一种范围非常广泛的社会文化现象。教育的范围也很广泛，不可避免地要在什么范围内服从政治，但不能说教育范围内的所有问题都要服从政治。比如教外语，怎么说服从政治？这是根本不通的话。以前就出现过这样的现象，把外语教学都政治化了。斯大林在《马克思主义与语言学问题》中讲过，语言是社会现象，并不是意识形态。说文学是意识形态，只是就一个方面，即就文学艺术观点而言，不能说整个文学艺术是意识形态。这里有很多复杂的问题。历史唯物主义是一门很复杂的科学，绝不是简单的公式就可以解决问题的。

座谈会讲话正式发表不久，毛主席跟我讲，郭沫若和茅盾发表意见了，郭说"凡事有经有权"。这话是毛主席直接跟我讲的，他对"有经有权"的说法很欣赏，觉得得到了知音。郭沫若的意思是说文艺本身"有经有权"，当然可以引申一下，说讲话本身也是有经常的道理和权宜之计的。比如毛主席讲普及与提高的关系问题时，说作家、艺术家要收集老百姓写的什么黑板报、什么歌谣、画的简单的画，帮助修改，音乐也是要帮，这样的事是不可能经常做的。

照这样讲，郭沫若成天收集小学、中学、大学学生和社会上各种人的东西，这怎么可能？这样，作家就做不成了。作家也不可能把什么人的东西都拿来修改，再在这个基础上提高。艾青写《秧歌剧的形式》，这从某种意义上可以说是体现了普及与提高的关系，但艾青绝不可能经常去具体指导某个秧歌队，修改歌词。

这里面有一个环境问题。当时是一种战争环境，特别是农村环境。在当时那种环境下，毛主席很反对鲁艺的文学课一讲就是契诃夫的小说，也许还有莫泊桑的小说。他对这种做法很不满意。但讲文学、讲写作，又必须有一些典型作品教育学生。毛主席力图找到一个途径，解决普及和提高问题。解放后编《毛选》时，我提出，普及与提高，对有些作品不那么适用，比如说音乐。欣赏音乐当然也要有一定水平，但很难说哪一作品是一年级的音乐，哪一作品是二年级的音乐。绘画，也可以有这样的作品，人人都能欣赏。比如《蒙娜丽莎》这样的作品，不一定要学过多少美术，都可以欣赏，觉得很美。这种例子很多。当时毛主席说，如果没有普及和提高的分别，就没有教育了。教育就是由没有受过教育，然后受教育，一年一年提高的。因此，还是原话不动，没有改。现在可以想到，文艺座谈会讲话的背景就是战争环境、农村环境，如果离开这样的环境看问题，把讲话绝对化，那是非历史的态度。

讲话提出文艺的源泉是生活。这话是完全正确的，什么时候都适用。从文学史上看，所有大作家对生活都得观察、研究。作家必须深入生活，深入群众，与群众相结合，但怎么结合，要看历史和个人条件的不同。有些作家可以下乡、下厂、下部队，但不可能所有的作家都下去。解放后毛主席有一次讲话，说如果不能下马观花，走马观花也好，也可以，这已经考虑到各种实际情况的不同，说明他的思想是发展的。有些人，让他同工农兵同吃同住同劳动是不可能的。这种要求，很多文化工作者、科学工作者是很难做到的。大学教授也很难做到，他要备课、讲课。像这样的要求，要看是在什么条件下对什么人提出的。延安的情况，恰好比较适合。在延安，作专门研究很困难，缺乏这个条件。鲁艺有一位钢琴家就很苦恼，因为他没有用武之地。傅聪讲过这样的话：文艺工作者都去参加劳动，我的手如果劳动两个月，就不能弹钢琴了。少奇同志说这话有道理。确实不能要求所有的人都去参加体力劳动。

现在要写的这篇文章用不着说上面的这些话，也不需要同人去争论。争论没完没了。我的看法，你们也不一定同意，那也没关系。我想应该把毛主席写的东西，是在什么时代环境、什么历史条件下写的，搞清楚。这样来研究毛主席著作，研究毛泽东思想，是需要的。写这篇东西严格限制在回忆范围内，只回忆那一段，不纵论古今，也不接触各式各样的看法。

茅盾对《讲话》的反应记不清了。后来我到重庆，同茅盾谈过。他的说法是：外地去的作家对解放区的生活不适应，有个适应过程，所以发生了一些争论。这个话有一定的道理。因为或是在上海，或是在大后方，同到延安相比，环境都有很大变化，作家原来把延安理想化了，觉得什么都好。至于理想是什么样的理想，那是另外一回事。总之是充满理想色彩，等到看了现实，并不那么理想，于是各种各样的议论都出来了，因为不合乎他们原来的理想。

郭沫若"有经有权"的话可以查一下。毛主席讲话后，征求一些名人的意见。郭老的话，恐怕是在他看了《解放日报》发表的讲话稿之后说的。离发表的时间不会太远。如果很远，毛主席也没有兴趣谈了。会不会是用电报传到延安的？在我的记忆中，确实是这几个字。写回忆可以写出来，对这话我完全可以负责。记得清楚："凡事有经有权。"毛主席说，这道理是对的。他说的时候很高兴。[11]

根据胡乔木的回忆和历史档案形成的初拟稿《延安文艺座谈会前后》一节写道：

整风运动是全党范围的运动，包括各个部门和各级干部在内，文艺界和文艺工作者当然也不例外。不过文艺界的整风有文艺界的特殊内容。

按照中央领导的分工，文艺界的整风运动由毛主席分管。

当时延安究竟有多少文化人？没有做过详细统计。1944年春毛主席在一次讲话中，说延安的"文学家、艺术家、文化人""成百上千"，又说"延安有六七千知识分子"。这给了我们一个大概的数字。这些文化人中的绝大部分都是抗战爆发后一两年从全国各地甚至海外会集到延安的。他们有的是受党组织的派遣，更多的则是出于对延安的仰慕心情投奔光明而来。

毛主席作为一位伟大的思想家和革命领袖，深知文学艺术是整个革命战线不可缺少的一个方面，所以自西北内战局面基本结束后，他就分出一部分精力来抓文艺工作。同时，毛主席又是一位文学造诣很深的人，他的诗词和散文都具有很强的文学魅力，这又为他联系文化人提供了更好的条件。延安不少重要的文艺团体和单位，如中国文艺协会、西北战地服务团、鲁迅艺术学院、边区文化协会、抗战文工团、民众剧团等，都是在毛主席的亲自关怀、大力支持下成立和开展工作的。许多知名的乃至不甚知名的作家、诗人、艺术家，受到过毛主席的接见。每当毛主席看到一篇好的作品问世，他都会表现出一种难以抑制的兴奋之情。1938年5月，他得知诗人柯仲平的长篇叙事诗《边区自卫军》受到群众的欢迎，便立即索要诗稿，亲自批道："此稿甚好，赶快发表。"不久即连载于党中央机关刊物《解放》上面。1939年5月，他看了《黄河大合唱》的演出，据冼星海的描述："当我们唱完时，毛主席和几位中央领导同志都站起来，很感动地说了几声'好'。"这些无疑都是对文艺家们的巨大鼓舞。

在延安文艺运动兴走之初，毛主席就多次发表讲话，阐明他的文艺观点。

1936年11月22日"中国文艺协会"在保安县（今志丹县）成立时，他号召文艺家们"发扬苏维埃的工农大众文艺，发扬民族革命战争的抗日文艺"[12]。

1938年4月10日，毛主席在延安鲁迅艺术学院成立典礼上论述"艺术的作用和使命"。他把经过长征到达陕北的原苏区文化工作者称作"山顶上的人"，把由上海、北平等城市奔赴延安的文化工作者称作"亭子间的人"，说："亭子间的人弄出来的东西有时不大好吃，山顶上的人弄出来的东西有时不大好看。有些亭子间的人以为'老子是天下第一，至少是天下第二'；山顶上的人也有摆老粗架子的，动不动'老子二万五千里'。"他要求这两部分人都不要以过去的工作为满足，都"应该把自大主义除去一点"。"作风应该是统一战线。统一战线同时是艺术的指导方向"。[13]他还特别讲到"亭子间的'大将''中将'"到了延安后，"不要再孤立，要切实。不要以出名为满足，要在大时代在民族解放的时代来发展广大的艺术运动，完成艺术的使命和作用"。[14]

4月28日，毛主席再次到鲁艺发表演说，论述怎样做一个艺术家。他认为，一个好的艺术家必须具备3个条件：第一，要有"远大的理想"。"不但要抗日，还要在抗战过程中为建立新的民主共和国而努力。不但要为民主共和国，还要有实现社会主义以致共产主义的理想"。第二，要有"丰富的生活经验"。艺术家的"大观园"是全中国，"要切实地在这个大观园中生活一番，考察一番"。第三，要有"良好的艺术技巧"。技巧不好，"便不能表现丰富的内容""要下一番苦工夫去学习和掌握艺术技巧"。

1939年5月，他为鲁艺成立周年题词，提出"抗日的现实主义，革命的浪漫主义"的文学创作主张。

1940年1月，毛主席在陕甘宁边区文化协会第一次代表大会上讲演，明确规定了"民族的科学的大众的"新民主主义文化方向。他说："这种新民主主义的文化是大众的，因而即是民主的。它应为全民族中90％以上的工农劳苦民众服务，并逐渐成为他们的文化。"

把毛主席上述主张同他后来在延安文艺座谈会上的讲话联系起来，不难看出，为人民大众服务，为现实的革命斗争服务，作家应深入群众，深入生活，这是他一贯坚持的文艺思想。

由于毛主席和中央其他领导人的重视和提倡，同时由于全民抗战热潮的推动与成百上千文艺工作者的努力，延安和各根据地的抗日文艺运动获得蓬勃发展。正如毛主席在文艺座谈会讲话中所说的："我们的整个文学工作、戏剧工作、音乐工作、美术工作，都有了很大的成绩。"文艺运动有力地推动了抗战事业的进行，繁荣了根据地的文化生活。

但是，就当时拥进延安的大多数文艺工作者来说，他们尚没有真正完成从小资产阶级到无产阶级的转化。他们的思想感情还需要有一个改造的过程，对革命根据地的生活还需要有一个适应的过程，在文艺为人民大众服务的方向问题上，还需要有一个从口头承认到彻底解决、从"化大众"到"大众化"的发展过程。就是说，在大多数文艺工作者身上还存在着各种各样的弱点。当抗日战争困难时期到来后，随着客观条件的变化，他们之中一些人所具有的思想弱点，就更加突出地表现了出来。

对于主要是1940年以后延安文艺界暴露出的问题，在整风后期的一份文件中曾作了这样概括：在"政治与艺术的关系问题"上，有人想把艺术放在政治之上，或者主张脱离政治。在"作家的立场观点问题"上，有人以为作家可以不要马列主义的立场、观点，或者以为有了马列主义的立场、观点，就会妨碍写作。在"写光明写黑暗问题"上，有人主张对抗战与革命应"暴露黑暗"，写光明就是"公式主义（所谓歌功颂德）"，现在还是"杂文时代"。从这些思想出发，于是在"文化与党的关系问题、党员作家与党的关系问题、作家与实际生活问题、作家与工农结合问题、提高与普及问题上都发生严重的争论；作家内部的纠纷，作家与其他方面的纠纷也是层出不穷"。[15]这里的概括是符合实际的，其中列举的观点，有的是在报刊上公开发表出来的，有的是作家们在同毛主席交谈时谈出来的，有的则是在文艺座谈会期间反映出来的。以下几方面问题尤为明显：

第一，所谓"暴露黑暗"问题。一个时期，"暴露黑暗""不歌功颂德"、使用"讽刺笔法"、"还是杂文时代"等主张，几乎成为一种时髦。《解放日报》文艺专栏和一些文艺刊物上，也有宣传这类主张的文字发表。有人在会议上直截了当地说："我是不歌功颂德的。"

第二，脱离实际、脱离群众的倾向。以鲁迅艺术学院为例，其办学方针也存在着一些问题。比较突出的就是从1939年强调"正规"和"提高"后，脱离实际、脱离群众、"关于提高"的倾向发展起来。大戏、洋戏充满了舞台，而且影响到延安的整个演出界。讲写作，就是契诃夫和莫泊桑的小说。鲁艺的新校址桥儿沟，紧邻农民的场院，但不少教师却关在自己的窑洞里，不与农民往来。前方的文艺工作者对鲁艺提出了这样的批评："堡垒里的作家为什么躲在窑洞里连洞门都不愿意打开去看看外面的世界？""提高是否就是不叫人看懂或'解不了'？"前方缺乏剧本、歌曲，但鲁艺提供出来的就是大、洋、古的东西。[16]这是很尖锐的批评意见。延安整风开始后，鲁艺领导人也主动检查了这方面的问题。

第三，学习马列主义与文艺创作的关系问题。这在延安一些文艺工作者中也存在着模糊认识。作家欧阳山曾批评过"马列主义妨碍文艺创作"的观点。但也有的作家主张不要把"什么'教育意义''合乎什么主义'的绳索套在文艺上面"。

第四，"小资产阶级的自我表现"。相当多的作家由于出身于小资产阶级，又只在知识分子中找朋友，所以就把注意力放在研究和描写知识分子上面，甚至对知识分子的缺点也加以同情、辩护和鼓吹。反之，对工人农民则缺少接近和了解，不善于描写他们，倘若描写，也是像毛主席所说的："衣服是劳动人民，面孔却是小资产阶级知识分子。"这是文艺界没有真正解决为什么人问题的一个重要表现。

第五，文艺工作者的团结问题。在文艺界发生的数不清的争论中，当然有些是有意义的，但也有许多是没有什么意义的，甚至是彼此攻击，在一些细小的问题上挑起争端。20世纪30年代左翼文艺运动中就存在的宗派主义情绪，又被带到了延安，影响着文艺工作者的团结进步。

党中央和毛主席看到了上述种种问题。尽管这些问题并没有构成延安文艺界的主流，但它们对抗战和革命事业是不利的，也阻碍着文艺本身的发展。为了解决这些问题，并系统地制定党的文艺工作的方针政策，党中央决定召开文艺座谈会。

如同解决其他重要问题一样，为了召开文艺座谈会，毛主席做了大量调查研究工作。他给许多作家写信，找了许多作家谈话，对有些人，信不止一封，谈话不止一次。他让作家们帮他搜集材料，提供有关文艺工作的意见。与此同时，中央组织部部长陈云、宣传部代部长凯丰等也分别找作家谈话。根据一些当事者的回忆，毛主席约去谈话的文艺家有丁玲、艾青、萧军、舒群、刘白羽、欧阳山、草明、何其芳、严文井、周立波、曹葆华、姚时晓等多人。

丁玲是抗战前夕第一个从大城市到达陕北苏区的名作家，西北战地服务团的组织者、领导者，在"文抗""文协"中都有职务。她到陕北后，写过不少以人民军队将领和群众生活为题材的作品，很受毛主席的器重。从1941年9月至1942年3月，她担任《解放日报》文艺副刊主编。她的《三八节有感》，曾受到贺龙和其他一些同志的批评。毛主席同丁玲有过多次交往，座谈会前同她的谈话，主要是就文艺批评问题交换了意见。

艾青是1941年皖南事变后，在周恩来同志的鼓励和资助下，同罗峰等一起到延安的。不久，即先后受到张闻天同志、毛主席的接见，相继担任了"文抗"理事、《诗刊》主编、边区参议员等职务。文艺座谈会前，毛主席三次给他写信，两次约他面谈。交谈之中，毛主席对当时发表的某些文章提出了尖锐批评，认为有的文章"像是从日本飞机上撒下来的"，有的文章"应该登在国民党的《良心话》上"。艾青恳切地要求毛主席亲自"开个会，出来讲讲话"，并把自己写的对于目前文艺上几个问题的意见送给毛主席审阅。毛主席不仅自己仔细阅读了艾青同志的书面意见，而且把它交给几位政治局委员传阅。毛主席尤其在"歌颂和暴露"的问题上，对艾青谈了自己的看法，艾青也就根据当时对毛主席所谈看法的理解，修改了他的书面意见，后来发表在《解放日报》上。

萧军1938年3月第一次到延安时，毛主席就曾亲自到招待所看望他。1940年6月第二次到延安后，担任"文抗"理事、《文艺月报》编辑、延安鲁迅研究会主任干事等职。从1941年8月至1942年5月，毛主席写给萧军的信共有10封之多。其中4封写于1941年8月，4封写于1942年4月，2封写于文艺座谈会期间和其后。萧军性格豪爽，有才华，但固执、孤傲，看问题有些片面和绝对化，尤其不善于处理人际关系。他因为不赞成周扬《文学与生活漫谈》一文的某些内容和《解放日报》没有刊登他们几个人同周扬商榷的文章，而负气要离开延安。他向毛主席辞行，毛主席对他做了开导，随后又于1941年8月2日写了第一封信。信写得非常坦率诚恳，既有批评，又有表扬，并指出了努力方向。信中说："延安有无数的坏现象，你对我说的，都值得注意，都应改正。但我劝你同时注意自己方面的某些毛病，不要绝对地看问题，要有耐心，要注意调理人我关系，要故意地强制地省察自己的弱点，方有出路，方能'安心立命'。否则天天不安心，痛苦甚大。你是极坦白豪爽的人，我觉得我同你谈得来，故提议如上。"[17] 1942年四五月的6封信，都同座谈会有关。毛主席还同萧军两次面谈有关党的文艺方针政策问题。

刘白羽当时担任"文抗"的支部书记。毛主席为了更多地了解情况，要刘白羽找"文抗"的党员作家先行座谈，听取意见。在同毛主席交谈中，刘白羽提出人犯了错误怎么办的问题，毛主席回答说："在哪里犯的就在哪里改，如果是写了文章，影响更大些，应该是在哪里发表的就在哪里改正。"

欧阳山是中央研究院文艺研究室主任，草明是该室研究员。毛主席同他们谈话中，除就作家的立场、文艺与政治的关系、文艺为什么人等问题交换意见外，还对草明提出的"文艺界有宗派"的问题谈了自己的看法。他认为，宗派主义也是个原则问题，但只有确立起为人民服务的思想并到工农兵中去改造思想，宗派主义问题才能解决。

同鲁艺教员们的谈话，是集体进行的。谈话内容十分广泛，包括有"暴露黑暗"与"歌颂光明"、作家与群众、小资产阶级知识分子的幻想与牢骚、"人性"与"人类之爱"、李白与杜甫、《聊斋志异》与今人作品等多方面问题。

文艺座谈会于1942年5月2日下午开始举行，地点在杨家岭中央办公厅楼下会议室。请柬是以毛泽东、凯丰两人名义在座谈会前几天发出的，上面说明开会的目的是"交换对于目前文艺运动各方面问题的意见"。除毛主席、凯丰以外，当时在延安的中央政治局委员朱德、陈云、任弼时、王稼祥、博古、康生等也都出席了会议。被邀请参加会议的文艺工作者连同中央和一些部门负责人，共100余人。座谈会举行过三次全体会议，有几十位党内外作家发言，毛主席自始至终地参加了这三次会议。

在5月2日的第一次会议上，首先由毛主席作"引言"。他说："我们有两支军队，一支是朱总司令的，一支是鲁总司令的。"这种风趣的说法，不但形象生动，而且表明了他对中国文化革命主将鲁迅的一种崇高的评价。当然后来正式发表时，还是改成了更有概括性的语言："手里拿枪的军队"和"文化的军队"。毛主席根据文艺工作本身的任务和延安文艺界的状况，提出立场、态度、工作对象、转变思想感情、学习马列主义和学习社会五大问题，要大家讨论。座谈会上，不少作家争先恐后地发言，有的谈自己的见解，有的对其他人的发言提出不同意见。这次会后，报纸并没有作报道。5月14日，萧军在《解放日报》上发表《对于当前文艺诸问题的我见》，文章开头说："5月2日由毛泽东、凯丰两同志主持举行过一次'文艺座谈会'，作者为参加者之一。"这是第一次在出版物中报道了延安召开文艺座谈会的消息。该文于6月12日由《新华日报》转载，又把这一信息传递到了国统区。

5月13日，延安戏剧界40余人集会，座谈剧运方向和戏剧界团结等问题。会议从早到晚，开了整整一天，中心是"文艺运动的普及和提高"的问题。与会者一致认为一两年来延安的"大戏热"是一种偏向，不适当地强调了提高，忽视了广大工农兵的需要，自觉不自觉地把观众对象局限于机关公务人员、学生、知识分子的狭小圈子，以后应更着重于普及工作。但普及与提高两者的关系是什么呢？大多数人认为普及和提高是同一工作的两方面，要有精确的分工，又要有有机的联系；另一些人认为应把两者分开，使它们各自专门化起来。这次会议既是对毛主席"引言"的响应，又为他10天后作结论提供了重要资料。

5月16日召开座谈会的第二次会议。整天时间，毛主席都在认真地听取大家的发言，并不时地作着记录。有几个人的发言格外引起与会者的注意。一位作家从"什么是文学艺术"的定义出发，讲了一个多小时文学基本知识，引起大家的不满。120师战斗剧社社长欧阳山尊根据自己几年来在前线和农村工作、学习的体会，讲了前线部队和敌后群众对于文艺工作的迫切需要，以及实际斗争给予文艺工作者的教育。认为文艺工作者应该有一分热，发一分光，甚至发两分光，这样做似乎付出很多，但实际上学到的东西更多。他呼吁延安的文艺干部到前方去。从毛主席的表情上可以看出，他对这个发言很满意。柯仲平报告了民众剧团在农村演出《小放牛》受欢迎的情况，说："不要瞧不起《小放牛》，我们就是演《小放牛》，群众很喜欢，老百姓慰劳的鸡蛋、花生、水果、红枣，我们都吃不完，装满了衣袋、行囊和马褡。"他的发言引起大家的欢笑，毛主席也很高兴，但他说："如果老是《小放牛》，以后就没有鸡蛋吃了。"会上有人继续发表"人类之爱"和"爱是永恒的主题""不歌功颂德"之类的言论。

5月23日召开的第三次会议，气氛更加热烈。朱老总在下午最后发言，他针对前两次会上出现的一些思想观点和情绪指出：要看得起工农兵，中国第一、世界第一，都得由工农兵群众批准。不要怕谈"转变"思想和立场，不但会有转变，而且是"投降"。他说，他自己就是看到共产党能够救中国而由旧军人"投降共产党的"。共产党、八路军有功有德，为什么不该歌不该颂呢？有人引用李白"生不用封万户侯，但愿一识韩荆州"的诗句，现在的"韩荆州"是谁呢？就是工农兵。朱老总的发言深入浅出，生动有力，很受文艺家们欢迎。他发言后，由摄影家吴印咸为与会者摄影留念。

毛主席作"结论"时，已是晚饭之后。由于人数增加，会址只好改在广场上。在煤气灯光下，人们专注地听着毛主席的讲话。他以深刻的洞察力和高度的概括力，把全部问题归结为一个"为什么人"的问题，即文艺要为工农兵服务和如何服务的问题。在对这个根本问题给以充分的马克思主义阐述的基础上，对座谈会之前和座谈会期间延安文艺界反映出来的思想观点，一一分析、辩驳。他希望文艺工作者积极投入整风运动，划清无产阶级和小资产阶级两种思想、革命根据地和国民党统治区两种区域的界限，毫不迟疑地同新的群众结合起来，克服"唯心论、教条主义、空想、空谈、轻视实践、脱离群众等缺点"，写出"为人民大众所热烈欢迎的优秀的作品"。

座谈会后的一周内，毛主席又两次发表关于文艺问题的讲话，对座谈会讲话内容作进一步申述。

第一次是5月28日在整风高级学习组的会议上。他指出：召开文艺座谈会的目的，就是要解决一个"结合"问题，"文学家、艺术家、文艺工作者和我们党的结合问题，与工人农民结合、与军队结合的问题"。这是一个"长期的过程"。而为了实现这几个"结合"，又必须"解决思想上的问题"，即"要把资产阶级思想、小资产阶级思想加以破坏，转变为无产阶级思想"，这是"结合的基础"。党的政策就是"要小心好好引导小资产阶级出身的艺术家，自觉地不是勉强地、慢慢地和工农打成一片"，"以工农的思想为思想，以工农的习惯为习惯"，如此才能写好工农，教育工农。他把文艺界存在的问题区别为两种：一种是某些作家发表了含有错误内容的文章、作品、言论，他认为这"不是什么严重问题"，原因在于这些作家"根本都是革命的"，"某些时候或某次说话写文章没有弄好，这是部分的性质"。另一种是作家"头脑中间还保存着资产阶级的思想、小资产阶级的思想。这个东西如果不破除，让它发展下去，那是相当危险的"。这后一种是"最基本的问题"。"把这个问题解决，文学艺术为工农，服务于工农大众，向工农大众普及，再从向他们普及中来提高他们，这些问题也都可以解决。"总之，毛主席这次讲话所强调的文艺界的基本问题，就是一个克服资产阶级、小资产阶级思想影响的问题，这同全党整风精神是完全一致的。讲话中，毛主席还指出，在文艺创作上，不仅要反对只讲艺术性而抹杀革命性的倾向，也要反对只讲革命性而忽视艺术性的倾向，应该把革命性与"艺术形态"这两者很好地结合起来。

第二次是5月30日在鲁艺。他提出著名的"小鲁艺""大鲁艺"观点。指出现在学习的地方是小鲁艺，只在小鲁艺学习是不够的，还要到大鲁艺学习，这个大鲁艺就是工农兵群众的生活和斗争。鉴于鲁艺曾有过的片面强调提高的倾向，毛主席说："长征经过的毛儿盖地方有许多又高又大的树，那些树也是从豆芽菜一样矮小的树苗苗长起来的。提高要以普及为基础，不要把'豆芽菜'随便踩掉了。"〔18〕

毛主席在文艺座谈会上讲话，事前备有一份提纲。提纲是他本人在同中央其他负责人和身边工作人员商量后亲自拟定的。讲话时有速记员作记录。整理的时候主要是调整一下文字顺序，使之更有条理。毛主席对整理稿表示满意。但稿子整理后并没有立即发表，其原因，一是他要对稿子反复推敲、修改，而他当时能够抽出的时间实在太少了；二是要等发表的机会。到1943年10月19日鲁迅逝世7周年时，讲话全文正式在《解放日报》上发表。

由于受当时猛烈进行的"抢救运动"的影响，讲话稿发表时，加进了一些不适当的言辞。如说在中国，除了封建文艺、资产阶级文艺、汉奸文艺之外，还有一种"特务文艺"；在文艺界党员中，除了思想上没有入党的人以外，还有一批更坏的人，"就是组织上加入约是日本党、汪精卫党、大资产阶级大地主的特务党，但是他们随后又钻进了共产党和共产党领导的组织，挂着'党员'和'革命者'的招牌"。这些原来讲话所没有、同全文精神极不协调的不实之词，在新中国成立后把《讲话》收入《毛泽东选集》时，完全删除了。

谈到新中国成立后毛主席对《讲话》的修改，除上面所说的情况及一些文字上的加工和引文的重新考订外，还应提到一些提法的改动。这些改动说明了毛主席对文艺上的某些重要问题做了进一步思考。这里只举两个例子。一是关于文学遗产的借鉴与继承问题。原稿的提法是：对古人和外国人的文艺作品，"我们必须批判地吸收……作为我们的借鉴"，"但这仅仅是借鉴而不是替代"。《毛选》本相应的句子改为："我们必须继承一切优秀的文学艺术遗产，批判地吸收其中一切有益的东西，作为我们……的借鉴"，"但继承和借鉴决不可以变成替代自己的创作"。这里虽然主要是加进了"继承"二字，却是对一个文艺理论问题所作的原则性的变动。因为对文学遗产，有些就是只有继承，根本谈不到什么借鉴。如诗体、语言之类。今人写七律、写《菩萨蛮》，就诗体而言，只是继承。各时代的语言尽管都有创新，但作家不可能离开历史形成的语言传统，另外创造一套语言。二是在论到一些文艺工作者"轻视工农兵、脱离群众"的问题时，原稿说：这些同志"与国民党的轻视工农兵、脱离群众，是有些不同的"。《毛选》本把"有些"二字去掉，改为"是不同的"。这也是原则性的改动，划清了两种脱离群众的根本界限。〔19〕

毛泽东《在延安文艺座谈会上的讲话》发表以后，在延安及各地的革命文艺工作者中引起强烈反响。周立波回忆说：

35年过去了，毛主席亲自召开的延安文艺座谈会的情景，好像还在眼前一样。

1942年5月1日晚上，延安鲁迅艺术文学院（鲁艺）院部通知我们第二天到杨家岭去参加一个文艺会议。延安北门外的杨家岭是当时毛主席和党中央所在的地方，正像现在北京的中南海一样。能到那里去参加会议是一种莫大的荣誉。我很激动地度过了一夜，第二天一早，就同鲁艺文学系的几位同志兴致勃勃地从桥儿沟出发，走过20多里长的黄草连天的飞机场，到了清凉山，然后顺延河往北，经过王家坪，抵达杨家岭。

杨家岭，这个黄土群山里的一个普普通通的山峁，当时是全国人民仰望的政治中心，是领导全国抗日战争的真正的总司令部。这些山岗的向阳的一面，排列着密密麻麻的窑洞，山腰的平坡上还有许多灰砖砌成的砖窑。毛主席曾住在这儿的窑洞里，指挥着抗日战争，指导着全国的革命运动。也是在这种朴素的居室里，他写出了许许多多光辉灿烂的马列主义的经典文献，领导着文武两条战线，使党和广大革命群众沿着他所指引的航向，从一个胜利走向另一个胜利。

杨家岭的两座山峁的中间是一条山沟。沟口有一幢上下两层的楼房，楼上是中共中央办公厅，楼下是中央大礼堂。靠近大礼堂，有一个会议室。延安文艺座谈会的第一次和第二次会议就在这里举行。

跨进会议室的门，我第一眼就看见了毛主席。朱总司令和中央其他一些同志也都来了。毛主席坐在会议室中央一排桌子边上。他的面前放着一支铅笔和一叠稿纸。中央党校、《解放日报》和延安文艺界抗敌协会等单位的人们都早来了。他们坐在沿四面墙壁摆着的椅子上。毛主席对我们这些迟到的人露出慈祥和蔼的笑容，还对一个同志热情地用手拍拍他左边的一张椅子，连连招呼："坐，坐。"

那时候，正是抗日战争的艰苦年代，毛主席身体比较消瘦。他穿着一件洗得发白的灰布上衣和一条比较新的深灰色布裤，白粗布衬衣的袖子露在上衣袖口的外边，领子敞开着。他的这种非常随便和自然的神态显得亲切和潇洒。他那充满思想家的智慧的眼睛看人时是那样全神贯注，好像一下子要记住对方的特点一样。但是，他又一点也不使人感到拘束。

人到齐后，会议开始了。毛主席在会上讲了话。毛主席讲的就是现在我们读到的《在延安文艺座谈会上的讲话》里的"引"那一部分。

朱总司令也在会上讲了话。他批驳了当时延安文艺界的一些错误思想。其中提到一个相当有名的诗歌作者。此人引了李白《与韩荆州书》中"生不用封万户侯，但愿一识韩荆州"的话，表示了一种怀才不遇的情绪。朱总司令严厉地批判了这个人的思想，说："你要到哪里去找韩荆州？在我们这个时代，工农兵里就有韩荆州！只有到工农兵群众中去，你才能结识许许多多的韩荆州。"他鼓励大家密切联系工农兵群众，为广大的人民群众服务。

毛主席和朱总司令讲话以后，各个文艺单位的负责人和文艺工作者们一个接一个地起来发言。大家表露了自己的观点，有正确的也有错误的。有些人还进行了思想交锋，争论很激烈。

在这次座谈会以前，延安文艺界出现了一些错误思想和糊涂观念，有几个人还写出了歪曲延安生活的反动文章。在抗日高潮中，革命文艺工作者和爱好文艺的青年从上海和全国各地来到延安和各个抗日根据地的多起来了。但是正如毛主席说的："到了根据地，并不是说就已经和根据地的人民群众完全结合了。"由于和人民群众没有完全结合，或者完全脱离群众，大家的思想有的没有得到很好的改造，有的甚至完全没有得到改造，从旧社会里沾染的封建主义和资产阶级思想的灰尘没有清除，这样就自然而然地产生了各式各样的错误思想和糊涂观念。

毛主席深深地了解了这些情形。在召开座谈会之前，他把延安的许多文艺工作者，个别地或是一批一批地找到他家里去谈话，细致地询问了他们的思想和写作情况。

在座谈会上，毛主席继续进行深入的调查研究。他非常用心地倾听每一个人的发言，并且专心致志地用铅笔亲自作记录。听到分明是错误的言论，他既不表示厌烦，也不马上驳斥，而是细心地记在本子上。有时听到有趣的话，他一面不停地挥笔作记录，一面用左手捂住嘴，跟大家一道笑了起来。

民主，认真，热烈而愉快，是毛主席亲自主持的第一次会议的特点。

第一次会议以后，约莫在5月中旬，这样的会又开了一次。毛主席又一次亲自主持了座谈会。讨论继续着，也夹杂着热烈的争论。

在第二次会议之前，蒋介石发动的第二次反共高潮达到了顶点。内战危机，一触即发，包围陕甘宁边区的胡宗南顽军蠢蠢欲动了，延安军民中也存在一些紧张气氛。这一天，毛主席像从前一样安详从容地走进礼堂来，还没有落座，有位女同志要求讲一讲时事。主席的脸上露出会意的微笑，说道："别的事情报上都有了。你们大概已经知道了，胡宗南打算要来打延安。我们呢，主意也定了，打得赢就打，打不赢，就走呀。"毛主席把他自己创造的游击战和运动战轻松地作了这样通俗明白的概括，引得大家笑起来，气氛立刻改变了。他接着说："他们一定要进来，我们就让开，把这一些桌椅板凳都送给他们算了。"大家又笑了。只有知己知彼，对战局有充分胜利把握的领袖，才能把紧张的形势说得这样轻快。他用简短的几句话把轻松愉快的情绪传给大家，使大家增强了对敌斗争胜利的信心。主席接着说道："现在，他们还没有动手，我们是有调查研究的。你们莫着急，不要把鸡都杀了。"大家又大笑起来。

第三次会议，也就是5月23日，毛主席作结论的最后那次会议，是在杨家岭中央礼堂外边那块黄土敞坪上举行的。延安的5月本是多风的时节，但这一天下午，天气晴朗，空气里充满了嫩草的清新的气息。瓦蓝瓦蓝的天空，衬着黄土群山的峰顶，色彩是多么鲜明啊。我们沐浴在灿烂的阳光里，等待着开会。这天的会是一个隆重的大会，到会的人非常多，在延安的许多中央委员都出席了。敞坪的正中摆着一张木制长方桌，桌边放着一把靠手椅，这就是毛主席作结论的讲坛。

我们坐在长方桌子四周的各式各样的椅凳上，等了一小会儿，毛主席就从杨家岭左边的山坡上下来了。他的手里拿着一卷纸，那就是他的讲话提纲。他走进敞坪，站在桌边，开始说道："今天我要讲的题目是：为群众，以及如何为群众的问题。"下边的讲话内容，就是这个光辉文献的"结论"那一部分。

毛主席讲话还没有完毕，天色已近黄昏。大会暂时休会，毛主席和全体出席人员合影留念。摄影的同志把椅凳摆成几行，请毛主席坐在前排椅子的中央，有的同志和主席并排坐着，有的站在主席背后。这张珍贵的照片，据说，至今还悬挂在延安革命陈列馆里。

晚饭后，敞坪里支起了一个木架，挂着一盏汽灯。毛主席在汽灯照明下继续讲话。讲话结束，大家热烈地鼓掌。毛主席转身跟近旁的同志们握手，随即又向全场招手致意。整个会场情绪十分热烈。

《在延安文艺座谈会上的讲话》就这样诞生了。[20]

何其芳撰文回忆了毛泽东在鲁艺讲话的情况，他写道：

1942年5月30日：延安文艺座谈会开后不久，鲁迅艺术学院请毛主席来给全体人员讲话。

按照解放以后的做法，党中央召开了重要的会议，毛主席在会议上作了重要的讲话，参加会议的人是应当回到自己的工作单位，详细地认真地传达，组织学习，并联系工作进行讨论，立即改进工作的。然而当时鲁艺的负责人、各系主任，还有许多教员和干部，都参加了延安文艺座谈会，听了毛主席的讲话，回到学校却没有向全体人员传达，而是请毛主席亲自来讲话。

毛主席到鲁迅艺术学院来了，又对全体人员亲自作了一次讲话，使大家受到了极大的教育和鼓舞。

在桥儿沟鲁艺大礼堂西边院里的篮球场上，罗马式的多圆拱的教堂的外边，高高的洋槐树的影子投在地上。墙壁上有美术系的同志用刀子刻的毛主席题的校训："紧张，严肃，刻苦，虚心。"在临时放的一张小白木长方形桌子前，毛主席作了一个多小时的重要讲话。

毛主席用一个生动具体的事例讲了社会生活比文学艺术更丰富，但文学艺术作品反映出来的生活又比普通实际生活更高、更强烈、更有集中性、更典型、更理想，因此就更带普遍性这个问题。

他说："从你们不久以前演出的《带枪的人》里面，我们看见了列宁。他在这个戏里和群众谈话、打电话、办公、赶走孟什维克……可是在戏里他没有吃过饭，也没有睡过觉。人不吃饭、不睡觉是不行的。列宁在生活中当然也要吃饭和睡觉。戏里面并没有把列宁的一切活动都写出来。这也就是说，实际生活中的列宁比我们从戏里见到的列宁要丰富得多。但是，列宁没到过中国，更用不着说延安。何况他已经死了。戏里的列宁却仍旧活着，还可以永远活下去。他出现在延安边区大礼堂的舞台上，并且还可出现在世界所有舞台上。所以我们说文艺作品中反映出来的生活要比普通的实际生活更高、更强烈、更有集中性、更典型、更理想，因此就更带普遍性。"

这是一个用通俗易懂的语言来表达深刻复杂的内容的卓越的范例。

毛主席在这次讲话中也讲到普及和提高的关系等重要问题。他用毛儿盖的大树和豆芽菜来比喻提高和普及。他说："红军在过草地的路上，在毛儿盖那个地方，长有很高很大的树。但是，毛儿盖那样的大树，也是从豆芽菜一样矮小的树苗苗长起来的。提高要以普及为基础。不要瞧不起普及的东西。"他讲这个问题的时候，还用一些动作来描写和讽刺瞧不起普及的文艺的人，在豆芽菜面前熟视无睹，结果把豆芽菜随便踩掉了。讲到这里，大家都笑了。

毛主席这次讲话最主要的还是工农兵方向问题，就是革命的文艺工作者必须到工农兵群众中去的问题。他对鲁艺各系的同学们说："你们快毕业了，将要离开鲁艺了。你们现在学习的地方是小鲁艺，还有一个大鲁艺。只是在小鲁艺学习还不够，还要到大鲁艺去学习。大鲁艺就是工农兵群众的生活和斗争。广大的劳动人民就是大鲁艺的老师。你们应当认真地向他们学习，改造自己的思想感情，把自己的立足点逐步移到工农兵这一边来，才能成为真正的革命文艺工作者。农民的脚踩过牛屎，却比知识分子干净。"

毛主席继续说："你们从小鲁艺到大鲁艺去，就是外来干部，不要瞧不起本地的干部。不要以为自己是洋包子，瞧不起土包子。不要摆知识分子架子。"

毛主席说到这里，就用柳宗元的《黔之驴》故事来生动地讲了这个重要的道理。

他说："贵州没有驴驹子（'驴驹子'是陕北农村对毛驴子的称呼。毛主席讲话常用人民口头的语言）。有人运了一匹驴驹子到那里去，它到那里就是外来的洋包子。贵州的老虎个子不大，是个本地的土包子。小老虎看见驴驹子那种庞然大物的样子，很害怕。驴驹子叫了一声，小老虎吓坏了，就逃得远远的。后来过久了一点，小老虎觉得驴驹子也没有什么了不起，就走近它，碰碰它。驴驹子大怒，用脚踢了小老虎一下。小老虎这就看出它到底有什么本事了，说：'原来它不过有这点本事！'结果小老虎就吃掉了这匹驴驹子。"

这也是一个典型的"古为今用"的例子。过去就根据这个故事流行一个成语："黔驴之技，技止此耳。"毛主席赋予它新的内容，革命的现实的意义。柳宗元原来的寓言是有这样的含义：事物的真实情况和它的外表不相称，可以欺骗人们于一时，但最后总会暴露出它的不相称的真相。毛主席却用它来说明这样一个重要的新的问题：外来干部对本地干部、洋包子对土包子、知识分子对工农兵群众，如果态度不端正，没有自知之明，自高自大，自以为了不起，高居在群众之上，吓唬群众，开头群众也许还摸不清你有什么本事，还有些尊敬你；等到他们看透了你并没有什么真正的本事，只不过有一副臭架子，就不佩服你了，你就再也不能吓唬群众。王明的教条主义者及其当时"满天飞"的"钦差大臣"，就是这样一些可笑至极的外来的贵州的"驴驹子"！

毛主席讲这个故事的时候，一边说，一边装作老虎观察和侦察驴驹子的样子，走向旁边另一张小木桌前坐着作记录的同志。记录的同志抬起头来笑了，大家也笑了。毛主席自己也笑了。

毛主席用这个故事来教育我们要用正确的态度来对待本地干部，对待工农兵群众。那是我们永远不能忘记的。

毛主席由当时鲁艺的负责同志陪同，在教堂后面音乐工作团的一间屋子休息的时候，在屋子的门外看到一个同志。主席还记得他，就问他："你现在还在写剧本吗？"这个同志说："我现在在做支部工作，没有写剧本了。"

毛主席说："做支部工作是了解人、熟悉人的工作，和写剧本并不矛盾。"

在讲话之后，毛主席在后东山的窑洞里休息了一会儿，对窑洞里的几个人说了一句很重要的话。他说："我们中华民族是一个伟大的民族，应该对于世界有较大的贡献。"毛主席这句极其鼓舞人的话，在解放后以大致相同的文字公开发表了。

休息以后，他又回到东山去，看了一些教员的住处；到西山去，看了美术工场的一些研究人员。[21]

机构调整与审干运动

整风运动进入1943年。经历了两件大事，一是中央领导机构在春季进行了重要调整；二是以第二个"四三决定"为标志，整风运动进入审干阶段。

《胡乔木回忆毛泽东》一书在《整风运动：1943年"九月会议"前后》（初拟稿）一节中记叙中央领导机构的重要调整情况如下：

整风运动期间，中央政治局在1943年春天调整了领导机构。

当时中央领导机构的成员，基本上还是1934年1月六届五中全会时确定的，这以后情况发生了很大的变化，某些成员的地位和责任也有较大变动。在1935年1月遵义会议上，毛主席由政治局委员上升为政治局常委（即参加中央书记处，当时的书记处地位较高，其成员还有秦邦宪、张闻天、周恩来、项英）。随后，张闻天代替博古（秦邦宪）在党中央负总责。在1937年12月的中央政治局扩大会议上，由于王明（陈绍禹）等人回国，中央书记处又增补王明、陈云、康生为书记。1938年10月六届六中全会虽然批评了王明的错误，但中央最高层的人事并未作调整。这样，直到开展整风运动，中央的领导机构成员是，政治局委员：毛泽东、张闻天、王明、周恩来、任弼时、博古、朱德、康生、陈云、项英、彭德怀；政治局候补委员：刘少奇、王稼祥、邓发、何凯丰；书记处书记：毛泽东、王明、张闻天、博古、陈云、康生，还有在重庆的周恩来。从组织上说，中央书记处由张闻天负责，但由于毛主席的领袖地位在遵义会议，特别是六届六中全会后已得到全党公认，并且也为包括国民党在内的各界和国际舆论所确认。因此，在党的工作上，闻天同志有事都征求毛主席的意见，很少独自决定。中央书记处会议虽然由闻天同志召集，但在党内分工方面，他主要管宣传、教育工作。全党的重大方针、政策，还是由毛主席拿主意，作决定。

随着整风运动的开展，特别是1941年"九月会议"对苏维埃运动后期路线的错误进行揭发和批判以后，对这条错误路线负有较大责任的同志，很难在中央书记处继续工作。闻天同志深感工作很不适应，主动要求到农村去作调查研究，从1942年年初起就离开了延安，不再参加书记处和政治局的会议。博古同志早已不负主要责任，分工主管《解放日报》。王明在1941年"九月会议"后一直称病，不干任何工作，不出席任何会议。恩来同志常驻重庆，中央的全盘工作很难参与。这种状况长期继续下去势必影响党的工作。因此，调整中央领导机构的问题提上了议事日程。

1943年3月16日，中央政治局召开会议，毛主席作了关于时局与方针的讲话，随即由任弼时同志报告中央机构调整与精简方案。弼时同志自1940年3月下旬同周恩来同志一起从莫斯科回到延安后，就参与中央领导工作。弼时等同志回国，主要是准备召开七大。1940年五六月间，中央决定弼时同志担任七大筹委会的秘书长。之后发生皖南事变，七大就拖下来了。这以后，在政治局内，弼时同志分工主管党群口和情报工作，并协助毛主席做些事情。1941年"九月会议"后期，中央政治局又决定弼时同志兼任中央秘书长，实际上负责中央书记处的日常工作。1942年年初，闻天同志到基层作长期调查，中央书记处的日常工作就完全由弼时同志负责了。因此，这次政治局会议由弼时同志作中央机构调整方案的报告，就在情理之中。弼时同志的报告说：现在中央机构比较分散，需要实行统一和集中，拟定在中央政治局下面分设组织和宣传两个委员会作为中央的助手。在中央苏区时，书记处在政治局之上，实际上等于政治局常委，不合适。前一时期多为书记处工作会议，实际上等于各部委联席会议，与政治局会议无多大区别。现在要确定书记处的性质与权力，使书记处成为政治局的办事机关，根据政治局的决议、方针处理日常工作。

1943年3月20日，中央政治局继续开会。出席会议的政治局委员和候补委员有：毛泽东、刘少奇、任弼时、朱德、洛甫（张闻天）、凯丰、邓发，列席会议的有杨尚昆、彭真、高岗、叶剑英等，共13人。与会者表示同意中央组织机构调整与精简草案。康生还介绍了机构调整的酝酿过程。他说："少奇同志意见，书记处应有一个主席，其他两个书记是主席的助手，不是像过去那样成为联席会议的形式，要能处理和决定日常工作。"会议通过了《关于中央机构调整及精简的决定》，重新明确了政治局和书记处，以及下属各机构的权限。在人事方面，一致推选毛泽东同志为政治局主席；书记处改组，由毛泽东、刘少奇、任弼时三同志组成，也以毛泽东同志为主席。书记处会议由主席召集，会议中所讨论的问题，主席有最后决定之权。应当说明，这里所说的"最后决定之权"，是书记处处理日常工作的决定之权。政治局决定大政方针，并无哪一个人有最后决定之权的规定。会议还决定少奇同志参加中央军委，并为军委副主席之一（其他副主席是朱德、彭德怀、周恩来、王稼祥）；设立中央宣传委员会和中央组织委员会，作为中央政治局和中央书记处的助理机关。中央宣传委员会由毛泽东、王稼祥、博古、凯丰4人组成，毛泽东任书记，王稼祥任副书记，胡乔木是秘书（可以列席某些有关的政治局会议），每周（或每两周）召开例会一次，必要时召开临时会议。中央组织委员会由刘少奇、王稼祥、康生、陈云、洛甫、邓发、杨尚昆、任弼时8人组成，由少奇同志任书记，尚昆同志兼任秘书，也是每周（或每两周）召集例会一次，必要时召集临时会议。中央各部、委、厅、局、社的工作均由书记处或者经过宣传委员会和组织委员会统管起来。由于毛主席要总揽全局、负责全盘工作，宣传委员会实际上由稼祥同志具体负责，胡乔木协助稼祥同志做些具体工作。

这次中央机构最显著的变动，是少奇同志参加中央书记处，并与毛主席一起分别主管一个方面的工作。这个变动是1941年"九月会议"讨论党的历史问题的逻辑结果。前面已经介绍过，在那次会议上，陈云等领导同志认为少奇同志与毛主席一起是苏维埃运动后期正确路线的代表，应当给予重要的领导责任。毛主席在那次会上虽然没作什么表示，但实际上肯定了这个意见。他在会后写的9篇批判文章中，多处援引少奇同志的观点，赞赏少奇同志领导白区工作的正确主张，批判以王明为代表的中央对少奇同志的责难。毛主席在"第八篇文章"中说，刘少奇同志是我党在国民党区域工作中"正确的领袖人物"，是唯物的辩证的革命观的代表；"刘少奇同志的见解之所以是真理，不但有当时的直接事实为之证明，整个'左'倾机会主义路线执行时期的全部结果也为之证明了"。毛主席在延安时期的讲话和文章中，对中央领导同志作这样高的评价是很少的。这足见毛主席对少奇同志是多么倚重。少奇同志自1938年11月六届六中全会闭幕以后就去了华中，领导中原局（后改为华中局）和新四军的工作。其间，在1939年3月到10月回延安半年，他发表的《论共产党员的修养》著名演讲受到毛主席的称赞。这以后又去了华中，发展新四军和开辟根据地的工作都成绩卓著，与项英领导的皖南形成了鲜明对照的两种局面。在皖南事变后，被委任为新四军政委，负起了领导整个新四军和华中地区工作的全责。在1941年"九月会议"后期，即10月3日，毛主席电告少奇同志，中央决定少奇同志返回延安，准备参加七大。10月11日，毛主席又去电询问，望少奇同志在两三个月后来延安，并在延安指挥华中工作。1942年2月，刘少奇准备动身启程，毛主席又去电，要他路过山东时代表中央解决山东地区领导人之间的争论问题。为保证少奇同志回延沿途安全，中央还专门派员调查了解由华中到华北的路上敌人封锁线的情形。毛主席还多次去电嘱咐少奇同志，必待路上有安全保障，方能启程。当少奇同志在1942年5月到达山东后，毛主席又致电与他，委任以中央全权代表资格驻115师指挥整个山东及华中党政军全局，因通过封锁线安全尚无保障，不必急于西进。在少奇同志处理完山东问题，于1942年10月到达晋北地区以后，毛主席又电告该根据地领导人，指示他们派人接护时须非常小心机密，不要张扬，但要谨慎敏捷。12月下旬，少奇同志安抵129师领导机关驻地山西境内太行山涉县的赤岸村，毛主席去电表示慰问，望其休息短期后来延，并让他对华北工作加以考察；同时指示刘（伯承）邓（小平）二位，对少奇同志来延路上的安全保障作周密布置。1942年12月30日，少奇同志平安抵达延安。毛主席这才好像一块石头落地，放下心来了。1943年元旦，《解放日报》以大字标题刊登了中共中央办公厅举行新年晚会，并欢迎少奇同志从华中归来的消息。少奇同志在路上走了差不多10个月的时间，毛主席无时不在挂念。对少奇同志的安全这样关怀备至，在不少人的亲见亲闻中是很少有的。大家深为党的领袖之间的这种亲密关系所感动。毛主席的关怀，不仅说明对少奇同志的深厚情谊，更说明对少奇同志寄予厚望，要委以重任。1943年3月中央机构的调整表明，少奇同志在党内实际上已上升为第二把手了。[22]

关于整风运动转入审干阶段的情况，《胡乔木回忆毛泽东》一书写道：

还在中央领导机构调整之前，中央政治局已初步决定，延安的整风运动逐步地结束以学习文件、检查思想为主要内容的第一阶段，转入以审查干部、清理队伍为主要内容的第二阶段。在3月16日的政治局会议上，毛主席明确提出，整风既要整小资产阶级思想，同时也要整反革命。过去我们招军、招生、招党，招了很多人，难于识别。抗战以来，国民党对我党实行特务政策，在社会部和中央党校都发现了许多特务。现在我们要学会识别特务与贤才。在延安，年内要完成审查干部、清洗坏人的工作。1942年基本上是停止工作搞整风学习，是整风学习年。1943年要以工作为主，从5月1日起恢复正常工作状态，一边工作，一边审干。（毛主席在11月13日的讲话中进一步认为，整风是思想上清党，审干是组织上清党。）

根据毛主席的讲话精神，1943年4月3日，中央发布《关于继续开展整风运动的决定》（即第二个"四三决定"），指出从1943年4月3日到1944年4月3日一年间深入开展整风运动的主要斗争目标是，在纠正干部中的非无产阶级思想的同时，肃清党内暗藏的反革命分子；前一种是无产阶级思想与非无产阶级思想的斗争，后一种是革命与反革命的斗争；整风运动既是纠正干部错误思想的最好方法，也是发现内奸与肃清内奸的最好方法。延安的机关、学校，事实上从1942年冬季已开始审查干部。第二个"四三决定"发布后，延安整风运动正式转入第二阶段。

延安审干从1942年冬季开展后，毛主席密切地注视着运动的发展，要求各级干部既要提高革命警惕性，对坏人坚决斗争，又要掌握政策，重在教育。

在4月28日的政治局会议上，他谈到肃清内奸问题时指出：我们一方面要肃清内奸，另一方面要培养肃奸干部，教育群众，要实行首长负责，亲自动手；今年以来拘捕的特务共有400人，审讯时不要动刑，不要轻信口供，要重证据。为了加强领导，在这次会议上决定成立中央反内奸斗争委员会，以刘少奇、康生、彭真、高岗为委员，少奇同志任主任。7月1日，毛主席在《防奸经验》第6期上明确指出防奸工作有两条路线。正确路线是：首长负责，自己动手，领导骨干与广大群众相结合，一般号召与个别指导相结合，调查研究，分清是非轻重，争取失足者，培养干部，教育群众。错误路线是：逼、供、信。我们应执行正确路线，反对错误路线。7月30日，毛主席将上述正确路线展开为"九条方针"，指出"必须拿这种实事求是的方针去和内战时期损害过党的主观主义方针区别开来，这种主观主义的方针就是逼供信三字"。8月8日，中央党校第二部举行开学典礼，毛主席到会发表讲话。这是整风运动普遍开展后，毛主席第二次到中央党校讲话（第一次是作关于整顿党风、学风、文风的报告），也是中央党校在1942年2月底改组和调整领导班子由毛主席亲任校长（彭真同志任副校长）后，毛主席第一次到党校讲话。毛主席强调整顿三风、审查干部是党校六门课中的两门主课（其他为党的历史、马恩列斯、军事班的军事课、文化班的文化课），他说："延安的整风特别有味道，不是整死人，有些特务分子讲出了问题，也不是把他们杀了，我们要争取他们为人民为党工作。你们整了风以后，眼睛就亮了，审查干部以后，眼睛更亮了。两只眼睛都亮了，还有什么革命不胜利呢？去年有整风，今年有审干，使你们把问题搞清，两年之后保证你们提高一步。"

但是，审查干部的实际工作并没有像毛主席设想的那样顺利发展。负责审干工作的同志往往把干部队伍不纯的状况作了过分严重的估计。一个时期，似乎"特务如麻，到处皆有"，把一些干部思想上工作上的缺点和错误，或者历史上未交代清楚的问题，都轻易地怀疑成政治问题，甚至反革命问题。不少单位违反政策规定，仍然采用"逼、供、信"，使审干工作出现了严重的偏差。特别是在1943年7月15日，专门负责审干工作的中央总学委副主任、中央社会部部长康生在延安干部大会上作深入进行审干的动员报告，提出开展"抢救失足者运动"以后，混淆敌我界限的错误进一步扩大，造成了大批冤、假、错案。审干运动实际上变成了"抢救运动"。在延安，仅半个月就挖出了所谓特嫌分子1400多人，许多干部惶惶不可终日。

毛主席逐渐发现了审干工作的偏差，不断地采取措施予以纠正。"抢救运动"搞了十几天，毛主席就指示让它停下来。8月15日，党中央作出《关于审查干部的决定》，正式发布了毛主席提出的首长负责等九条方针，明确指出：审干不称为肃反，不采取将一切特务分子及可疑分子均交保卫机关处理的方针，实行普通机关、反省机关和保卫机关结合的审干办法；审干要将"两条心"的人转变为"一条心"，争取大部至全部特务为我们服务；不要有怕特务跑掉的恐惧心理，只有少捉不杀才可保证最后不犯错误。10月9日，毛主席在批阅绥德反奸大会的材料上进一步指出：一个不杀、大部不抓，是此次反特务斗争中必须坚持的政策。一个不杀，则特务敢于坦白；大部不抓（不捉），则保卫机关只处理小部，各机关学校自己处理大多数。11月5日，毛主席在致小平同志电中还对该政策的掌握问题作了明确规定，指出：为了弄清线索而逮捕的特务分子不得超过当地特务总数的5%（100人中至多只许捉5人），并且一经坦白，立即释放。凡有杀人者，立即停止杀人。目前一年内必须实行一个不杀的方针，不许任何机关杀死任何特务分子，将来何时要杀人，须得中央批准。

为了总结审干运动的经验教训，中央书记处于12月22日举行工作会议，听取康生关于反特务斗争的汇报。会议指出，延安反特务斗争的过程，是由熟视无睹（指开展斗争前）到特务如麻（指抢救运动后），现在应进到甄别是非轻重的阶段。对于抢救运动以来的反特斗争，会议认为应从两方面进行分析：从好的方面看，（一）真正清查出一批特务分子；（二）发现与培养了一批有能力的干部；（三）打破了官僚主义，提高了工作效能；（四）暴露了许多人的错误（如贪污、腐化等）；（五）深入地进行了阶级教育等。从阴暗方面看，（一）夸大了特务组织，甚至弄成特务如麻；（二）某些部门或某些地方，产生了群众恐慌的现象；（三）有些部门被特务分子利用，进行破坏；（四）相当普遍地发生了怀疑新知识分子的现象；（五）忽略了统一战线，许多干部对统一战线的观念下降。会议分析产生上述偏向的原因主要是：对中央决议的九条方针掌握不够，对特务问题的社会性、群众性缺乏正确的认识（或估计不足，或估计过分）；对群众运动的领导掌握不稳；在方法上偏重于抢救大会的方式，忽视调查研究工作，不重证据，不注重个别审查的办法。还有一个原因是，领导干部忙于路线的学习，放松了对审干工作的领导。会议决定，今后延安审查干部应转入甄别是非轻重的阶段。

在会议讨论中，弼时同志专门就如何看待来延安的新知识分子问题作了发言。他说，抗战后到延安的知识分子总共4万余人，就文化程度而言，初中以上71%（其中高中以上19%、高中21%、初中31%），初中以下约30%。据恩来同志讲，截至1943年，国民党员有一百几十万人，其中学生党员约3万人，主要在1940年以后发展的。国民党绝不会把3万学生党员都送到延安来，何况来延安的知识分子多数是在1937年和1938年来的。在抗战初期，战争混乱，国民党不可能很有计划地派大批特务到延安来，有些省如陕西、四川等，国民党组织不会大发展，也不会有许多特务派到延安来。因此，他认为，抗战后到延安的知识分子有80%～90%是好的，他们是为了革命到延安的。那种认为80%的新知识分子是特务分子的看法应予否定。弼时同志还说，最初的审干工作是好的，后来的抢救运动就是强迫坦白，现在要进行甄别，取得经验教训。军队中进行坦白运动要特别慎重，敌后根据地不能采用延安的抢救运动。毛主席也在会上讲了话，同意会议的分析，要教育干部用这次会议的方法去研究问题，收集甄别工作的经验。

根据书记处会议精神，1944年1月24日，中共中央发出了经毛主席审改的关于对坦白分子进行甄别工作的指示。指示说，根据延安初步经验，在坦白分子中，属于职业特务的是极少数，变节分子也是少数；有党派问题（即加入过国民党、三青团，入党时未向党报告）的分子、被欺骗蒙蔽的分子及仅属党内错误的分子三类人占绝大多数，对这些人在分清是非后均应平反，取消特务帽子，而按其情况作出适当结论；对于被特务诬告或在审查时完全弄错了的，要完全平反；在反特斗争中要注意保护好人，防止特务诬害。

经过毛主席和党中央一系列的努力，1943年年底至1944年年初，延安和陕甘宁边区审干工作扩大化的错误基本上得到了妥当处置。尽管过去一年内清出的"特务"曾高达1.5万多人，有的单位清出的"特务"甚至达到其人员的一半以上（如西北公学390人中坦白分子就有208人），但由于坚持不杀一人，不断进行复查、甄别、平反，区分情况作出实事求是的结论，对受到冤屈的同志赔礼道歉，因而没有发生大的危害，没有形成大的乱子。而且，对审干工作中扩大化的错误，毛主席从1944年上半年起就主动承担责任，进行了自我批评。毛主席到中央党校作报告，在大会上就讲了三次。第一次是1944年5月。他说："在整风审干中有些同志受了委屈，有点气是可以理解的，但已进行了甄别。现在摘下帽子，赔个不是。我举起手，向大家敬个礼，你们不还礼，我怎么放下手呢？"第二次是在1944年10月。他说："去年审查干部，反特，发生许多毛病，特别是在抢救运动中发生过火，认为特务如麻，这是不对的。去年抢救运动有错误，夸大了问题，缺乏调查研究和分别对待。这都已经过去了。"第三次是在1945年2月，准备召开七大了。他说："这两年运动有许多错误，整个延安犯了许多错误。谁负责？我负责。因为发号施令的是我。戴错了帽子的，在座有这样的同志，我赔一个不是。凡是搞错了的，我们修正错误。"毛主席这样诚恳地承担责任的态度非常感人。许多受过冤屈的同志最初气很大，经过毛主席这样多次赔礼道歉，不仅气消了，反而感到不安。对运动中的事大家不再计较了，同志间的团结增强了，心情重新舒畅了。[23]

关于中央政治局及时纠正审干运动中的偏差情况，《任弼时传》也作了较详细的介绍：

当中共中央书记处正倾全力于反对第三次反共高潮和研讨历史上的路线是非时，由康生主持日常工作的清查暗藏反革命工作走偏了方向。

康生惯于看风使舵。四中全会后，他在驻共产国际工作期间伙同王明搞宗派主义，混淆矛盾，排除异己，对干部实行"残酷斗争，无情打击"，造成许多冤错案。当3月20日中央政治局讨论审干时，康生在会上说："抗战前，国民党十年党化教育与特务工作，比北洋军阀更加反动，对青年有影响。对大后方的工作，'过去认为好的，现在观点应有改变'。"这就是他所谓的"特务如麻"，"特务是一个世界性、群众性的问题"的立论基础。由此出发，他在社会部所属的西北公学（即行政学院）"制造"了一个"典型"。西北公学有一名19岁的学员张克勤，在甘肃秘密加入党的组织，后由中共甘肃省工委介绍，通过西安办事处来延安学习。因张平时言词偏激，整风时受组织审查。在逼供下，他承认是打进来的"特务"，成为康生树起来的"坦白典型"。5月中，康生在大砭沟八路军礼堂召开干部会，让张克勤作"典型报告"推广"经验"，污蔑甘肃的地下党是"红旗党"。后来又污蔑河南省委是假党，是"红皮萝卜"，进而污蔑大后方的党组织靠不住，是被国民党收买的"红旗党"。7月13日，反对国民党第三次反共高潮最紧张时，康生在政治局会上说："肃反工作现已抓到了规律，一是群众大会，一是精雕细刻。军事时期就要实行镇压，杨家岭一次群众大会就弄出60多名特务。群众大会很有效，西北局系统也要召开。"15日，康生又在中直干部大会上作《抢救失足者》的报告，公开点了一批人的名，没有根据地说王实味是"敌探、托匪、国特三位一体的奸细"。会后，各机关掀起了一个"抢救失足者"的运动。原来比较谨慎的边区政府系统也连开了三次"抢救"大会。毛泽东当时的态度还是比较谨慎。7月1日，他批示康生，"防奸工作的两条路线：正确路线是'首长负责，自己动手，领导骨干与广大群众相结合，一般号召与个别指导相结合，调查研究，分清是非轻重，争取失足者，培养干部，教育群众'；错误路线是'逼、供、信'"，并要康将上述指示刊登在《防奸经验》第6期。但康生不听，说："咱们逼供而不信。"有一次，康生布置师哲抓人，师哲说，光凭传说没有证据不行。康生咄咄逼人地说："你若认为他没有问题，你就签个字！"在这种气势下，许多人不敢讲话。

任弼时和周恩来却密切注意着事态的发展。任弼时说："既然不可信，为什么还要搞逼供呢？"师哲回忆道："任'有时把我找去，了解情况。当他发现这种错误做法造成是非颠倒，以致可能引起严重后果时，就向毛主席汇报，反映情况，提出立即制止错误做法的意见'。"周恩来说："我在四川这么多年，四川党组织的状况我是清楚的，从没有听说是什么'红旗党'，一定要甄别。"边区政府系统"坦白"大会结束后，7月28日，任弼时在中共中央西北局会议上，当着康生的面说："'抢救运动'中，某些地方'左'了点，不是特务的也承认是特务，数目还不能确定，这虽然是免不了的，但要很快把材料整理出来，其中有假自首的，有避重就轻的。大会突破好比开荒，下一步要精细地核实材料。"8月2日，中共中央政治局会议指出：审干中有逼供信的毛病。把思想问题弄成政治问题的，一定要平反，恢复弄错者的名誉。这些毛病，本来康生是应承担责任的，但他仍"顾左右而言他"，津津乐道他创造的"新方式"，说某单位的"坦白"大会会场上贴着"欢迎欢迎再欢迎，坦白坦白再坦白"等，然后轻描淡写地说："左"的表现有三种，一是群众的"左"倾行动；二是自首分子故意积极"左"倾；三是有些部门的领导也有"左"倾，但也有人表示消极的。总之，把责任推卸得一干二净。

8月15日，中共中央作出《关于审查干部的决定》，规定各地整风延长至1944年，"凡发现了特务活动并且有了思想准备与组织准备的地方，就可动手审查他们"，先从一部分重要机关开始，取得经验，"决不可普遍地同时进行"。这个决定详细地阐明了毛泽东提出的九条基本原则。在阐述"争取失足者"时，文件没有提到康生"创造"约抢救运动"经验"，而指出：延安审查出的2000多人"其中有一部分人被弄错了或被冤枉了，准备在最后清查时给予平反"。这项决定下达后，康生将"抢救运动"改称"自救运动"，错误的做法有所收敛，但"抢救"所造成的许多冤、假、错案，后果是严重的。

据陕甘宁边区政府秘书长李维汉回忆："边区政府机关共有工作人员三四百人，受'抢救'的百余人，比例是很大的，其中二三十人嫌疑较大，送往保安处；五十余人有一般嫌疑，送往行政学院（临时审查机关）。"根据中央的指示，边区政府机关成立了甄别工作委员会，帅孟奇任主任，12月开始甄别。12月6日，任弼时在中共中央西北局会议上说："对已经坦白的人，分别是非轻重进行甄别是一项大的工作，这里有四种不同情况：一是职业特务；二是党派问题，如加入国民党、三青团等，但不是特务；三是政治历史问题；四是有错误思想的党员，所谓'半条心'的。"他说："青年知识分子在'抢救'运动中'坦白'的比例那么大，是逼供信搞出来的，应很好地清理。"

12月22日，中共中央政治局会议讨论甄别工作，任弼时在发言中首先否定康生所谓的新知识分子大多数是特务的谬论。他仔细地调查了国民党自1931年以来的组织状况，其中报到并编入组织的约占党员人数的1/4。报到的人数中，初中以上的在校学生约占23%，1937年、1938年两年，每年约3.4万人；三青团是1938年6月成立的，初期只有1.05万多人。国民党绝不可能把这些人大批训练成特务，派到延安来。根据数据分析，任弼时说："我们对国民党特务的数量要作恰当的估计，估计不足或扩大了，都不妥当。在延安的新知识分子，中直机关和军队系统，共约4万人，大多数是1937年、1938年进来的，其中3600多人是地下党撤退来的。我认为他们中大多数是好的，是为了抗日救国、为了革命投奔延安来的。'抢救'运动中，有的单位把80%的新知识分子弄成'坦白'分子，应予以否定。"

任弼时接着说：

"审干工作的九条原则是正确的，发动群众也是需要的。最初，党校第一部审查是好的。在'抢救'运动中是被逼出来的，没有经过调查研究弄出来的，有很多弄错的。整个运动收到很多成绩，现在延安进行甄别工作，取得经验教训，使其他地区不重复此缺点。在军队中进行坦白运动要特别慎重，敌后根据地不能采用延安的'抢救'运动方式，要防止群众运动中的逼供信。此外，真正的职业特务不容易在'抢救'运动中冲出来，只有个别职业特务才能在群众运动中冲出来。审查重大特务主要靠调查研究。"

毛泽东支持任弼时的意见，指示要收集甄别工作的经验，召开一次会议，边区各分区过年后召开甄别工作会议。后来，毛泽东说："'抢救'，我有些怀疑，乱子就出在此，以后不可再用。"这实际上是对康生的批评。但是，康生缄口不置一词。为了团结干部，承担领导责任，毛泽东曾在陕甘宁边区行政学院当着大家的面，公开承认"抢救"运动搞错了，他说："我向大家赔个不是"，以免"一人向隅，满座为之不欢"，并向大家鞠了一躬。

师哲晚年回忆道："在那个时期，人们注意到康生只怕两人：一个是任弼时，另一个是毛主席。但他也只是不敢在任弼时、毛主席面前拨弄是非而已。"同是政治局委员，康生为什么怕任弼时呢？师哲回答："对这个问题，后来我曾问过他，康生这样解释：'我在上海大学读书时，弼时是我的老师。'现在想来，恐怕更重要的原因是任弼时一身正气，康生不敢触犯，更不敢得罪。"〔24〕

整风运动后期，从1943年9月上旬至12月初，中共中央政治局连续召开三次会议。在毛泽东的主持下，比较系统地总结党的历史经验，清算了王明在二战时期的"左"倾冒险主义错误和抗战初期的右倾投降主义错误。一些同志在会上作了自我批评。

这次会议，为顺利召开中共六届七中全会和七大，使全党在《关于若干历史问题的决议》基础上达到团结和统一，奠定了重要的思想基础。

注 释

〔1〕贺清华：《跟随毛主席在陕北》，选自《伟大的历程——回忆战争年代的毛主席》，人民出版社1977年8月版，第160—162页。

〔2〕王恩茂：《南泥湾精神永远激励我们奋勇前进》，载1977年12月16日《人民日报》。

〔3〕董廷恒：《毛主席视察南泥湾》，载《星火燎原》第6集；又见《伟大的历程——回忆战争年代的毛主席》，人民出版社1977年8月版，第209—215页。

〔4〕李维汉：《回忆与研究》（上），中共党史资料出版社1986年4月版，第498—502页。

〔5〕中共中央文献研究室编：《任弼时传》，中央文献出版社、人民出版社1994年4月版，第469—477页。

〔6〕《胡乔木回忆毛泽东》，人民出版社1994年9月版，第43—45页、第47—48页。

〔7〕李维汉：《回忆与研究》（下），中共党史资料出版社1986年4月版，第477—479页。

〔8〕《王首道回忆录》，解放军出版社1988年3月版，第207—211页。

〔9〕徐向前：《历史的回顾》，解放军出版社1984年7月版，第688—696页。

〔10〕《陈毅传》，当代中国出版社1991年8月版，第295—300页。

〔11〕《胡乔木回忆毛泽东》，人民出版社1994年9月版，第54—62页。

〔12〕《红色中华·红中副刊》第1期，1936年11月30日出版。——原注

〔13〕在鲁迅艺术学院开学典礼上的讲话（1938.4.10），见《新中华报》第432期，1938年4月30日出版。——原注

〔14〕在鲁迅艺术学院开学典礼上的讲话记录稿。——原注

〔15〕《关于延安对文化人的工作的经验介绍》（1943年4月22日党务广播），《陕甘宁边区抗日民主根据地》文献卷，下，中共党史资料出版社1990年版，第449—450页。——原注

〔16〕鲁艺戏剧部整风学习快报第3号，中央档案馆存。——原注

〔17〕《毛泽东书信选集》第174页。——原注

〔18〕参阅何其芳《毛泽东之歌》，选自《何其芳文集》第3卷，第104—105页。——原注

〔19〕《胡乔木回忆毛泽东》，人民出版社1994年9月版，第251—263页。

〔20〕周立波：《一个伟大文献的诞生》，载《人民文学》1977年第5期。

〔21〕何其芳：《毛主席在鲁艺的谈话》，节选自《毛泽东思想的阳光照耀

着我们》，第65—69页。

〔22〕《胡乔木回忆毛泽东》，人民出版社1994年9月版，第271—275页。

〔23〕《胡乔木回忆毛泽东》，人民出版社1994年9月版，第275—281页。

〔24〕中共中央文献研究室编：《任弼时传》，中央文献出版社、人民出版社1994年4月版，第511—515页。

三、高瞻远瞩

主持起草历史问题决议

1945年4月20日，中共六届七中全会通过了《关于若干历史问题的决议》，对整风运动中涉及的重大历史事件和路线是非问题，作出了郑重的决议。它是中国共产党独立自主地系统解决政治路线、思想路线和组织路线的大是大非问题形成的第一个历史性决议，表明了中国共产党及其第一代中央领导集体的成熟。它为中共七大开成一个团结的大会、胜利的大会，提供了极其重要的保证。

《关于若干历史问题的决议》，凝聚着中国共产党集体智慧的结晶。毛泽东对这个决议的起草和反复修改，更是倾注了全部心血。

胡乔木回忆说：

《关于若干历史问题的决议》原来把"左"倾路线在军事方面的错误放在政治方面里一起讲，后来认为军事方面也要突出，就分开来讲。将军事方面与政治方面分开来讲，我一开始就提出来了。弼时同志在我起草的稿子上写的那7点意见比较具体，但逻辑不大清楚。后来又回到4个方面（政治、军事、组织、思想），这比较清楚。

……

在《决议》起草时，我绘弼时同志的一封信中说到教条宗派和经验宗派的问题。其实关于教条宗派问题早就讲了，整风一开始毛主席就讲了。政治局检讨历史时，教条宗派的人头比较清楚，经验宗派问题则集中在另一些同志身上。有的同志当时担负着很重要的工作，说他是经验宗派就不好工作了。而且一说宗派就把问题说死了，还要说清楚这个宗派什么时候消失了，又牵涉很多人，后来决定不这样讲。我写给弼时同志的这封信，是想说先讲事实，后说宗派。但后来也没有用教条宗派的说法。

现在写关于《决议》起草经过的材料，有一个缺点，只有档案方面的情况，即只有文字可查的情况，没有讨论的情况。我参加讨论的笔记本在延安撤退时丢掉了。当时参加讨论的有任弼时、刘少奇、陈云、彭真、聂荣臻等。这时稼祥同志病了。整风期间，开始他是主要指导者之一，慢慢地很多人攻他，他处于受批判的地位，后来引起毛主席在七大那篇关于选举问题的讲话。当时的有些情况，可以问陈云同志，请他判断"是"与"不是"。《决议》中后来加上了李求实等同志的问题，是彭真同志提出来的。

我当时是毛泽东的秘书，作为助手，对《决议》的起草工作始终参与其事。《决议》的起草从头到尾是毛主席主持的，他构思和修改，很多思想都是他的，所以后来作为附录收入《毛泽东选集》第三卷。当然，毛主席不是一个人搞，是集中一些人搞，但是以他为主。

1941年历史问题草案稿为什么忽然搁下来？当时的情况是：随着中央内部整风开始，印出了《六大以来》《两条路线》，讨论逐步深入，感到原来的1941年草案稿有些认识就不够了。例如，第三次"左"倾路线不能说是从"九一八"才开始。许多高级干部回忆历史，使对党的历史问题的认识逐渐丰富起来。当然也考虑到怎样对团结有利。当时犯错误的同志除王明外大多数都认识了错误。王明后来在20世纪70年代还出了一个很坏的小册子——《中共五十年》。这个小册子在国际上影响较大，在苏联印过，在越南也印过。在这个小册子中，王明说毛主席要毒死他，这是胡说八道。"文革"那么残酷，毛主席也没有下过这种命令，"文革"中很多事情是江青他们搞的，毛主席并不知道。整风起初王明还参加，后来他就生病了。为什么叫作王明路线，为什么说王明是四中全会及四中全会以后错误路线的主要负责人？这是因为四中全会以前就是王明在那里闹，米夫与他是搭档，互相配合，互相利用。四中全会把王明搞上来，非常不正常，不是像康生所说的什么既反"左"又反右，而是把"左"当作右来反，大家对四中全会义愤很大。左联五烈士就是反四中全会的，李求实在左联的用名是李伟森。不能说，四中全会是正确的，"九一八"以后党的路线才是错误的。四中全会就错了，不仅是政治路线错误，所采取的组织形式在党内也是从来没有过的，所以很多同志说是篡权。王明走了，博古上台，可还是说王明路线，因为第一，没有王明就没有博古上台，当时博古连中央委员都不是，完全是小宗派；第二，博古执行的路线与王明一脉相承；第三，王明到共产国际搞的还是四中全会那一套。你们整理的那个材料，对《毛选》收入《决议》时加上了王明、博古的名字，也要写上一笔。1941年历史问题草案稿为什么写博古路线而没有提王明路线，这一方面是因为博古的错误时间较长；另一方面是王明1937年第二次回国，又是作为共产国际的代表，对毛主席的领导大有取而代之的味道。虽然六中全会批评了王明，不让他去南方局做负责人，留在延安，但王明始终不承认自己的错误，而说是博古的错误。《决议》起草经过多次修改，经过六届七中全会和七届一中全会的通过，出《毛选》时又加上王明、博古的名字，这个过程要写出来。

《决议》最初不提四中全会是路线错误，这里有认识方面的原因。毛主席对四中全会不完全了解，情况不熟悉，对王明小组织也不很清楚。对博古的错误虽然知道，但还牵涉一些同志，他对这些同志的来龙去脉是逐步弄清楚的。至于共产国际这个因素，一般都会考虑到的。四中全会蒙上一个共产国际的影子，不了解内幕的人不容易理解。开始，中央没有集中力量考虑这些历史问题，到整风时中央同志都集中考虑这些问题了。中央整风，回顾了历史，提出三中全会、四中全会、五中全会的问题。这里面牵连的问题比较多，毛主席最初把"九一八"看得比较突出，因为"九一八"后国内形势发生根本的变化。《决议》最初从四中全会说起，后来说不够，往前说到六大，后来还说不够，再往前说到党的成立。

《决议》在党的政治生活中起了非常重要的作用，但这个《决议》也不是没有缺陷的。一是对毛主席过分突出，虽然以他为代表，但其他人很少提到，只有一处提到刘少奇，称赞他在白区的工作。在《决议》中，其他根据地、其他部分的红军也很少提到。"文革"时就造成一个结果，好像一讲农民运动，首先就是毛泽东。其实，在毛主席以前有些同志已从事农民运动，农民运动讲习所也已办了几期，不能说党不重视农民运动。《茅盾回忆录》也说武汉时期反对陈独秀与共产国际路线的人很多，这是事实。不然，"八七"会议怎么能召开？瞿秋白成为"八七"会议的主要发言人，这不是偶然的。这些历史在《决议》中叙述得不大周到。当然，七中全会时要换一个写法也不可能，我的这些话是事后诸葛亮。

《决议》起草委员会有一段时间工作很紧张，几乎每天开会，开了几个月。

委员会成员有无陈云同志？我记得他参加了几次会，少奇同志是白区工作正确路线代表是他提出的。这个话除他以外，中央没有人好说。毛主席不大了解白区工作情况，陈云同志与少奇同志工作联系很多，其他人如博古等更不可能说。

参加委员会的，是否还有王若飞？1941年9月以后中央秘书长是任弼时，但这以前王若飞曾任过秘书长，日常事务他处理得多。我为什么说王若飞可能参加呢？因为他参加了六大，当时参加过六大的，除恩来同志以外就只有他。讨论六大，王若飞比较有资格发言。王若飞在陈独秀时期担任过近似秘书长的工作。他在七大讲过这一段工作。他在中央工作时间是比较长的，后来坐牢时间也比较长。放出来时，薄一波去找他，向他说明当时中央实行的抗日民族统一战线政策。他到延安后先分配在陕甘宁边区工作，后来到中央工作。在爷台山战役打起来以前，或者正在打的过程中，在延安开了一次群众大会，王若飞讲了话，代表中央发了一个声明。毛主席当时说：如果有千金可赏的话，就应赏给王若飞，一字千金。他在中央做了很多工作，开始毛主席很器重他，后来又感到他抓事务性工作比较多。就他当时担任的职务和在历史上的作用，他会参加对《决议》的讨论。

聂荣臻参加了讨论，我记得他讲了话。党的重要历史变化，从大革命起，他经历得多，对党的历史的了解比较完全。有的人在会议记录上没有，但实际上参加了讨论。

讨论《决议》就在枣园，几乎天天开会，一般是开半天。有一时期工作很紧张。陈云一开始就参加了讨论。聂荣臻从晋察冀回来，后来才参加的。王若飞参加讨论，我是推断出来的，没有准确的记忆。讨论的人有几个是固定的，天天参加；有的是今天参加，明天不参加。

……

陈云调到晋绥统管晋绥、陕甘宁的财经工作，他管财经工作就是从这时开始的。整风中，康生几次攻击说陈云关于干部问题的讲话没有阶级观点，说陈云讲会用人，人是什么人，国民党也是人，机会主义者也是人。康生还攻击洛甫的关于待人接物的文章。这一段时间，党内有许多的看法。当时，康生等发议论较多；少奇在关键时刻才讲。毛主席对我说："一个人要会讲话。有的同志不会讲话，打电话给我就讲半小时、一小时。陈云讲话非常简单明了，根本不占我多少时间。"我记得邓发也参加讨论，讲了话，但不是每次都参加。陈云几乎是每天参加。陈云在延安时身体就不太好，有一次他去马列学院讲话，在去的路上对我说，他是木炭汽车（意即走走停停）。那时王稼祥、洛甫、凯丰处境都不佳。博古不一定每次参加讨论，当时他已负责办《解放日报》，工作不少。

开始毛主席是很器重王稼祥的，特意让他住到杨家岭。中央关于增强党性的决定，就是他起草的。1941年是王稼祥很活跃的时期。整风以后，情况就不同了。整风运动，一方面很民主，一方面又很紧张。让我给整风打分，我不会打100分。因为整风很紧张，所以才会一下子转到审干，当然这里面康生起了关键的作用。但是，如果没有那个气候、土壤，不可能一下子转入审干。

《决议》起草中，有一段天天开会，讨论一阵子，又改稿子，并向毛主席汇报。任弼时当秘书长，一是因为资历老，二是因为他是红二方面军领导人，三是他从共产国际回来的。这里有一些微妙的关系，其他的人起不了他当时起的作用。王稼祥到苏区比博古早一些，任弼时、顾作霖、王稼祥一起去的，任、顾都不是王明集团的。四中全会及上海的那些人，一直是批评苏区和朱、毛的。古田会议前，中央九月来信维护毛主席的领导，才通过了古田会议决议。几个朝代的中央，都是指令红军应这样应那样，一种居高临下的架势。还有说山沟里出不了马列主义的。整风中王稼祥、任弼时当然要作自我批评。两个人的历史情况不同，任弼时是中国党自己产生的领导人，王稼祥是从苏联回来的。王稼祥的积极作用，主要表现在遵义会议上，也表现在六中全会上。毛主席多次说，两个人（指王明、王稼祥）都是从共产国际回来的，讲的话却不同……

我1941年刚到毛主席那里，关键的政治局会议我不参加，一般的政治局会议我参加。我是政治局的秘书，是毛主席亲自讲的。我那时叫乔木，在重庆时与当时在南方的乔木（乔冠华）的名字容易相混，毛主席让我加上"胡"姓，回到延安还是叫"乔木"。后来总理定名字，我叫胡乔木，他叫乔冠华。[1]

胡乔木还回忆说

整风的方针是从团结的愿望出发，经过批评或者斗争，达到新的团结。惩前毖后、治病救人，这个方针整个体现在历史问题决议中。整风运动在这方面有许多生动的事实，但形成文字，成文的，是在历史问题决议中。历史问题决议特别写了两大段话，一方面是要团结全党同志，如同一个和睦的家庭一样，如同一块坚固的钢铁一样。另一方面是讲过去犯过错误的同志绝大多数都有了很大的进步，做了许多有益的工作。在批评他们的错误的时候，首先申明他们做的哪些工作是正确的。这表明党创造了一个新的传统，这个传统是有世界意义的。斯大林搞残酷斗争的一套，列宁跟斯大林不同，但他进行党内斗争也跟我们整风的做法不一样。历史条件不同，我们不必去作这个比较，但总归这是一个新的传统。

整风从思想方法角度讲路线斗争，批评了过去党的历史上的批"左"批"右"斗争。过去开展的那些斗争都没有从思想方法上解决问题。阶级分析、思想分析，比较起来，更重要的是思想分析。因为有思想分析，接下来才有阶级分析。

……

历史决议草稿交给中央全会之前，已在相当大的范围内进行了讨论。交给全会之后，讨论的范围更大了。讨论是频繁、认真、深入的。每一句话经过斟酌，特别是一些重要的段落，讨论得很仔细。那时中央领导层的讨论也很认真。这种讨论成了当时的主要任务，每次修改都是以这些讨论为基础。这样的讨论历史问题，在党的历史上是空前的。讨论的水平、决议的水平，在党的历史上也是空前的。党的历史上没有这样的文件。拿过去历史上党的决议看，如四中全会决议等，对比一下，就显出来这是完全不相同的。当然，这时有从容的环境，以前没有。以前有一些决议是苏联人或共产国际的人写的，写好了拿到我们党中央来通过，如"八七"会议的决议，别人代我们总结，我们予以通过。

（有同志提问，毛主席在1941年写了历史问题草案后为什么停下来，到两三年以后才起草历史问题决议？）这中间经过全党的整风。因为不能说毛主席写个历史问题草案，大家就能通过了。没有共同的认识不行。还得学习历史文件，大家联系自己进行讨论和检查，取得共识，在这个基础上才能真正起草历史问题决议、中央全会的决议。

批判"左"倾路线的那个"九篇文章"，我看到得比较早。那是秘书工作的方便，并不是正式给我看的。"九篇文章"是严格保密的，一直到最后都是如此。历史问题草案是"九篇文章"的姐妹篇，恐怕也是这样。那时还是毛主席个人的想法，后来他觉得这个问题需要大家一起来讨论，一起来研究，研究过了才能够作决议。我想是这样的一个过程。

……

写"九篇文章"是编《六大以来》的产物，所以毛主席对那些文件非常熟悉，引用起来如数家珍。

（有同志提出，毛主席在1941年曾经肯定四中全会，后来改变了，是否在最初有意作一种照顾？）同遵义会议的情况有些类似。我们常说遵义会议当时有意讲军事问题，避开政治问题，但是实际上当时紧张的战争环境不可能谈政治问题，而且毛主席也不可能想得那么多。历史是发展的，人的认识也是发展的。这里面也可能有某种考虑的因素。毛主席有时也这样说，但不必一定强调这个。

历史问题决议对四中全会的说法，是同王明的小册子联在一起的。可以看决议，决议对四中全会本身并没有说什么，但它说这个会议批准了王明的那个代表党内"左"倾思想的小册子，即《为中共更加布尔什维克化而斗争》。这个小册子在那以后的十多年来一直还被人们认为起过正确作用。批那个小册子，关键是那个小册子不是批立三路线的"左"，而是批立三路线的右。

毛主席对四中全会时国内领导人的批评，主要是讲为什么拱手把中央的领导权交给王明，王明走了，又把中央的领导权交给博古。他最不满意的是在这里。这在决议里也有表现。

（有同志提出历史问题决议为什么没有涉及抗战时期的问题？）讨论历史问题，本来就限于土地革命时期这一段。如果时间跨度延伸到抗日战争时期，整个文件的格局就要发生很大的变化。如果决议要写到遵义会议以后，写到瓦窑堡会议、西安事变，然后是抗战爆发，那就涉及很多问题。因为抗战时期的问题，有些在党内已经比较清楚，有些还要看看。但对四中全会到遵义会议这一段，不但向来没有这么说，而且还曾多次肯定四中全会是正确的，所以决议要集中力量写这段。不能把时间延伸得太长。太长了，决议的思路得重新构架，那就比较复杂了。

在枣园的几位中央领导同志，对决议稿逐章逐段地讨论。这个会开了多次。我多次根据讨论的意见作修改。像我写给弼时同志的信就是在这个过程中产生的。后来拿到全会讨论，毛主席讲了什么意见，我马上就写上去。这个稿子修改的次数难以统计，不断地改，改了以后送给一些同志传阅。传阅的范围比原来那个历史问题委员会可能更大一些。如张闻天同志最初不是委员会的，但仍送给他看。在委员会讨论时，任弼时同志管得较多，到全会讨论后，就是毛主席自己挂帅了。[2]

冯蕙根据大量的文献资料，集中论证了毛泽东在决议起草过程中的主要作用：

1941年9月和10月，中央政治局举行扩大会议，检讨党的历史上，特别是第二次国内革命战争时期的领导路线问题。毛泽东在会上作了重要讲话，明确提出反对主观主义和宗派主义。这次会议为全党整风作了重要准备。这一年的10月13日，中央书记处会议决定组织清算过去历史委员会，由毛泽东、王稼祥、任弼时、康生、彭真五人组成。以毛泽东为首，委托王稼祥起草文件。档案中保存有当时起草的文件，题目是《关于四中全会以来中央领导路线问题结论草案》（以下简称《结论草案》）。这份《结论草案》是毛泽东身边秘书抄清的，抄清稿上又有毛泽东的修改，毛泽东在封面上写了"历史草案〈密〉"几个字。我们分析，这个稿子可能是王稼祥起草，毛泽东作了较大修改，然后让身边秘书抄清的。

　　《结论草案》对第三次"左"倾路线作了这样的概括："这条路线的主要负责人是王明同志与博古同志，这条路线的性质是'左'倾机会主义的，而在形态的完备上，在时间的长久上，在结果的严重上，则超过了陈独秀、李立三两次错误路线。"《结论草案》分析了第三次"左"倾路线在思想上、政治上、军事上、组织上所犯的严重原则错误，指出：思想方面，犯了主观主义与形式主义错误；政治方面，在形势估计上，在策略任务的提出与实施上，在对中国革命许多根本问题的解决上，都犯了过左的错误；军事方面，犯了从攻打大城市中的军事冒险主义到第五次反"围剿"中的军事保守主义，最后在长征中转到完全的逃跑主义的错误；组织方面，犯了宗派主义的错误。《结论草案》指出，"左"倾错误产生的社会根源，"主要的是小资产阶级思想在无产阶级队伍中的反映。中国极其广大的生活痛苦的小资产阶级群众的存在，是我们党内右的，而特别是'左'的错误思想的来源"。《结论草案》还指出，遵义会议"实际上克服了当作路线的'左'倾机会主义"，解决了当时最主要的问题——错误的军事路线、错误的领导方式和错误的干部政策，"实质上完成了由一个路线到另一个路线的转变，即是说克服了错误路线，恢复了正确路线"。

　　由于当时全党还没有开始整风，党的高级干部也还没有集中学习党的历史，回顾和检讨过去历史上的错误，所以对四中全会和第三次"左"倾路线的了解还不够完整，从而在认识上受到一定程度的局限。这种局限性也反映在《结论草案》中。例如，它认为四中全会的路线基本上是正确的，1931年9月20日中央的《由于工农红军冲破敌人第三次"围剿"及革命危机逐渐成熟而产生的紧急任务决议》才是第三次"左"倾路线的起点。这个《结论草案》，原来准备提到中央政治局会议讨论通过。后来，随着中央内部整风的开始，《六大以来》《六大以前》和《两条路线》等党内重要文件汇集在1941年、1942年和1943年先后编出，和党的高级干部对历史问题讨论的逐步深入，从而感到《结论草案》在某些方面的内容和对某些问题的认识，需要进一步充实以致修正，这样，它没有由中央政治局正式讨论通过而被搁置起来。但是，它的许多重要内容和思想观点，都仍然保存在后来由六届七中全会原则通过和七届一中全会修正通过的《决议》中。

经过整风运动和高级干部学习党的历史，为了肃清"左"倾路线，特别是第三次"左"倾路线的错误影响，统一全党的思想和认识，党中央重新提出起草历史决议的问题。

在1944年3月5日政治局会议上，毛泽东作了关于路线学习、工作作风和时局问题的讲话。针对党的高级干部学习党史中提出的许多问题，他就其中的几个重要问题提出了6条意见，得到会议的赞同和批准，成为政治局的结论。接着，4月12日他在党的高级干部会议和5月20日在中央党校第一部先后所作的报告（这两次报告后来合并整理成《学习和时局》一文）中，传达了政治局的结论。这些结论成为起草《决议》的一些重要指导原则。

1944年5月10日，中央书记处会议决定组织党的历史问题决议准备委员会，成员是任弼时、刘少奇、康生、周恩来、张闻天、彭真、高岗，由任弼时负责召集。5月19日，又增加秦邦宪为成员。任弼时作为这个委员会的召集人，主持《决议》起草的日常工作，做了大量的组织工作，并参加《决议》草案的起草和修改。当时在延安的中央领导人如陈云等，虽未列名于这个委员会，但在《决议》的起草过程中，经常到会参加讨论，提出过不少意见。1945年春，成立了由在延安的党的主要高级干部参加的讨论《决议》草案的一系列小组，各小组组长如李富春、叶剑英、聂荣臻、刘伯承、陈毅等人，也都参加过委员会的会议，并在会上发言。此外，从1941年起担任毛泽东的秘书的胡乔木，后来毛泽东在中央政治局会议上曾宣布他兼任中央政治局的秘书，他作为工作的助手，也曾经历了1944年开始的《决议》起草工作的全过程。

我们从档案中看到《决议》草案的一个复写稿，注明时间为1944年5月，题目是《检讨关于四中全会到遵义会议期间中央领导路线问题的决定（草案）》，共5个问题。据延安时期在中央秘书处担任速记工作的同志辨认，复写稿是当年参加速记工作并兼理任弼时交办的日常事务工作的张树德的笔迹。对这个复写稿，任弼时作了修改，并加写了一个问题——"（六）检讨历史的意义和学习党史的重要"。我们分析，这个复写稿应是任弼时起草的。这是档案中保存的1944年重新起草历史决议的最早的一个稿子。经查对档案，发现这个复写稿主要来源于1941年的《结论草案》。在结构上，这个复写稿同《结论草案》基本相同，加写第六个问题，是考虑到党的高级干部学习党史以后的一些情况。在内容和文字上，这个复写稿的主要部分也跟《结论草案》基本相同，不少重要段落同《结论草案》一字不差，只是对四中全会的评价不同，这是因为经过延安整风和高级干部学习党史以后，中央对四中全会的认识和评价已有重要的变化。

档案中还有一份胡乔木起草的《决议》草案稿，根据分析，该稿起草时间是在上述复写稿之后。他起草的这个稿子没有题目，共4个问题。其中的第二个问题（第三次"左"倾路线的错误）和第三个问题（第三次"左"倾路线错误的根源），一些基本思想也是来源于《结论草案》。这个稿子同前一个稿子在结构和写法上有较大的不同，在主体部分的框架结构上比较接近后来的《决议》。这个稿子任弼时修改过三次，加上了题目《关于四中全会到遵义会议期间中央领导路线问题的决定（草案）》，加了一段关于"左"倾教条主义得到经验主义支持的内容，特别是对第三次"左"倾路线错误写了7点提纲式的意见。这7点意见是：第一，不了解中国民族矛盾与阶级矛盾的关系、政治经济发展的不平衡、城市与农村的特殊关系；第二，不了解新民主主义革命是反帝反封建的资产阶级性革命；第三，不承认任何其他阶级有成为同盟者的可能，不能组成抗日反蒋统一战线；第四，对革命的长期性没有认识；第五，不了解农村武装斗争的重要意义及战略战术；第六，政治斗争策略上的错误；第七，组织上的宗派主义。根据当时党中央的工作情况和历史问题决议准备委员会的工作情况，可以认定这7点意见显然是集中了集体讨论中提出的意见。

　　档案中还有一份张闻天修改的稿子。张闻天修改所用的底稿是毛笔抄写的（其中有两页不是毛笔抄写的，而是胡乔木起草的稿子的复写件），没有题目，起草人现在还不能正式确定，时间应是在胡乔木起草的稿子之后。档案中所存的张闻天修改过的这件文稿不全，缺后半部分，只有前面3个问题。第一个问题，概述了1924年第一次国共合作至1937年抗战爆发期间的革命斗争历史和党反对陈独秀右倾投降主义和张国焘分裂主义的斗争。在这个问题的末尾，张闻天加写了三段话，其中比较重要的是第一段："尤其值得我们骄傲的，是十年内战更使我党马列主义的理论与中国的实际结合起来了。以毛泽东同志为代表的马列主义理论与中国实际统一的思想，在内战中有了极大的发展，给中国共产党指出了正确的行动方向。而毛泽东同志终于在内战的最后时期确立了他在中央的领导，这领导，无疑地将保证中国共产党在以后的完全胜利。"第二个问题，叙述大革命失败至抗战爆发这一期间党的历史，讲到了11月扩大会议、六大、立三路线、三中全会、四中全会、临时中央、五中全会、遵义会议等。张闻天在末尾加了一段话："大会欣幸地指出，党经过了自己的一切成功与失败，终于在毛泽东同志领导下，在思想上、在政治上、在组织上第一次达到了这样的一致与团结！这是要胜利的党，是任何力量不能战胜的党！"第三个问题，讲第三次"左"倾路线的错误，改变了以前的稿子从思想上、政治上、军事上、组织上4个方面分析的写法，而是综合地讲7点，基本上是按照前面说过的那7点提纲式的意见写的（后来还曾有稿子增加为8点）。对这个问题，张闻天作了较多的修改和增补。

毛泽东对《决议》草案稿的修改，是在张闻天修改稿的抄清件上开始的，时间当在1945年春季。毛泽东使用的抄清件有第四、第五个问题，并有题目。这5个问题，基本上就是后来《决议》的第二个、第三个、第四个、第五个、第六个问题。档案中现存毛泽东的六次修改稿。

第一次修改，毛泽东把底稿的原题《关于四中全会到遵义会议期间中央领导路线问题的决定（草案）》改为《关于若干历史问题的决议（草案）》。这次修改对第一个问题加写了很多内容。"团结全党同志，如同一个和睦的家庭一样，如同一块坚固的钢铁一样，为着获得抗日战争的胜利与中国人民的解放而奋斗"这句话，就是这次加上的。

第二次修改的主要内容是：强调六大的正确方面；批评四中全会打击所谓"右派"的错误，对何孟雄、林育南、李求实等受打击的同志作了充分肯定的评价；指出遵义会议实现的转变对克服张国焘路线、挽救一部分主力红军的重要意义。在这个稿子的首页上，他写了一个批语：

弼时同志：

请邀周、朱、洛、刘（如在此时）看一下，是否这样改，然后印若干份，编号发给40多个同志，再集他们座谈一次，就可成定议，再交七中通过。

毛泽东　3月24日

在毛泽东批示后，《决议》草案于1945年3月26日第一次排印铅印稿。

《决议》草案第一次铅印稿经修改后在同年4月5日又排印一次。毛泽东第三次、第四次、第五次修改的底稿，都是这一次铅印稿。他主要是在开头加写了一大段话，说中国共产党从产生以来就以马克思主义的普遍真理与中国革命的具体实践相结合为自己一切工作的指针，自1921年以来的24年中，进行了英勇奋斗，取得了伟大成绩和丰富经验，在思想上、政治上、组织上日益巩固，成为中国人民解放事业的伟大领导者。这一大段话，基本上就是后来《决议》的第一个问题的内容。

档案中，有一份胡乔木以4月5日印稿为底稿，汇总毛泽东等的修改意见的稿子。在这个修改稿后面装订有一封他9日写给任弼时的信，全文是：

弼时同志：

历史稿送上，因考虑得仍不成熟，改得仍不多，你上次所指出的许多地方因记得不甚清楚亦尚未改正。将来的改正稿望你给我一份以便继续研究。关于教条主义宗派，我是先讲小集团，待宗派主义事迹说清后才安上教条主义宗派的头衔，以见实事求是之意。经验主义的问题也是先说事实后说责任，这样说不知是否有当？

敬礼

乔木　9日

经毛泽东修改过的稿子，在同年4月8日再次排印。这次铅印稿印出后，对第三次"左"倾路线的错误这一部分重新改写了，将原来讲的8点又恢复为从政治（包括军事）、组织、思想3个方面进行分析，内容也大大地丰富了。毛泽东对这个稿子作了修改，加写了一些内容，这是他对《决议》草案稿的第六次修改。

《决议》草案在1945年4月20日六届七中全会原则通过后，在7月24日又印出一次稿子。在这一稿上，关于第三次"左"倾路线错误部分，把军事方面独立出来，成为政治、军事、组织、思想4个方面。

六届七中全会原则通过的《决议》草案，七大委托七届一中全会修改和通过，后来在同年8月9日召开的七届一中全会第二次会议上一致通过。同年8月12日，《决议》正式印成党内文件。

新中国成立后编辑《毛泽东选集》的过程中，1950年8月19日由毛泽东提议，后经中央政治局委员同意，把《决议》作为附录编入第3卷，并在文内加上了应对第三次"左"倾路线负主要责任的人即陈绍禹（王明）、秦邦宪（博古）的名字。

在《决议》草案起草过程中，党的高级干部进行了多次认真的讨论。在1945年三四月间，讨论进入加紧进行阶段，高岗、李富春、叶剑英、聂荣臻、刘伯承、陈毅、朱瑞、林枫等负责的各个组，连续开会讨论，提出很多意见。如前所说，各组负责人有一部分还曾多次参加党的历史问题决议准备委员会的讨论。所有讨论中提出的重要意见，都及时向毛泽东汇报。党中央、毛泽东和党的历史问题决议准备委员会认真地研究了这些意见，将合理的有益的意见尽量吸收在《决议》中。下面根据档案材料，举几个例子。

《决议》草案关于六大的写法，在讨论中不少人多次提出意见，对草案进行了反复修改，才基本上定下来。从张闻天修改用的底稿开始，直到1945年3月26日印稿中，都说六大"仍然没有在思想上给盲动主义以彻底的清算。这样就埋下了'左'倾思想在党内得以继续发展的一个根苗"。在讨论中，大家对"根苗"的说法意见较多，不同意说六大埋下了"左"倾思想继续发展的根苗，而认为应当强调六大的正确方面。这样，在4月5日印稿中去掉了"根苗"的说法，但对六大写得比较简单，只说："党的第六次全国代表大会进行了两条战线的斗争，批判了陈独秀主义与盲动主义，特别指出党内最主要的危险倾向是脱离群众的盲动主义与命令主义。"讨论中，有同志提出对六大的评价应再高一些。4月15日的印稿中，对六大的正确方面就作了比较充分的阐述，对它的缺点只用"这里不来详说"几个字一笔带过。对这种写法，讨论中又提出意见，认为：六大有缺点，应指出，不提反而不好。7月24日印稿中，对六大的正确方面和缺点作了全面的阐述和评价。

关于四中全会是不是第三次"左"倾路线的开始这个问题，从《决议》草案起草开始，直到1945年3月26日印出铅印稿，都只说四中全会在清算党内"左"倾错误上不但没有起过积极作用，而且扩大与发展了许多"左"倾错误，认为1931年9月20日中央的《由于工农红军冲破敌人第三次"围剿"及革命危机逐渐成熟而产生的紧急任务决议》才是第三次"左"倾路线充分形成的开始。对四中全会的评价是一个比较大的问题，从1941年9月政治局扩大会议起，特别是1943年9月开始的政治局会议以后，中央反复考虑和研究，一直没有作出正式结论。《决议》起草过程中，党中央又斟酌这个问题，也听取了党的高级干部讨论中提出的意见（例如，有同志提出从四中全会起就是"左"倾路线，不应只强调九一八事变后中央9月20日决议）。在1945年4月5日印稿中，对这个问题作了重大修改，第一次明确肯定四中全会是第三次"左"倾路线的开始。

关于第三次"左"倾路线错误问题改为8点的写法，讨论中不少人提出不同意见，认为8点的写法要改变，应当加以归并。在1945年4月8日稿印出后，对这一部分重新改写，从政治、组织、思想三方面进行阐述和分析。后来，又根据讨论中的一些意见，把军事问题单独列为一个方面，并在内容上加以充实。

对于被错误的肃反所迫害甚至冤杀的同志，讨论中提出应当给以昭雪。根据这个意见，《决议》草案增加了这样一段话："扩大的七中全会在此宣布：一切被错误路线错误地处罚了的同志，应该根据情形，撤销其处分或其处分的错误部分。一切经过调查确系因错误处理而被诬害的同志，应该给予昭雪，恢复党籍，并受到同志的纪念。"

参加讨论的同志还提出了其他一些意见，如要求在《决议》草案中写上"教条主义宗派"和"经验主义宗派"，要求写上第三次"左"倾路线使根据地损失100%、白区工作损失90%，不同意说四中全会和临时中央是合法的，等等。对这些意见，党中央和毛泽东进行了耐心的说服和解释。1945年3月31日毛泽东在七中全会的一次会议上说：草案中没有说100%、90%的问题，没有说品质问题，也没有说非法问题，也没有说宗派。这些不说，我看至多是缺点；说得过分，说得不对，却会成为错误。毛泽东的这一讲话，对党的高级干部进一步领会中央处理党内历史问题的方针和起草《决议》的指导思想，统一大家的认识，起了重要作用。

在《决议》草案的起草和讨论中，充分体现了党内生动活泼的民主生活，参加讨论的同志畅所欲言，各抒己见，党中央和毛泽东认真地听取各种不同的意见。这充分说明《决议》是集体智慧的成果。关于这一点，毛泽东作了很好的说明，1945年4月21日，他在七大预备会议上作的《"七大"工作方针》报告中说："我们现在学会了谨慎这一条。搞了一个历史决议案，三番五次，多少对眼睛看，单是中央委员会几十对眼睛看还不行，七看八看看不出许多问题来，而经过大家一看，一研究，就搞出许多问题来了。很多东西在讨论中你们提出来了，这很好，叫作遣慎从事。"又说，"最近写决议案，写过多少次，不是大家提意见，就写不这样完备。"

上述情况说明，《关于若干历史问题的决议》经过几次起草，经过党的高级干部多次讨论，经过多人和多次的修改，从1941年10月起草《结论草案》算起，前后经过将近四年的时间，才得以完成。《决议》是党的集体智慧的结晶，而不是某一个人的作品。参与这一集体创作的每一个人，都对这一历史文献作出了自己的贡献，有一些同志作了较多的贡献。历史事实和档案材料明确无误地表明，贡献最大的始终是毛泽东。[3]

召开中共七大

中国共产党第七次全国代表大会是在德、意法西斯面临彻底覆灭和中国抗日战争接近胜利的前夜举行的。这次大会的中心任务，是系统总结中国革命的基本经验，为彻底打败日本侵略者，建设新中国作准备。

1945年4月23日至6月11日，党的第七次全国代表大会在延安隆重举行。出席大会的正式代表共547人，候补代表208人，代表着121万党员。毛泽东在大会上致开幕词和闭幕词，作了关于《论联合政府》的书面政治报告，还多次发表重要讲话。

中共七大是中国共产党建党以后民主革命时期最后的，也是最重要的一次代表大会。它总结了中国新民主主义革命20多年曲折发展的历史经验，制定了正确的纲领和策略，克服了党内的错误思想，使全党的同志特别是党的高级干部对于中国民主革命的发展规律有了比较明确的认识，从而使全党在马克思列宁主义、毛泽东思想的基础上达到了空前的团结。这次大会，是作为"团结的大会，胜利的大会"载入党的史册的。它确定了以毛泽东思想作为全党工作的指导方针，产生了以毛泽东为首的新的具有很高威信的、能够团结全党的坚强的中央领导集体，提出"联合政府"的响亮口号，制定了一系列正确的方针政策，为中国共产党领导人民去争取抗日战争的胜利和新民主主义革命在全国的胜利奠定了基础。

胡乔木回忆说：

我作为中直系统选出的七大正式代表和大会工作人员参加这次大会，经历了会议的全过程。在七大，毛主席有多次讲话。我不记得是哪一次讲话了，他拿洪秀全的太平天国作例子，表示宁可失败，决不投降。讲到太平天国那么多人最后死在南京时，他非常激动。讲这番话是表示一种决心，一方面认为必然会胜利，同时带有一种誓师的味道。

（有同志提出，七大会上多数同志发言是作自我批评，这种精神反映了我们党的一种自信和兴旺发达的气象。）这个话要从两方面说。如果开八大时，大家都上去作自我批评，那是不行的。七大是在这么一种气氛下面召开的，就是经过整风，作了历史问题决议，所以大家发言多作自我批评。这不能当作一种通例，似乎每次代表大会都要这样做，这样做就是兴旺发达，不这样做就不是兴旺发达。

七大还是以毛泽东为中心。七大是团结的大会，胜利的大会……经过整风，经过作历史问题决议，在这个基础上形成的团结，确实如决议所说，像一个和睦的家庭一样，像一块坚固的钢铁一样。后来几次代表大会也说是团结的大会，但团结的含义不完全相同。当时说团结，是说从六大以来，其间经过了这么多的曲折，终于达到思想上政治上的一致。它是有特定的含义的。

在七大会议上，师哲讲过一段话。因为大家批评过去的错误同共产国际、苏联有关系。他就说，我们还是要强调共产国际对中国革命的贡献，强调苏联的援助。他讲的话不长。毛主席说对。

……毛主席的讲话内容很丰富，包括发展资本主义的问题，都讲了不少。之后在共同纲领中也讲了，新中国成立以后一段时间，我们确实允许资本主义有相当的发展。[4]

出席中共七大的杨秀山回忆说：

在一个春意浓郁的黄昏，我来到了延安。

刚刚走进联防司令部的窑洞，就收到一份重要文件。用马兰纸制作的封面上，清晰地油印着"政治报告"四个大字，这是毛泽东准备在党的第七次全国代表大会上作报告的初稿，事前发给代表们阅读，征求大家的意见。

……

还在1940年春天，我在晋西北的时候，就看到其他地区的七大代表陆续路过那里到延安去。我们120师也选举了自己的代表。当时听说党的第七次全国代表大会快要召开了。可是后来上级告诉我们，会议要延期举行。事后才知道，为了开好七大，党中央和毛泽东进行了充分的准备工作：加强与扩大了中央党校，集中大部分已经来到的代表到党校学习。1941年春天，首先在党校发起，紧接着在全党范围内展开了伟大的整风运动。党中央又组织了中央学习小组，负责研究党的历史上的两条路线的问题。在整风学习的基础上，全党高级干部也在1943年冬学习了两条路线的问题。所有这些，都为开好七大作了充分的准备。这时正值抗日战争即将取得最后胜利的时刻，我党已有了空前的发展，原来的代表名额，已经不能适应当前的形势，中央决定增补代表。就在这次补选中，我也荣幸地当选了。

1945年4月23日下午，党的第七次全国代表大会正式开幕了。

走进杨家岭中央礼堂，首先看到两面红艳艳的党旗高悬在主席台上，领袖像挂在正中间。主席台的陈设，朴素庄严，只有几张条桌和十来把木椅。后面墙上写着"同心同德"四个大字，两侧墙上的标语是"坚持真理""修正错误"。最引人注意的是主席台顶端的横联，红底镶着黄字："在毛泽东旗帜下胜利前进！"

看了这条横联，真叫人百感交集。走了不少曲折的道路，终于使我们懂得：只有在党的正确路线领导下，革命事业才能蓬勃地向前发展。而党的正确路线来源于马克思列宁主义与中国革命具体实践相结合的毛泽东思想。这是我们党和我国人民经过长期革命斗争探索出来的结论，是党与中国人民伟大的胜利！

大会在庄严的《国际歌》声中揭幕。会上，毛泽东致开幕词。开幕式举行后的第二天，毛泽东代表党中央委员会作了题为《论联合政府》的政治报告。接着，大会听取了朱德所作的《论解放区战场》的军事报告。经过小组和大会讨论，最后全体一致通过了政治报告和军事报告，并选举出新的中央委员会。

党的第七次代表大会，始终洋溢着非常民主、非常团结、非常融洽的气氛。大会的每一个报告、决议文件，不仅事前均经中央作了充分的准备，而且还经过全体代表、各代表团小组、代表团会议详尽地讨论，提出意见，加以修改。大会主席团尽一切可能让每个代表均能发表自己的意见。记得关向应当时在中央医院养病，不能参加会议，毛泽东就要贺龙常常去看他，将会议进行情况不断告诉向应同志，并征求他的意见。这样，就使大会的每个决议和报告更臻于完善、丰富、生动、正确。在选举中央委员会时，也是经过充分的酝酿讨论，才进行正式选举。经过这样严肃、慎重选举产生的新的中央委员会，当然是完全能够代表全体党员的意志而为全党所一致拥戴的最坚强、最有力的无产阶级的战斗司令部。由于大会高度地发扬了无产阶级的民主，在小组讨论中，人人能各抒己见，个个畅所欲言。有坦率诚恳的建议与批评，也有由衷的自我批评，更多的是以亲身的经历生动地证实了遵义会议以来党的路线、方针、各项具体政策的正确性。在一些具体问题上，难免也有争论，但是一旦是非辨明之后，又能很快地统一起认识来。对待问题是一切从全党出发，从全局出发，坚持原则，修正错误，充满了对党负责的精神。

为了指导会议的进行，在小组讨论期间，毛泽东经常参加各小组的会议。他到小组，非常注意听取同志们的发言，从中吸取经验、发现问题，有时也作一些启发诱导，让大家更深一步地去思考。他讲问题时总是那样深入浅出、通俗易懂，并夹着一些具有风趣的比喻。所以，每当毛泽东去哪里参加会议，哪里的会场上总是非常活跃。记得在小组酝酿提中央委员候选名单时，有个小组对于要不要考虑"山头"的问题，出现了两种不同意见。有的同志主张应该取消"山头"，有的同志主张还需要照顾"山头"。当时毛泽东也在场，他听完两方面的意见以后，讲了一下他的看法。大意是：我们要反对、要消灭的只是"山头主义"的错误倾向。我们之所以要反对它、消灭它，是因为它妨害我们党的团结与统一。至于"山头"，它是中国革命具体历史条件形成的，在革命历史上曾起过一定作用。它是一个客观存在着的东西，不能简单地宣布取消了事。我们的原则应该是"承认山头，削弱山头，最后再消灭山头"。他还表示，这仅仅是他自己的一点意见，至于这样做好不好，请大家再考虑一下。后来别的小组内也同样提出了这个问题。于是在一次大会上，毛泽东为这件事专门讲了一次话。

党的第七次全国代表大会表现出的这种非常团结的气氛，来源于伟大的整风运动，我们当时把它叫作整风精神。在整风精神的感召下，许多犯过错误的同志，心悦诚服地接受了党的教育与同志们的帮助，回到了正确路线上来。有的人和我们坐在一起参加了七大，还有的人选进了新的中央委员会。经过整风运动，全党在毛泽东思想的旗帜下，达到了空前一致的团结。党的第七次全国代表大会所表现出的，正是又有集中又有民主，又有纪律又有自由，又有统一意志，又有个人心情舒畅、生动活泼，那样一种政治局面。毛泽东思想开出整风运动之花，结成七大之果。

这次大会批准了毛泽东在《论联合政府》中提出的党在当前革命阶段的总路线。总路线的基本内容是：放手发动群众，壮大人民力量，在我党的领导下，打败日本侵略者，解放全国人民，建立一个新民主主义的中国。同时又通过了党在新民主主义时期的一般纲领和具体纲领。大会也批准了朱德在《论解放区战场》中详细阐明的人民军队、人民战争的正确的军事路线。

……

虽然总的方面是一片大好形势，但是在我们争取全国性胜利的斗争中，困难仍然很多。5月31日下午，毛泽东在总结报告里，再一次强调了这个问题。那次报告，讲得非常深透，使人久久难忘。毛泽东告诉我们：任何事情都有好坏两种可能性，我们要放在最坏的可能性上去想问题，去作准备。他又一次提醒全党注意内战爆发的危险。他教导我们：一定要提高警惕，千万不能对国民党反动派及其主子美帝国主义抱有丝毫的幻想。我们一面要尽力设法制止内战的爆发，或者推迟它的爆发，但主要的应该做好一切准备工作，随时准备以武装斗争的方式坚决保卫人民的胜利果实。

在报告中，毛泽东详尽地估计了如果爆发内战可能引起的种种困难，提出了一系列的方针与斗争策略。根本的方针仍然是放手发动群众。毛泽东对这一方针反复论述，使我们深刻地领会到它的重要性。放手发动群众，壮大人民力量，这就是组织我们的战斗队伍。敢不敢放手发动群众，也就是敢不敢组织强大的战斗队伍去进行革命的问题。毛泽东说：手本是我们自己的，为什么发生放不放的问题呢？因为我们旁边还有个蒋介石，他不要我们放手发动群众。这是历来就有的问题，蒋介石不让我们放手，汪精卫不让我们放手，陈独秀就不放手，结果大革命失败。在抗战时期　我们就是放手发动群众，壮大了力量，取得了胜利。这个方针，我们永远也不能改变它。

在那次报告中，毛泽东预见到革命形势的发展变化，适时地提出了革命转变的问题。如游击战转到运动战，乡村转到城市，减租减息转到耕者有其田等。他要我们认识这种转变的必要性，要自觉地准备这种转变，以免在转变关头犯"左"或右的错误。

到了今天，这些英明的预见早已经成为现实的时候，重温毛泽东的讲话，真是令人回味无穷啊！

6月11日，大会闭幕了。毛泽东在闭幕词中，把这次会议誉之为"胜利的大会""团结的大会"。我们要说：胜利——毛泽东思想的胜利，党的团结的胜利，中国革命由胜利走向更大的胜利；团结——全党在毛泽东旗帜下的伟大团结。胜利加强了团结，团结取得了新的胜利。伟大的中华人民共和国，就是在七大的光芒映照下缔造起来的。

6月的延安，一片欢乐景象。农民们在整理农具，准备收割早熟作物，工人们展开了热火朝天的劳动竞赛，派往前线的部队在整装待命。来自各地的七大代表，怀着胜利的喜悦，纷纷走向新的岗位。我也回到了部队。过了不久，我便接到命令：准备开赴前线，执行大反攻的光荣任务。〔5〕

师哲是以代表和工作人员的双重身份参加七大的，他回忆道：

1943年10月，党的高级干部开始重新学习党的历史和路线问题，整风运动由普遍整风转入总结党的历史经验阶段。

整风运动就是要使共产党的队伍更加整齐，步调一致起来。兵是精的，武器是好的，那么，任何强大的敌人都会被我们打倒。总结历史经验的过程，就是统一全党，特别是党内高级干部的思想，使大家的政治水平得到大大提高。这在思想上为七大的召开准备了条件。

在审干中，七大代表集中的中央党校成为重点。代表资格的审查更是一件棘手的事。

1944年七八月间，任弼时向毛主席反映了这个情况，并说：如果不承认所谓有问题人的代表资格，要各个地区重新选举代表，那么，新的代表到达延安，最远的地区代表在路上需花一年半的时间。这样做，七大就会被推迟，不知什么时候才能召开。这个问题不解决，无法召开七大。希望中央研究讨论。

毛主席当机立断地说："开会，代表全部出席，不再审查了。"

任弼时的汇报和毛主席的决断加速了审干的甄别工作。因而像刘子久、黎玉等原来选出的代表全都出席了党的第七次代表大会。

接着，中央准备了《关于若干历史问题的决议》草案。在制定大会议程时，是准备将《关于若干历史问题的决议》提交大会讨论的，后来为了慎重起见，在七大之前的七中全会的最后一次会议上，1945年4月20日通过了这个决议。

1945年4月21日，七大的预备会议召开，任弼时作了七大准备工作的报告，他说：七大早应举行，但因战争关系，交通阻隔，迟延至今才召开。这固然是个缺点，但也有积极意义：（1）准备和发展了我们的力量。1937年12月会议决定召集七大时，党员只有五六万人，军队不超过10万人，根据地只有陕甘宁、晋察冀。现在党员已有120万人，军队近百万人，根据地人口近1万万。这时召开七大，意义非常重大。（2）党的思想更加成熟、一致。经过整风、路线学习、审查干部，党内思想更加一致，小资产阶级思想的地盘缩小了，组织更加纯洁，又通过了《关于若干历史问题的决议》，全党达到空前的团结。

我作为代表和工作人员出席了七大。当时为了开好这次大会，工作人员一律驻会，只有我和陈刚两个人因工作需要不能离开机关，所以每天都从枣园到杨家岭开会。来回往返，使我们更加繁忙。

4月23日，七大在杨家岭大礼堂隆重开幕。大会期间，毛主席作《论联合政府》的政治报告，朱德作《论解放区战场》的军事报告，刘少奇作修改党章的报告。周恩来、陈毅、高岗、张闻天、博古、康生、陈云、彭真等都结合自己的工作作了专题发言。博古发言的内容是关于第三次"左"倾机会主义路线的萌芽、形成、发展和破产，他作了深刻的自我批评和检讨。大会进一步清算了王明的路线错误。

王明错误的实质到底在哪里呢？1945年6月的一天，我跟毛主席从枣园出来，赶赴杨家岭参加七大会议。在延河岸边，我们边走边谈大会上的种种情况，随之谈及王明错误的实质。相互议论间，涉及他的这点或那点错误性质，然而仍未超过我对各项文件所谈及的那几点。

毛主席从我的话里揣摩出了什么，摸准了我的思想不明亮的关节所在，于是只用一句话就打开了天窗。他说："王明问题的关键、症结之所在，就是他对自己的事（指中国革命问题）考虑得太少了，对别人的事却操心得太多了！"

我一听这话，茅塞顿开，思想豁然开朗，觉得这句话真是一针见血。

毛主席历来认为：中国是中国人民的，中国共产党首先要研究解决中国的问题，思考分析中国的革命实践。对于处在被压迫被奴役地位的中华民族来讲，爱国主义和国际主义是一致的。"中国胜利了，侵略中国的帝国主义被打倒了，同时也就帮助了外国的人民。因此，爱国主义就是国际主义在民族解放战争中的实施。"[6]毛主席不止一次地同我谈过，他非常清楚而毫不含糊地说：要得到兄弟党的帮助，首先就要帮助兄弟党进步、发展、壮大，而不是一味要求兄弟党单方面做出牺牲。丢失自己的利益而去援助别人，这实际上不是真正的帮助。因为既没有真正地帮助朋友，反而削弱了自己。

毛主席的谈话深入浅出，使我受到很大的启发，引起我的深思。主席的谈话充满辩证法，与我在苏联学习时受到形而上学的影响是多么不同呀！

考虑问题的出发点不同，这就是毛主席同王明的根本区别。王明对共产国际采取盲从、教条主义式的、生吞活剥的态度，盲目接受共产国际的一切指示。他是到斯大林那里领钦令、接圣旨，硬套到中国问题上。如果说斯大林对中国许多问题没有弄清楚的话，倒不如说王明从未介绍、解释清楚，反而将斯大林的指示不加分析地生搬硬套，不问情况照办。而毛主席则不是这样，他对斯大林的任何意见或建议，都要经过自己的头脑思考，酝酿成熟后才表态。毛主席致力于马列主义普遍真理同中国革命具体实践相结合，将马列主义中国化。用今天的话讲，就是有"中国特色"。因此，毛主席，也只有毛主席才能领导中国革命走向胜利。

在选举新的中央委员会时，毛主席一再地做大家的工作。5月24日，他代表主席团作关于选举方针的报告时说："犯过路线错误的同志要不要选？从党的历史经验来看，对过去犯过错误的同志，不应当一掌推开。只要他承认错误，并决心改正错误，大会还可以选他。"

在他一再做工作后，大会选举李立三、王明为中央委员。

在谈到中央委员的代表性时，毛主席说，由于中国革命走的是农村包围城市的道路，从第二次国内革命战争到抗日战争，建立了许多革命根据地，散布在各地，有许多军队和山头。要缩小山头，消灭山头，就首先要承认山头。要使七大选出的新的中央成为缺陷最小的中央，就要从组织成分上反映各方面的力量。他还讲道，任何一个人都不可能通晓各方面的知识。一个人通晓一方面或者稍微多几方面，把这些人集中起来，就变成通晓各方面的中央委员会。

在这样的思想指导下，大会顺利地选出了新的中央委员会。

6月11日，大会圆满结束。毛主席在闭幕会中讲道："我们开了一个胜利的大会，一个团结的大会。""许多同志作了自我批评，从团结的目标出发，经过自我批评，达到了团结。这次大会是团结的模范，是自我批评的模范，又是党内民主的模范。"[7]

事实证明，经过整风运动，全党思想达到了新的团结。所以，在以毛泽东为首的中央委员会的领导下，抗日战争胜利后，只用了三年半的时间就打败了蒋介石，取得了全国的胜利。

整风运动和七大的历史功绩是伟大的、丰硕的，是永远不可磨灭的。 [8]

中共七大是在中国人民抗日战争胜利前夕召开的。当时胜利的曙光在即，世界反法西斯战争其他战场捷报频传，每一位代表都欢欣鼓舞。毛泽东作为一个富有远见的战略家，更多地着眼于夺取胜利的困难方面。同时，他考虑的远不止是抗战胜利的问题。他预见到，随着国内阶级矛盾的上升，抗战胜利后面临的将是一个更加复杂的局面。

1945年5月31日，毛泽东在大会的结论中，特地谈到十七条困难。他说：

有一个问题要讲清楚，叫作"准备吃亏"。有些同志希望我讲一些困难，又有些同志希望我讲一点光明。我看光明多得很，国内民主运动已经兴起，将来更有希望，苏联援助我们，美国、英国的无产阶级将来也还是要帮助我们的，这些都是光明。但是我们更要准备困难，我下面讲的困难有十七条：

第一条，外国大骂。现在英、美的报纸和通讯社都在骂共产党，将来我们发展越大，他们会骂得越有劲。他们有人曾经向我们示过威，说："你们那样不行，美国舆论要责备你们。"我说："你们吃面包，我们吃小米，你们吃面包有劲，嘴长在你们身上，我们管不了。"这叫作没有办法，要准备着挨外国人的骂。

第二条，国内大骂。是大骂，不是小骂，他们将动员一切人来大骂，什么破坏抗战、危害国家、杀人放火、共产共妻、毫无人性等等。只要是世界上数得出的骂人的话，我们都要准备着挨。

第三条，准备被他们占去几大块根据地。不是说几小块，也不是说统统占光，而是被他们占去几大块，他们要打内战"收复失地"。在十年内战时期，他们就曾经占去我们几大块，这次我们还要准备被他们再占去几大块。

第四条，被他们消灭若干万军队。1941年中央曾打电报给各中央局、中央分局，说我们要把估计放在最困难的基础上，可能性有两种，我们要在最坏的可能性上建立我们的政策。那时我们有50万军队，准备被搞掉25万，还有25万。这25万是什么？原来50万是伸开的手掌，这25万是握紧的拳头，虽然缩小了，可是精壮了。现在我们的军队差不多有100万，我们还要发展，到将来蒋介石进攻我们时，我们可能有150万，被他搞掉1/3，还有100万，搞掉一半，还有75万。如果我们不准备不设想到这样的困难，那困难一来就不能对付，而有了这种准备就好办事。

第五条，伪军欢迎蒋介石。伪军摇身一变，挂起蒋介石的旗帜，欢迎蒋介石，欢迎阎锡山，使我们很不好办。日本人撤出的地方，他们马上就占了，我们来不及。我们要有这种精神准备。

第六条，爆发内战。我们要用各种方法制止内战。现在的揭露就是一种方法，我们要经常揭露，在大会文件上、在报纸上、在口头上揭露。此外，还要用别的办法来制止内战。内战越推迟越好，越对我们有利。抗战八年以来，我们的政策就是使蒋介石既不能投降又不能"剿共"。我们的政策还要这样继续下去，使他不敢轻易地发动内战，但是我们要准备他发动内战。

第七条，出了斯科比，中国变成希腊。这种情况我们要用各种方法来避免，如果发生了，就采取有理、有利、有节的斗争方针。我曾经同国民党的联络参谋讲过，我们的原则是三条：第一条不打第一枪。《老子》上讲"不为天下先"，我们不先发制人，而是后发制人。第二条"退避三舍"。一舍30里，三舍90里，这是《左传》上讲晋文公在晋楚城濮之战中的事，我们也要采取这样的政策。第三条礼尚往来。这是《礼记》上讲的，礼是讲究往来的，"来而不往非礼也，往而不来亦非礼也"，你来到我这里，我不到你那里去，就没有礼节，所以我们也要到你们那里去。我叫国民党的联络参谋把这三条告诉胡宗南，希望他们也采取"不为天下先""退避三舍""礼尚往来"的政策，这样就打不起来。他们不喜欢马克思主义，我们说：这是老子主义，是晋文公主义，是孔夫子主义。无论斯科比来了也好，蒋介石来了也好，我们都是采取有理、有利、有节的自卫原则。不打第一枪这个原则我们要谨记。从一个时期来看好像不一定有利，但从长远来看则是很有利的。当然到了该打的时候，就要坚决、彻底、干净、全部消灭之。有人讲两面作战怎么得了？他们要搞两面作战，我们有什么办法，我们只好准备这一招。我们现在好像坐牢一样，前门是日本人守着，后门是蒋介石守着。

第八条，"不承认波兰"。这里是比喻我们得不到承认。现在我们是一个中指头，你不承认，将来是一个大指头，你也不承认，到了是一个拳头、两个拳头的时候，看你承认不承认？你90年不承认，100年不承认，将来到101年，你就一定得承认。因为我们的政策正确，得到了全国人民的拥护。

第九条，跑掉、散掉若干万党员。将来如果形势不好，蒋介石、斯科比两面夹攻，到处打枪，有些党员就向后转开步走，跑掉了，散掉了。在我们党的历史上，散得最厉害的是1927年，还有散得多的是内战时期，有组织的党员只剩下三几万。在不好的情况下，党员中有一部分悲观失望的人就跑了，有一部分被压散了，也无非就是这样。我们准备散掉1/3，或者更多一些。

第十条，党内出现悲观心理、疲劳情绪。中国革命是长期的，从1921年到现在24年了还没有胜利，还要搞下去，还要牺牲许多党员和军队。党内会出现悲观心理、疲劳情绪的问题，不仅要对我们大会、中央、中央局，还要对区党委、地委这些领导机关都讲清楚。从前我们党内有一个传统，就是讲不得困难，总说敌人是总崩溃，我们是伟大的胜利，是百分之百的布尔什维克！现在我们要有充分的信心估计到光明，也要有充分的信心估计到黑暗，把各方面都充分估计到。

第十一条，天灾流行，赤地千里。天灾是天不下雨，玉皇大帝不帮忙。最近得到报告，华北、华中很多地方都天旱。古人说过："艰难困苦，玉汝于成。"艰难困苦给共产党以锻炼本领的机会，天灾是一件坏事，但是它里头含有好的因素，你要是没有碰到那个坏事，你就学不到对付那个坏事的本领，所以艰难困苦能使我们的事业成功。今年我们边区没有收成，这是一件大事。所以，我们要讲节省，从中央起都要讲节省，准备天灾流行，赤地千里。共产党有本领，就是要在这种情况下打出一条生路来！华北、华中许多地方都要准备这一条。

第十二条，经济困难。有天灾经济是困难的，没有天灾经济也是困难的，所以我们要大力学做经济工作。我们曾经提出这样的口号——在两三年内学会做经济工作，要首长负责，亲自动手，克服困难。

第十三条，敌人兵力集中华北。有的同志问：日军退出华南、华中，把兵力统统撤到华北，怎么办呢？现在日本法西斯作战是寸土必争，看样子是不会撤的。但我们要把事情往坏一点想，即使长江流域的日军统统撤到华北，难道我们就呜呼哀哉了吗？中国抗战的局面是明年日本就要被打倒了，它横行不了多久了。敌人集中华北，提出和平妥协的条件，跟英、美讲和，假如这件事出现了怎么办？我们准备想各种办法对付之，这些办法大家想，中央也想。

第十四条，国民党实行暗杀阴谋，暗杀我们的负责同志。历史上有过这样的事，所以我们要有准备，以防万一。

第十五条，党的领导机关发生意见分歧。不要以为不会发生意见分歧，上述困难一来，许多情况出现，就可能产生党内意见的分歧，议论纷纷，莫衷一是，不满意等。如果我们准备了，分歧就可能少一些；没有准备，分歧就可能多一些。

第十六条，国际无产阶级长期不援助我们。中国革命是长期的，由于各种情况的原因，国际无产阶级还没有来得及帮助我们，他们还料不到我们的困难来得这样早，就是料得到也没有办法，远水救不了近火。我们要做国际联络工作，做外交工作，很希望国际无产阶级和伟大的苏联帮助我们。但由于各种情况的原因而没有援助，我们怎样办？还是按照过去那样，全党团结起来，独立自主，克服困难，这就是我们的方针。

第十七条，其他意想不到的事。许多事情是意料不到的，但是一定要想到，尤其是我们的高级负责干部要有这种精神准备，准备对付非常的困难，对付非常的不利情况。这些，我们都要透彻地想好。

困难我讲了十七条，下面讲我们一定要胜利。

第一，暂时吃亏，最终胜利。这个原则是不会错的，全世界无产阶级吃亏都是暂时的，终究我们是要胜利的，马克思主义者要坚信这一条。

第二，此处失败，彼处胜利。中国革命的发展是不平衡的，此处吃亏，彼处胜利；东方不亮西方亮，黑了南方有北方，我们总有道路。

第三，一些人跑了，一些人来了。天要下雨，他硬要跑那有什么办法？就让他跑掉吧。党员中间的动摇分子，他们在革命热闹的时候来凑热闹，在困难的时候就跑了。要跑就跑，我们开欢送会。今天有一些人跑了，明天有一些不怕困难的人又来了。我们党24年的历史证明了这一点，我们说一定有许多人会来的。

第四，一些人死了，一些人活着。天有不测风云，人有旦夕祸福。我们要准备一些人牺牲，但总有活着的人。这样大的党，这样大的民族，怕什么。

第五，经济困难就学会做经济工作。我们要感谢何应钦，他不给八路军、新四军发饷。他这样一困，我们就提出了是解散，是饿死，还是自己动手搞生产的问题。解散不甘心，饿死不愿意，那剩下一条，就是首长负责，自己动手，发展生产，克服困难。

第六，克服天灾，太行有经验，共产党会捉蝗虫，这些经验很好。

第七，党内发生纠纷，这也是给我们上课，使我们获得锻炼。来一次大纠纷，就是一次大锻炼。毛铁炼成钢，是要经过无数次的敲打的。

第八，没有国际援助，学会自力更生。没有援助有一个好处，援助太多了也有一个坏处。在全世界无产阶级联合起来这个国际主义的原则下，要学会自力更生，准备没有援助。现在对中国共产党就是一个大考验，考验我们究竟成熟了没有，有本事没有。国际无产阶级的援助一定要来的，不然马克思主义就不灵了。不是只有外国援助我们，我们也援助外国。24年来我们是国际无产阶级的一支队伍，我们这个队伍的斗争就援助了外国无产阶级，也援助了苏联，国际无产阶级也一定会援助我们的。[9]

毛泽东的上述讲话，对于全党在胜利面前保持清醒头脑，应付各种突然事变的严重困难的局面，起到了极其重要的作用。

中美苏之间

在八年抗战期间，毛泽东和中共中央同国际上保持着密切的联系。

毛泽东作为一个具有国际眼光的战略家，决不让自己的目光局限于陕北，局限在中国。他在关心着世界反法西斯战争的进程，关切地注视着中、美、苏三大国的关系发展，利用一切可能的机会宣传中国共产党的政策，让外界了解自己，同时也使自己更好地了解世界。

师哲由于特殊的关系，有机会了解到毛泽东同共产国际、苏联等方面的来往情况。他回忆说：

中央到达陕北后，于1936年又同共产国际恢复了电讯联系。但是，条件较差，通信困难。1940年2月，任弼时在莫斯科时，共产国际机要处交给他两套机要密码，由恩来随身带回延安。回来后，任弼时即筹建一个专门机构，负责同共产国际的电讯联系工作。这个机构对外称"农村工作部"，又叫"农委"。1940年11月，农委正式开始工作，经过多次试验，效果良好，通信准确无误，从此开始经常地通信联系。1940年年末，我们同莫斯科建立了非常可靠的空中联络，但只有毛主席一人有权使用。

"农村工作部"设在延安的小砭沟，靠近中央警卫团的驻地。部长是吴德峰，副部长是帅孟奇。由任弼时直接指导。1943年5月，共产国际宣布解散，电台工作就结束了，资料交给了中央机要局，1944年"农委"亦被撤销。

任弼时在挑选干部、行政管理、解决技术难题以保证通信畅通无阻方面，花费了不少心血和精力。但在这方面的工作成绩却鲜为人知，任弼时轻易不同别人谈及这方面的工作。一是因为弼时从不炫耀自己，二是他善于保密，这项工作是极端机密的。我党和共产国际的通信往来，尤其属于政策、方针等方面的问题，全由毛泽东亲自处理。

我作为任弼时的秘书直接参与了来往电报的翻译工作。这项翻译工作一直持续到1957年我离开中央机关为止，前后长达18年。只有1943年、1944年我到陕甘宁边区工作时中断过一段时间。有若干万万火急电、极端绝密电等是由任弼时亲自翻译、处理，我在事后才知道的。经手办过这方面的机要文件的同志，除我外还有刘义虎和李唐彬。当时刘义虎是社会部的干部，帮助苏军情报组工作，翻译过一些材料。李唐彬是中央机要局的政治指导员，负责保密工作。

1946年年初，中央机要局又将全部有关材料（包括机要文件、密码资料等）转交给中央书记处办公室，当时我任办公室主任，由我亲自保管。

1946年12月下旬，即蒋介石扬言要进攻延安时的某天下午，毛主席问我："同远方通信往来的电稿材料以及密码等保存在哪里？如何管理的？"

我回答说："全部保存在我手里。"他令我全部毁掉。

我问："可否清理一下，把几份最重要的文件挑拣出来，妥善保管，行军时我随身携带？"

毛主席立即说："不妥！如果你受伤或被打死了怎么办？你快去把那些文件全部清理出来！"

我回到办公室刚刚找到那一大包文件，还未来得及清点，毛主席就跟着来到了我办公室的门口，并要我把有关这方面的全部文件拿出来。他大致上看了一下，要我在火炉旁立即烧毁。他带着李讷在一旁玩耍，其实是监督，最后用小木棍拨弄燃尽的文件，直到确信全部文件化为灰烬后才离开。

对待这一举动，我一方面觉得可惜，认为毁掉了不少珍贵的历史资料，但同时又钦佩主席做事严谨、认真、周到，事事小心，万无一失。随后，中央转战陕北，事实上有许多文件也无法保存，所以从1940年至1948年秋这段时间里，有关这方面的文件大都没有保存下来。

现在要回忆有关这方面的问题和某些事实经过，是十分困难的。我尽力而为，把自己记得的一些情况如实写下。

自1940年下半年起，毛主席开始使用"农村工作部"的联络系统同远方通信。最初，他发出的是一份情况介绍材料，共两三千字，简单地介绍了我党、我军，以及解放区（以比为主）的一般情况。

当毛主席确知通信联络工作已经可靠地建立起来后，他就开始写较长、较具体、较详细的情报了。有的电报长达数千字，甚至万余字。每当这时，一份电报就要分若干次拍发。每次，毛主席把电文送给任弼时，由他交我译出，然后我又同任弼时一同校审，定稿后才发出。来电由我译出后，也是先送任弼时，由他交主席处理。

往来的电讯，不但都由毛主席亲自处理，而且全存在他那里，向谁传达或传阅，也由他决定。据我所知，这类文件一直没有传达过（指作为文件传达），只是涉及重大问题时，由毛主席在书记处或政治局会议上口头介绍一下。就是说，他认为有必要时，才在上述两种会议上谈谈，否则作罢。

电讯的内容涉及的问题很多，范围很广。毛主席发的电报百分之八九十是关于我党、我军和解放区的发展情况，以及工农青妇等各方面的工作及统战工作，也就是向共产国际汇报工作。有时介绍国内各民主党派及其活动、政治倾向与表现；国民党内部情况、政治动态，主要是有关蒋介石及其政治倾向，对内对外政策的变化，国民党内的派别斗争与政治主张，以及他们同英、美等帝国主义的关系；国民党同日本侵略者的关系，同日寇暗中勾结的情况。一般是先讲情况然后分析，最后讲我们的对策和措施。关于各帝国主义，特别是日、美帝国主义的活动情况，往往由中央情报部门提供给苏联情报组使用，而不是由他亲自发电报。毛主席有时也对此向共产国际作些评论、分析性的综合报道。

1941年皖南事变以后，毛主席给共产国际写了一份综合、分析性长电，其大致内容是：

（1）关于新四军的转移和重新部署，以及同国民党长期谈判的前后经过。

（2）蒋介石背信弃义，不择手段镇压人民，使新四军上了圈套。

（3）项英的刚愎自用、轻信敌人、一意孤行、上当受骗，结果，损兵折将，自身不保。

（4）皖南事变对党、扩战和华中地区造成了较大的困难，同时指出了挽救局势、弥补损失和善后的方针等。

在电报末尾，还有这样的话：在总结和汲取血的历史教训时，不得不指出项英同志因轻信蒋而受骗上当，一命身亡；其次，损失是严重的，教训是沉痛的，经验是有益的。这次事件教育了我们全党，我们今后就会更为心明眼亮了。

毛主席的这些话，既是总结皖南事变的经验教训，也是提醒和告诫远方的一些无知、肤浅的人。当时，对于中国共产党如何坚持抗日民族统一战线问题，我党同共产国际的看法不完全一致。我们主张以斗争求团结，而共产国际则要求我们完全服从国民党的领导。

自1941年四五月起，毛主席几乎每周都要发一次甚至两次电报，而且电文较长。6月22日，苏德战争爆发之后，我们同共产国际的电讯联系虽然照常，但是分量大为减少了。

1941年秋冬之际，中央领导同志开始整风学习，总结十年内战时期的经验教训，清算王明等机会主义和教条主义的错误。

关于整风运动，以及有关的种种问题，毛主席定期报告远方，而且用通俗简朴的语言作了介绍和解释。例如，关于什么叫"整风"，毛主席解释说，就是党内政治学习，通过学习端正思想认识。他介绍了整风的对象、方针和方法。他写道：其方法，总的说来是采取和风细雨的方式，学文件，集体讨论，各抒己见，阐明问题，澄清是非；端正思想，提高认识，惩前毖后，治病救人；知无不言，言无不尽，言者无罪，闻者足戒，有则改之，无则加勉，等等。

然而远方老是弄不清整风的真相，总以为是在搞清党运动，甚至是搞无原则的派别斗争。尤其是1942年王明病倒，使远方更为茫然。他们老是啃着一个死公式：国内要团结（指同国民党和其他抗日力量），党内要团结（不搞任何斗争），一致对外，抗击日寇。因此，无论是出现了反摩擦斗争，或党内斗争，他们不分青红皂白地一概认为不利于抗战，使抗战力量削弱或相互抵消。毛主席除多次给远方发电解释外，同时还多次给苏方驻延安情报组的人员作过关于整风运动的介绍和解释。但这一切都是枉然的。因为他们内心里总是抱着自己主观上的看法，加上王明个人的认识和想法，往往使问题弄不清了。

1942年秋，王明病了，当时苏联的一名将级外科医生安德烈·雅科夫列维奇·奥尔洛夫在延安中央医院工作。我们称他为阿洛夫大夫。苏军情报组的负责人兼塔斯社记者孙平通过阿洛夫大夫到中央医院看望王明，并听信王明的一面之词，认为他的病是医生对他谋害的结果。

孙平向莫斯科反映，认为中共中央、毛泽东排斥莫斯科派。因为犯王明"左"倾教条主义错误的大多是从苏联学习回来的同志，孙平给他们起名为莫斯科派，其中包括博古等人。他着重介绍了王明的处境。季米特洛夫（一般署名为尼古拉耶夫）以个人名义给中共中央拍来了一封电报，他希望中国共产党不要搞派系斗争。他在电报中为王明讲话，并对康生提出怀疑。孙平没有将电文的抬头和署名给我们，只是将电文正文交给主席，并口头上讲了一下，说这是季米特洛夫给中央的来电。

1943年5月，党中央得到远方的通知，主要内容是：在过去的历史时期，由于客观形势的需要，世界各国无产阶级、劳动阶级的政党曾建立了自己的国际组织中心——共产国际。在那些年代里，当国际工人运动、各国共产党尚处在幼年时代时，共产国际对它们起过一定的作用。现在国际形势、各国内部情况变得更加复杂，各国共产党已有了自己的经验，并能根据自己民族特点和历史情况解决自己的问题，可以无需像共产国际这样的国际组织从旁干预各国党的内部事务，所以共产国际在今天的条件下，已无继续存在的必要了。因而国际执委会决定解散共产国际这个组织，并且取消它的一切附属机构。这个决定应立即通知各国共产党、工人党及全体共产国际成员党和组织。

与此同时，莫斯科发出的另外一个通知说，由于欧洲形势的特殊需要，欧洲各兄弟党决定成立一个情报局（实际上在德苏战争爆发后，国际机关就已变成了情报机关），以研究国际形势，互通情报等。

5月26日，中共中央作出《关于共产国际执委主席团提议解散共产国际的决定》，完全同意共产国际执委会主席团关于解散共产国际的提议。决定指出，中国共产党在革命斗争中曾经获得共产国际许多帮助，但是，很久以来，中国共产党人即已能够完全独立地根据自己民族的具体情况和特殊条件，决定自己的政治方针、政策和行动。决定特别提到中国共产党近年来所进行的反主观主义、反宗派主义、反党八股的整风运动，就是要使得马列主义这一革命科学进一步和中国革命实践、中国历史、中国文化互相结合起来。

1943年年末，为召开七大，在酝酿中央委员名单的过程中，毛主席认为犯错误的同志，如李立三、王明，都可以列入候选人名单。可是李立三于1930年被召到共产国际后一直没有回国。不知什么原因，他还曾于1938年被逮捕过。关于王明问题，季米特洛夫曾来电明确表示了态度，而对李立三的问题却只字未提。因此，毛主席致电莫斯科，说：我们正准备召开七大，具体时间尚未最后确定，中央和部分七大代表提议把李立三列入七大中央委员候选人。李在莫斯科的情况如何，我们不知道。据说李在那里坐过牢，不知苏方是否知道李被关的原因和主要情节？他的问题是否妨碍提他做中央委员候选人？请把他的问题的具体情节和你们的意见告诉我们。

不久，莫斯科回电说，李立三在苏联这段时间做了些具体工作，但在工作中有些不检点的地方等。收到回电后，中央很快决定李立三为中央委员候选人。后在党的第七次代表大会上，经过做工作，王明和李立三均当选为中央委员。[10]

师哲还回忆了毛泽东和斯大林的电报往来，以及毛泽东给孙平讲课的情况。

共产国际存在时期，苏共一般不直接同中共发生关系，有事都通过共产国际联系。苏联为建设社会主义创造有利条件，奉行和平睦邻外交政策，所以，一俟苏联同某国政府建立较好的外交关系时，就不支持该国共产党的活动，尤其是处于非法地位的共产党，以避免造成破坏两国关系的口实。

1937年8月，苏联同中国国民党政府签订了《中苏互不侵犯条约》后，直至共产国际解散前，苏联与中共的往来主要通过共产国际来进行，一般不直接发生联系。

抗日战争期间，苏联派来军事情报组驻延安。情报组设在延安枣园，有一个功率大、效率高的电台。这个电台1942年5月至1945年11月间由孙平负责。孙平回国后，由我管理了一段很短的时间。阿洛夫大夫第二次到中国后，由他接手负责。电台后随中共中央迁到北平，一直工作到1949年七八月间。毛主席除使用"农委"的电台外，有时也使用苏联情报组的电台。在他认为凡是需要送斯大林的信件，都通过这个电台发出去。斯大林的回电也是由这一电台转交毛主席。斯大林回电都用化名。他用过两个化名：菲利波夫和亚力山大洛夫。

1940年年初我回到延安时，康生领导的社会部就已设在枣园。这原是陕北军阀高双成的家园。被没收后，我保卫机关驻此。苏军情报组也驻在枣园的后面。康生把这块地方弄得很神秘，不许任何人进入或接近，甚至无意到此地的游人都很有可能被怀疑为敌特、汉奸。这种做法也使得枣园内部的人极少有同外界接触或往来的机会。

在1942年以前，苏方人员不多，常以军事记者的身份出现。他们中的多数人都到前方，甚至到战争前沿地区，现场观察了解情况，搜集情报。因为他们都是现役军人，任务只是了解敌情，搜集军事情报，所以考虑问题的范围总是极其单一、狭小而有限度的。例如：一个姓伊万诺夫的团级干部深入到华北太岳、晋绥各解放区了解敌情，搜集情报，但他又常以军事专家的姿态指手画脚，责怪我们没有利用一切条件、机会与可能性去打击敌人，指责我们的作战方法过于原始、落后等。

伊万诺夫大约于1942年春返回苏联。在回国之前，他到杨家岭毛主席住处辞行，并谈了一些前方的见闻。

毛主席对他说："我们还是小米加步枪，我们还是持久战，反正八路军是土八路。我们不行，我们一切都落后。对我们的一切你们都看不惯，但我们却能胜利地抗击数十万敌军，而且能使自己的军力成倍地增长和加强。"

伊万诺夫没有听懂毛主席的弦外之音，感到莫名其妙，没趣地离开了。他回国后不久，就牺牲在苏德战争前线。

1940年冬天，苏方为了加强在东方的情报工作，派以基斯林科中将为首的各兵种混合情报组到延安来。毛主席在杨家岭为他们设宴洗尘，来宾共七八位。

基斯林科一一向毛主席介绍了每个人的姓名、专职、军衔等，然后向毛主席介绍他们的打算：在华北、东北活动，特别是在解放区边沿地带及各大城市建立情报网。

毛主席说："要搞好这项工作，最好是我们两家合作，分享成果。这样，事情也可以办得更好些。如在华北地区，你们也不能派多少情报员，那是我们的势力范围，我们得到的情报可以供我们两家使用。合作的具体办法是：你们出钱，拿出技术来；我们出人出力。在相互合作的条件下，工作既能较顺利地开展，也能做出较好的成绩来。得到情报，我们两家分享，双方共同使用，岂不很好吗？"

基斯林科和其他苏方人员都面面相觑，哑口无言，莫知所云，不敢继续谈下去了。不久，他们就正式表示不同意这样做。

由于苏联人坚持己见，不听劝告，忙了几个月，仍毫无所获。1941年2月左右，基斯林科离开延安回国，只留下两三个人，如斯克沃尔佐夫（我们叫他"思考"）、西索夫等人维持工作。孙平到延安后，他们也于1943年10月回国了。

这里，顺便提一下时隔八年之后发生的一桩事。1950年一二月间，斯大林在一次招待宴会之前同毛主席、周总理交谈时提出在情报工作中同我方合作的要求。他提出的合作条件与当年（1940年）毛主席提出的完全相同，而且特别强调，情报材料归双方共同使用，技术和资金他们负责保证。并且指出："苏联在这方面的活动受到极大限制，活动范围十分狭小，可以利用的机会也极其有限；而中国的情况大不相同，你们在海外的活动条件很广阔，而且优越，也比较不受人们的注意和阻碍。"斯大林强调，这项工作对他们很重要，希望同我们合作，并希望双方都予以重视。

当时，毛主席、周总理表示愿意合作，并且指出具体问题可由专职人员协商、制定出方案来。至于最后的结局，无须提及了。

现在回过头来再谈谈苏军情报组的情况。

由于当年苏方不同意同我们合作，1939年至1943年苏军情报组在延安曾独自开办了训练班，轮训年轻的情报人员。这批青年都是经过中央组织推荐、审查的，政治上可靠，文化程度较高，活动能力较强，办事精干，其中多数有条件可以在平、津、太原、东北地区立足和活动。

这批人交给他们直接掌握和使用，我们既不插手，也不过问。然而这批人被派到敌占区后，大多数身份暴露，活动据点也都被日本特务机关破获。日本人一方面利用破获的电台，向苏军情报组拍发假情报；另一方面有意将被捕的工作人员释放，让他们又回到延安。这批人被捕的情况当时无法查清，苏联人因此将他们丢弃不管，推给我方，给我们的工作带来了很多困难和麻烦。对此，康生曾借机发了脾气。大家对苏方这种不负责任的做法也很有意见。

虽然苏联不同意在情报工作中与我们合作，但是我们搜集到的情报材料仍然提供给苏军情报组，由他们报告莫斯科。

抗日战争期间，我们给苏军情报组提供了一些很有价值的情报。如：国民党同日本的勾结；汉奸汪精卫、陈公博同国民党内亲日派的勾结；日本军部同政界的冲突；日本海军同陆军的矛盾；国民党内各派系的斗争等。其中一个特别重要的情报是1941年6月阎宝航从国民党某高级官员那里得知：希特勒德国将于6月21日进攻苏联。阎立即报告了在重庆的周恩来，周于6月16日报告了中共中央。中央从香港方面也得到了类似的情报，旋即把这一重要情报转告给在延安的苏军情报组，要他们马上向莫斯科汇报。

苏联政府得到这个消息后，迟疑了一下，没有立即采取对策。他们的根据是：德国不会撕毁1939年签订的《苏德互不侵犯条约》，怀疑这是英美方面的挑拨[11]。事实证明，我们提供的情报是准确的。6月22日凌晨，德国果真背信弃义地发动了侵苏战争。苏德战争爆发后不久，苏方曾以伏罗希洛夫元帅的名义致电朱德总司令表示感谢。

苏德战争初期，苏军作战十分艰苦，节节后退。德军则气势汹汹，步步进逼。至1941年秋，德军攻到莫斯科城郊。[12]

同时，苏联远东又受到日本帝国主义的威胁，尽管1941年4月13日苏日签订了中立条约（条约的有效期为五年）。苏联政府、斯大林对此条约十分重视，在日本外相松冈洋右签约后离开莫斯科时，斯大林亲自到火车站为松冈送行，并同他拥抱，甚至亲吻。这是破例的、罕有的事。在此之前和在此之后，世界上任何一个国家的政府首脑、外交大员都没有受到过斯大林如此之高的礼遇。但是，日本根本就未准备切实履行这一条约。德国发动侵苏战争之后，1941年7月，日本在中国东北地区举行了代号为"关特演"的大规模演习，并将关东军由11个师增加到20个师，总人数由40万增至70万。这自然都是针对苏联的。日、德两个轴心国有军事同盟条约，苏德战争爆发后，德国不断催促日本早日出兵与其东西两线合力夹击苏联。

苏联面临着德日夹击的严重的威胁。为此，斯大林致电毛主席，以商量的口吻询问我们能不能抽调若干个旅或团摆在长城附近，牵制日军。毛主席回电说比较困难，因为我们的力量一集结，目标就大了，就会遭到袭击、围剿，会吃大亏。另外，我们武器很差，无法同日本进行大会战。

随后有一个情报说，如果德军攻下莫斯科，日本就进攻苏联远东。1941年11

至12月，当德军打到莫斯科城下时，斯大林再次致电毛主席，希望派一部分力量向长城内外方向发展。我们没有给以肯定的回答，只说部队调动有困难。

当时我们确实很困难。1938年10月抗日战争进入相持阶段以来，国民党已发动了两次反共高潮，特别是1941年年初的皖南事变，使我新四军损失万余人，还宣布新四军为"叛军"。日本侵略军将主要兵力用于对付八路军、新四军。

苏德战争爆发后，国内反动势力更加暴露出反共的真实面目。国民党政府不仅停发八路军的薪饷、弹药和被服等物资，而且调集50万军队对陕甘宁边区实行军事包围和经济封锁，扬言"不让一粒粮、一尺布进入边区"，断绝对边区的一切外来援助。不仅如此，不少国民党党政军要员和部队投降日本，充当伪军，与日军一齐夹击八路军、新四军。有些中间势力也为一时的形势所左右而向右倒。日伪在华北推行"治安强化运动"，以"实行剿共，巩固治安"为重点，对解放区反复"扫荡""清剿""蚕食""铁壁合围"。例如：1942年4月，日寇集中3万兵力对靠近长城东段的冀东根据地进行"扫荡"。冀东主力部队转移到长城以北，热河的南部山区。敌人在长城内外制造东西700里、南北80里的无人区，使我部队活动十分困难。加上华北各地连续几年发生水、旱、虫等严重自然灾害，共产党领导的抗日民主根据地从1941年起出现了严重的困难局面。这种局面一直延续到1943年秋，造成我军减员。1942年，八路军、新四军由50万减为约40万人；根据地面积缩小，总人口由1亿减少到5000万；生产遭到严重破坏，抗日军民几乎没有衣穿，没有油吃，没有纸，没有菜，战士没有鞋袜，工作人员在冬天没有被盖。在这样的情况下，让我们抽调部队离开根据地与敌人硬拼，结果除了惨败、灭亡，很难想象还会有什么好的结局。这无论对苏，还是对我党、我军都是不利的。

希特勒在莫斯科失败后，放弃了全面进攻的计划。集中全力于1942年7月发动了围攻斯大林格勒的夏季攻势，[13]企图切断南北水陆交通要道，以窒息莫斯科。此时，日本虽正忙于太平洋战争，但仍有不少传闻，说日本将配合德国进攻苏联。

当时苏联无法确切地判断这些传闻的真实性。为防万一，苏联一方面积极组织斯大林格勒保卫战；另一方面寻求我们的帮助。为此，斯大林曾三次致电毛主席。

在第一封电报中，斯大林要求我们抽调八路军一两个师的兵力到内蒙和外蒙边境地区，接受苏方提供的可装备一两个师的新式武器。

毛主席研究后回电说：武器，我们自然是需要的。但调一两个师的兵力通过蒙古草原到达边境去接受武器却是不可想象的，因为敌人有空军，而我们没有。这样，我们的部队在未到达目的地之前，就会被敌机消灭掉。这个方案恐怕难以实现。

过了一段时间，斯大林第二次来电说，可否分批派出较小型的游击部队到满蒙交界地区轮番接受较小批量的武器，以加强抗敌力量。

毛主席否定了第二个方案。

1943年年初，斯大林第三次来电建议我党中央考虑调若干师团部署在长城内外一线，虽不是为了进行大战役，但也能牵制日军力量，或增加它的后顾之忧。

到1942年9月至10月间，我们已大致明白了斯大林的想法：苏方正在部署斯大林格勒战役，准备与敌决战，但又有后顾之忧，深恐在西线与敌决战的时候，日本乘机出兵苏联，配合德军的进攻。但是斯大林始终没有直接向我们讲明他的战略意图。毛主席猜测到斯大林的意图后，就开始把罗瑞卿、杨成武以及吕正操等部部署在长城内外一线，准备伺机向东北腹地渗透。形势的发展证明毛主席的这个战略思想是正确的、很有远见的。它既未暴露自己的目标，没有打草惊蛇，又占据了重要的战略位置，还可以帮助苏联牵制日军。退可以依托敌后抗日根据地，避免我军遭受不必要的损失，而且它还为抗战胜利后迅速进入东北，收复失地作好了准备。

1943年2月，斯大林格勒战役胜利结束。此后，苏德战争前线形势日益好转，红军逐渐转入全面反攻。至1944年十月革命节前夜，苏德战局已发生了根本变化，红军步步进逼，使敌人不断后退，喘不过气来。这时，苏军情报组大部分人员已撤走，只留下孙平、阿洛夫、尼古拉·尼古拉耶维奇·里马尔（无线电报务员）3个人。

十月革命节时，孙平等苏联同志在枣园举行了一次大规模的庆祝十月革命27周年的宴会。毛泽东、刘少奇、朱德、任弼时、张闻天、林伯渠、高岗、博古、叶剑英、李克农等书记处以及在延安的政治局的同志都应邀出席。宴会上的酒菜很丰盛，宴会的气氛更为热烈、高昂。宾主不断致词祝贺。首先，孙平讲话，然后毛主席致答词。大家频频劝饮，为粉碎人类公敌——法西斯，为全世界热爱和平的人们的解放而欢呼、而畅饮，以致在出席者当中，除3个人以外，全都烂醉如泥。高岗回不到南门外西北局去，博古回不到清凉山解放日报社去，都住在杨家岭中央办公厅。毛主席勉强回到家，几乎卧床一昼夜。

这里有必要顺便提一下，当苏军大举反攻，敌人节节败退时，出现了一个极其严酷而现实、重大而敏感、原则性很强的政治问题，即如何对待俘虏的问题。这个问题涉及民族心理、伦理、道德等问题。从人道主义和国际公约的原则出发，不应虐待俘虏。只要敌人举手投降，就不应杀害俘虏，不管他们在战争中的行为表现如何。但是，德军在进攻时，对千千万万被俘的苏联公民，不分男女老幼，不分现役军人、学者、干部与平民而乱加杀害，激起了苏联人民的极大愤怒。当苏军转入反攻时，想要求苏联广大军民一律以德报怨，以人道主义精神遏制对德军的复仇情绪，实在也是困难的，尽管当时苏联政府和党的领导人一再号召发扬人道主义，遏制复仇主义行为。斯大林格勒战役结束后，孙平曾同我谈到苏联对待俘虏的问题。他当时心情非常激动，对德国法西斯对苏联人民犯下的滔天罪行有着切齿仇恨。但是，苏联政府还是发布了命令，并采取了相应措施，制止了复仇主义的行动。苏联在这一点上做的是对的。

斯大林格勒战役后，斯大林与毛主席之间很少有直接的电报往来。我们的情报仍通过"农委"或苏军情报组的电台发送苏联。有时，毛主席找孙平谈话，向他讲些情况，提些问题，通过他反映给斯大林，然后苏方又通过他把斯大林的意图和他们对我们方针政策的看法与估计暗示给我们。

关于苏联在西线战胜德国后，在东线对日本将采取什么态度的问题，我们从孙平口中得知苏联一定会出兵，但不知苏军的行动计划，也不知其出动的确切日期。对此，苏方后来解释说，雅尔塔会议[14]上苏、美、英三方有个协定，即关于谈判内容及战略意图绝对保密，其目的是防止苏联向中共透露。

苏军情报组的成员一般是两年轮换一次。但在延安待的时间最长的是孙平，前后将近四年。1942年5月他到延安之前，曾以塔斯社驻华记者的身份在西安、兰州做情报工作，那时他就认识了周恩来、朱德、叶剑英、任弼时等同志。

1940年离开莫斯科回国前，我到内务部向老同事、老朋友告别。内务部的人告诉我，他们在乌鲁木齐、兰州等地都派有情报人员，希望我能给予帮助。我们到兰州时，苏联领事馆宴请周恩来、任弼时等同志。孙平虽不是总领事，却十分活跃。他用俄文和弼时交谈。弼时知道他的真实身份。当时我们党的方针是掩护、协助他们工作。

1942年5月孙平到延安，他的身份是塔斯社记者、共产国际联络员、苏军情报部情报员。他到延安的主要任务是收集情报，政治、经济、军事各方面的情报都收集，重点是针对日本的军事情报。这同大革命时期在中国工作的苏联同志的任务完全不同。

孙平的俄文名字是彼得·巴菲诺维奇·弗拉基米洛夫。"孙平"是中国同志给他取的中国名字。他是个军人，军人的天职是保卫祖国。一般来讲，军人的民族意识极强，孙平也不例外。因此，他在华期间对中国的许多问题都不能正确理解。仅举一例，我党的一些领导人出身于富有家庭，或本人是知识分子，对此他就很有看法。他认为只有王震这样铁路工人出身的人才是真正的共产党员。

经我介绍，孙平认识了王震。一次王震请我做客，我征得他的同意将孙平带去了。王震为人豪爽，直言快语，易于接近。只谈了两个小时，孙平回身对我说："这才是真正的无产阶级！"从此他们过往甚密。

苏军情报组在孙平负责时期，由于人手减少，他们的情报主要靠我们提供。经毛主席同意，孙平直接同社会部联系，由后者负责提供情报；同时他还同八路军总部联系，同副总参谋长叶剑英、作战部副部长李涛联系，同新华社社长博古联系，同高岗、林伯渠以及各部委、西北局、边区政府等许多单位直接联系，从他们那里获得各种情报。孙平懂中文，大致能听懂中国话，毛主席让他多到各县、基层去看看，直接找当地干部谈话。所以他常到各处，如绥德专区、晋西北等地去活动，亲自找人谈话，了解情况，搜集情报。

据孙平自称，在那一时期，博古对他帮助最大，使他弄清了国际、中国国内和党内许多复杂问题的来龙去脉，帮他较好地掌握了动态。这些话孙平讲过不止一次。但实际上，关于我们党内情况、党史上的问题、党内斗争，以及当时党内存在的种种问题、各项主要政策和策略、国内形势、抗日战争的战略、策略与政策、同国民党的斗争等，都是由毛主席亲自向他介绍和解释的，而且给他讲的也最多。

毛主席对他很关心，帮助很大，对他的任何要求都是有求必应。我们不仅在枣园为情报组盖了漂亮的小洋房，而且在城里、大砭沟都为他们准备了房子，供他们使用。

孙平到延安后，很快博得了毛主席的信任。毛主席有话愿意同他讲，有时简直是无话不谈，很少有戒备。孙平给人的印象是精明干练，机警灵活，总是笑嘻嘻的，一口一个"是的，您说得对"。他忍耐性强，不管是对他语言上的刺激，还是行动上的刺激，他都能忍耐。他善于察言观色，顺着别人的话头讲。毛主席发表意见后，他能作出恰好适合毛主席心情的评语和结论。他尽量施展本领，取得毛主席的信任，目的是从毛主席那里取得更多更重要的情报，获得更多经济生活方面的好处。

毛主席把孙平拉得紧紧的，目的是通过孙的嘴巴把我们的看法汇报给共产国际和斯大林。最后两年，双方越来越亲密，孙平的电台几乎成了毛主席的电台。孙平任何时候都可以到毛主席那里去，毛主席也随时可以叫他来。

此外，孙平还从任弼时、李富春那里得到了许多经济上的好处，如尽量保障他们的供应，用外币兑换边币时给予优惠。他还从彭德怀和叶剑英那里获得了各种各样的军事情报。毛主席允许他到王家坪我军总部去，他除同叶剑英、李涛谈话外，还可以直接找参谋人员、作战室工作人员交谈，而且可以看作战室地图，参加各种汇报会。他还从博古那里获得了大量的国际国内情报。他在中情部不仅能得到日常的情报，还可得到各种照顾。

1944年6月，中外记者西北参观团一行21人来到延安采访，其中有苏联的普罗岑柯。普在孙平的帮助下单独会见了毛主席。毛主席向普罗岑柯谈了党的组织情况、思想教育，党的发展与干部培养等方面的问题。普罗岑柯提出应当考虑抗战胜利后如何进一步发展和培养干部的问题。毛主席认为普有头脑、有见地，继续向他介绍了抗战形势，抗战胜利结束后我们的方针、政策和政治路线、战略意图，以及中国革命和党的发展与前途等问题，向他说明即使抗战胜利结束，也并非是我国革命的终极目的。

后来，孙平向毛主席说，他很想学习中共党史和中国革命史以及了解我党各个时期的政策问题，并请主席指定一个人同他谈。毛主席表示同意。

过了一段时间，毛主席作了准备，对孙平说："咱们两人共同研究吧。"毛主席正想进一步改造和培养他，把他变成我们的朋友，让他宣传我们的观点。

于是，从1944年六七月开始，到七大召开前，毛主席差不多每隔一周或两周就同孙平长谈一次，有时甚至一周内同他谈两次。每次要花三四个小时，几乎像上党课一样。

谈话内容包括建党以来中国革命发展的各个阶段的形势变化，我党的政策、方针、路线，我党取得的成绩，遭受的挫折，各个时期党、政、军的发展变化、派别斗争等。对党内派别（即宗派主义倾向）问题，毛主席讲得比较多，总的意思是，在我们党的历史上，小派别活动曾产生过影响，但未起过决定的作用。孙平从这里学到了许多东西。说老实话，我对党的历史的了解，较全面、较系统的党的历史知识也是在这次获得的。通过这些谈话，我才知道主席在大革命时期曾在国民党中央宣传部工作过；在中央苏区，邓（小平）毛（泽覃）谢（唯俊）古（柏）等同志受到打击和追害等重要情况。

七大前夕，毛主席把七大的准备工作，《关于若干历史问题的决议》草案的内容都给孙讲了，同时告诉孙，让他作为客人列席七大，并指定由我担任翻译。会后，毛主席还一再问我，各次会议孙平是否都参加了？

七大结束后，毛主席不满足于孙平参加听会，还专门把孙找来，向他介绍了大会的情况。实际上等于给了他一个提纲，让他照提纲向莫斯科汇报。这个提纲的中心内容有三点：（一）大会是团结的，全党达到了空前的一致；（二）七大通过的路线、方针、政策是完全正确的，得到了全党的拥护；（三）大会一致拥护毛泽东和刘少奇作为第一把手和第二把手。

每次从毛主席那里出来，孙平总要同我谈谈他的体会、感想，他同我谈得很好。他很尊敬毛主席。[15]

关于苏德战争对毛泽东考虑国内抗战问题的影响，胡乔木回忆说：

苏德战争对中国共产党的历史、中苏关系影响很大。

苏德战争爆发后毛主席非常紧张，经常开会讨论这一事件后的国际形势。当时有个苏联人在延安，他的任务就是催促八路军打到东北去，急得不得了。苏联很难了解中国。对中国共产党的政策、方针，他们不理解，只说中共不支持他们。

苏德战争爆发后，蒋介石完全处于观望状态。如果不是太平洋战争爆发，英美也不想过问中国的抗战。太平洋战争后，美国一开始大败，这才促使它考虑中国抗日战场，改变起初不关心的态度。通过这么一个过程，美国才认识到中国战场的重要。

毛主席为苏德战争写过一篇社论。后来收入《毛泽东选集》，收入时有修改。战争一爆发，毛主席就让我写了一篇文章：《苏必胜，德必败》。那时我们住在枣园。毛主席出了题目后，让我当场写。请你们找出这篇文章看看。这并不是要说我写的这篇东西如何重要，而是通过这篇社论的写作看出党中央、毛主席的心情是多么迫切。毛主席写的社论是在这篇文章之后。苏德战争期间，毛主席还写过一些新闻稿。

苏德战场的各种变化，引起中国国内情况的变化。这个问题，现在不大为人注意，我作为一个目击者有话可说。

莫斯科保卫战时，有一天，书记处在枣园开会讨论战局情况。毛主席让警卫员拿地图，警卫员拿去了中国地图，毛主席生了很大的气，说他要的是世界地图。当时毛主席很着急，要研究希特勒打到什么地方了。毛主席没有想到，在战争初期苏联军队那么不经打。

……

苏德战争是毛主席最关心的。它对国内抗战有很大的影响。这之前，中国抗战是很沉闷、很危险的。国内发生了皖南事变。国际上，英美等国有可能与日本妥协，牺牲中国利益。这就是当时我们说的远东慕尼黑阴谋。这种危险是相当严重的。这是当时的一件大事。

苏德战争以前，苏联也是很危险的。他们同德国签订和约是不得已。苏联的政治信誉因此大受影响，特别是在西欧共产党中引起了很大的震动。尽管苏联反复强调，现在的战争是帝国主义之间的战争，苏联和各国共产党不必介入，但仍不能为许多国家的共产党人所接受，因为共产党是反对法西斯的。如果同希特勒德国签订和约只是一种策略，斯大林就应该积极准备战争，但他显然准备不足。

日本当时的军事力量、经济力量都相当可观。他们发动珍珠港事件是老早就计算好了的，认为可以打赢。在南洋，英国军队被日本军队打得大败，不堪一击。英国当时号称海上霸王，但日本没有费多大的力量很快就占领了英国的势力范围。

在珍珠港事件前，英美并不是完全小看了日本的力量。他们想同日本妥协，而且以为日本也是愿意妥协的。英美还支持日本，卖军火、废铁给它。美国当时没想着帮助中国抵抗日本，所以蒋介石派人到美国游说没有什么结果。

苏德战争的爆发与日本偷袭珍珠港，两个事件时间相距不远，对国际形势产生了极大的影响。在苏德战争初期，我们党虽然对苏联战场焦虑不安，但对苏联最终将取得胜利是充满希望和信心的。

1941年11月7日，斯大林要像往年一样在红场阅兵，这是很危险的，因为德军离莫斯科已不是很远，它可以搞空袭。但苏联红军做了严密的防范，掌握了制空权。这极大地鼓舞了苏军的士气，最终莫斯科保住了，希特勒的闪电战破产了。

从莫斯科保卫战到斯大林格勒战役期间，人们的情绪逐渐稳定下来。苏德战争爆发后，英美有一段观察的时间，在苏军稳住阵脚后，才提出开辟第二战场。对第二战场的开辟，英美一直采取拖延战术。这一方面是他们想有意消耗苏联的力量；另一方面确实不容易，要在诺曼底登陆很难。英美在这一登陆战中出了不少名将。

苏德战争、太平洋战争爆发后，蒋介石有一段时间也认为英美完了，也想过向日德靠拢。因此，一时间投降活动又有抬头。但战局的发展与蒋介石设想的不同。美军在战争爆发后的退却中慢慢地站稳了脚跟，相继争夺太平洋的一些岛屿。中途岛一战，日本海军遭到很大的失败。这以后，史迪威指挥盟军打通滇缅路。在打通滇缅路时，国民党军队的不少将领还是很努力的，但国民党的腐败也暴露在美国面前。美国舆论说，美国援华物资要分一部分给共产党。这样，美国才派美军观察组到延安。如果不是苏德战争和太平洋战争，世界局势不会如此发展，中国抗战局势的发展也会有一些不同。我们的困难会大得多。

由于美国的压力，1943年共产国际宣布解散。蒋介石趁此叫嚣共产国际解散，中国共产党也要解散，并秘密地准备发动第三次反共高潮，但没有成功。这是由国际国内形势决定的。

写这篇文章[16]，一方面要反映出毛主席、党中央当时紧张、沉重的心情。毛主席当时是全神贯注于苏德战争的发展。《解放日报》经常发表社论，每天都有苏德战场情况的报道。另一方面要反映出苏德战争、太平洋战争引起的世界格局的变化，有利于发展世界反法西斯统一战线。对中国的影响，则是由原来的击破远东慕尼黑阴谋，到当时的建立反法西斯统一战线。

毛主席在苏德战争期间，能够根据战局的变化，指导国内斗争，开展对英美的工作。以前也想争取英美，但办不到。因为他们要同日本妥协。我们对美军上层的工作，直到现在还有影响。卡尔逊中校在这方面所受的影响比斯诺还大。他深入到八路军中，说要把在八路军中学到的东西在美军中实验。他同罗斯福关系比较好，通过他，美军与八路军建立了关系。之后美空军飞行员在对日作战中常降落到解放区游击队附近。游击队救了他们，人数不少，华北有，广东也有。我们党同美国的关系的高潮在1944年。

根据战场形势的变化，我们党一方面重视苏联，注意保持同苏联的密切关系；另一方面积极做美英的工作。这主要是通过恩来同志在重庆做的。毛主席的指导方针是随着形势的变化而改变的。对国际反法西斯战线，蒋介石是被动的、不赞成的。他一心一意地反共，不适应客观形势的变化，以致愈来愈被动。[17]

胡乔木还回忆了抗战后期中共中央外交活动的三件大事，即中外记者团访问延安，向美军观察组介绍中共抗战情况及其方针政策，同美国总统的私人代表赫尔利就国共关系举行谈判。在这些重大活动中，毛泽东始终居于主导地位。

关于接待中外记者团的情况，胡乔木回忆说：

由于国民党的长期封锁，红色根据地在外界看来是一个十分神秘的地方。随着我党力量的增长，许多英美在华人士，特别是一些新闻记者对了解抗日根据地的真实情况产生了越来越浓厚的兴趣。1944年2月16日，驻华外国记者联盟直接上书蒋介石，要求国民党政府允许外国记者到陕北及延安访问。几天之后，蒋介石出人意料地批准了外国记者的请求。3月4日，重庆八路军办事处给延安发来一份电报，详细报告了有关情况。

对于外国记者的来访，党中央、毛主席从一开始就很重视。收到八路军办事处的来电后，毛主席当即批给十几位同志传阅。4月30日，记者团的行程大体确定，毛主席又特地致电董老，请他转告外国记者："诸位来延，深表欢迎。"

在外国记者起程之前有一段精彩的过程，它从一个侧面反映出我们党与国民党在宣传上的尖锐斗争。蒋介石批准这次访问实际上是迫于国内外舆论的压力，因此他竭力想把这次访问控制起来，以便为他的反共目的服务。按照蒋介石的布置，原定的外国记者旅行团由国民党官员带队，并安排一些中国记者参加。国民党当局还规定，旅行团要先到西北国统区考察，然后再到共产党边区访问，期限是3个月，写出的报道必须送交国民党宣传部审查之后才能发表。同时，蒋介石还训令西安地区国民党军政要员，要他们收罗所谓"中共叛徒""受害者""知情者"等事先准备材料，专门向外国记者进行反共宣传，"以造成中外籍记者对中共知其如何可恶，而无足重视之心理"。西安地区国民党当局秉承这个旨意，积极布置特工人员炮制伪证，乔装准备。不料，蒋介石的训令和其他有关情况很快被我党掌握了。4月初，毛主席和恩来同志打电报给董老，请他把这件事迅速透露给各位外国记者，使他们在精神上有所准备。这样，蒋介石的反共把戏没来得及上演就露馅了。

中外记者团5月17日离渝，6月9日抵达延安。

记者团共有21名成员，实际只有6名外国记者。这6人之中，1人是苏联塔斯社记者，名叫普罗岑柯；其余5人差不多每人都兼任英美等国两三家有影响力的报社的记者。这5个西方记者的政治倾向很不一样，爱泼斯坦和史坦因是中国人民的真诚朋友；福尔曼是个很严肃的记者，但对政治不感兴趣；武道与国民党宣传部有较密切的关系；天主教神父夏南汗则对共产主义思想抱有敌视态度。

10日，朱总司令设欢迎晚宴。晚宴后还举行了盛大的音乐会，演出以雄壮的《同盟国进行曲》开始，以气势磅礴的《黄河大合唱》结束。这些隆重的活动一半是为了欢迎记者团的到来，另一半则是为了庆祝盟军终于在欧洲开辟了第二战场。12日下午，毛主席会见了中外记者并解答了他们提出的问题。看到中外记者终于来到延安，毛主席很兴奋，觉得总算是打开了局面。会见时，他畅谈国际国内形势，并对记者们说，要战胜日本法西斯，中国必须实行民主。

之后，毛主席还抽空与一些外国记者进行了深入的个别交谈。在这些谈话中，毛主席除比较详细地介绍中国的抗战形势和我党的各项基本政策外，还根据每个记者的不同情况有针对性地讲了一些问题。例如，向苏联记者普罗岑柯谈了中共的组织和发展，我党在抗战胜利后将要采取的方针路线及中国革命前途等；向美国记者史坦因阐述了中国共产党的外交方针，批评国民党片面亲美而对苏联抱有敌意的政策，主张中国与美、苏都保持友谊的关系，以便使中国在战后能成为美、苏之间的一座桥梁。毛主席有一句著名的话——"我们的权力是人民给的"，也是在同史坦因谈话时讲的。通过与我党领导人的交谈，外国记者对我党的各项政策有了比较深入切实的认识。同时，我党领导人也通过他们了解到一些比较重要的情况。例如：英美人士对国共两党的观感和对中国局势的看法，盟军有可能向八路军提出配合作战的请求，美国政府已开始考虑战后对华政策等。有的外国记者还十分友好地向我党领导同志提出了一些改进我们对外宣传的建议和办法。

外国记者不仅访问了延安，还到了晋绥抗日根据地和其他一些地方。经过几个月的访问，记者们发现边区是一个与国统区完全不同的新天地。根据亲身经历，他们每个人都写了不少描述根据地斗争生活的生动报道。特别是福尔曼写的《来自红色中国的报道》和史坦因写的《红色中国的挑战》，是两部在当时产生了很大影响的书。对于外国记者的反映，毛主席非常注意。他曾在一些指示中说：外国记者对我党抗战发展甚感兴趣，对国民党腐败专制甚为不满，对国共关系甚为关心。他们从延安所发出的电讯，大多描述我党民主实施、抗战工作及生产建设之努力和成绩。夏南汗神父亦认为边区是好的，国民党想利用他反共，没有成功。由于外国记者访问的结果完全出乎蒋介石的意料，国民党当局重新对陕甘宁边区实行了新闻封锁。〔18〕

胡乔木还回忆了毛泽东对争取美军观察组所作的努力：

与中外记者团的访问相比，美军观察组的到来是一件更重要的事情。抗战后期，中国在同盟国中与美国的关系是最密切的，我党外交工作的主要对象也是美国。自从太平洋战争爆发之后，党中央、毛主席一直十分重视对英、美的统一战线工作，希望在共同的抗日战争中与这两个国家特别是美国发展关系。不过，有很长一个时期，美国政府并不重视我党的力量，而是把国民党视为中国抗战的主力。虽然恩来同志早就向美方人士提出过一些合作建议，例如向我党领导的抗日根据地派遣军事观察组等，但美国方面迟迟没有作出回应。直到1944年年初，美国政府的态度才出现了转变。

毛主席得知美国政府准备向延安派遣一个军事观察组是在1944年3月初。当时，八路军驻重庆办事处给党中央发来一份电报，说一位在国民党政府内担任顾问职务的美国人士告诉我们，罗斯福总统已致电蒋介石，要求派遣一个军事考察团去西北。据这位友人介绍，蒋介石起先拒绝了，稍后又勉强表示同意，但条件是不得与中共接触。之后，罗斯福又来电说明派遣军事考察团到西北的目的就是要考察中共军事，但蒋介石却迟迟不作答复。这件事一直拖延到6月下旬美国副总统华莱士访华时才得到解决。在与蒋介石的会谈中，华莱士几次提出要向延安派遣美军观察组，迫于无奈，蒋介石最后总算同意了。6月28日，林老、董老电告毛主席，美国军事人员赴延安一事已确定，不久即可起程。毛主席当即复电表示欢迎。

美国政府派遣一个军事观察组到延安来，等于是和我党建立起一种官方联系，这同以前我党驻重庆八路军办事处人员与美国官员之间的个别接触很不相同。当然，观察组级别不高，并不办外交，但具有外交性质。它的主要任务是收集情报，不能决策。最初来延安的美军观察组共有成员18人。他们分两批到达，一批在7月22日，另一批在8月7日。观察组最初的成员对我们党的态度基本是同情的、友好的。观察组组长包瑞德在离开重庆前曾私下向八路军办事处的同志表示，他感到这次与中国新生力量合作，任务重大，如果做得不好，这一生就完了。

毛主席对美国军事观察组的到来格外重视。延安机场非常简陋，在美军观察组到来之前，只偶尔使用一下，大飞机起降很不安全。为保证美军观察组安全抵达，毛主席亲自草拟了一份电报，详细说明机场的情况，包括规模、走向以及各种标记。他对宣传工作也抓得很紧。观察组来延安前夕，适逢美国建国168周年。7月4日，延安举行了很热烈的庆祝会。我党主要领导同志和在延安的外国人以及中外记者团的记者们都参加了。为了这一天，毛主席特地指定《解放日报》写了一篇社论，题目是《庆祝美国国庆日——自由民主的伟大斗争节日》。写好后，毛主席又亲自提出修改意见。这篇社论对美国独立战争、南北战争的意义作了很高的评价，对华盛顿、杰弗逊、林肯等人在世界自由民主运动中的影响也很赞许。社论中还有一段话，表达了我们对美国外交的希望："罗斯福总统、华莱士副总统的外交主张，是美英苏中的战时团结和战后团结……这个外交路线是符合于美国利益，也符合于全人类利益的。我们中国不但在战时要求国际反法西斯的团结，以求得民族的独立，而且在战后也要求国际的和平合作，以推进国家的建设，所以，我们在庆祝美国国庆日的今天，深望罗斯福总统和华莱士副总统的这个外交路线能够成为美国长期的领导路线。"在美军观察组到来之后，为表示郑重欢迎，毛主席亲自修改了《解放日报》8月15日的社论。这篇社论的题目是《欢迎美军观察组的战友们》，其中"战友们"3个字是毛主席修改时所加。在社论中，毛主席醒目地提出美军观察组到达延安，"这是中国抗战以来最令人兴奋的一件大事"。因为经过七年的抗战，中国共产党所领导的八路军、新四军以及解放区军民的力量终于逐渐被同盟国所认识，"国民党想要永远一掌遮天，已经困难了"。毛主席预祝美军观察组的工作成功，并希望这一成功会增进中美两大盟邦的团结，加快最后战胜日本侵略者的进程。

为了使美军观察组尽快了解抗日根据地的情况，党中央和中央军委组织安排我军的高级将领向他们作了有关敌后战场的全面介绍。彭德怀、叶剑英、陈毅、林彪、聂荣臻、贺龙等都参加了。这些介绍是非常细致的，例如彭总的报告就讲了三天。此外，还召开了一些专门问题的座谈会，组织了各种参观活动。美军观察组也向我方提交了他们所需要的各种情报的清单。负责接待工作的剑英同志根据他们的要求，很快向各军区下达了详细指示。中央军委还决定在敌后各战略司令部增设联络处，专门担负向盟军提供战略情报的工作。

在令人鼓舞的形势下，党中央、毛主席以极其冷静的态度进行了分析和思考。当时看来，美国政府主动采取措施，急于与我党建立联系有3个原因：第一，美国政府对蒋介石抗战不力且要价越来越高甚为不满，美蒋之间的矛盾有所增长。南方局从一些中外友人那里了解到，华莱士访华期间曾说，美国尽力武装蒋介石的军队，但他的军队一战即溃；而华北及华中等地的抗日军队又被封锁，不能得到美国的援助。华莱士还说，以前对蒋介石的传闻虽然很坏，但不能十分肯定。这次来华亲历后，乃知所见比所闻更坏。第二，我党领导的抗日力量已不容忽视。当时，美军为轰炸敌后日军，迫切需要我军提供情报和营救降落在敌后的飞行员；更重要的是为最后击败日本，美军正考虑在华北、华中沿海大规模登陆作战，此举需要八路军、新四军配合。这些军事上的需要从美军观察组向我方提出的要求中可以看得很清楚。第三，美国政府政治方面的一个重要意图是，全面了解我党情况，以便为制定战后对华政策作准备。林老和董老在6月28日致毛主席的电报中明确指出，"美国之积极要求派人常驻延安与华北，不仅是为了今天轰炸日本的需要，必然还另有目的"，这就是"详细了解我与苏联的关系，现在是否受苏联支持"；"详细了解我们的建设方向，战后是否与美国合作，这是很多美国人心里的问题"。

8月16日，党中央收到南方局打来的一封长电，内容是对我党外交的意见及对中央的建议。毛主席非常仔细地阅读了这份电报，并用笔勾出重点。特别引起毛主席注意的两个问题是有关美国对华政策两面性的分析和对我党外交政策基础的看法。南方局来电中指出：目前美英人士已逐渐认识并承认有两个不同的抗战中国，今天美英对华政策，对太平洋战略，乃至对战后的世界和平计划，已不能不在蒋政权外同时估计我党的动向，了解我党的意见。但是，在对华政策问题上，美国政府的态度十分谨慎。对于国民党，罗斯福一面不满意蒋介石的法西斯倾向及抗战不力，一面仍在政治上、军事上、经济上支持他，希望他用实行宪政的方法争取多数人拥护来和我们对抗。对于我党，美国今天为着打日本，必须联共，并强迫国民党联共，但同时又怀着很深的戒惧。美国决不会放弃对中国的控制和影响，不会赞成中共成为中国的政治中心，不会赞助中共领导的新民主主义在全国得到胜利。因此，我们要实际成为中国政治的中心，必须经过一个新民主主义与旧民主主义斗争的过程，只有在现实中已经造成我党的中心地位，而美国不能否认时，它才可能被迫承认。关于我党外交政策的基础，南方局同志认为，必须以自力更生为主、争取外援为辅。我们的出发点是争取民族民主革命的彻底胜利，建立独立、民主、统一、和平、繁荣的新中国，无论今天和将来，我党都不会走南北分治的对立，而是坚持自己的阵地与坚持新民主主义的方向，促成全国进步。为承担起这一责任，我们必须使自己的力量更加强大，成为决定中国问题的主要因素。只有如此，才能主动地利用外援，而不是被动地受人支配。对于南方局同志所作的深入分析，毛主席是肯定的。应该说，我党当时对美国对华政策的认识是非常清醒的。

8月18日，恩来同志草拟了《中央关于外交工作的指示》，经毛主席批准，下发给各中央局和各区党委。这份文件很好地说明了我党外交工作的性质、内容和我们的民族立场。恩来同志指出，我们的外交政策是在国际统一战线的思想指导之下的，其中心内容是共同抗日与争取民主合作，扩大我们的影响。他还指出，我们的外交目前还是"半独立的外交"。这是因为，一方面，重庆国民政府还挂着中央政府的招牌，我们的许多外交往来还须经过它的承认；另一方面，国民党不愿我们单独进行外交活动，我们与同盟国家只有冲破国民党种种禁令和约束，才能开展外交往来，所以它又具有独立性。尽管那时我们党还缺乏足够的外交经验，但从一开始，毛主席和恩来同志就提出，共产党人办外交首先必须站稳民族立场，反对百年来在民族问题上存在的排外和惧外媚外两种错误观念。一方面，要加强民族自尊心、自信心；另一方面，也要学习人家的长处，善于与人合作。这些最初确定下来的原则对我党以后的外交斗争具有很重要的指导作用。

9月初，根据形势的发展，党中央、毛主席作出了两个重要决定：一个是放手与美军合作，同时也向美国提出援助我们的必要；另一个是在国民参政会和国共谈判中提出改组中央政府，废除国民党一党专政的要求。这两个决定是互相配合的。当时，从总的形势上看，中国战场和太平洋战场的问题正随着欧洲战争接近结束而突出出来。中国局势的特点是，一方面，蒋介石领导下的国民党军队在日军进攻下接连遭到惨重的失败，大西南形势极度危急。一时看来，昆明乃至重庆都有可能不保。朝野人士纷纷要求蒋介石尽快做出重大改革以挽救时局。另一方面，我党领导下的八路军新四军在敌后战场不断发展壮大，在抗日战争中发挥着日益明显的决定作用。9月初美国总统特使纳尔逊和赫尔利抵达重庆访问，9月中旬美英两国首脑罗斯福和丘吉尔将在加拿大魁北克举行会议，这两个会谈显然都关系到对日战争的前途。在中外记者团和美军观察组抵达延安之后，党中央、毛主席希望抓住这个新出现的时机，进一步推动我党与美国合作关系的发展，并借此推动一直停滞不前的国共谈判的进程。

为了推动与美国的军事合作，9月9日，毛主席和少奇同志提出："放手与美军合作，处处表示诚恳欢迎，是我党既定方针。"对于开展与美军的合作，各抗日根据地是积极的，但也存有一些顾虑。例如，新四军有些同志就担心，美军人员经常来往华中，可能引起敌人的注意和扫荡，对我们害多利少。毛主席打电报解释说：我们应对美军人员的到来表示欢迎，"一则美我配合侦察敌情，有利现时轰炸与将来配合作战；二则了解我情可争取军火援助，此点可能性很大；三则现时可打破国民党反宣传，将来国民党举行内战，新四军首当其冲，可争取美方赞助。虽可能引起日寇扫荡，但比较全局，利多害少"。

任何有效的合作必须是相互的，在向美军提供帮助的同时，我党也慎重地向美方提出给予我军援助的要求。9月8日，党中央电示董老，请他向史迪威、赫尔利、纳尔逊提出援助我们的必要，同时，代表我党我军向赫尔利等人表示，欢迎他们来延安访问。几天以后，毛主席又两次致电林老、董老和王若飞3个同志，说明我们在原则上主张按照抗战成绩分配盟国援华物资，美国援华军火至少应分1/2给八路军新四军。《解放日报》也按照这些指示的精神，于9月15日发表了新华社电讯"延安有资格人士评论盟国援助物资分配问题"，稿件经毛主席亲自修改。这些情况表明，毛主席对外援问题是非常重视的，是极力争取的。抗战期间，我们常说"自力更生为主，争取外援为辅"，"为辅"的外援究竟来自哪里呢？这对我们始终是个问题。苏联从来没有给过我们什么援助。抗战后期在舆论上对我们的支持是有一点，登了几篇文章；但那时国际舆论已对蒋介石政府群起而攻之了，在这种情况下苏联才有所表示。美军观察组到来之后，一度出现了获得一些外援的可能性。当时看来，这种想法并非不切实际，因为美国人确实有求于我们。我们党向美国提出援助问题还有其他两方面的意义，一个是打破国民党在接受外援方面的垄断地位，另一个是测试美国与我们进行合作的诚意。不过，后来情况有所变化，我们最终还是没有得到什么外援。

为了推动与美军的合作，毛主席不仅制定了有关的方针政策，而且还亲自作了周密细致的部署。八九月间，他曾指示山东我军迅速提供有关青岛、烟台、连云港等地日本海军的各种情报；指示太行、山东、华中三地区各开辟一个飞机着陆场，并说明这一工程必须由首长负责专门指导；美军观察组成员考林和琼斯赴晋西北、晋察冀考察亦是由他拟电向当地作交代。毛主席还批准陈纳德率领的美国驻华十四航空队在我新四军五师所辖范围内设立一个无线电网。此外，像营救盟国飞行员一类的事情，他也时常过问。当然，毛主席考虑更多的还是怎样从战略上作好准备。针对美军有可能在战争最后阶段在华东沿海大批登陆一事，毛主席在8月下旬要求新四军总部认真布置吴淞、宁波、杭州、南京间，特别是吴淞至宁波沿海及沪杭甬铁路沿线地区的工作，广泛地发展游击战争及准备大城市的武装起义。11月初，毛主席再次指示新四军，美军可能在杭州湾登陆，要他们采取步骤，以配合美军登陆及准备夺取杭州、上海、苏州、南京等大城市。同时，他还提出了一些建议请新四军领导同志考虑，例如增调部队南进；抽调大批干部进行训练，陆续派往苏浙；必要时设立中央分局以统一指挥苏浙地区的斗争等。后来，虽然情况发生很大变化，美军放弃了在中国登陆作战的计划，但毛主席这些战略部署的意义并未因此丧失。这是因为毛主席的部署一方面固然是为了配合美军，反映出我党对发展与美国关系的重视程度；另一方面，这些战略部署还有更为重要的意图，那就是在抗日战争进入最后的反攻阶段时，使我军掌握先机，发展和壮大我党力量，以便应付各种复杂局面。

在延安，毛主席、恩来同志和我党其他领导同志还多次与美军观察组成员谈话，直接做他们的工作，使他们对我党的各项政策主张有更深入的了解，争取他们同情和赞助我党领导的抗战事业。例如大家所知道的毛主席与谢伟思的谈话就非常重要。遗憾的是我方的记录还有待查找。从谢伟思的记述来看，毛主席与他谈话的内容不仅包括国共关系、我党与美国的关系，而且还涉及战后中国的经济建设。这表明毛主席考虑我党的对美关系，不仅是从战争时期的现实需要出发的，而且有更长远的设想。毛主席强调说，共产党对美国的政策是寻求美国对中国民主政治的友好支持和合作抗日。战后，中共将继续寻求美国的了解和友谊。中国战后的最大需要是发展经济，中美两国经济上可以互相取长补短，双方将不会发生竞争。在这些谈话中，毛主席也直率地表示了他对美国对华政策的担心，批评美国只向蒋介石提供援助的政策，并警告说这将促使蒋介石选择内战道路。这些谈话中阐述的政策思想，可以说是为我们党对美国的外交政策奠定了基础。

当时，我们与那些来到根据地的美军人员的关系是相当融洽的。我方的周密安排和坦诚合作的确赢得了他们的心。美军观察组成员认为，我方所提供的材料"超出了他们的希望"。观察组组长包瑞德的评价是"八路军给予美国陆军的衷心合作和实际协助几乎是尽善尽美的"。一位被我根据地军民营救的美军飞行员临走前曾恳切地说："中国共产党前途之大，除苏联外无可比拟，而蒋介石的不进步为世所闻。"也甚至表示，蒋介石在战后必然向八路军进攻，造成内战，如八路军有所需要，他愿以个人的一切来相助。当时还没有人发明出"洗脑筋"这个词。如果说美军人员来到根据地后在思想感情上发生了变化，那并不是因为我们进行过什么说教，而是耳闻目睹的事实使他们深受触动。不是洗脑筋，而是开眼界。〔19〕

1944年11月上旬，赫尔利以美国总统罗斯福的私人代表的身份来到延安，企图斡旋国共关系。毛泽东等多次同赫尔利会谈，表现了极大的合作诚意。

胡乔木回忆说：

在发展我党与美国的关系时，党中央、毛主席原先的设想是先从军事合作入手，然后再根据情况和可能逐步开展其他方面的合作。但是，赫尔利来到中国以后便急于插手国共谈判，这就使整个情况发生了很大变化。与赫尔利的谈判是毛主席亲自主持的，也是他亲身参加的为数不多的几次重要谈判中的第一次。可以说，这次谈判对国共关系、对我党与美国的关系、对这段历史的进程都产生了巨大影响。

1944年是战时国共谈判最关键的一年，毛主席对国共谈判问题一直抓得很紧。年初，毛主席在致董老的一封电报中指出："观察今年大势，国共有协调之必要与可能，而协调之时机，当在下半年或明年上半年。"年中，华莱士访华以及美军观察组的到来，促使党中央决心加快与国民党谈判的步伐。9月初，党中央判断我党向国民党及国为外提出改组政府主张的时机已经成熟，决定由林伯渠同志在国民参政会公开提出我党建议，召开有各党各派参加的国事会议，改组中央政府，废除国民党一党专政。

我们党与赫尔利的接触是从10月开始的。在重庆的林老和董老曾于17日、18日和24日三次与赫尔利会面。在前两次谈话中，赫尔利作了如下几点表示：第一，蒋介石对我党的态度已经缓和，蒋介石允许他与我党接触，也允许他必要时去延安；他对我们党欢迎他去延安表示感谢。第二，蒋介石是全国公认的抗日领袖，但中国现政府不民主；他认为中共应得到合法地位，中共武装组织训练都好，力量强大，是决定中国命运的一种因素。第三，他代表罗斯福来帮助中国团结，决不对党派有所偏袒，分配援华物资也决不偏重某一方。第四，他准备在国共两党谈判代表之间撮合，得出合作的初步结果，再与蒋介石商谈；蒋同意后他便到延安来与毛主席商淡，求得双方合作的基础。第五，由蒋介石与毛主席见面，发出宣言，两党便合作起来了。在第三次见面时，赫尔利告诉董必武和林伯渠同志，蒋介石已于21日交给他一方案，被他当场退回了。他打了个比喻，说蒋介石的方案是叫我们在前面打，他们在后面打，意思就是要消灭我们。赫尔利还说，他告诉蒋介石，如果他是共产党，也不会接受国民党的方案。他问蒋介石，为什么不可以并肩作战？蒋介石回答说，无适当的人指挥。赫尔利说，他去，但他不是指挥，而是作两军的连锁。最后，赫尔利表示，蒋介石现在正起草新的方案，他看过之后将带往延安。为拉拢国共谈判，赫尔利最初力图摆出一副公正的面孔，对我们讲了不少好话。

在接到关于董老、林老与赫尔利第一次谈话情况的报告后，毛主席、党中央对谈判前景作出了比较乐观的估计。毛主席认为，蒋介石对罗斯福、丘吉尔的压力硬抗了几个星期，现在又软下来，对美国软，对我方亦随着软些；蒋最怕指名批评他，美国亦怕我们不要蒋，故在许蒋存在的条件下，可以做出一些有利于我们的交易来。11月6日，中共六届七中全会主席团会议讨论了赫尔利来延安进行谈判的问题。这是我党第一次涉外重要谈判，中央领导同志共同出谋划策。毛主席说，蒋介石要赫尔利来调停，想给些小东西而对我们加以限制，谈判的中心还是政治问题、联合政府、政治纲领等。根据朱老总、恩来、弼时等同志的意见，会议确定谈判是可以的，基本问题是要改组政府；会议还确定我方应对谈判采取积极态度，因为如果赫尔利来而谈不成，则过在我方，使蒋介石可以振振有词，但我们对国民党仍要批评。

11月7日，赫尔利飞抵延安。8日上午，毛主席、朱总司令和恩来同志与赫尔利举行了第一次会谈。这次会谈时间不长，只有50分钟，以赫尔利的发言为主。

赫尔利首先申明：他是受罗斯福总统的委托，作为总统的私人代表来谈判关于中国的事情，他到延安来也得到蒋委员长的同意和批准。他表示，美国不愿意干预中国内部的政治，美国相信民主，中国亦相信民主，他本人也是民主主义的信徒。他的任务是帮助中国统一一切军事力量来与美国合作，以击败共同的敌人。赫尔利说，他曾和蒋委员长详谈，蒋愿与共产党取得谅解，愿意承认共产党的合法地位，也愿意承认中国其他一切政党的合法地位；蒋将考虑吸收共产党员参加军事委员会的问题，也承认有必要在公平的基础上成立统一机构，在这种机构里，共产党军队将获得和其他军队一样的平等待遇。接着，赫尔利拿出一份提纲，并说：这个提纲蒋委员长认为是可以同意的，愿请毛主席、朱总司令考虑以此作为谈判基础，提出应该增改或不同意的地方。说完，他便读了起来。

这份题为"为着协定的基础"的文件内容是：一、中国政府与中国共产党将共同致力于统一中国的一切军事力量，以便迅速击败日本与重建中国。二、中国共产党军队将遵守与执行中央政府及其军事委员会的命令。三、中国政府与中共产党拥护在中国建立民有、民治、民享的孙中山原则，双方将遵行提倡进步与发展政府民主程序的政策。四、中国将只有一个国民政府和一个军队。共产党军队的所有军官与士兵被中央政府改组时，将依照他们在全国军队中的职位，得到一样的薪俸与津贴；共产党军队的一切组成部分，将在军器与装备的分配中得到平等待遇。五、中国政府将承认中国共产党作为一个政党的合法地位。中国一切政党将获得合法地位。

赫尔利宣读完毕，毛主席立即问："赫少将刚才所说的基础究竟是什么人的意见？"赫尔利没有理解毛主席的意思，解释说原来的草案很长，他把它压缩成五点，他相信这五点可以作为谈判的适当基础，但这五点并不是必须接受的，而是试验性的方案。包瑞德这时提示说，毛主席是要知道赫少将所说的是他自己的意见，还是蒋介石的意见。赫尔利回答，原来是他的意见，后来蒋委员长作了若干修改；他尽力提出民主自由，希望中国实行多党政治。然后，赫尔利又讲了一些罗斯福如何希望中国团结自强以及蒋介石如何爱国并愿与毛主席见面之类的话。随后，他建议会谈暂停，以便毛主席考虑他的建议。毛主席答称："感谢你到中国来，帮助中国团结抗日。团结一切力量，快快打倒日寇，重建民主、自由的中国，这是我们的共同意志。"

8日下午、9日下午和10日上午又分别举行了三轮会谈。其中，以8日下午的会谈最为重要，毛主席发言阐述了我党的基本主张，并针对赫尔利所带来的五条提出了我党的意见。

8日下午会谈一开始，毛主席开门见山地指出："中国的事情很难办，这一点在中国多年和来延安已有一段时间的包上校知道得很清楚，还有许多美国朋友也都知道。中国有丰富的人力、物力，我们所需要的就是团结。但是要团结必须有民主，也就是说，我们需要在民主基础上团结全国抗日力量。现在全世界反法西斯战争都打得很好，唯有中国的正面战场打得不像样子，这是因为中国缺乏民主。现在赫尔利将军来到，想帮助中国人民，促进中国民主团结，我们极表欢迎。尤其是在今天，日寇向中国西南进攻，美军打到菲律宾需要中国配合，但国民党当局所负责的正面战场却天天打败仗。中国人民和盟国朋友都非常着急。希望经过赫尔利将军的努力援助，中国局势能有一个转机。今天上午赫尔利将军说要自由地、公开地、坦白地谈话，现在我就按照你提的方法来谈一谈。"

毛主席说："现在国民党还是一个大政党，拥有庞大的军队，这支军队在抗战头两年打仗打得比较好，现在总算也还在打日本，国民党当局还没有最后破裂民族团结，这是蒋介石先生领导的党和政府好的一方面。因此我们一向愿意与蒋先生合作打日本，从未放弃这一条。但是，还应当看到另一方面，那就是中国的困难、缺点与严重危机。如果不看到这方面，就不能解决问题。现在中国政府的政策是不利于全中国人民团结，是妨碍全国人民起来打日本的。"

接着，毛主席简略介绍了敌占区、解放区和国统区的情况。毛主席说："对于敌占区，国民党当局是不管的，如何在这个地区内组织地下军以期配合同盟军登陆作战，国民党当局也是不管的。对于解放区，国民党当局则是拼命妨碍、限制、缩小、消灭，但解放区还是天天生长，这是八年来广大人民艰苦战斗的结果。他们前面打日本，后面又有国民党破坏，处于被前后夹击的非常困难的环境中。国民党对解放区施行的包围、进攻、派遣特务捣鬼等，可以说是千方百计，一言难尽。在国统区，存在着严重的危机，尤以军事危机为甚。自今年4月起，在日寇进攻面前，国民党军队已由300万减至195万。大部分国民党军队是打不得仗，一触即溃的。在大后方，民不聊生，土匪横行，人民对政府的信任从未有像今天这样低，各界人民，包括大学教授、学生、小党派人士以及国民党党员都对当局不满和怨恨。"

针对赫尔利带来的五条，毛主席说："赫尔利将军曾提出几个要求，希望作为形成协定的基础。我们感觉还有这样一些问题，虽然还没有形成条文，但值得提出来谈一谈。"

毛主席强调的第一点是："必须改组现在的国民政府，建立包含一切抗日党派和无党派人士的联合国民政府；同时，现在政府的不适合于团结全中国人民打日本的老政策必须有所改变，而代之以适合于团结全中国人民打日本的政策。"毛主席说："中国大多数人民，包括我们共产党人在内，首先希望国民政府的政策和组织迅速来一个改变，这是解决问题的起码点。如果没有这一改变，也可能有某些协定，但是这些协定是没有基础的。国民党统治的各种机构，腐化达于极点。国民党总埋怨盟国军火接济不够，可是如果政府不改组，老的政策不改变，虽有大量坦克、飞机等新式武器，也无济于事。对此，蒋先生历次表示的是拖，想拖到战争结束一年以后来办这件事。有人向他提出改组政府和成立联合政府的问题，他便一巴掌打回去。如果国民党自以为大权在握，不肯改变，只有把危机拖长和扩大，使国民政府有崩溃之危险。对于这一危险，不只我们共产党人，就是外国朋友，如许多外国记者，都是感觉到的。"毛主席强调说："国民党统治区域的危机来源，在于国民党的错误政策与腐败机构，而不在于中国共产党的存在。"我们共产党人在沦陷区组织地下军，准备配合盟军作战；在解放区实行民主，坚持抗战。我们从不妨碍国民党，而国民党却来妨碍我们抗日民主活动，在195万国民党大军里面有77万多来包围我们，其中有一部分在进攻我们。在国民党区域，当局见到共产党人非捉即杀，我们在那里的党被迫成为地下党，只有在重庆和西安的少数共产党人可以公开活动。虽然如此，我们一不罢工，二不罢市，三不罢课，我们还是拥护国民政府打日本。我们在敌后战斗的63万军队和

9000万人民，拖住了日寇的牛尾巴，这样保护了大后方。假若没有这个力量拖住日寇的牛尾巴，国民党早被日寇打垮了。今年6月间，国民党当局提出了一个方案，要取消我们军队80%，还要取消解放区的民选政府。这方案如果实行，就没有人拖住日寇的牛尾巴，就只有害他国民党自己。

毛主席强调的第二点是关于军队的问题。他说："赫尔利将军所提的要点中，有一条说改组我们的军队，在改组后我们的军官和战士将获得和国民党军队一样的薪俸和津贴。这一条主要的恐怕是蒋先生自己写的。我以为应当改组的是丧失战斗力、不听命令、腐败不堪、一打就散的军队，如汤恩伯、胡宗南的军队，而不是英勇善战的八路军、新四军。现在美军观察组，参观边区、晋西北、晋察冀等抗日根据地，我们在敌后有几十个根据地，大的有17个。我们愿意你们组织几百个人的观察组，到各根据地去看看来作出结论，应当改组的究竟是哪一种军队。中国人民的公意是，哪个军队腐败，就应该改组哪个。关于薪饷待遇，国民党军队的士兵饥寒交迫，走路都走不动，士兵月薪50元，只够买一包纸烟。我们的军队，吃得饱、穿得暖，走起路来蛮有劲，现在要我们拿和国民党军队一样的薪俸，那不是要我们军队也和他们一样吃不饱、穿不暖，走路都没有力吗？这如何使得呢？"

最后，毛主席和缓地说："我们的意见大要如此。对赫尔利将军为帮助中国不辞劳累、长途跋涉的热忱，我们在延安的人深表感谢……在不破坏解放区抗战力量及不妨碍民主的基础上，我们愿意和蒋介石先生取得妥协。即使问题解决得少一些、慢一些，也可以。我们并不要求一下子解决所有的问题，但是要破坏解放区抗战力量和妨碍民主，那就不行了。很愿意和蒋介石先生见面，过去有困难，没有机会；今天有赫尔利将军帮助，在适当时机，我愿意和蒋先生见面。"后来，毛主席讲他同赫尔利的谈判，说："我与赫尔利谈话的章法是先把国民党攻一攻，把赫尔利带来的五点中心，内容驳掉，指出目前局势不民主造成了各种危机，强调国民党政府有崩溃的危险，因而需要改组。"

毛主席刚一讲完，赫尔利便说，毛主席把问题精彩地提出来了。但是，他显然没有料到毛主席会对国民党政府提出这样尖锐的批评，因而言谈中露出了颇为失望的神色。在替国民党政府辩护了几句之后，赫尔利说，直到今天上午，他还没有了解到在国共之间存在着这样深刻的鸿沟和这样严重的对抗。如果局势已经无望的话，那他何必枉费心力。他曾要求蒋介石合理一些，以期有助于全中国的利益；现在，他也要求毛主席合理一些。赫尔利还指责说，毛主席刚才的话有重复敌人所说的地方，是不公平的；蒋介石抗战八年，他周围的贪污腐化分子利用了他。

毛主席问："你承认那里有贪污腐化分子？"赫尔利答："是的。"接着，毛主席以严肃和沉重的口吻说："我所重复的，在外国是罗斯福总统和丘吉尔首相的话，在中国是孙夫人和孙科先生的话。我想重复这些人的话是可以的吧？说我重复敌人——日本人的话，那是不合事实的。"赫尔利解释说，他指的不是日本人，而是那些希望中国继续分裂的人。毛主席接着说："正因为不团结，我们才谈团结；正因为不民主，我们才谈民主。如果中国已经团结，已经民主，那么又何用我们来谈它呢？说中国不团结不民主的，有两种人：一种人的确希望中国继续分裂；还有一种人希望中国团结民主，他们批评中国的缺点是为了克服这些缺点，使中国团结民主。我的话决不反映前一种人，而是反映后一种人的意见，就是反映希望中国团结民主的人们的意见。"

听完毛主席的话，赫尔利又高兴起来："现在我们有一致的意见了！"他带着歉意说，"在几分钟以前，我误解了毛主席的意思，现在我了解了！你是要团结民主的。如果毛主席和我一起工作，我们可以使蒋介石和我们一起工作，我们就可以促成中国团结、发展民主、肃清贪污。为此我们必须一起工作。""现在我们所应做的，就是设法找寻毛、蒋可以会面的基础。他们两人知道中国情形，当然非我局外人所能及，以他们的智慧和他们手中的材料，他们可能得到协定。我现在再问毛主席，是否可以给我一个声明？"

于是，毛主席就对赫尔利所携带的"为着协定的基础"逐条表示了意见。毛主席说："赫尔利将军所提的'为着协定的基础'有几条我是同意的。""第一条很好，我们完全赞成。"然后，毛主席建议把原先的第三条放在第二条之前，以强调提倡进步与民主的政策，确立各种自由权利。恩来同志补充说：这包括"言论自由、出版自由、集会结社自由、信仰自由、居住自由和人身自由"。赫尔利接上去说："再加思想自由，向政府请愿要求平反冤屈之自由。"这样，修改后的第二条成为国共双方所需遵循的共同原则。在讨论关于政府的问题时，赫尔利说："关于改组政府的问题，现在请毛主席写一条，作为修改后的第三条。"毛主席提出："将现在的国民政府改组为由各抗日党派及无党派人士参加的联合国民政府；并宣布和实行关于改革军事、政治、经济、文化各方面的民主政策。同时，改组统帅部，成为联合统帅部，由各抗日军队代表参加。"毛主席增写的这一条其实是最重要的，但赫尔利显然没有意识到这一点。所以，他当即表示："可以加这一条，我们应尽可能公正，以期取得国民政府之同意。"随后，毛主席又建议将原先的第二、四条合并，作为新的第四条，内容是一切抗日军队将遵守与执行联合国民政府及其联合统帅部的命令，由联合国得来的物资将被公平分配。第五条没有什么变化，仍是关于中国共产党及一切抗日党派的合法地位问题。经过第二次会谈所形成的修改稿与最后的定稿基本是一致的，只是后来又将第二条和第三条的顺序颠倒了一下，并作了一些文字上的处理。

会谈结束时，毛主席说："就是这几条，为了妥协不再多提了。"赫尔利说："从今天的谈话中，我感觉到毛主席的热忱和智慧。我刚才误解了毛主席的意思，后来明白了。请各位将我误解毛主席的话，从记录上完全勾去。"

9日下午，双方举行第三次会谈。我方提出经过修改的协定草案，然后，双方就各自认为的关键问题进一步交换了意见。

毛主席首先说："我们所同意的方案，如蒋介石先生同意，那就非常好。""以前未解决的问题，今天如能解决，那是中国人民之福。"赫尔利回答："我将尽一切力量使蒋接受，我想这个方案是对的。"他表示，毛主席不仅有非凡的智慧，而且有公平的态度。他这次能和毛主席一起工作，实为平生快事。尤其使他感到庆幸的是中国人民已经得了这样一位大公无私、一心为人民谋福利的领袖。赫尔利还提出，如果蒋介石表示愿意见毛主席，他愿意陪毛主席去见蒋。不管会谈成败如何，他将以美国的国格来担保毛主席及其随员在会谈后能安全返回延安。毛主席回答说："我很久以前就想见蒋先生，过去情况不便未能如愿，现在有美国出面，赫尔利将军调停，这一好机会，我不会让它错过。"

接着，毛主席表示了自己的担心，"我还不了解蒋先生是否会同意我们的五要点。他如同意，我即可与他见面。我总觉得在我和蒋先生见面时，要没有多大争论才好"，"我很希望在赫尔利将军离开中国以前见蒋先生，问题也解决了"。赫尔利当时十分兴奋，他根本没想到还会有什么麻烦。他再次表示回到重庆后当尽力使蒋介石接受五要点，并问："如蒋接受了，毛主席愿意做些什么？与蒋见面在什么地方？不要在重庆见面，是否可另选一地点？"毛主席回答说："见面地点当然在重庆。"赫尔利高兴地说："顶好！就这样解决吧。"

随后，赫尔利提出："毛主席是否可签字于五要点之上？"毛主席说："可以。"赫尔利说："那我也要在这上面签字！"毛主席说："今天把文件准备好，明天签字，不知蒋先生愿意签字否？"包瑞德插话说："这五要点，在赫尔利将军见证之下，毛主席已予以接受，蒋如拒绝，赫尔利将军就可以很清楚地告知罗斯福总统，'这五要点，我认为很公平，毛同意了，蒋不同意'。"这时，赫尔利提出："如蒋问，'接受五要点，是否是不要我在政府里面了？'对这问题，请毛主席告我如何答复。"毛主席说："仍要他在政府里面。"赫尔利还不放心，又问："我要再证实一下，你是否和他合作，要他当政府主席？"毛主席再次回答："要他当主席。"赫尔利这才放心地说："很好！"之后，双方又交换了一些有关文件修改的意见。

这次会谈是在融洽的气氛中结束的。毛主席再次感谢赫尔利为帮助中国人民所做的努力。赫尔利作答说："我们的谈判进行得这样顺利。我敬佩毛主席的宽大态度。你所希望的各种改革，我完全同意。"他还愉快地说，"明天早晨我们签字后我还要赶回重庆去。请毛主席不要笑我迷信，明天星期五，是我的吉日，我生日是星期五，结婚在星期五，第一个小孩子生于星期五，获得第一个勋章也在星期五！"

10日上午，毛主席与赫尔利举行最后一次会谈。毛主席首先讲了三点：第一，请赫尔利将双方商谈的协定转达给罗斯福总统；第二，这个协定已经获得中共中央委员会的同意；第三，周恩来同志将和赫尔利将军一同去重庆与蒋介石谈判。毛主席说："总之，我们以全力支持赫尔利将军所赞助的共同纲领，希望蒋先生也在这个纲领上签字。抗战八年来未能得到的东西，今天在赫尔利将军帮助之下，有了实现的希望。在这个纲领下，全国一切力量团结起来，打倒日本，建立新中国。"随后，赫尔利提出，请毛主席立即写一封信，由他带给罗斯福总统；同时，他也将交给毛主席一封感谢信。他还表示愿意设法使毛主席和罗斯福总统商量问题，以使全世界承认毛主席的地位。

中午12时45分，双方举行签字仪式。毛主席与赫尔利在文件上签字，并交换了信件。最后达成的《中国国民政府、中国国民党与中国共产党协定》内容如下：

一、中国政府、中国国民党与中国共产党应共同工作，统一中国一切军事力量，以便迅速击败日本与重建中国。

二、现在的国民政府应改组为包含所有抗日党派和无党无派政治人物的代表的联合国民政府，并颁布及实行用以改革军事、政治、经济、文化的新民主政策。同时，军事委员会应改组为由所有抗日军队代表所组成的联合军事委员会。

三、联合国民政府应拥护孙中山先生在中国建立民有、民享、民治之政府的原则。联合国民政府应实行用以促进进步与民主的政策，并确立正义、思想自由、出版自由、言论自由、集会结社自由，向政府请求平反冤抑的权利，人身自由与居住自由。联合国民政府亦应实行用以有效实现下列两项权利：即免除威胁的自由和免除贫困的自由之各项政策。

四、所有抗日军队应遵守与执行联合国民政府及其联合军事委员会的命令，并应为这个政府及其军事委员会所承认，由联合国得来的物资应被公平分配。

五、中国联合国民政府承认中国国民党、中国共产党及所有抗日党派的合法地位。

会谈结束后，赫尔利于当日下午2时乘机离延返渝，恩来等同志与他同行。

对于这次会谈及所达成的协议，党中央、毛主席是满意的。在致罗斯福的信中，毛主席写道："这个协定的精神和方向，是我们中国共产党和中国人民八年来在抗日统一战线中所追求的目的之所在……我们党的中央委员会已一致通过这一协定之全文，并准备全力支持这一协定而使其实现。我党中央委员会授权我签字于这一协定之上，并得到赫尔利将军之见证。"在信的末尾，毛主席对罗斯福的努力表示感谢。他说："我们中国人民和美国人民一向是有历史传统的深厚友谊的。我深愿经过你的努力与成功，得使中美两大民族在击败日寇、重建世界的永久和平以及建立民主中国的事业上永远携手前进。"事实上，赫尔利并没有及时地将这封信电告罗斯福，而是用军邮投递，结果过了很长时间才到华盛顿，以致罗斯福迟至1945年3月10日才给毛主席复信。

在毛主席与赫尔利达成的协议中，我们党做了重大让步。11月9日晚，在中共六届七中全会的会议上，毛主席在报告同赫尔利会谈的情况时指出：我们的极大让步是与极其腐败的政府合作，他们的目的是不要踢开蒋；我们是在不破坏解放区、不损害民主的原则下同蒋妥协。我们应当知道国民党有200万军队，得到国际国内承认，我们还只有63万军队，因此在现有条件下，我们还不能不予妥协；但是，我们承认一个联合的国民政府，并不妨碍将来我们自己组织解放区的政府。在国民党方面，如果蒋介石签字承认，即是最大的让步，因为我们得到了合法地位，这是前所未有的。尽管与赫尔利所进行的谈判看上去是顺利的，但是我们党的领导同志预料蒋介石绝不会轻易同意这个协定。恩来同志在这次会议上指出：蒋介石所谓的让我们参加政府和我们主张的建立联合政府是有区别的；但赫尔利却把二者混而为一，他以为蒋介石不至于为难，我们则估计蒋介石必定会对这次会谈所作出的协定提出修改。

果然不出所料，恩来同志到重庆后，蒋介石对在延安商定的协定草案迟迟不表示态度。一直拖到11月21日，国民党方面又另行提出了一个三条反建议，由赫尔利转交给周恩来同志。它的要点是：一、国民政府允将中共军队加以改编，此后，承认中共为合法政党；二、中共应竭诚拥护国民政府，将其一切军队移交国民政府军委会统辖，国民政府指派中共将领以委员资格参加军委会；三、国民政府之目标为实现三民主义之国家。这三条建议实际就是要我党交出军队，接受国民党的"招安"。

与此同时，赫尔利也改变了态度，一屁股坐在蒋介石一边。在当天的会谈中，周恩来同志询问蒋介石对于联合政府的态度，赫尔利回答说："啊，这件事情已经过去了。"他告诉周恩来同志，蒋介石一定不会接受。他还表示，他原来不知道实际情形，所以在延安时，毛泽东提出意见之后，他也添上一大堆；现在，国民党的这个建议也许是个基础。当周恩来同志追问赫尔利本人是否仍同意我党组织联合政府的主张时，赫尔利狡辩说："我不能使用同意的字眼，因为我不是谈判的当事人，我只是见证人。我认为你们联合政府的主张是适当的，但我并不处在同意的地位。"为劝说我党接受国民党的反建议，赫尔利唠唠叨叨地说："我们是准备帮助你们的，成百架飞机的东西等着帮助你们；但是没有这一协定，我就无法帮助你们。"由于国民党毫无改变一党专政的诚意，赫尔利亦背弃了他在延安与我党签订的协定，国共谈判再次陷入僵局。

面对这种情况，在坚持联合政府主张的前提下，我党有两种选择：一个办法是使谈判继续下去，并设法寻找一个折中方案，作为成立联合政府的准备步骤；另一个办法是固守五条协定，不怕谈判陷于僵局。当时，在重庆主持谈判工作的恩来同志和董老比较倾向于前一个办法。毛主席态度很慎重，一时没有作出决断。所以，恩来同志就先起草了一个复案。这个复案的主要内容是：改组国民政府国防最高委员会为包含所有抗日党派参加的联合的国防最高委员会，由其颁布各项新民主政策，改组行政院为各抗日党派的联合内阁，改组军事委员会为各抗日军队组成的军委会；承认中共和所有抗日党派为合法政党；中共军队编列为正规国军，由联合国得来的物资公平分配等。这一方案的特点是以三点的形式放入原先五点的内容，但不直接提出建立联合政府。因估计到蒋介石仍不会接受这一复案，所以恩来同志还建议，我党可同时向国民党提交一份备忘录，说明国民政府如一时不能改组其国防最高委员会及其行政院与军事委员会，中共将根据战争需要和人民的要求先成立解放区联合委员会；同时，提出在中国战场设立联军统帅部，由美国方面的代表担任统帅，中国所有抗日军队应有负责代表参加。这后一点以往外国人士曾提出，我党领导同志也一直表示赞成，只是没有作为我方正式建议提出过。当时，恩来同志的考虑是以要求建立解放区委员会来逼蒋同意成立联合政府，并设法扩大美蒋之间的矛盾。他估计，目前美国作统帅利多害少，将来我们力量壮大了，而且有"北方"（指苏联）的加入，美国束缚不了我们。这些想法，他在12月29日和30日致毛主席电中作了说明。

恩来同志在前台谈判，在后台决策的还是毛主席。复案写好后交不交，这是要由毛主席来拍板的。关键的问题是究竟哪一种办法更符合我党目前的和长远的战略利益。在作出重要决策的时候，毛主席总是集思广益。收到恩来同志的复案后，他请来延安参加七大的陈毅同志作参谋，专门研究一下这个问题。陈毅同志看过各种有关材料后，连夜把自己的看法写成了一封长信，于12月1日送到主席那里。

在这封信中，陈毅同志首先分析了国共谈判两种可能的趋势：第一种是蒋介石顺利地在赫尔利和毛主席的提案上签字；第二种是按照蒋介石目前的做法，一不签字赫毛协定，二则提出符合他愿望的办法。陈毅同志认为，第一种情况仍然挽救不了西南大局，反而增加了美国对蒋的幻想，帮助他骗骗人。因为蒋介石的病症是一针强心剂所不能挽救的，它的整个封建腐朽的法西斯机构不会因签字而改善。在国民党方面，签字后能允许共产党加入一两名阁员，已算是大大让步。但仅有我党一两名阁员并不能挽救西南大局，要来一个带革命性的改良，就必须在几个部门起用国民党进步人士和大批共产党员，这一点蒋是不能做的，美国的压力再大也达不到。至于蒋介石目前的做法，目的只在和缓空气，使全部腐烂的机构原封不动，其结果只会更促进其腐烂，加速日寇的进攻。陈毅同志说：本来如蒋决心改变，学唐德宗下罪己诏，起用良将，西南危急是可以缓解的；但蒋鉴于大革命和西安事变后两次控制不住中共的发展，这一回更是恐慌、动摇、害怕，他决心不这样做。而宁愿走上反动的绝路。关于赫尔利斡旋，陈毅同志分析，美国的企图不过是着眼其军事利益，认为我党的军事力量必须动用；但其全部政治见解仍是保持蒋的体系，并无诚意要改革政治。赫尔利与毛主席的谈话，着重高兴我们要蒋那一点，而不高兴毛主席所提出的改革政策的本质，对此批评十分明显。如谈判顺利，赫尔利可能把每月2万吨让美国航空队先动用，然后将其残汤剩水分一点给我们，叫作公平分配，同时要我们在敌后反攻，以极廉的代价而达到大量花费中国特别是我们的目的。这是美帝国主义弄得极其精巧的商业手法，这是他们的传统，口惠而实不至，惯会牺牲别人替自己打仗，而外表装潢得十分漂亮。陈毅同志强调，我党抗战以来亦是本着取之于敌寇的办法，这是非常对的。而赫尔利与我党谈判所涉及的全部是挽救西南大局，而不是抗战全局。今天抗战全局逐渐转到敌后和我，它是在蒸蒸日上着，并不依赖那个协定有所裨益。依照我党目下和将来的战略利益，蒋不走第一条赫毛蒋合作的路而走现时的第二条路，反而对我们的战略利益好得多。陈毅同志的结论是，肯定蒋无望，蒋不愿自救，美救亦无望，我们不能做为其"殉葬"之事。陈毅同志建议，我党应付赫尔利和蒋介石所选的现局的办法是：五个原则，暂作整案，即"五点协议"所包含的内容不拆开提出；同时我不入阁，也不宜急于成立解放区联合委员会。我党应继续在敌后争取一二年的时间大发展，"招美依我，而我取得全局的中心地位"。

看了陈毅同志的信，毛主席立即致电恩来同志，指示他坚持五条协定，并说明过早提交复案是不利的，准备七大开过之后再议复案。随后，毛主席又给陈毅同志写了复信，说："来示读悉，启示极多，十分感谢！今日已电渝不交复案，周董均回，拖一时期，再议下着。至于基本方针，如你所说那样，除此再无二道。"

12月2日，在返回延安之前，恩来同志约见赫尔利，转达毛主席就国民党提出的三点方案的复电：第一，政府方面所提建议三项与我们在延的五条协定距离太远，我们认为联合政府与联合军事委员会是解决目前时局问题的关键。这既不能获得蒋委员长的同意，因此也就无法挽救时局。第二，国民党的态度至今未变，仍宣称中国目前所需要者只是军令统一，至于党派合法问题，须待战后一年再议。第三，根据目前形势，我党中央必须召开会议，我这次回延安后要留下开会，不再随原机返渝。恩来同志讲完后，赫尔利仍不断劝说要我党参加未经彻底改组的国民政府，并说："你们'先踏进来一只脚'，便能得到美军援助。"恩来同志回答说："我们参加政府，就要替人民负责；现在要我们参加进去而不能负责，这样的政府我们拒绝加入。"

为向国民党施加压力，毛主席曾考虑发表五条协定草案，并为此征询赫尔利的意见。赫尔利听说后大为震怒，认为我党故意使其难堪；同时，美方还怀疑我党态度转趋强硬是因为苏联施加了影响。12月12日，毛主席指示当时在重庆的王若飞同志，请他转告美方，说明我们毫无与美方决裂之意，五条协定草案赫尔利不愿发表，我们即可不发表，至于赫在五条上签字以及他与毛主席交换的信件，我们自始就无公布之意。我们所想发表的仅是我党向蒋建议的五条，因其态度强硬无理拒绝，无法实现中国人民一致要求的联合政府，故想公开于人民，让人民起来向蒋要求实现之。毛主席强调说："牺牲联合政府、牺牲民主原则，去几个人到重庆做官，这种廉价出卖人民的勾当，我们决不能干。这种原则立场我党历来如此，希望美国朋友不要硬拉我们如此做，我们所拒绝者仅仅这一点。"在获悉毛主席的来电后，包瑞德向我方表示，赫尔利原误以为我已将协定全部发表，现在完全释然了。为消除赫尔利的疑虑，12月15日，毛主席给他去信，说："11月间，罗斯福总统选举胜利时，我曾去电祝贺他。在他回给我的电报上说：为着击败日本侵略者，愿意和一切中国抗日力量做强有力的合作。请你转达给罗斯福总统，我对于他的这个方针表示完全同意，并向他致谢。"此后，双方继续就国共谈判问题交换意见。

1945年1月20日，赫尔利致函毛主席，说他深信国民政府已准备作出重要的让步，建议我党再派周恩来同志到重庆谈判。1月24日，恩来同志再次前往重庆谈判。这一次，我党提议首先召开党派会议，作为国事会议的预备会议，以便正式商讨国事会议和联合政府。尽管我党又一次采取了积极态度，但国民党无意做出任何实质性让步，僵局仍然无法打破。2月初，英美苏三国首脑会议在雅尔塔召开，赫尔利急于搞出一点东西。2月10日，他起草了一份联合声明，谎称"谈判已有趋于一致之良好进步"。对于这种掩盖事实的声明，周恩来同志理所当然地拒绝了。恩来同志说：如果发表声明，就要说明中共的要求和国共双方意见不同之点何在，以明真相。2月13日，周恩来同志与赫尔利一同会见蒋介石。蒋介石在会谈中傲慢地宣称：他不会接受联合政府的主张，并说党派会议等于分赃会议，组织联合政府无异于推翻政府。鉴于蒋介石的顽固态度，谈判已无法进行，恩来同志随即返回延安。直到抗战结束，国共双方才又重新恢复了谈判。

1945年年初，美国疏远我党的种种迹象已显露出来。1月中旬，在重庆的王若飞同志向党中央报告说：美国各报对重庆的批评突然缓和下来；对我党持友好态度的包瑞德、戴维斯已被调离美军观察组，不再返回延安；同时，美国正增加援华物资，以加速装备重庆军队。当时，有的美国人向我们透露说，美国政府的政策是："第一个朋友是重庆，第二个朋友是延安，不能因延安得罪重庆。"赫尔利用软的一手拉拢我们党不成，又反过来使用硬的一手。

出现这些情况之后，毛主席出于全局利益的考虑，采取了十分谨慎的政策，依然重视与美国的关系。在政治方面，国共谈判陷入僵局之后，我党对赫尔利的态度还是有所保留的，我们虽然对他在联合政府的问题上出尔反尔十分不满，但没有公开批评他，而是继续与他保持联络。在军事方面，我党仍旧执行与美军合作的政策，已开始的合作项目继续进行，其他可能的合作也仍在接洽之中。例如，1944年年底，毛主席、朱德、恩来和剑英同志曾与包瑞德和美国战略情报局的伯德上校就美军向敌后派遣特种部队以及在山东半岛登陆后的军事合作问题进行磋商，美方试探我方可能提供何种支援，并表示最低限度可向我军提供2.5万人的武器装备。不过，当时参加谈判的美方代表和我们都明白，双方进一步发展合作关系已经很困难了；因为赫尔利一心想拿援助作诱饵，换取我们同意蒋介石的谈判条件，而我党是绝不会这样做的。尽管以后的合作并不顺利，但美军观察组与延安总部一直保持着比较好的工作关系。直到抗战结束前夕，双方仍有一些关于军事合作问题的磋商。总的来看，这种合作是我们单方面向美军提供帮助。据八路军总部的不完全统计，到战争结束时，我们提供给美军经过整理的情报书面报告有120多份；营救盟军人员主要是美军人员共102人，为此，我方付出牺牲军民110余人的代价。

由于情况的变化，我党在与美国保持关系的同时也提高了警惕。在内部讨论配合美军登陆作战的方案时，恩来同志强调我们的配合必须是有条件的，双方事先要订立协定，美军要为我军提供武器装备，并必须服从中共的政策法令，不得带国民党军队入境建立政权。1月底，赫尔利在国共谈判中提出，要为中共军队设一美国军官作总司令，恩来同志当即拒绝。毛主席亦指出，这个方案是"将中国军队，尤其是我党军队隶属于外国军队，变为殖民地军队的恶毒政策，我们绝对不能同意"。2月初，毛主席又指示恩来同志，今后"史迪威式之指挥全国军队，请勿强调"。

在抗日战争的最后几个月里，美国对华政策日趋反动。首先，赫尔利扶蒋反共的真面目完全暴露出来。4月初，他在华盛顿举行的记者招待会上宣称"美国政府全力支持蒋介石政府"，而"不支持任何武装的政党和军阀"。同时，我解放区发现了大批由美机散发的宣传蒋介石为抗战领袖的传单。6月，美国又发生"美亚事件案"，主张与中共保持友好关系的美军观察组成员谢伟思及其他五人以通共间谍罪遭到逮捕。

面对美国政策的变化，毛主席最初仍采取了留有余地的做法。赫尔利讲话以后，重庆《新华日报》立即发表评论，批评他的讲话有助长中国分裂与内战的危险；同时，毛主席采取"延安暂取不理的态度"。直到6月底，"美亚事件案"发生之后，《解放日报》才发表文章点名批评他。那时，我们批评赫尔利还是与美国政府分开的。7月，毛主席撰写了《赫尔利与蒋介石的双簧已经破产》《评赫尔利的政策的危险》等几篇文章。党中央决定在这个时候严厉抨击赫尔利，是为了发动中国人民及民主党派一致起来，批评美国的错误政策，反对美国专门援蒋助长内战的危险。我们的目的仍是为了迫使美国政府改变政策。由于此后不到一个月战争就结束了，国共谈判问题、我党与美国的关系问题都在悬而未决的情况下进入了一个新的历史时期。

回顾这段历史，可以说，在我党与美国接近的过程中美方更主动一些，而我党则看到当时美国确有此种需要，因而抓住时机，采取了积极姿态。当时，国际国内都要求中国民主、团结、进步，中美两国面对共同敌人，在这种情况下我党希望发展与美国的合作，解决国共关系问题，是很现实的考虑。当然，美国政府的政策到底怎样，我们原先不是很清楚，要有一个摸底的过程。现在有一种说法，好像我们那时抱有幻想，受骗上当，这不符合事实。在这个过程中，毛主席和我党的其他领导同志始终保持着清醒头脑，处置得当。我们积累了初步的外交经验，国际影响也扩大了。以后情况发生变化，我们党的政策也及时得到调整。[20]

1945年9月2日，对中国人民来说，是一个永远值得纪念的日子。日本侵华军队的代表在投降书上签字，在华的128万日军向中国投降。为时八年的中国人民抗日战争胜利结束。

在八年抗战中，中国共产党领导的抗日军民共歼灭日伪军171万余人，其中日军52万余人，成为团结全国人民抗战的中流砥柱。

抗日战争的胜利雄辩地证明，毛泽东关于中日战争全过程的科学预见及其政治和军事战略的指导是完全正确的。

然而，毛泽东并没有沉湎于胜利和成功的喜悦之中。他的目光，已经转向未来更大规模的斗争。

注　释

〔1〕《胡乔木回忆毛泽东》，人民出版社1994年9月版，第64—71页。

〔2〕《胡乔木回忆毛泽东》，人民出版社1994年9月版，第72—75页。

〔3〕冯蕙：《毛泽东领导起草〈关于若干历史问题的决议〉的经过》，载《文献和研究》1986年第2期。

〔4〕《胡乔木回忆毛泽东》，人民出版社1994年9月版，第76—77页。

〔5〕杨秀山：《"七大"的光芒》，载《星火燎原》第7集。

〔6〕《毛泽东选集》（第2版）第2卷第520页。——原注

〔7〕《毛泽东选集》（第2版）第3卷第1101页。——原注

〔8〕师哲：《在历史巨人身边》，中央文献出版社1991年12月版，第242—265页。

〔9〕《毛泽东在七大的报告和讲话集》，中央文献出版社1995年4月版，第192—198页。

〔10〕师哲：《在历史巨人身边》，中央文献出版社1991年12月版，第201—207页。

〔11〕鉴于英国等国报纸盛传"苏德间行将开战"，1941年6月13日塔斯社奉命发表声明如下：第一，德国并未对苏联提出任何要求及建议缔结任何新协定。鉴于此，苏联方面认为此种谓德国意愿撕毁条约，进攻苏联之谣言，全无根据。第二，至于德军分遣队由巴尔干调赴德国东部及东北部（现正在调动中）与其他动机联系，对苏德关系并无意义。第三，苏联根据其和平政策，遵守并愿遵守苏德互不侵犯条约条文，故谣言所谓苏联准备进攻德军一节为伪造和挑拨。第四，红军后备军之露营训练，以及行将到来之演习，除意在训练后备军而外，别无其他目的，故认为红军此举为仇恨德国一节，其荒谬绝伦，固勿待言。——原注

〔12〕莫斯科战役，1941年9月30日至1942年4月20日。德军调集78个师180万人、火炮1.4万门、坦克1700辆、飞机1390架，向莫斯科猛攻。12月6日苏军开始反攻。此战，德军损失50万兵力，是进攻苏联后首次遭受的最重大的失败，它宣告了德军闪电战的破产。——原注

〔13〕斯大林格勒战役，1942年7月17日德军纠集150万以上的兵力进攻斯大林格勒，9月13日进入市区。10月初，苏军突破斯大林格勒工业区的包围线，随即德军宣布由攻势转入守势。11月19日苏军开始大规模战略反攻，包围德军22个师33万人。1943年2月2日全歼被围德军。此战历时160天，歼灭德军150万人，成为第二次世界大战的转折点。——原注

〔14〕1945年2月4日至11日，苏、美、英三国首脑在克里米亚半岛的雅尔塔举行会议。会议期间，罗斯福和斯大林讨论了苏联对日作战条件，在中国没有参加的情况下，达成了涉及中国权益的秘密协议。协议中规定，在德国投降及欧洲战争结束后两个月或3个月内，苏联将参加盟国方面对日本作战，其条件为：（1）外蒙古（蒙古人民共和国）的现状须予维持。（2）1904年日俄战争中被日本破坏的俄国权益须予恢复，即库页岛南部及邻近一切岛屿须交还苏联；大连商港须国际化，苏联在该港的优越权益须予保证，苏联之租用旅顺港为海军基地也须予恢复；对担任通往大连之出路的中东铁路和南满铁路应设立一苏中合办的公司共同经营之，苏联的优越权益须予保证，而中国须保持在满洲的全部主权。——原注

〔15〕师哲;《在历史巨人身边》,中央文献出版社1991年12月版,第208—222页。

〔16〕指根据胡乔木回忆撰写的《苏德战争、太平洋战争和中国战局》一节。

〔17〕《胡乔木回忆毛泽东》,人民出版社1994年9月版,第39—42页。

〔18〕《胡乔木回忆毛泽东》,人民出版社1994年9月版,第331—334页。

〔19〕《胡乔木回忆毛泽东》,人民出版社1994年9月版,第334—342页。

〔20〕《胡乔木回忆毛泽东》,人民出版社1994年9月版,第342—362页。